朝阳 智慧 财富
旅游开发与发展探索

Zhaoyang Zhihui Caifu
Lüyou kaifa yu fazhan tansuo

蔡家成 著

中国旅游出版社

序言一
顶天立地与铺天盖地

蔡家成博士的系统之作，《朝阳、智慧、财富——旅游开发与发展探索》即将问世，很高兴为之推荐。旅游是朝阳产业，其发展需要创意、创新和创造，旅游策划、规划、开发、经营、管理、服务、组织和消费，都需要集中各方面的聪明才智，以信息化为内容的智慧旅游更成为广受关注、备受重视的理论概念和实践活动。旅游活动的出发点和归宿都应该是增加财富，包括通常意义上的物质财富，更包含健康、快乐、幸福、品位、时尚、文化等精神财富。因此，以“朝阳、智慧、财富”为主题，系统研究阐述我国旅游开发和发展的理论和实践问题，就是很有意义和价值的工作。

家成是国家旅游局第一位博士，1994 年在中国人民大学毕业后到国家旅游局管理司工作，我那时正在管理司当司长，能有博士来，当然很高兴。但刚开始的时候感觉并不好，家成性子有点木，进入工作慢，还固执，什么事情都要争辩争辩。时间稍长，就看出来，他毕竟是博士，后劲足，思维系统。之后我到规划财务司当司长，家成又来到计划处任处长，仍然是碰到事情要争辩。多年的工作恰恰是在争辩的过程中推进，家成也在争辩的过程中成长。再后来，家成又到国家旅游局信息中心当副主任，激发新思维，开拓新局面。

从 1994 年到 2016 年，22 年过去了，家成和中国旅游业共同成长，从一个初出茅庐的小伙子变成了一个成熟的领导干部，中国旅游业则从朝阳走向辉煌，成为一个既顶天立地又铺天盖地的产业。所谓顶天立地，是在国民经济体系中确立了支柱产业的地位；所谓铺天盖地，是在乡村旅游的发展和精准扶贫中，发挥着越来越大的作用。现在，我们已经面临着大众旅游时代，这个词是今年李克强总理在政府工作报告里明确提出来的。国内不管是经济学界还是政府，大家关注的只是 GDP 6.9% 的增速，但是没有关注总量中的变化，我们现在增长一个百分点，相当于过去十个百分点。从产业结构角度来看，全国平均，第一产业占

9.0%，第二产业占40.5%，第三产业占50.5%。这是转折性的标志，因为我们的产业结构长期都是二、三、一，现在已经变成了三、二、一，这是根本性的转折。虽然GDP增长速度有所下降，但是就业并没有下降，就是因为服务业的就业增长了。同时，和旅游直接相关的，铁路运营里程12.1万公里，其中高铁1.9万公里，占世界的60%以上；高速公路12万公里，居世界第二位。现在航空、高铁、高速形成了三高体系，交通格局决定旅游格局，全国旅游发展格局根本改变了。

李克强总理在今年的政府工作报告中，关于旅游讲了49个字："落实带薪休假制度，加强旅游交通、景区景点、自驾车营地等设施建设，规范旅游市场秩序，迎接正在兴起的大众旅游时代。"这49个字有四层意思。第一是持续落实带薪休假制度。严格地说，现在的黄金周制度是不合理的，造成了短期内的高峰，在资源配置上严重不合理，可是大众旅游休闲度假需求越来越高涨，黄金周制度不得不维持。按照高峰期来配置资源是非常错误的做法，所以，总理提出一定要落实带薪休假制度，这是需求侧的根本变化。第二是加强建设，这是旅游的供给侧改革。第三是规范旅游市场秩序，这是共同要求。我们哪个市场秩序不需要规范？只不过旅游有一个特点，就是旅游出点事情，大家就很关注，因为直接涉及我们的生活，实际上反映了旅游地位的提高。但是相比其他行业，旅游秩序算好的，旅游发生问题算轻的，当然旅游市场秩序需要规范，但是要有客观判断。最后就是迎接正在兴起的大众旅游时代，最近专家们在讨论，有的说大众旅游时代还没有来临，因为是迎接；有的说已经来临了，因为正在兴起。总体而言，这是一个标志性的讲话，历年的政府工作报告，讲旅游只有两个字，后来又有所进步，增加了"休闲"两个字，这次完全不同，49个字说旅游，说明现在从上到下对旅游都高度重视。原因何在？一个基本原因就是现在全国的转型升级。制造业怎么搞？农业怎么搞？我们能想的招数基本都想完了，只有服务业有前景，只有旅游业产生了一个更大的前景。所以，很自然从上到下都会重视，这就是大众旅游时代。

新时代需要新思想，需要新理论。"顶天"需要理论的高度，"立地"需要实践的深度。为什么说家成博士的新作是系统之作？就是因为不就事论事，也不就事论理。必须从综合性、系统性的角度全面把握、全面分析，这也是全域旅游的要义。望文生义，全域旅游的重点在于全，关键在于域，如果按照这个逻辑推演，是不是960万平方公里的陆域和320万平方公里的海域都要发展旅游？必须从系统的角度研究和推进全域旅游，核心是研究要素投入，要素投入是产业发展的推动力。就21世纪中国旅游业发展来说，最紧缺、最重要的要素是智力。如果说，过去30多年，中国旅游主要是追求规模，今后则主要应当追求品质；如果说，过去我们主要追求硬开发，今后则主要应当追求软开发。强化软开发，适度硬开发，是全国需要调整的重中之重。现在有些地方，执政者好大喜功，开发商贪大求洋，规划者推波助澜，评审者随波逐流，花了很多冤枉钱。我们应当追求少花钱、多办事、办好事、好办事，我从来不倡导投资商花大钱，从来不倡导地方动不动就得弄一个如何大的项目，不同的地方做不同的事情，忽悠政府，忽悠投资商，这是专家所为吗？所以，格外需要重视软开发。软开发锦上添花，提升效应。第一，现有的建筑充分利用，比如问一个问题，现在闲置的乡村房屋有多少？恐怕没数，因为现在乡村空心化很厉害。闲置的有多少？这些闲置的乡村房屋能不能再利用？要是这么想的话，思路就要大调整。第二，缺少的项目补足，到底现在缺什么项目？观光性的项目往往是强项，休闲度假类项目是短板。第三，内容单薄的项目要丰富，尤其是单一观光项目，内容都单薄。但是怎么让内容更丰富一些，好经验多得很。

软开发的主要内容，第一是策划，研究思路、定位和战略，全国各地都涉及这个问题，定位不清，有些事情就很难把握得住。第二是规划，规划是解决空间配置，土地利用，产品谋划，现在又强调多规合一，就要突出旅游的特点。第三是设计，解决的是项目落地，所以，风格要突出，特色要形成。第四是活动，活动也是产品，活动增加魅力，不要认为活动就是胡搞乱搞，不是这种概念，要搞活动，谋划好了，在市场上就能形成价值。基本上一个大活动能坚持到第四届就干下来了，要是三届干不下来，也就干不下来，自生自灭。很多东西需要摸索，但是如果有成熟经验，有顶层设计，就不至于走弯路。第五是营销，营销就是敢“吹”，会“吹”，经得起“吹”。第六是品牌，品牌形成吸引力，形成竞争力。软开发的主要内容是这六个方面，但是我们往往认为，修路盖楼花多少钱都行，可是一说软开发，就是冤枉钱，实际上在你认为是冤枉钱的同时，正在花冤枉钱。这些方面完全可以借助外脑、借助外力把事情做好。

由此看来，对于中国旅游业来说，需要做的工作，主要就是运用各种智力因素，按照国内外旅游消费需求，组合资源、资金、政策、信息等要素，开发生产出符合市场需要的旅游产品，并将其高效、快捷地输送到消费者面前。这种智力因素的具体表现，从组织形态看就是旅游专业服务人员与机构、旅游开发商、旅游教育培训机构之间的关系。

家成博士在旅游部门工作20多年，也持续不断研究探索了20多年，先后就中国旅行社服务、管理、发展及其重点问题研究和西部旅游开发发展出版4部著作，发表研究交流文章200多篇。如果说这些著作和文章都是他持续不断思考、探索、交流的心血结晶，每一部、每一篇都包含着智慧的火花，那么这本以“朝阳、智慧、财富”为主题和旅游开发与发展为内容的著作，则是更为集中和全面展示他的智慧的代表作。本书首篇分自然生态、人文社会、综合性资源三类，以具体项目为对象进行分析阐述，既不同于院校学者的理论之作，也不同于纯粹实践经验的总结，而是兼顾两个方面之长，通过自身的感受达到理论的提升，确实是非常难能可贵的，其中包含的智慧和对实践的指导、启发、参考作用都是非常大的。作为家成曾经多年的领导和旅游研究工作者，我很乐意为他作序。

魏小安

2016年6月

序言二
全域旅游的时代背景和丰富内涵

中国正在进入大众旅游新时代，旅游消费需求呈现普遍化、多样化特征和趋势，旅游消费结构、产品结构发生重大变化，深度观光、休闲度假、感受体验等旅游消费和产品供给迅速发展。为适应旅游转型升级需要，旅游行政管理部门浓墨重彩地推出了全域旅游新概念和新理念。

全域旅游是个历久弥新的概念。早在20多年前，国家旅游局着手组织开展创建和评选中国优秀旅游城市时，很多城市提出“人人都是旅游形象、处处都是旅游环境、事事都是旅游资源、时时都是旅游时间”，具有全域旅游的思想。今天用全域旅游概括表达，具有很强的创新意味，词语简短、内涵丰富，让全行业和全社会认识到中国旅游进入了崭新发展阶段，从早先的单点突破，到继起的连点成线和点轴战略，再到推线成面，最终是推面成体、立体发展，使得旅游发展理念逐步扩展到立体阶段。

全域旅游理念的提出和形成具有很强的实践背景，这就是旅游消费和产品结构的重大变革。当旅游只是一般观光时，旅游消费、生产、组织管理对象只会是一个个景区景点和相关的支撑配套项目，以客源地到目的地的交通线路连接起来即可，旅游项目可以封闭建设、管理，与外部的自然和人文社会系统联系有限，对外部系统的影响也有限。当旅游规模和范围不断扩大，由点连成的线越来越多，旅游消费、生产和组织管理涉及的面不断扩大，点状到线状再到面状，旅游消费进入普通大众生活，一般长线观光向深度观光、体验、参与互动发展，此时旅游的影响也相应扩展到社会经济领域，成为越来越被关注的行业，涉及资源要素的范围和数量成倍增加，但主要还是在基本要素如行、游、住、食、购、娱方面。中国旅游进一步向休闲度假和专项旅游发展，形成观光、度假、专项旅游“三足鼎立”时，旅游消费所需要和实际涉及的资源要素就可以说是纵向到边、横向到底的——人们日常生活所可能涉及和需要的事物，在休闲度假中都可能涉及和需要，大多数人在日常生活中很少需要和涉及的资源要素，在专项旅游中也可能需要和涉及——例如，热气球飘飞所需要的设备、设施、服务、技术、知识、能力，绝大多数人在日常生活中就很少需要和涉及，太空旅游更是如此，这种例证很多。到这个阶段，旅游的资源开发、组织管理、经营服务、宣传营销等只能是全方位、全过程的，全域旅游应运而生。去年以来，国家旅游局发起并在全行业和全社会兴起“厕所革命”，实际上也是因为旅游发展到大众阶段、全域时代——人们在生活中须臾不可离开的厕所服务，在“外出过日子，且要过与居家不同的日子”的旅游生活尤其是休闲度假、体验感受等旅游中，地位更突出，要求更高，更值得行业和社会各方面关注、支持、参与。旅游开发和发展，基本就是沿着“由点到线、推线成面、推面成体”的路径深入和提高的，全域旅游就是至今最高、最新阶段。

从旅游组织管理看，全域旅游必然是在政府主导下的社会各方面、各系统广泛参与方式。在“由点到线”的旅游发展阶段，政企合一——旅游组织管理和接待服务合一——成为中国旅游运行的模式。在“由线到面”阶段，旅游局+政府旅游产业发展协调领导小组格局形成，前者主要负责执行，后者承担协调任务。在“由面到体”的全域旅游阶段，就必然需要主要层级和重点地区的旅游产业发展委员会体制来适应，因为在前一阶段领导小组的协调很难随时根据需要进行，通常也只能是就事论事地协调一些事项，而旅游委员会不仅使得协调工作经常化，且使得协调与执行、决策与管理完全统一，旅游工作的整体谋划和推动也就有了可靠力量、平台。与此三个阶段相对应，旅游产业地位也在不断变化提升，从友好接待的辅助性外交服务事业到服务性产业——实现从社会事业到经济产业的转变，从一般服务业到服务业的重要组成部门、龙头和国民经济新增长点——旅游产业地位实现从一般到重点的提升，从重要组成部门、龙头和新增长点到国民经济战略性支柱产业和人民群众更加满意现代服务业——旅游业地位实现华丽转身。

从技术方式看，全域旅游必然是现代信息化技术广泛应用、大有作为的舞台。首先，全域旅游要开发利用更多的资源，从资源普查、项目可行性研究论证、消费需求调研、规划设计、开发建设，到组织接待、宣传营销、经营管理等旅游供给侧看，传统的技术方式缺陷日现，包括政府机构用传统方式进行资源调查评价，进行旅游统计和委托他方进行抽样调查（街头拦访调查），委托专业机构研究编制旅游规划，由旅行社、饭店、餐馆、定点商店和娱乐场所负责旅游接待服务，组织参加旅游交易会、博览会、推介会和进行广播电视、街头广告宣传，政府通过审批、检查等进行质量监督和秩序规范等。在互联网时代，一方面是这些生产供给都要使用网络手段；另一方面互联网、大数据、云计算等信息化技术也为这些工作扩展能力、提高质量和效率效益创造更好的条件。就接待服务看，互联网所导致的去中介化、去中心化、扁平化，为产品、项目、服务与消费提供了直通渠道，智慧旅游应运而生，旅游服务商依靠掌握和垄断信息资源来提供服务将成为历史，只能通过开拓专业、专门服务来求得生存。结论是，大众旅游时代的旅游开发建设、生产供给、接待服务必然是全域旅游，在旅游消费方面必然是智慧旅游，整体上看，大众旅游和全域旅游必然以旅游信息化为主要技术平台，中国旅游也将进入智慧旅游新时代。

全域旅游与信息化相伴而生，相得益彰。旅游理论和实践探索也就必须用立体、全域的理念和方法，《朝阳、智慧、财富——旅游开发与发展探索》就是在这方面进行的尝试。作者依托国家旅游局这个大平台，包括到地方工作，集20多年的理论和实践探索积累，从资源开发利用这个旅游生产起点入手，逐步深入到地区旅游发展和旅游发展促进等方面，整体架构全面系统，很多分析论述深入细致，不少观点鲜明新颖，而且涉及面极宽，是值得推崇的大众旅游、全域旅游时代的方法和理念，作品本身也值得广大旅游理论和实践者参阅。

安徽师范大学　陆林
2016 年 6 月

前　言

旅游是新兴起的朝阳产业，对旅游开发和发展进行理论和实践探索者，在世界数以亿计，在中国也有数千万众。对中国旅游开发和发展进行理论探索的学者很多，将理论和实践结合起来探索的学者、业者也大有人在。作者20多年前从中国人民大学毕业进入旅游行业工作至今，按照书生从政的基本路径，利用国家旅游局这个平台，一直坚持在工作实践中进行观察、思考、分析、交流。今天以“朝阳、智慧、财富”为题形成一本书，期与读者进行比较全面的交流。名之以探索，旨在表明本书的内容与旅游实践关系密切，很多是直接针对旅游实践问题发表的意见。本书由旅游资源开发、地区旅游发展和旅游发展促进三篇构成，内容是作者20余年有关中国旅游开发和发展各方面探索交流的意见和建议，进行了条理化，目的是力争给读者一个比较清晰的层次结构。

资源开发是产业发展的起点和重点，本书第一篇四章即以此为题。其中，第一章是作者对旅游资源开发方式、矛盾、原则、方法等基本问题的认识和意见，核心观点是认为旅游资源开发存在内部人生产与外部人消费的内在矛盾，为了解决这一矛盾，在开发主体上主张“外来的和尚会念经”，总体上要遵守六大原则；为协调好资源各方关系，旅游部门要着眼发展和资源有效利用大局——主张建立由旅游部门统一管理旅游资源及其开发利用体制，是一种一相情愿、脱离实际和非常有害的观点。其后三章分别是自然生态旅游资源、人文社会旅游资源、综合性旅游资源项目开发的案例，是作者多年来在一个个资源开发项目咨询论证中形成的意见，也有一些是在实地考察交流和规划编制实施中提出的。多次有人就此要送作者一顶策划大师的帽子而作者始终没有接受，但自以为这些案例意见和建议与旅游实践工作关系最紧密，值得业者参考。

国家旅游业是由各个地区旅游业共同构成的，地区是国家旅游发展的主要途径和实现主体，因此，本书第二篇就切入地区旅游发展这个主题，依次就县域、市域、省域和跨区域旅游发展进行论述。为与第一篇后三章资源项目开发建设的逻辑保持一致，本篇四章布局顺序是由下到上、从小到大。四个层级的对象选择则只能是作者进行过实地调查研究并进行深入分析的，尽管总体上涵盖东、中、西部和不同类型区域，但是不能保证都具有代表性和典型性，如县域的中部偏少，市域的西部占比很高，省域的全为西部，跨区域的也以西部居多，这与作者集中从事旅游发展探索从西部起步和集中探索的七年时间有四年在西部工作、三年在国家旅游局工作有密切关系，同时从逻辑上看，似乎也与西部地区在大开发过程中旅游业开发建设和发展速度加快，值得探索问题多，而其自身进行理论和实践探索力量与东部比相对不足有关系。

促进中国旅游发展，是各级党政机关、社会有关方面和旅游全行业的重要工作职责。本书第三篇以旅游发展促进为题，依次就旅游投资促进、旅游市场促进、旅游规划促进和旅游信息化推动进行分析阐述。旅游投资促进和旅游信息化分别是作者 10 多年前从事计划发展和产业促进、当前从事旅游信息化工作探索交流的成果，投资是推动发展的主要因素，信息化是今天推动旅游业发展的主要技术力量；有关旅游市场开发与宣传营销、旅游规划促进方面的探索则与二者对旅游发展的极端重要性密切相关，市场需求及其开发是决定旅游开发和发展的关键因素，规划是资源开发和产业发展，尤其是科学发展的主要支持、指导力量。其中，在旅游投资方面，重点关注了投资服务平台建设工作，市场开发方面重点关注了主题形象策划和宣传，旅游规划关注的重点是可操作性和实际指导作用，对旅游信息化的探索分析则比较全面。

附录是早年作者有关旅游的十个基本而含义不为业者所清晰辨识的概念所进行的阐释，收录目的是供业内同行参考。

最后需要说明的是，本书只是作者 20 多年来对中国旅游开发和发展所陆续进行的研究探索成果汇编，尽管作者花了一些时间和精力对篇、章结构进行梳理归纳因而比较符合逻辑，也尽可能对一些文字、内容、结构、资料进行了修改调整、增减，但由于时间不同、场合不同、条件不同、目的不同，各节、各条款的内容、文字、资料存在不一致、不合理是难免的，特别是与通常以为、客观需要、读者意愿不相符，希望得到理解和谅解。

学无止境，唯虚心勤勉一途。理难穷尽，愿继续交流探讨。

目　录

第一篇　旅游资源开发

第二篇 地区旅游发展

第三篇　旅游发展促进

第一篇

旅游资源开发

资源开发在每个生产领域都是起点和基础，值得研究的问题很多，形成的著述可谓汗牛充栋。旅游的综合性、多样性、重视感受和文化以及新兴产业等特性，决定了其资源开发涉及面极宽，难度更大，需要研究的问题更多。本篇先就旅游资源开发的一些基本问题进行分析说明，然后依次对自然生态旅游资源、人文社会旅游资源和综合性旅游资源项目开发分别进行案例研究。

第一章　旅游资源开发方法

本章是就旅游资源开发的一些基本和重点问题进行分析说明，内容包括旅游开发方式、旅游开发矛盾及对策、旅游开发原则以及招商误区及对策。

第一节　旅游开发方式

旅游资源所有权与开发经营权分离是近年来意见分歧非常大的问题，也是对旅游资源开发利用、保护和旅游景区管理产生重大影响的问题。其中，地方政府是从加快开发利用和促进地区经济与旅游业发展的需要出发，投资商则看到了旅游资源的市场价值和开发利用的效益前景，两相结合，就导致越来越多的地方政府顶着压力、冒着风险进行两权分离、开发经营权整体转让的实践探索。各级旅游行政管理部门从充分利用资源和更好满足旅游者消费及旅游业发展需要出发，积极支持旅游景区实行两权分离。主张尽快建立旅游资源统一管理体制的人也为数不少，但大部分旅游资源的管理者和实际占用者对此持不同意见甚至公开反对，认为出让开发经营权对资源和环境保护不利，并拿出了有关法律法规规定作为武器。

尽管旅游资源产权各方的根本利益是一致的——就是实现资源的充分、合理和永续利用，但在市场经济中，各产权主体都有自身相对独立的利益追求。对于旅游部门来说，通过开发利用资源满足旅游消费需求和促进旅游业发展是根本目的。因此，要从化解矛盾、减少阻力、加快开发、促进发展和有效保护出发，因地制宜地选择旅游资源开发经营方式。这也是一条比较现实可行的工作思路，因为是在承认各类旅游资源管理部门、占用单位作为资源所有权代表者、监督管理者、实际占有者和利益获得者的地位、合理性，尤其是利益的前提下，采取各方能够接受的方式来实现旅游资源的有效保护、科学开发、合理利用。

旅游资源由旅游部门集中统一管理只是一种脱离实际的理想化境界。现实中，各类旅游资源分属各部门管理，主要原因是这些资源的功能用途是多方面的，作为旅游资源供旅游消费和旅游经营服务使用后，其在其他方面的功能作用并没有消失或减弱。因此，如果资源功能对应的每一个行政主管部门都以资源为自身更好利用、更好满足自己所属领域的需要，提出以其为主管部门，结果必然是部门纷争，主管权的最终归属从理论上就将归属资源最主要功能对应的部门，实践中则是最先发现和发挥功能所对应的部门。从这个角度看，旅游资源的绝大部分只是后来为旅游所用，而且往往不是主要为旅游所用，提出对这类资源实行由旅游部门集中统一管理是绝对不可能的。即使是主要为旅游所用的资源，是否能够和有必要实行旅游部门主管，也要从所有权、占用权状况和成本费用、实际效果等方面来分析比较和研究决定。

从社会主义市场经济原则和我国旅游行业管理性质特征来看，对旅游资源，即使是其中的一部分，实行旅游部门的集中统一管理也是没有必要的。社会主义市场经济中的旅游行政管理是典型的“交通警察管交通”，道路、车辆、驾驶员、行人都是独立行为主体，但只要在路上行驶（行走），就必须遵守交通规则，违者纠正或处罚，而这些规则也是由法律法规和规范标准明确规定的。我国社会主义市场经济中的旅游行政管理，不再像传统的行业行政管理那样，人、财、物和产、供、销统统归其统一管理与组织调度指挥，而是这些方面和环节都不管，只是通过建立制度规范、制定技术标准来协调、引导旅游生产消费，平衡各市场主体的利益关系，保证旅游市场的平稳有序运转，实现最大产出、最优效果、最高效率。在这种情形下，具体的生产经营服务、投资开发决策、资源组织等，都是由作为独立市场主体的组织、人员去进行的，旅游生产经营所需要的资源来自于市场，靠市场来调节配置，资源所有者按市场法则和资源价值获取收入。所以，资源归谁所有、占用、主管，从理论和制度上看，对其利用有制约作用，但并不是决定性的。实践中，旅游资源所有者或其代表也即实际占用者和利益的主要分享者对开发利用采取限制、干预直至阻止、反对，除了公开宣称的担心破坏资源外，实际上不好公开说的就是担心自身利益受损。

旅游资源现实占用者实际上担心的主要是权属关系变动会影响其既得利益，如果通过调整使其利益得到保障并进一步增加，一般就不会反对。实践中，无论资源的现实占用者用何种理由来反对、阻止、限制、干扰旅游开发利用，其真实意图都是要保护既得利益。如果旅游开发使其所得到的利益增加，他们就更没有理由对此持反对态度。实际上，绝大部分旅游资源都在被其现实占用者自行用于旅游，但只要旅游部门或其他方面介入，它们就会提出种种不能进行旅游开发的理由，最常用也最经不起推敲的理由就是旅游开发破坏资源和环境，而只有它们是资源和环境的忠实保护者，资源只有在它们手中才不会造成破坏和浪费。当然，这些组织从占用资源上所获得的利益绝不仅仅限于门票等现金收入上，也不仅仅是经济方面的利益。因此，承认并使其利益增加，就必须全面核算其利益状况，能够承认、保护和实现的，就一定要保证。

要实现及时充分开发利用旅游资源的目的，应该根据资源性质和产权关系现实状况，选择相应的开发利用模式。从我国的实际情况看，可以选择的开发利用模式主要有：第一，资源所有者、占用者自己组织开发；第二，资源所有者、占用者与地方政府共同组织开发；第三，资源所有者、占用者与投资商合作开发；第四，资源所有者、占用者引进开发商，由开发商组织开发。在这四种主要模式中，由于具体的开发组织、投资和经营管理方式不同，还产生了更多的开发利用模式，如资源所有者、占用者自己组织开发，有利用自有资金投资、自行经营管理的，也有通过金融机构贷款融资投资开发为此专门组建一个开发经营组织的，等等。

总之，旅游部门介入旅游资源开发，目的主要是通过指导、规范、服务来实现资源更有效地开发利用和保护，提高旅游资源开发利用的效率、效益。只要不是想将通过开发利用所产生的收益据为己有，就完全能够获得有关各方，包括资源所有者、占用者、投资商、开发经营商的理解、支持和欢迎。但是不可否认，目前还有相当一部分旅游部门的人员脱不开部门利益甚至是本单位、本人的私利，想将资源拿到自己手中，所持理由当然也非常冠冕堂皇，这实际上直接影响了旅游资源开发和旅游业的发展。如果旅游部门真正脱离了本位利益，真心实意地帮助、指导资源所有者、占用者组织谋划开发利用资源，同时注重有效保护和可持续利用，结局定会大为不同。

第二节　旅游开发矛盾及对策

旅游开发就是运用一定的方法将资源转化成可供旅游者消费的旅游项目、产品。很多情况下，旅游资源的开发者就是资源的所有者或占有者，是长期生活于资源环境之中的人，可以简单地称为内部人，其是旅游开发的主体。而旅游项目和产品又是天然的市场派，即都是供其他地区、国家的居民消费的，可以简单地称为外部人，其是旅游开发成果的需求者和消费者。这种内部人生产供外部人消费，往往就会产生矛盾，即生产与消费、供给与需求之间的对应性产生问题。在当前我国旅游开发实践中，这种矛盾普遍存在，其造成的不良影响非常大。

一、内部人开发可能产生的主要问题

一般来说，内部人作为开发主体，优势是对旅游区的资源、环境非常熟悉，有利于协调开发过程中的各种关系，对顺利实现开发目标以及提高开发效率等能够产生明显作用。但从旅游经济的特性来看，内部人作为旅游开发主体存在的不足和可能引发的问题更为明显。归纳起来，主要有以下几个方面：

第一，对旅游资源的价值判断不准，甚至贬低、忽视旅游资源及其开发利用价值。有句成语叫熟视无睹，用在这里比较贴切。作为长期生活在其中甚至祖祖辈辈都生活居住于此的人，对周边的景观、风光、环境早就习以为常，所谓见惯不惊。甚至有些景观、风光、环境因被外人广泛称赞有慕名而来者时，很多当地人还露出一种莫名其妙甚至不以为然的神情，“没啥好看的、没啥好玩的、没啥好做的”就是这种神情非常生动简明的概括。这种认识从根本上就否定了旅游资源及其开发的价值、必要性和可能性，它往往也是在早期的普通居民和基层干部中比较常见的，现在从表面上看已不多见，但在内心和深层观念中仍然不同程度存在，即对旅游资源的价值认识和判断不全面、不深刻，甚至不科学。

第二，看不到旅游资源与产品的区别及其开发转化的必要性。由于旅游资源与旅游产品的直观区别不多，很多人往往将二者等同起来，由此往往导致了忽视资源到产品的开发转化，因而阻碍了旅游开发与发展。现在到很多地区去进行旅游调研考察，常常遇到的情形是，当地的同志，包括从事旅游工作的党政机关领导者和旅游行业管理部门的负责人，介绍起当地的旅游来如数家珍，山水风光如何奇特，历史文化如何深远，民俗如何丰富多彩，但一到现场进行实地考察，往往是除了原来就有的勉强可以通行的一条路以外，其他什么都没有，更不用说区域内的基础配套、接待服务、经营管理状况了。其中很多人往往还要问，这么好的景观为什么来旅游的人不多，与哪些地区比差距很大，然后非常诚恳地问原因何在、怎么办等。这就是没有看到旅游资源与产品的差别，也就根本不可能积极主动地去进行开发转化。这比上一个问题进步了不少，可看作第二阶段存在的比较普遍的问题。实际上，旅游资源只是具有旅游吸引力和价值、能够开发成旅游项目和产品来供旅游者消费的自然和人文事物，必须通过配套建设、加工包装才能成为供旅游者消费的产品项目，或者是能够供旅游者方便舒适地享用的产品。

第三，按照开发者自身的认识、兴趣、偏好进行旅游开发。认识到开发的价值和必要性之后，对于如何进行开发，内部人开发常常出现的问题就是不了解也不去了解别人是如何开发的，而主要是按照自己的想法、认识、喜好来选择、策划项目和进行设计、规划、建设、管理。结果往往是自以为是、自我欣赏，但旅游者并不感兴趣，效益状况和命运前景也就可想而知。更为严重的后果是浪费了资源，破坏了环境，耽误了时间，损害了形象和声誉，挫伤了自己和有关方面的积极性。这是在开发过程中容易犯的低级错误，但至今犯这种低级错误的内部人开发仍比较常见，危害仍然很大。

第四，简单地学习模仿别人，将其他地区的旅游项目及其管理服务方式甚至建筑照搬照抄过来或者改头换面移植过来。知道旅游者对自己想当然开发的项目、产品和所建设施不感兴趣后，开发者就要去学习别人开发的、比较成功的项目，但他们对市场需求状况及其变动趋势和自身的资源特性、比较优势分析不多、把握不准，结果就是低水平重复建设。新开发的旅游项目和产品自身未必如开发者所判断、预期的那样获得成功，或者一时取得了比较好的效果，但好景不长。近年来，这种现象在自然和历史文化旅游资源开发中存在，在人文景观和主题公园研发中则非常突出，诸如峡谷项目、溶洞项目、水上游乐项目、漂流项目、滑雪项目、温泉项目、节庆项目、民俗项目等热点项目中都不同程度地存在，西游记宫、蜡像馆、海洋公园、恐龙园等遍地开花则是更为典型的例证。

此外，内部人开发旅游，在策划设计、资金筹措、开发模式、建设施工技术和经营管理方式等方面，也都存在一些问题，包括策划设计水准不高，开发资金不足和筹措方式单一，主要是运用自己的资金、人员、技术组织开发，建设施工科学化水平低，项目竣工后经营管理不到位等。

二、解决内部人开发问题的主要对策措施

分析内部人旅游资源开发所存在的种种不足，不是要根本否定这一方式，而是希望在继续采用这种方式的地方，设法弥补这些不足，采取有针对性的措施来提高旅游资源开发建设的质量效益水平及组织管理水平。旅游开发是涉及很多方面和若干环节的经济建设活动，需要组织、动员各方面的力量和发挥各种积极性，因而必须运用开放性、科学性思维方式，不断创新机制，立足自身，内外结

合，积极利用外部的专业技术力量。从克服旅游业中内部人开发所存在的不足看，很多地区已经创造了成功的经验，主要对策措施有以下四条：

第一，组织旅游开发者，特别是开发决策者进行深入广泛的考察学习和探讨交流活动。限于经费紧张和开发投资不足，很多地区对领导干部、管理人员和技术人员外出考察学习限制很严，现实中很多考察流于形式、效果不明显则进一步强化了有关认识和限制。旅游对于很多地区来说是锦上添花的发展性事业，亟须解决的重点、难点问题等雪中送炭性工作尚且难以全面顾及，让领导干部等去考察学习游山玩水、吃喝玩乐的旅游，在贯彻八项规定、反“四风”的政治背景下，则更是犯忌讳、惹是非、招民愤的事，因此，各种顾虑、限制往往就更严。殊不知，旅游业的开发、发展最需要了解市场状况，最需要博采众家之长，外出考察、学习、交流就显得尤为重要。只有深入全面地了解别人的成功经验和把握市场需求状况及特性，结合自身的资源和配套条件，开发出适合市场需求、主题鲜明、特色突出的项目、产品，才有可能取得良好的开发效果和效益。当然，外出考察学习旅游开发，目的、任务根本不同于旅游者的旅游，不是去游山玩水、吃喝玩乐，而是要全面深入地了解旅游项目、产品的性质、特征、功能、优势以及问题、困难、缺陷，更要了解其项目选择确定、策划包装、规划设计、建设施工、经营管理、市场开发、宣传推广、品牌形象塑造等开发和生产经营中必须解决的问题。组织自己人特别是自己的当家人外出学习，是从自身入手解决内部人开发旅游存在的不足，是最基础、最根本、最重要的，因为无论采取什么具体的旅游开发方式，当地人都是最终决策者、组织管理者、参与者和最大利害关系人。

第二，积极利用专业机构进行旅游开发项目的策划、设计、规划、建设施工和经营管理。在内部人自行组织、主持开发的大前提下，对旅游区、旅游项目开发中专业性、技术性比较强又具有相对独立性的工作，可以引进和充分利用社会上的专业技术力量，将一些主要开发环节由自行承担转变为向外发包。商品经济和市场经济是以分工、专业化和协作为技术基础的经济形态，目前我国为旅游开发从事专业技术服务的社会性、专业性力量已经比较好，近年来在旅游区、旅游项目策划、咨询、论证、规划、设计、建设、维护维修、经营管理、推广营销等方面，引进利用专业机构的越来越多。各种专业机构进入旅游开发，对提高旅游开发水平发挥了重要作用。从开发投资来看，借用专业机构所需要投入的前期费用和开发期的专业费用都会相应增加，从眼前和静态看会增加投资量，这往往成为影响新项目开发运用社会专业技术力量的主要因素，特别是对于初开发的欠发达地区来说，节约资金似乎永远是最基本、最重要的原则。但如果与开发目标、目的和最终效果比，这种不分项目和资金使用性质的节约是否正确和科学，肯定是不言自明的。

第三，整体引进区域外的开发和经营者。与一些主要环节、项目引进专业技术力量相比，整体引进区域外的开发经营者是一种更为简便、专业化分工更明确，效果也可能更好的开发方式。引进投资商进行旅游项目开发，项目所在地的政府和项目主管单位成为业主，承担监督、管理、协调、指导等职责，具体的开发任务，包括从策划论证到设计、规划、施工的力量组织、过程监督、效果测评、效益核算等，都由开发商承担，业主与开发商之间按照协议划分责、权、利。这种方式贯彻了市场经济的分工、专业化等原则，因而在国外均被普遍采用，我国旅游开发中运用得也越来越多，存在的主要制约因素是法律制度和条块分割限制了一些项目整体出让开发经营权，其实质往往还是国家利益——保护需要、部门既得利益——以保护为主要理由、地区利益——发展需要、企业和个人利益——利用以获取收入的关系问题。地方政府和其有关主管部门与开发商之间的利益纷争及对项目价值、前景判断的差异则是直接影响整体引进开发经营者的主要因素。由于缺乏理性的分析预测，在未开发利用阶段，当地政府及其主管部门对资源的价值和效益前景不可能有明确、合理和量化的判断、测算，开发商即使相对好一点，但往往也要承担比较大的投资风险。地方政府往往从“用资源换资金、你发财我发展”的指导思想出发签订引进开发协议。一旦开发成功，效益比较好，当地居民、相关主管部门心理上的不平衡甚至上当吃亏的想法就产生了，并不断增强，政府也往往忘记了初衷，不能冷静、客观、全面地分析实际情况，难以全面衡量项目开发给当地带来的综合效益，不以此去引导干部群众分析算账，而是采取“和稀泥”、充当老好人等角色，让开发商拿钱让利，否则就默许、放任甚至怂恿一些人、一些单位去与开发商讨价还价，干扰、阻止、破坏开发经营活动。运用整体引进开发经营方式，要避免产生这一现象，最根本的是协调关系、统一认识，双方都遵守诚实信用原则并严格依法行事，以根本利益一致性和整体利益最大化为目标，其中当地党政机关更要从地区发展和国家旅游业发展的大局出发。

第四，组织开展对旅游市场和旅游资源深入全面的调查研究与分析评价。无论采取何种具体的旅游开发方式，保证成功和效益的最根本、最重要的做法，就是要把握市场消费需求及其变动趋势，了解相关生产供给和供求关系状况，然后分析自身的资源特性和各种优势，最终按照市场需要组织旅游开发。这是克服开发中只是从资源条件出发、按照自身判断喜好开发和简单搬用移植等问题的根本措施。

第三节 旅游开发原则

为了保证开发的科学性和效果，许多国家和地区在旅游开发中都积累了丰富的经验，集中表现为旅游开发应该遵循的一些原则。掌握和遵循这些原则，是我国旅游开发中解决矛盾、弥补不足、取得预期成效的重要条件。

一、资源依托、市场导向原则

这个原则是指旅游开发要以资源状况为基础，高度重视市场的需求状况、特征及其变动趋势。这是在市场经济条件下一切生产建设活动都必须遵循的原则，而旅游是天然的市场派，因此，其是作为旅游资源开发和项目建设的首要原则。

在市场经济中，任何产品都是为别人的需要而生产的，都必须被需求方认可、接受，才能实现生产经营的目的，即实现价值由商品形态向货币形态的转化，实现赢利的目的。因此，尽管有“巧妇难为无米之炊”的朴素哲学和资源、条件决定生产和产品的经济学理论，但在现代技术和市场条件下，决定生产首先不是看能生产什么，而是要看市场需要什么和以什么方式、什么价格需要多少，然后去分析生产的条件、可行性和效益前景，进而决定是否生产、生产多少和在哪生产、如何生产、何时生产。

在旅游开发中突出资源依托、市场导向原则的特殊意义，首先在于旅游项目、产品全部都是为别人，也即为市场生产的，同样内容和功能的项目和产品，只要由生产者自行消费，就不是旅游项目和产品，这是由旅游的定义决定的。这一原则的特殊意义，还在于旅游资源转化为旅游项目和产品后，其外在特征变化不大，因此往往有人将旅游资源等同于旅游项目和产品，进而以为决定旅游发展状况和前景的主要是资源条件。所以，在旅游开发和发展中往往易导致只看到资源的重要性，而忽视了市场的决定性作用，没能开发出适合市场需要的项目和产品，直接影响到旅游开发和发展的效果。此外，长期的自然经济传统和计划经济实践，也容易使我国一些市场经济观念还不够普及和深入的地区，在旅游开发和发展中忽视市场的重要性。这类现象在经济社会发展水平相对较低，市场经济尚不发达的地区，是客观存在的，且可能继续出现。

二、突出特色、扬长避短原则

这个原则是指旅游项目和产品的开发必须坚持特色第一的方针，为了突出特色，就必须扬己之长、避己之短。

特色是产品的生命力、竞争力所在，没有特色的产品就是没有竞争优势和前途的短命产品。在市场经济条件下，强调产品和服务的特色，还基于分工和专业化以及生产和交换的基本理论。生产的分工和专业化决定了产品、服务的专门化与特色化，功能作用和外在形式都无差异的产品和服务是没有交换必要的。同时，在分工和专业化的前提下，存在着大量生产同类产品的厂商，这些厂商要顺利地销售掉其产品，更必须突出其在产品性能、特色和价格、服务方面的优势。在价格、销售方式特定时，产品的性能和特色就至关重要。因此，要交换以顺利地实现生产目的，产品和服务特色越鲜明、越突出越好。特色来源于生产经营者所具备条件的特殊性，当然是其中可资利用、有利于生产经营的因素，即其长处，而要设法避开与其他生产经营者比所存在的不足，即短处，要扬长避短。

在旅游开发中强调突出特色、扬长避短原则，特殊意义就在于，旅游吸引力最初就产生于文化的差异性，求新、求奇、求特、求知是主要的旅游动机和目的，它们还是实现求乐目的的重要途径。通俗地说，对于旅游者而言，所有其不了解、不熟悉的事物都会使之产生去了解、探求、体验、感受的动机，而自己所了解和熟知的事物通常是不可能对其产生旅游吸引力的，旅游的一个主要目的就是去了解、认识新、奇、特的事物和寻求新的感受、经历、知识。因此，旅游开发和生产必须特别重视特色。但如前所述，实践中由于从事旅游开发的人多是生活在同质文化之中的，一方面会熟视无睹，即对旅游资源的价值认识不足，习以为常，看不出新奇和特色之处；另一方面又会在初期和一定阶段简单地学习其他地区、其他人的做法——因为这些往往是其所不熟悉而感到新奇有趣的，在项目、产品开发建设中生搬硬套、生吞活剥，进行低水平的重复建设，开发出一些特色甚微的项目和产品，结果往往是东施效颦、弄巧成拙。

三、围绕中心、成龙配套原则

这个原则是指旅游项目和产品的开发建设，必须在抓住中心的同时，注意协调配套，形成成熟的项目和产品。具体分析，这个原则的含义可以从以下四个方面来说明：

一是旅游开发建设必须明确主题，分析确定其最核心的内容、最主要的特色是什么。客观上，每个项目和产品都存在一个主题和中心，如民族文化旅游项目的中心和主题就是展示、表现、弘扬优秀的民族文化和进行民族文化的考察、学习、探索、交流。但是，不同民族其文化的精髓和特质又是不同的，体现民族文化的不同事物；如民族建筑、民族服饰、节庆习俗、艺术风格、哲学思想等也是不同的。因此，要逐层逐项分析。

二是在项目和产品开发的各个环节、各个方面都必须始终注意突出、体现其中心、主题，不能随意规划、选择、建设、组合内容而形成没有主题、没有红线、没有特色的项目和产品。例如，生态旅游区项目的中心是感受、体验绿色生态及其所蕴含的思想观念，要求尽可能保持生态的多样性和原真性，减少人为的干扰、影响和破坏。相反，如果在生态旅游区建设嘈杂的现代游乐设施，甚至包括过多的旅游服务设施，就会使其主题、中心和特色受到损害。

三是在项目和产品的设施建设上要注意协调配套，一般行、游、住、食、购、娱的服务都要具备，且在等级、档次、规范等方面基本协调，不能畸高畸低，并逐步增加设施和服务的数量、等级，以增强可选择性。特别是要避免只顾项目自身的主体建设和功能的配套，忽视辅助性、服务性设施项目。如很多新开发的旅游区，往往都有公路和游览步道、大门和管理房等设施，但没有观景亭、椅子、凳子、垃圾桶、说明牌和指示牌等观景、休憩、卫生、信息服务设施，厕所不卫生，异味很重，水上游览项目的码头和游船过于简陋等。

四是在项目、产品开发建设的同时重视人员素质、管理和服务规范、企业形象和企业文化等软件的建设配套，以及项目、产品建成后的包装、品牌策划塑造和市场宣传销售等环节的配套和统一筹划，解决新开发项目硬件硬、软件软和硬件不硬、软件过软以及建设与管理、服务、包装、宣传、销售脱节等问题。

四、立足自身、放眼全局原则

这个原则是指旅游项目、产品开发建设要以自身的成龙配套和成熟完善为立足点，同时必须环顾周边地区、相关区域的项目、产品，注意与周边地区、整个区域乃至全国旅游开发建设、旅游产品结构调整和布局的协调一致。就一般情况来说，立足自身，做好自己的事，是社会广泛提倡、反复强调的，因此是大多数人易于想到和做到的，但放眼全局往往被很多人在认识和实践中忽视。旅游开发要放眼全局的必要性主要来源于以下三个方面：

一是在市场经济条件下，任何生产经营活动都必须首先关注市场这个大局，包括市场需求特征及其变动趋势和相关生产供应商的动向及其对自身的影响。

二是大部分旅游项目，包括规模很大的旅游区，在大部分时候都不可能是独立销售和完全独立供旅游者消费的，必须与区域内的其他项目、周边和其他地区的旅游项目共同组合成产品、线路、目的地。因此，一定区域内的旅游项目之间存在着密切的互补或竞争关系——竞合关系，在开发建设新的旅游项目时必须认真分析其与其他项目的关系和自身在区域中、在旅游线路和产品中的地位、作用。

三是旅游项目最终还要受到大区域、全国乃至全世界的影响，对于某一个旅游区开发来说，首先是所在地区、周边地区、全省旅游开发、产品建设的目标和战略对其具有指导性作用，国家旅游发展政策方针和旅游产业发展规划、旅游区域和产品开发建设规划的影响也是全面而深远的。

简单地说，旅游开发中贯彻立足自身、放眼全局原则，可以避免就事论事和只见树木、不见森林的倾向，有利于强化旅游开发和产品建设中的一盘棋观念，对保证旅游开发建设的整体效益和项目本身的长期效益有重要作用。

五、梯次推进、逐步深入原则

这个原则是指就旅游项目开发、建设方式来看，应当分轻重缓急，分阶段分步实施，并注意在项目等级、水准、内容、性质、特征等方面不断提高、深化、丰富和强化。

就一般建设项目来说，总是有主要和次要之分，为了尽快投入运营和产生效益，有些建设是首先要完成的，有些则可以逐步建设配套。大多数产品的生产也存在一个由初级不断完善升级和形成包括多种规格、型号、档次的系列产品体系的过程。

旅游项目和产品在这方面的特征最为明显，基本上体现为一种不断改进、完善、丰富、扩大和提高的过程性产品，有的在处于未开发建设的原始状态就可以供人们旅游消费，如单个或团体旅游者自行到未经开发、配套和包装的民族村寨、天然溶洞、野山峡谷进行徒步旅游、度周末、春秋游等。因此，在进行开发建设时，可以先从交通着手，逐步到游览、休憩、卫生、服务、管理设施建设和策划包装、宣传销售、内涵挖掘、展示参与等环节、方面。就项目和产品性质来说，可以从一般性的参观、游览，到欣赏、考察、参与、体验，有的还可以向娱乐、度假、康体、商务、会议等方向发展。

旅游开发强调梯次推进、逐步深入，还在于对我国为数众多的旅游项目开发经验教训的总结。我国不少开发比较早的知名旅游景区、景点，从基本完成配套建设起，长达数十年就是一张老面孔，功能没有扩展，内容没有得到深化和丰富，品牌形象也完全一样。最可悲和可怕的是，其中的一些景区仍没有意识到由此产生的危机，至今还有“皇帝女儿不愁嫁”的陈旧意识，以老大、王牌自居。

六、科学开发、有效保护原则

这个原则是指在旅游开发中，要坚持科学合理的指导思想和行为方式，要注意对资源、环境的切实有效保护，防止和杜绝掠夺性、破坏性开发利用，实现永续利用和可持续发展的绿色产业目标。

资源是我们赖以生存和发展的基础，不能有效保护资源就会使我们失去生存和发展的根本。就彼此间的辩证关系来分析，科学开发是有效保护的前提，有效保护又是充分发挥资源效益、实现开发利用目的的前提。旅游资源大部分具有脆弱性、不可再生或不易恢复性特征，特别是其中的人文文化类资源和环境生态类资源，一旦在开发中性质、特征发生根本性变化，尤其是受到开发性、建设性破坏或侵扰、污染，要复原几乎是不可能的。同时也要认识到，人类所有的生产建设活动都是按照自身的需求去改变资源的性质和特征，以生产出能够满足自身需要的产品。如果将这种改变资源性质、特征也都看成对资源的破坏，就不会有人类的生产活动，也就不会有人类及人类社会的存在和发展。更为重要的是，如果因为担心在开发中会受到侵扰、破坏就禁止或严格限制开发利用，坚持严格保护、保护第一、保护唯一等原则，还可能因资源的价值没有及时体现，特别是没有较好地转化成经济收入，没有使区域内和附近地区居民、企业、政府从经济利益上感受到资源的价值，就很难使其对保护资源必要性的认识广泛深入，相关方面特别是生活在其中的人们保护资源的内在动力就很难产生。这样，有效保护的目的就很难实现，结果往往是资源以更快的速度、更大的力度被破坏。

就现实针对性来说，科学开发、有效保护与保护第一、利用第二或严格保护、合理利用的区别不仅仅是文字上的提法不同，实际上是对利用与保护的辩证关系不同的理解和处理方式。而且，笼统地提第一、第二和严格保护，在具体执行中也难以把握，结果往往是因此限制了对资源的开发利用，最终结果常常是导致资源保护自身受到很大影响。严格、第一等是就态度和定位而言的，其实践结果很难判断，可以用“态度是严格的、定位是突出的，但由于条件所限或者方式不科学、措施不得当，所以产生了不好的结果”来搪塞、推脱；而有效保护是从结果来判断的，即无论态度、定位、方法、措施、条件如何，判断和考核的结果只有“效果”——保护好了就是“有效保护”，没有保护好就不是“有效保护”。

第四节 招商误区及对策

招商引资是促进区域经济特别是相对落后地区加快资源开发和经济发展的重要手段。尽管各地、各方面在这方面取得了很大的成效，积累了不少成功的经验，但存在的问题也相当多。最常见的问题是，很多地区、很多人对招商活动性质的认识不到位，对招商活动功能目标的认识不全面，存在明显的误区。其一是看不到招商活动在性质上与申请政府投资、无偿援助之间的根本区别，看不到“商”与“政”，“商”与“客”之间的不同；其二是简单地提“招商引资”，将“引资”作为招商的唯一目标。

一、投资商主要是“商”而不是“客”

科学地认识招商活动，首先就要充分地理解“商”的含义和特性。“商”通常是指商业、商务、商人，在招商活动中的“投资商”就是以投资为手段实现其赢利目的的商人。说白了，投资商的主要目标是赚钱，也不排除很多投资商以赚钱为唯一目的，这与道德、伦理、政治、牺牲、奉献等没有什么矛盾，投资只不过是实现其赚钱目的的手段。因此，对于投资商来说，能否赢利是决定其是否投资，预期利润即投资回报的多少是决定其投资多少快慢的最关键因素。但能否赢利和投资回报的大小，并不像一般商业贸易那样一目了然或经过分析计算就基本清楚了，更不可能立竿见影，而必须对市场供求关系及其变动趋势、资源基础、技术条件、投资经营环境等进行比较全面、客观、准确的分析研究，才能大致判断。而市场供求关系是始终处于变化之中的，包括观念、认识、政策、制度、经济社会发展、自然等各种因素在内的投资经营环境，更不是一般人用一般方式在短期内就可认识清楚的，对资源禀赋、技术条件等的认识也需要时间。这样就不难理解，为什么有很多投资商签订投资协议后，在很长时间没有投资跟进，多少年不进行实质性投资建设，其真实原因就是在分析研究以上问题，或者在等待有利的市场机会，也不排除一部分投资商经过分析研究后对投资项目能否成功和取得应有回报产生了疑问，甚至是基本否定的结论，但碍于各种因素——包括协议、法规、舆论、道义、人情世故等，又不能或不便马上宣布取消投资计划。而政府投资主要是基础性、公用性、先导性的项目建设，目标主要是提供公共产品，为经营性项目投资奠定基础、创造条件，因此，一般不以投资回报和赢利为目标，是无偿使用的。

二、招商引资中需要避免的做法

认识到投资商的性质及其投资目的后，就能看出一些地区特别是相对贫困落后地区在招商活动中的不当举措。

第一，从开门迎客的传统习俗观念出发，给投资商戴高帽子，像接待贵宾、首长那样礼遇有加，在节庆等活动中地方领导全围着投资商即通常所称的“老板”打转转，进行超标准接待乃至举行盛大欢迎活动。这样做的一个直接后果，是被一些不诚实、不道德、不法者所利用，小者骗吃骗喝，中者骗钱骗物，大者骗人骗地——骗人主要是指骗取人们的信任、政府的优惠政策等。同时，也使招商成本费用大幅度增加，往往还使得真正想投资的诚实投资商对投资环境产生疑问。此外，也会将投资的商业性活动变成带有政治性、友好交往性活动，使得有些投资商在明明已经知道投资计划难以实施之后而不能、不便马上宣布终止。外来投资商也被称作“客商”，但以商为主的“客”不同于一般意义上的宾客，其来做客的目的不是礼仪性的友好交往，而是来寻求商业利益、投资赢利的，“客”只不过是尊称和与主人对称的限定词。

第二，也有一些看明白的地方政府部门及其负责人将错就错，为了取得政绩而搞假项目、假引资，近年来非常流行的“协议招商项目”“协议投资额”及其与“实际开工建设项目”“实际利用外部资金”的差距越来越大，就是非常典型而且非常普遍的表现，其害政、害民、害社会等危害性之大无须多言。

第三，为了吸引外来投资，竞相出台优惠政策，往往超出了本级政府的法定权限，其承诺并签订的投资合作协议，为日后投资计划的实施和协议的兑现留下了隐患。有些地方对投资商，到了“只要你来投资，土地、税收、信贷、收益分配等什么都好说”，一旦资金到位、项目开工，当初的承诺就开始变味，扯皮、纠纷、矛盾不断增加，招商者是“从奴隶到将军”，投资商往往就从“爷爷”变成了“孙子”——开始是被求被恭敬，随后就是四处求人装孙子。

三、应对措施

解决以上问题的办法很简单，就是在认识到招商和投资商性质及投资商目的的基础上，实事求是地宣传、洽谈、签协议，双方都本着一颗真诚的心去办事，当然依据法律法规和惯例行事是前提，同时都要换位思考。

对于招商功能作用和目标的理解，还要不能简单地只看到引进资金，而是要看到“引智”“引制”和“引市”等方面的重要性。实际上，现在很多地区和项目引进的投资商，其直接带入的资金是有限的，大部分还是贷款融资，而且绝大部分是使用投资区域内的银行资金。这样，引进的实际上主要是一种投融资和开发建设机制，区域内没有能够直接将银行资金与开发建设项目结合起来，主要原因就是没有人员和机构来利用这种机制，其更深层的原因就在于认识不到位，观念跟不上，不会用、不敢用银行资金，或者争取不到银行投资。因此，招商的主要功能和目标实际上首先就成为引进一种新的机制，而投资商的认识、观念及智力、智慧、知识、技术等是机制的基础。所以，招商的主要功能和目标就转变成“引智”和“引制”。市场经济中，市场是最根本、最重要的决定因素，对于旅游来说更是如此，因为旅游产品、项目和服务都是市场性消费，自给性消费在理论上应该为零。所以，“引市”也就非常重要。在旅游区和旅游项目开发招商中，很多地区都将“引市”作为重点，但也还有不少地区对“引市”和“引智”“引制”认识不到位，眼睛主要就盯着钱。因此，简单地提“招商引资”是不准确、不全面的，有时往往是有害的，应该将“招商”与“引智”“引制”“引市”全面结合起来。

第二章　自然生态旅游资源开发

项目是旅游资源开发和建设的基础和基本单元，因而也是开发建设的主要任务。旅游项目开发有很多特点要求，主要源于旅游活动自身的性质特征。在上一章阐述旅游开发建设的基本原则、方式及要求之后，本章和下两章通过多年来作者直接参与、考察的有代表性的几十个项目，分自然生态资源、人文社会资源和综合性资源三个类型，从不同角度来就资源项目开发方案、方式、方法进行分析说明。自然资源类项目在我国旅游项目中所占比重很高，其开发建设水平对我国旅游资源整体开发利用影响最大，出现的问题也很多、很典型，因此，作为重点首先研究阐述。

第一节　新疆塔克拉玛干沙漠旅游环线及大漠风光旅游区

沙漠旅游是新疆特别是南疆旅游极具特色和吸引力的观光、体验类旅游活动，随着大交通特别是公路干线交通的快速发展，南疆以世界第二大流动沙漠、中国第一大沙漠——塔克拉玛干沙漠为资源基础的汽车观光、自驾车体验、徒步穿越等旅游发展迅速。塔克拉玛干沙漠旅游环线和南疆大漠风光旅游区不仅是关于加快兵团旅游业发展的意见、兵团旅游业发展总体规划和“十一五”规划确定的五条重点旅游线和五大重点旅游区之一，而且是新疆和新疆生产建设兵团（以下简称“兵团”）最具备条件和优势的旅游线和旅游区，根据市场需求、基础配套条件，通过加强规划指导加快其开发建设和宣传推广非常必要。

一、基本工作思路和指导思想

塔克拉玛干沙漠旅游环线和南疆大漠风光旅游区的开发建设，要以自治区和兵团旅游业发展方针政策和总体规划为指导，贯彻产品性开发、产业化发展的基本工作原则，以线路开发和配套成熟为红线，以观光游览和特色项目开发建设为重点，综合考虑入出口岸和集散中心选择、住宿点、餐点、旅游点、途中短暂休憩观光摄影点布局及其设施建设为主要任务，以产品和线路主题塑造为核心，科学选择，合理布局，突出特色，因地制宜，以最大限度地适应旅游消费需要为目标，积极推动区域内及其附近区域和整个南疆五地州和四个师旅游业加速发展、全面发展。

二、概念性线路设计

此处提出的旅游线路，是综合考虑旅游消费需求、区域和项目分布、基础和支撑配套条件等因素，指导产品、线路和区域开发建设的概念性线路，目的是在线路设计框架下考虑节点、项目的布局，目标和任务是为旅游者选择、旅行社编排销售线路产品奠定基础、创造条件。

（一）（乌鲁木齐—）库尔勒—若羌—且末（—民丰）—塔中—轮台—库尔勒（—乌鲁木齐）环线三日游

以库尔勒为主要入出境口岸、集散中心和服务基地。从乌鲁木齐出发，如果乘汽车则增加两天，并可考虑串联吐鲁番；如果乘夕发朝至火车则增加两夜；乘飞机则相应增加半天左右时间。

第一天：库尔勒到若羌（36 团），上午途中参观距库尔勒 83 公里的恰拉水库（30 分钟）或 120 公里的大西海子水库（30 分钟，31 团、32 团），到铁干里克（34 团）用午餐，餐后参观塔河马鹿养殖场（60 分钟）和蒲菖古城（30 分钟），接着继续沿 216 国道南下，沿途观赏塔里木河胡杨绿洲生态走廊景观、台克玛湖湿地戈壁景观（可下车照相和休憩一两次），晚上到米兰镇（36 团）住宿用餐。

第二天：米兰（若羌）到且末或民丰、塔中，早晨参观米兰故城，然后驱车 80 公里到若羌县城用早餐，途中参观瓦石峡遗址和观赏戈壁景观，到且末用午餐，下午参观托呼拉克庄园和古墓葬，在县城住宿或去民丰、塔中住宿。

第三天：且末或民丰、塔中到库尔勒或库车，沙漠及沙漠公路观光摄影、第一村考察，在且末、民丰公路交会处或轮南用午餐，下午继续沿沙漠公路观光、塔里木河及胡杨观赏摄影、参观龟兹王府（墓）、克孜尔千佛洞或峡谷观光，夜宿库车或库尔勒，或者乘晚上火车回乌鲁木齐或去喀什。

第一天还可以参观罗布人村寨，从乌鲁木齐乘汽车往返可增加博斯腾湖观光和铁门关等项目，时间来不及时库车及其项目可不包含在内。

（二）（乌鲁木齐—）库尔勒—若羌—且末—民丰—于田—策勒—和田—阿拉尔—阿克苏—库车—库尔勒（—乌鲁木齐）五日游线路

第一、二天行程同三日游，但第二天晚上住民丰。

第三天：从民丰到和田，途中参观于田毛主席会见库尔班老汉塑像，午餐到和田吃，下午进行维吾尔族家访、参观水磨和伊斯兰教遗址、葡萄园、无花果树王和核桃树王、玉石市场和下河滩体验拣玉石。

第四天：和阿沙漠公路和塔里木河上游观光，晚宿阿拉尔或阿克苏，下午或次日上午游览祥龙湖、千鸟湖等。

第五天：从阿拉尔或阿克苏到库车或库尔勒。

（三）（乌鲁木齐—）库尔勒—若羌—且末—民丰—于田—和田—叶城—英吉沙—喀什—阿图什—阿克苏（阿拉尔）—库车—库尔勒（—乌鲁木齐）十日游线路

前三天同五日游线路。

第四天：从和田至喀什（530 公里），上午途中参观皮墨农业生态科技园，在叶城或224 团用午餐，在英吉沙参观购物（小刀）。

第五天：在喀什游览艾提尕尔清真寺、香妃墓、高台民居、大巴扎等。

第六天：从喀什到阿克苏（480 公里），途中游览阿图什、七彩山，品尝伽师瓜等。

第七天：从阿克苏到阿拉尔（120 公里），游览塔里木河上游景区（多浪河、千鸟湖、祥龙湖）、沙漠胡杨、沙漠公路等。

第八天：从阿拉尔到库车，游览库车王府、克孜尔千佛洞、库车大峡谷等。

第九天：从库车到库尔勒，游览铁门关、罗布人村寨等。

第十天：从库尔勒返回乌鲁木齐。

在喀什还可以增加到塔什库尔干、红其拉甫口岸的边境三日游，主要项目有卡拉库里湖、慕士塔格和公格尔雪峰、石头城、口岸、温泉、帕米尔风光、塔吉克族民俗历史文化。在阿克苏可以增加一天，游览温宿县神木园、大峡谷等自然景观。阿图什、阿克苏、阿拉尔的项目尚需要考察选择。与西部边境旅游金线和南疆民族文化与边境旅游区的衔接需要考察论证。

三、交通、口岸、集散中心和主要服务基地、餐点和住宿点布局

（一）疆内游客

近期以公路客运为主要交通方式，中期公路与铁路客运结合，辅以航空客运，远期三种交通方式并重。主要入出口岸、集散中心和接待服务基地依次为库尔勒、和田、阿拉尔、轮台（库车）、喀什。住宿点主要是库尔勒、米兰（若

羌)、且末、民丰、塔中、库车、和田、喀什、阿拉尔（阿克苏)；餐饮点除接待服务基地和住宿点外，途中增加铁干里克（34 团)、瓦石峡、皮墨垦区（叶城)、七彩山等。

（二）疆外国内游客

入疆长途交通、航空与铁路相结合，入出口岸、集散中心增加乌鲁木齐、吐鲁番。

（三）国外游客

长途交通以航空为主，乌鲁木齐和喀什入出口岸、集散中心地位更突出，近期住宿接待服务以库尔勒、和田、喀什、阿克苏等城市和阿拉尔市、库车县为主。

四、主要旅游项目及其开发提升

以下对旅游项目开发、建设、包装、宣传的建议，根据其在产品和线路中的地位、开发条件与状况、适应需要，各有侧重。

（一）银沙滩（天格尔岛)

1. 名称：建议使用“天格尔岛滨水观光旅游区”。第一，因为附近有金沙滩在先，金、银在价值上有高低之分，在中国人的观念中黄金天然第一，白银当然第二，用银沙滩就是自甘人后，有自轻自贱之嫌。第二，天格尔是蒙古语“天堂”的意思，但因为是少数民族语言，比直接用汉语“天堂”含蓄很多，民族文化意味又非常强，还很容易让外界人士产生猜想、疑问，正好符合旅游品牌功能要求。

2. 主题特色：突出新疆最大内陆淡水湖的猎奇观光和休闲度假特性，以自然为主，同时不断挖掘和充分利用人文社会资源，兼顾民族、兵团特色的水上、湖滨娱乐、运动和以湖鲜、草原特产为原材料的餐饮，在建筑设施设备和观光、运动、餐饮、娱乐等活动组织、服务方面都要注意突出民族、兵团特色，如设计建设古烽火台式观光塔和主入出口沿线标志性景观。

3. 在旅游产品和线路上的性质定位：近期以入出线路上的观光点和餐饮娱乐点为主，加快建设完善为住宿点，成为沙漠环线旅游具有特色、震撼力的序曲或锦上添花、余音袅袅、回味无穷的尾声，同时成为农二师旅游的先导、龙头、品牌景区项目。

4. 近期主要任务：以乌鲁木齐为主要目标市场，面向社会公众的形象宣传和面向旅行社的产品宣传销售密切结合，全力开展宣传促销活动，争取尽快成为新疆旅游特别是南疆旅游新的热点，根据市场和效益状况逐步增加项目、丰富内容、提升设施设备档次和管理服务水平。

5. 主要目标市场：近期以疆内为主，很快要着眼国内。

6. 景区建设目标：近期为3A级旅游区，可以向4A级旅游区发展。

（二）恰拉水库和大西海子水库

1. 名称和主题：建议确定为“恰拉和大西海子水景湿地观光”。

2. 在产品和线路上的性质定位：近期是途中休憩观光点，随后可以根据市场成长情况，发展水休闲、岸休闲、深度观光、娱乐、运动等项目，以水生和草原特产为原材料的特色餐饮开发为内容，发展成为餐饮点。

3. 开发建设内容：在干线公路入出口设计建设特色景观标志（不一定是景观大门，也可以是一两座古烽火台式指示性标志物）；建设好连接道路、停车场、旅游厕所，设计建设观景亭、台、廊、阁和说明、指示性标牌。

4. 管理服务：近期作为开放性、免费旅游项目（厕所、停车场也均以不收费为宜）。项目投资以政府基础性建设资金为主，或者与附近和线路上其他项目统一起来进行开发建设和管理；人员主要是保障安全、维护秩序、清理卫生和维修设施，不需要专门设置解说员和其他服务人员；可以通过购物来获取一部分收益。

5. 注意事项：投资建设尽可能减少，要依照连接道路、厕所、标牌和标志性景观、观光休憩设施、餐饮和游乐项目的顺序循序进行。

6. 景区建设目标：2A级旅游区。

（三）34团铁干里克马鹿养殖场项目

1. 主题和名称：建议确定为“塔里木河马鹿观赏摄影科普生态旅游”。

2. 在产品和线路上的性质定位：近期以餐饮观光点为主，未来可以向服务比较全面、内容比较丰富的住宿点发展，是农二师和环线东部的骨干、主打品牌旅游项目。

3. 开发建设内容：干线公路入出口位置特色标志景观（可以是景观门，也可以统一用古烽火台式景观塔），整治连接道路和内部游览道路及其卫生、容貌，制作设置标准或特色中英文对照的说明性、指示性标牌，设计建设停车场、功能比较齐全的游客中心（含旅游厕所）、鹿产品及旅游纪念品展示销售设施，编写解说词和培训解说员。

4. 目标市场：疆内、国内和入境并重。

5. 景区建设目标：近期为3A级旅游区，积极建设4A级旅游区。

（四）红砖公路项目

1. 主题与特色：突出“国内外罕见的用红砖铺砌路面的公路”，兼顾兵团和塔里木开发历史和精神的宣传展示。

2. 在产品和线路上的性质定位：点缀性特色观光休息点。

3. 开发建设内容：规范并丰富解说内容，维修、美化、特色化说明牌，可以设计建设统一的古烽火台式标志景观，建设一座旅游厕所。

4. 目标市场：三大市场兼顾。

5. 发展目标：2A级旅游区。

（五）胡杨及塔里木河生态走廊观光、摄影项目

1. 主题特色：天然胡杨树、胡杨林及塔里木河绿洲生态走廊与兵团创造的绿洲、水域、湿地生态观光体验摄影，展示自然的神奇美丽和人类的聪明智慧、勤劳勇敢。

2. 在产品和线路上的性质定位：沙漠环线两大主打项目之一。

3. 开发建设内容：沿环线主干道选择合适位置的突出景观，按照旅游观光项目进行基础、配套建设，主要是卫生间、停车场、连接道路、游览步道、观景摄影及休憩遮蔽风雨设施建设、指示和说明标牌，最重要的是根据资源状况和游览线路时间分布选择最有吸引力的景观，数量以3~5处为宜。

4. 目标市场：以国内为主，兼顾疆内和入境市场。

5. 景区建设目标：近期可以选择建设一两个3A至4A级旅游区，以后可以向5A级发展。

（六）沙漠公路观光科普项目

1. 主题特色：沙漠环线旅游的两大主打品牌项目之一，包括自然沙漠景观和沙漠公路人文景观，集中、形象地展示自然的神奇壮观和人类的交通建设科技与智慧。

2. 在产品和线路上的性质定位：主要是观光、摄影、感受、体验和科普宣传展示类景点。

3. 开发建设内容：选择最有吸引力的景观区域，设计建设生态卫生间（可依托灌溉水井和管护人员小屋），规划设计游览线路、观光摄影位置，设置必要的指示和说明标牌。

4. 目标市场：以国内市场为主，兼顾疆内和入境市场。

5. 景区建设目标：不作为完整独立的景区来建设、管理，故不单独申报评定景区等级，可与胡杨绿洲景观项目联合建设高等级、高品位旅游景区。

（七）38 团沙漠改造和垦区规模开发建设项目

1. 主题特色：利用大规模垦区开发和改造沙漠戈壁工程项目来建设观光项目，集中生动展示人与自然互动和谐关系。

2. 在产品和线路上的性质定位：初期为观光摄影点，以后可以作为餐饮点和住宿点来发展。

3. 主要建设内容：建设整治连接线路，制作设置指示和说明牌，编写解说词和培训解说员，逐步规划建设景观标志、游客中心和餐馆、酒店、购物、娱乐等设施项目。

4. 目标市场：国内和入境结合，兼顾疆内。

5. 景区建设目标：初期 2A 至 3A 级旅游区，然后向 4A 级发展。

（八）224 团皮墨国家农业旅游示范点项目

1. 主题特色：分阶段、分层次生动展示兵团人变沙漠为良田、变荒漠为花园的壮举，充分体现人类的顽强精神和现代科技农业生态的神奇功效，直观感受“人进沙退”的奇特场景。

2. 在产品和线路上的性质定位：观光点加餐饮点，并逐步规划建设为住宿点。

3. 开发建设内容：建设整治交通连接公路和内部人行游览步道，制作设置指示、说明标牌，编写解说词和培训解说员，设计建设游客中心（含旅游厕所）、景观标志、餐馆，稳步发展旅游住宿设施和土特产品展示销售设施。

4. 目标市场：国内与入境结合，兼顾疆内。

5. 景区建设目标：立足国家农业旅游示范点，建设 4A 级旅游区。

（九）线路途中点缀性项目

根据交通游览时间分布，在超过 2 小时车程没有景点、餐点、住宿点的环线交通主干线附近，选择环境、条件、景观比较好的地点，建设一些点缀性休憩、摄影、观光点，建设内容主要是卫生间、停车场（观光平台）和说明牌。

（十）依托、利用的地方项目

依托、利用的地方项目包括旅游及住宿、餐饮、娱乐、购物等配套服务项目，规划建设的内容主要是编入线路和导游解说中，对服务项目按照国家和地方标准进行建设、管理和规范。

五、线路和产品的主题、特色、目标市场及宣传开发

沙漠旅游环线总的主题就是展示人与自然的神奇伟大与和谐共处，以自然生态为主要特色。目标市场以国内旅游为主，兼顾入境和疆内旅游。宣传和客源市场开发首先以乌鲁木齐为主要目标，先在乌鲁木齐举行专题旅游推介会，并利用国内旅游交易会和区域性旅游会展渠道尽快向国内市场发展，可以选择上海、北京、武汉、西安等有直达航线和直达客运列车、出游能力强兼具口岸和集散中心功能的重点城市举行专题宣传推介会。

第二节　新疆五彩湾沙漠古海水温泉度假区

一、基本情况

（一）地理位置

属昌吉回族自治州吉木萨尔县境，邻近阿勒泰地区富蕴县，准噶尔盆地东部，卡拉麦里山南麓，在乌鲁木齐、天池至喀纳斯旅游线路（北疆旅游环线）和丝绸之路北道上，地理坐标：东经 88°49′26.9″，北纬 44°45′48.3″。

（二）温泉水质

根据新疆石油管理局钻井处《钻井地质总结报告》，该温泉贮存在地下 2000 米左右，持水层厚度达 80 米以上，单井自溢流量为 $280m^3/d$，水温为 75℃，属高热温泉，水年龄 7.7 亿年，至少使用 50 年以上流量和压力不会有变化，总体呈现水质好、水温高、流量大特点，具备建设大型温泉度假地条件。

（三）主要功能作用

据分析研究和实际感受，该温泉对神经系统功能障碍、风湿性关节炎、骨折、关节僵硬、肌肉瘫痪、动脉硬化、脑溢血后遗症、半身不遂、皮肤病等有显著疗效，同时对消除疲劳、增强体质、保健美容也有明显作用。

（四）开发情况

该温泉是新疆石油管理局 1982 年为探查该区域石油蕴藏情况钻探的预探井（称沙南一号井），碰巧打到高压持水地层，成为自喷高温矿泉水；1985 年移交给吉木萨尔地方政府，在此前后初步开发应用于治疗，在该井附近建设了简陋的浴疗设施；2001 年西域旅游股份公司接手开发和经营管理。

（五）目前状况

西域接手后，委托法国一家规划设计机构进行了规划设计，预算投资13000万元，现已陆续投入3000余万元，建设了五栋别墅（每个都有室内和室外温泉泡池）、带30个标准间客房的四合院式接待服务中心、一个25米×50米标准温泉游泳池、一个大温泉泡池及更衣冲淋室、一个容纳200人的餐厅；2005年被兵团旅游局评定为三星级饭店和3A级旅游景区，已有越来越多的旅游团队和周围青河、富蕴、吉木萨尔、奇台、阜康、昌吉、米泉、乌鲁木齐等地及准东油田的游客前往浴疗、洗浴、住宿和用餐，2006年接待量为3万人左右。

（六）存在的主要问题

总体上投资不足，设施、经营管理和服务档次水准不高；现在的规划设计对资源品位、景区及其投资建设的规模、档次、目标定位明显偏低，资源利用很不充分。

（七）周边旅游资源

50公里范围内有卡拉麦里野生动物保护区、普氏野马繁殖中心、火烧山、五彩城、狩猎场、硅化木、石油工业区和正在建设的大型煤化工基地。

（八）招商引资前景

2005年和2006年兵团旅游局在中国旅游投资洽谈会上进行宣传推介，很多投资商表现出较大兴趣，美国一家基金投资商在北京的咨询评估代理机构一直在跟踪接触，中国中旅集团、中青旅股份的负责人听到介绍时也很惊奇，表示有机会一定来看看。

二、五彩湾古海水温泉是与喀纳斯等齐名的新疆极品旅游资源

（一）观光旅游旗鼓相当

说新疆有雄浑的沙漠戈壁，有美丽的草原湖泊，有雄伟的高山雪峰，别人都不会意外，而如果说新疆有真正的海水，而且是7亿多年前的古海水温泉，一定会让人们大为惊奇。五彩湾的吸引力就在于能够满足人们的猎奇心理，因为新疆是世界上离海洋最远的干旱内陆（亚心），在准噶尔盆地东南的沙漠中喷涌出7亿多年前的古海水温泉，是海与陆、古与今、水与旱、冷与热等自然矛盾现象的生动对照，世所罕见。五彩湾的奇与喀纳斯、那拉提的美并驾齐驱，新疆旅游吸引力将因此进一步增强。

（二）度假旅游潜力巨大

度假休闲是小康生活、富裕生活的重要标志和内容，发展度假旅游对于人民

群众生活消费和旅游产业发展的意义正不断增强。从满足人们度假休闲的健康快乐需求看，温泉度假是全世界共同推崇的康体保健项目，老少咸宜，四季和各种地区都能够开展。而五彩湾古海水温泉不同于一般的淡水温泉和海水温泉，其理化性质又非常好，对人们放松身心、强身健体、疗养保健、防病治病等有非常好的效果。

（三）位置交通优势明显

五彩湾位于乌鲁木齐东北，紧邻216国道，距乌鲁木齐180公里，已经与吐乌大一级公路和216国道连接，2～3小时车程，如果全程用高速公路连接，车程将缩短为一个半小时。

三、五彩湾可以开发建设成为国家5A级旅游区和国际温泉度假地

（1）五彩湾的主要旅游项目就是“沙漠古海水温泉度假”，围绕时尚健康理念，以促进人民健康、欢乐、幸福、和谐为主要目标，可以逐步开发会议和其他旅游。

（2）围绕古海水温泉开发适宜不同人群享用的项目，如中老年人泡温泉和温泉理疗、中青年人温泉游泳和少年儿童温泉戏水等。

（3）利用景区内的沙漠开发观光体验旅游，如沙漠观光、徒步、滑沙、狩猎、野餐野营等。

（4）以五彩湾为基地和中心，组织开展到五彩城、火烧山、玛瑙滩、天山野马繁育基地、恐龙沟、硅化木产地等地的多条一日游、半日游活动，甚至可以将天池观光一并纳入，丰富度假内容，延长游客停留时间。

四、按照建设高品位国际温泉度假地来划设景区规模

（1）景区总面积约100平方公里，沿216国道西侧长、宽均为约10公里，西至沙山西边脚下，北至盐湖北岸。

（2）核心景区面积约10平方公里，沿216国道西侧划定，南北长约2500米，东西宽约4000米，主要布局温泉项目，同时是景区接待服务和管理基地。

（3）用地：核心区土地全部作为建设用地，按荒漠土地一次性或分批征用并出让给开发投资单位；除核心区以外的其他土地为控制使用土地，只允许作科研、旅游使用，不准从事农牧业，禁止砍伐树木、采集花草、挖沙取土、建筑设施等。

五、设计建设高档次度假旅游接待服务设施

（1）直接的旅游服务设施，包括按照适合老人、孩子等不同年龄泡温泉的实际需要改造现有的温泉泡池和设计建设新的温泉泡池，设计建设满足儿童和家庭戏水需要的温泉戏水池，规划整修沙漠野餐野营地和滑沙场等。

（2）接待服务设施，最主要的是建设一家五星级的度假酒店，规模为250个房间、400个床位，同时餐饮、会议、康乐等功能设施齐备，总建筑面积不少于4万平方米，并逐步对现有的别墅等住宿、餐饮、更衣、冲淋设施进行升级改造。

（3）规划、设计、建设景区大门和门前景观广场，以及机动车道、游览步道和人行道、指示牌、说明牌、厕所等服务设施。

六、抓紧进行基础和配套项目规划建设

（1）温泉和淡水资源勘探、打井和输水（包括供热、供暖、排污）管线建设，并修建污水和固体垃圾处理设施。

（2）修建核心区与干线公路连接线、核心区封闭围档和管理用房、员工宿舍等。

（3）核心区绿化、供电及照明、亮化设施以及景区资源环境保护设施。

七、投资估算及融资渠道

（1）景区大门、门前景观广场和核心区封闭围档、温泉泡池（理疗池）、戏水池、野餐野营地、滑沙场和景区内道路等旅游设施建设投资2000万元，纳入景区建设进行招商或自行融资。

（2）五星级度假酒店投资4亿元和现有住宿、餐饮、更衣、冲淋设施改造1500万元，实行招商引资。

（3）温泉和淡水资源勘探、打井、管道、垃圾污水处理、环境资源保护、绿化美化亮化、连接公路、管理用房和电、热、暖供应等基础配套投资约8000万元，需要政府投资。

（4）建设用地土地出让金约2亿元（按核心区10平方公里的2/3和每亩2万元计算），开发商分期支付并按照招商引资优惠政策给予减免和返还使用。

（5）改造升级大黄山至五彩湾80公里公路为一级公路8亿元，或者修建乌

鲁木齐至五彩湾180公里的高速公路26亿元，争取列入国家交通建设规划，使用国家长期建设资金和交通建设专项资金。

八、抓紧启动可研、规划、立项等项目前期准备

（1）委托专业机构编制可行性研究报告和项目建议书，组织高水准的项目论证会，然后按照规定程序申报和批准立项。

（2）委托权威机构编制景区总体规划和控制性规划，然后委托专业机构分别进行单个项目设计。

九、景区经营管理

（1）组建五彩湾古海水温泉度假旅游股份有限公司，实行统一经营管理，其中饭店和滑沙场等项目可以独立投资、独立经营，但须服从景区的统一规划和管理。

（2）饭店（含餐饮娱乐）、温泉洗浴（含游泳戏水）、沙漠旅游等分项收费，景区不收门票。

（3）依托性旅游项目原则上不纳入景区投资、建设、管理和经营。

第三节 南昌厚田沙漠

作为多次到过西北和华北北部、看到过不少沙漠景观的人，主人不经意间应作者偶然考察了南昌市厚田沙漠，其景观质量和资源品位着实让人大为吃惊，同样令人吃惊的是其开发建设状况及其反映的认识、机制问题。因此，还没有看完，作者即请同行与开发商的负责人员联系，安排了赣江游船餐厅中晚餐桌上的交流。

目前厚田沙漠开发存在的最突出问题是认识不到位和机制非常粗糙、初级以及由此导致的开发建设中出现的偏差。这些已经严重威胁到该景区项目的资源和形象，所以必须设法尽快改进、提高、创新。

一、各方面对厚田沙漠景观质量和资源品位认识不到位

就认识看，各有关方面对厚田沙漠景观质量和资源品位、性质、特点的认识都不到位。

（一）开发商认识不到位

这一点从考察时已经开发和运营的项目、土地使用形式、引进投资商的实力和综合素质、基础配套和景区管理、规划编制单位选择，以及边规划、边开发建设、边接待旅游者的“三边”工程操作方式等方面，都可以非常明显地感觉到。开发商仅仅是将厚田沙漠看成城市周边的一个能够供市民大众休憩、娱乐、观光、交往的景观，其市场主要是区域内的近程市场，项目以沙漠观光、娱乐、休闲、短期度假为主，项目、设施、服务和管理的质量水准以大众化为主。

（二）投资商认识不到位

限于实力和经历，当时投资商对厚田沙漠的认识，也基本停留在沙漠景观上，而没有看到厚田沙漠是在江南清山秀水、举目皆绿大背景下存在的一处沙漠景观。绿海是人们喜爱的良性生态，沙漠则是很多人不了解和旅游观赏、感受、体验、考察、参与的价值急剧上升的奇特恶性生态景观，这种巨大的自然反差天然结合，就必然会产生极强的审美价值和震撼力、吸引力。投资商更没有看到的是厚田沙漠所处的东部特别是长江三角洲、珠江三角洲、闽南、台湾等发达地区成熟的旅游者、水准比较高的市场环境和巨大潜力，而是认为这只不过是一片面积很小的沙漠，不能与西北的沙漠同日而语，所以只能是为南昌市民提供一个旅游休闲和短期度假场所，因此要搞投资少、见效快、易转移撤退的短、平、快项目，最省事的是移植自己在其他地方做得比较成熟的项目。

（三）当地居民、乡村政府认识不到位

从几乎不要钱就让别人来开发，就能非常有力地说明当地人对厚田沙漠的认识，即不过是寸草不生、毫无用途的沙山、沙丘、沙地，而且刮风必扬尘，影响周围的农作物生长与收成，也影响生活，是导致贫困的根源。因此，谁要是来开发利用，特别是改造绿化，真是求之不得的大好事、大善人，不仅不要钱，如果有能力的话，让他们再给点钱都干，至少会在嘴上、心中不停地称谢。因为对旅游不熟悉，因此对什么是旅游资源及其品位、价值更不清楚。这就是当地的认识状况，但不宜指责、批评，也更不能利用这种认识状况去侵占当地居民及其自治组织、基层政府的合理利益，若此就可能是不诚信甚至不道德的。

（四）旅游行业认识不到位

去厚田沙漠考察，是因为到南昌机场后至吃晚餐前尚有 3 小时左右的时间，作者提出有无未看过的旅游项目可看，江西省旅游局有关处室的负责同志在推荐了天香园后，顺便提起的。简单了解了性质、位置、开发等情况后，决定先看此点，结果是因耗时过长只看了此点。可见，省旅游局主管景区点开发机构的负责同志对此了解不多，认识也有进一步深化的必要。在培训班与50余位旅行社业界总经理交流时，知道此点的不少，但去看过的很少，准备编入线路向客户和旅游者销售的还没有。从这两点就不难看出，从管理部门主管景区开发建设的机构，到专门负责产品、项目推介和销售的旅行社，江西及南昌的旅游行业对厚田沙漠的认识处于什么状态。

（五）省市政府和社会认识不到位

厚田沙漠只有几平方公里（好像目前没人能说清准确的面积数，也许测绘和国土部门有数据），紧邻赣江，由赣江故道沙滩逐步形成。北方是沙漠、沙尘暴侵占的草原、农田、乡村和城镇，因此要治沙、绿化，控制、消灭沙漠是战略任务。南方不仅不会出现这种情形，而且因自然和人为原因导致沙漠被侵占，如想当然地认为厚田沙漠也会直接影响南昌市的气候，甚至会出现急剧扩张的局面，所以要植树、种草绿化，没有植树种草的地方也自然生长出一片片的荒草。据说这种没有进行具体分析似是而非的观点，不仅普通老百姓有，生态和环境专家可能赞成——不排除本位主义、既得利益因素的作用，而且在人大代表、政协委员和政府官员中也比较普遍地存在。由开发商在开发此项目上的谨慎态度、低调宣传，似乎也能感受到多做少说、尽量不要引起争议、制造事端、自找麻烦的用意。

二、开发机制不科学及其所导致的主要问题

因认识不到位，所以，厚田沙漠在开发机制及开发建设中存在的问题是比较突出的，可能对资源产生非常严重的危害。

（1）所有的项目都是在沙漠中建设、开展，包括餐饮、住宿、娱乐、管理等服务设施也都正在沙漠中施工，主要目的是不占用农地特别是耕地，节省土地和投资。

（2）用地形式是借地，即用非常含糊、暧昧的方式从农民那里借地开发。介绍为租地，但实际上因为是寸草不生的沙漠、河滩地，好像没有明确租金的数量、标准和支付方式。由于当地是贫困乡村，农民也还没有看到沙漠的旅游资源价值，所以，也就非常慷慨大方地让开发商先用了再说。

（3）引进投资商及其开发、经营的项目基本是简单移植、搬用其在其他沙漠景观中的项目，都是固定投资有限的短、平、快项目，滑沙、骑骆驼是最有代

表性的，溜索和沙漠帐篷内的餐饮、住宿、娱乐设施建设投资也不多，沙雕需要的也主要是组织、策划。据介绍，该投资商当时累计投入为300余万元。

（4）道路交通、水电供应等基础配套建设和餐饮、住宿、娱乐等接待服务设施建设，也包括管理中心建设等，标准也比较低，排污治污等可能还没有考虑到，但景区大门、停车场建设相对较好，设计、施工和所要体现的主题都还比较科学和合乎旅游区的性质、特征。

（5）委托西北一家专业机构编制的景区规划还没有完成，但不仅开发建设当时已经全面展开，而且已经开始接待游客。据介绍，2004年国庆黄金周期间，日均游客量数千人次，高峰期接近万人。作者去时是星期五，刚有3000名小学生秋游后离开。

（6）规划编制，作者对接受委托的规划编制机构情况不太了解，不敢妄加评论，但仅仅从其所处区位和资源、环境状况，就可以推测其对南方大城市周边沙漠景观的认识难以到位。因此，没有事先的专门课题研究，没有当地和有关各方的广泛参与、反复交流，规划质量如何只能拭目以待。

（7）管理、经营和接待、讲解等服务也很初级，没有基础资料，管理人员对沙漠面积有多大等基础问题都不清楚。沙漠中垃圾废弃物很多，垃圾回收设施和人员严重不足。管理人员不足，正在施工的管理和餐饮、住宿、娱乐等接待服务设施也毫无特色可言。

（8）没有认真考虑策划、包装和宣传这项对新景区极其重要的工作。旅游区的主题形象、品牌特点、宣传口号、直观标识等，似乎都还没有人想起。

三、危害性

（一）浪费和破坏了资源

厚田沙漠是自然赐予南昌、江西和中国南方人的珍贵礼物，当时的做法即使不是暴殄天物，也是将精美绝伦、举世无双的绝品资源，将旅游盛宴上的看家菜、当家菜、招牌菜，当作佐餐的小菜和普通百姓家的家常便饭来做，其大材小用是显然的，这种浪费实在可惜。当时在沙漠中所建的设施、所开展的项目、所采取的措施，绝大部分都是在破坏主体资源，包括种草植树，已经严重影响到沙漠景观的总体轮廓和效果，如不马上改正后果将不可想象。

（二）可能会影响形象和声誉

当年低水平的定位、规划、开发、建设、管理、服务，特别是那些简单移植过来的项目，已经给人一种初级、粗放、低水平的感觉、印象，如果不在短期内从根本上纠正和调整，对厚田沙漠的形象、声誉损失将是不可估量和长期深远的，甚至用"吃祖宗（自然）饭、造子孙孽"来形容可能都不过分。

（三）在用地及与当地居民、政府和村民自治组织关系方面潜在矛盾大而深

现在名为租赁实际上糊里糊涂的借用土地使用方式非常糟糕，这在我国很多旅游区开发方面都有很大教训。据介绍，目前与当地农民及乡村组织的矛盾已经出现，如不采取适当措施矛盾将迅速加剧，后果很可能是直接影响景区的开发建设、管理、环境、形象、声誉，真有不敢想象之虞。旅游是富民工程和民心工程，如果旅游区开发不能合理解决当地居民脱贫致富和促进地区经济社会发展问题，我们发展的就不是社会主义旅游业，就不是在社会主义国家发展旅游业。但普通百姓也需要引导，与居民和乡村组织沟通、协调非常重要。如果简单地将人民群众和乡村干部当作不明事理、可以任意欺蒙对待的人，就是违反历史唯物主义的做法，结果很可能是咎由自取；如果明知道人民群众不可欺而要硬欺之，就是不顾全局、不识大体、没有长远打算的小商人做派。

（四）错失良机

旅游区、旅游项目开发建设和经营管理走弯路、遇挫折是常见病，要克服是有条件的。不能较有效地克服，受到损失的绝不仅仅是投资回报，最重要的是丧失了开发利用的大好机遇，且时不再来、时不我待。投资商自身丧失良机固然可惜，影响地方发展罪过就大了。

四、对策建议

（一）充分认识厚田沙漠是全国罕见的南方大城市周边奇特自然生态景观

沙漠在西北比较常见，在中原内地特别是在东南沿海则是非常罕见的。在赣江边有几平方公里的沙漠，沙漠中又有两个紧密相连、由沙漠渗透的清澈泉水形成的姊妹湖，在沙山顶上可以远眺碧绿色的田野，可以近观赣江上的渔舟，远处南昌市鳞次栉比的楼宇建筑依稀可见似海市蜃楼一般，这样天然结合的奇妙绝景不仅在中国罕见，在世界上也很少有。因此，厚田沙漠不是南昌市和南昌市民的，也不是江西的，而是属于全中国所共同享有的，其资源品位极高。只有充分认识到其资源价值、性质和特点，才能使策划包装、开发建设、管理服务、宣传推介等有比较好的基础。

（二）高起点、高水准做好策划、规划、项目设计建设、基础配套、经营管理和服务、形象塑造和宣传推广等工作，建设成为南昌市、江西省的拳头产品和全国的名品、绝品、精品项目

1. 应该在研讨交流和论证的基础上，确定厚田沙漠的主题形象定位、主体项目选择和开发利用原则、目标、方式，然后委托权威的专业机构编制规划。在规划编制过程中一定要广泛吸收各方意见，可以组织公开征集主题宣传口号、直观形象标识和开发宣传方案，可以在互联网、电视、报纸等公众媒体上发布征求意见的通告，同时也可借此扩大影响、提高知名度。

2. 在规划和开发建设布局上，建议以保护沙漠的原生态为中心，除了必须在沙漠中开展的项目如沙漠摩托车、越野车沙海冲浪、滑沙、骑骆驼、赛马、徒步外，其他设施、项目，特别是娱乐项目、餐饮和住宿、管理和综合服务设施，一律在沙漠外布点，卡丁车、钓鱼等项目建议取消。

3. 在开发建设、保护和造景上，清除沙漠中的树木、杂草，在景区大门以外、娱乐服务区、管理区和连接景区的公路两侧精心搞好绿化，以便形成强烈反差，即沙漠中除了游人只剩沙子，沙漠外则没有黄土露天，让翠绿与金黄、湿润与干燥、生机与枯寂等形成鲜明对比。在西北是沙漠中的绿洲，在此处是绿海中的沙洲。姊妹湖中和岸边不能有任何建筑物、构筑物，不开发任何项目，现有的小游船、垂钓设施和钓鱼项目必须全部取消，要像保护人的眼睛一样来保护它们。沙漠中的游览线路用石头或原木标出，不要修路。

4. 在宣传上，建议使用“看沙漠不用去西北——厚田沙漠是您最便捷的圆梦之地”“南国秀色中的金色沙海——南昌厚田沙漠”“红土地绿海洋中的金色童话——厚田沙漠”等宣传语。

（三）尽快解决土地征用并充分考虑带动当地居民脱贫致富、乡村经济社会快速发展问题

糊里糊涂的用地方式，避开违反法律和侵占农民利益的大道理不说，也仅仅是小景区、小项目的小打小闹之举。所有着眼长远、立足做好项目和大文章的开发商，都会在工程动工前依照法律、政策办好用地手续。从建设成熟的精品旅游区需要出发，厚田沙漠项目所需征用的土地，除了沙漠外，还应该有必要的建设管理服务、娱乐设施的土地，似可以以提灌站的小河为界，并通过规划和协议，在周围再划出一定的区域作为保护缓冲区。按照各地的经验，一个小旅游区带富一个村，一个中等旅游区可以带动一个乡镇，一个大型旅游区可以带动一个县甚

至一个市地州的发展。厚田沙漠旅游区在5年左右带动所在乡脱贫是绝对没有问题的，做得好可以带动一个区县并辐射影响南昌市的大部分地区。在规划、征地和开发建设中，要时刻注意当地农民的就业、兴业和脱贫致富问题，将带动当地经济社会发展作为主要目标之一。附近农民可以依托景区，运用征地补偿资金发展农业旅游、精致农业、园艺农业、生态农业、家禽家畜饲养和养鱼等产业项目，为沙漠主景区提供餐饮、购物等原料、材料或商品，依托主景区搞观光农园、家庭餐馆、家庭旅社、农家乐等旅游项目。征地补偿资金不能一下均分到户和分光吃尽，必须按基本公平合理的原则申报旅游及相关服务、配套项目，还必须有一部分用于建设沼气、绿化、农田水利、道路建设和改造、居民点供水、供电能力改造等基础。在旅游区总体规划中，必须对当地居民、乡村需要开展的项目做出规划、提出要求，并通过协调和旅游管理部门、当地党政机关的督促、指导来贯彻实施。

（四）创新机制，进行融资开发

有多少米就做多少饭，有多少钱就办多少事，这是典型的传统自然经济观念。在现代市场经济条件下，必须要着眼市场，为满足市场需要来生产，生产要素也要到市场上去找，需要什么、需要多少都是根据生产经营的实际需要来决定，而不能受自身所拥有的资金、资源、技术、设备、人力限制。当年的开发商在开发厚田沙漠旅游区方面，必须强化市场观念，通过抵押贷款、组建股份制的开发公司、多方集资、部分项目招商引资等方式，解决资金供给问题，主要是市场融资开发。如实在不能、不想、不愿去惹这个麻烦、担这类风险，就应该考虑让贤了。

（五）省市区党委、人大、政府、政协及社会各有关方面要高度重视并积极支持厚田沙漠的开发建设

一个成功的精品旅游区开发和经营管理，需要各方面支持。党委要加强领导和组织动员各方力量支持，并在政治、方向上把关；人大要给予必要的法规支持，如讨论通过旅游区规划并检查督促实施；政府要切实在土地、基础配套、协调关系等方面尽职尽责，要将各部门的力量整合起来，共同开发建设旅游区；政协要献计献策和积极参与意见，发挥智囊、参谋的作用；新闻媒体、科技教育、文化体育等部门、单位要在旅游区宣传、人员培训、自然资源探测分析、群众文化体育活动、环境保护和氛围营造等方面，积极支持旅游区，共同促进旅游区的成熟和健康发展。

第四节 贵州野洞河漂流

漂流是近年来我国在国内旅游市场比较热销的旅游项目，因此，全国各地特别是南方气候、水质、环境比较好的地区开发的漂流项目很多。以贵州为例，黔东南州的黄平野洞河、飞云大峡谷、施秉杉木河、黎平八洲河，黔南州的荔波水春河，黔西南州的兴义马岭河等，都开发有漂流项目，有更多的地区正在准备开发。导致漂流项目开发热的因素比较多，要建设有竞争力和成熟的漂流旅游区，就必须在安全保证、基础配套、深度开发、包装宣传等方面采取有针对性的措施，并注意突出特色和优势。现以黄平野洞河漂流为例，就漂流项目的开发与管理提出一些意见。

一、开发漂流项目必须高度重视突出特色

形成漂流项目开发建设热的主要原因，除了我国旅游业持续快速发展、国内旅游日渐大众化和全国各地都非常重视旅游开发与发展的大背景外，还有以下四个方面：

（一）资源制约作用有限

在我国南方山区和丘陵地区，水流清澈、景色清幽、流速和落差适宜漂流的河流非常多，因此很多地区开发漂流项目不受资源因素的制约。贵州以喀斯特地貌为主，几乎全是山区和丘陵地区，大小河流密布，工业化水平总体比较低，很多地区都具备开发漂流项目的资源条件。作为我国南方重点林区的黔东南及其周边地区，这种情形更为突出。

（二）投资制约作用有限

漂流项目开发的投资起点比较低，弹性也比较大。最简单的开发只需要用自产的原木、毛竹扎制木筏、竹筏，然后由当地识水性、会游泳的青壮年农民当船工，使用天然河岸和河段，载着游客顺水而下就可以了，而且是纯天然的旅游项目，很少人为雕饰、加工。成熟配套的漂流项目，则需要投入相当数额的资金，修建更衣室、冲洗淋浴房、厕所、餐厅、旅舍、门廊、管理房、员工宿舍等配套的餐饮、住宿、管理、服务设施，修建下水、上岸码头，整修漂流河段，购买密闭橡皮漂流筏、救生衣、漂流服、客货运输车辆，同时，要投入资金进行员工培训，搞项目的策划设计，印制宣传材料，进行广告宣传，组织客户考察，举办说

明会和推介会，参加旅游交易会、博览会。此外，还需要地方政府进行基础和配套设施建设，包括出入漂流景区的公路建设或改造，停车场征地建设，供电、程控和移动通信设施建设，所在区域的森林植被保护和育林绿化，排水、治污设施建设等。如果要配套开发娱乐、度假、购物等项目，则投资量会更大。其结果是，对于漂流项目的投资开发，无钱或钱很少的小投资者有能力，实力强的大投资商也有兴趣和有施展空间。

（三）开发的技术制约作用有限

与投资密切相关，漂流项目开发的技术起点也很低，技术弹性很大。识水性、会游泳在南方有山有水的地方不会成为问题，临时现学也不太难。很多地区长期以来甚至至今仍用扎制木筏、竹筏，在丰水期用河流运输木材、毛竹；用木船、竹筏载客或过渡的，今天在很多地方也都继续存在着。因此，在河流密布的地区，掌握漂流筏捆扎、驾驶、操纵技术的也很普遍。如果进行比较成熟的开发、配套、经营和服务，所需要的知识、技术就要大量增加，确保安全、质量所要进行的技术开发、培训、监督、管理的水平也将大大提高。

（四）具有很强的市场适应性和吸引力

首先，漂流是水上旅游项目，符合人类亲水的天性。其次，漂流项目又具有很强的参与性、刺激性和趣味性，因此，几乎是老少咸宜，受到各种年龄、身份的旅游者欢迎，也适合近程、中程和远程市场国内旅游需求。漂流是游客乘船筏或自驾船筏，在青山绿水、深峡幽谷中顺流而下，在船筏或快或慢地流动、游客根据水流和河道情况不时挥桨撑划驾驶或随波逐流的过程中，感受和体验山水、运动所带来的乐趣、美感，同时欣赏沿途景色和呼吸新鲜空气，实现愉悦精神、调节生活等目的。所以，漂流项目的市场面比较宽。

在很多地区都具备开发漂流项目且纷纷进行开发的情况下，旅游行政管理部门就要通过规划、投资项目引导和政策调整等措施，尽可能避免近距离重复建设。对于新开发的漂流项目来说，就必须高度重视突出自身特色，同时完善相关的配套设施和服务项目，及时合理地进行后续、深度开发，形成独具特色、配套成熟、服务一流的漂流旅游区，这样才可能在众多竞争者中立于不败之地和长盛不衰。

二、野洞河是怎样突出特色的

野洞河漂流是在重安江的支流野洞河上进行，重安江是清水江的主要支流，而清水江是沅江上游的支流。野洞河两岸浓荫密布，花草树木郁郁葱葱，河水清澈甘甜，流速或快或慢，水面或宽阔或狭窄，有一些落差比较大的急转弯，沿途分布有猴跳崖、三叠瀑、螺蛳滩、野猫滩、将军岩、擎天丹霞、天河飞瀑、螃蟹滩、美女峰、盘龙洞等景观，其中特别是天河飞瀑非常壮观，极具观赏价值。就景观、水质、河道、环境等方面看，野洞河漂流与其他漂流旅游区相比具有明显的优势。

（一）野洞河漂流最大的不同，也是其最吸引人的地方，是在漂流中要随河流穿过120米长的溶洞

由于千万年的水流冲击和地质变化，该溶洞的石笋、石钟乳、石柱等发育良好，景观奇特美丽。洞内宽阔处若殿宇，狭窄处仅容一船通过；高处达数十米，低处需低头徐行。千奇百怪的石钟乳、石笋、石柱广布，有的恢宏，有的小巧，有的晶莹剔透，有的浑若璞玉。洞中有数幅水帘瀑布，游人要多次被洗淋浴，虽然有些惊人，但却平添更多趣味。在彩灯的映照下，洞中景观显得更为美丽神奇。在流动的漂流筏上观看，又别具风味。漂流是富有趣味性、刺激性、惊险性和参与性的项目，本身就具有很强的吸引力。溶洞考察观光和探险，也是极具趣味性、刺激性、知识性和科学性的旅游活动。将这两种活动密切结合在一起，成为溶洞漂流项目，而且是天然结合，当然就使野洞河漂流的吸引力大大超过单纯的漂流和溶洞旅游，穿越溶洞漂流就成为野洞河漂流最大、最突出的特色。野洞河在上游还穿过一个溶洞，因此漂流穿越的野洞就称为下野洞，上游的称为上野洞。上野洞及其河流沿岸的峡谷、溪流景观及山形山色也很好，当地政府正计划开发峡谷观光。

（二）从性质特征分析，溶洞漂流不同于在有水的溶洞中乘船观光考察旅游

一方面，在溶洞中漂流是漂流路线和漂流活动的一个组成部分，游客更多的是在开放的峡谷河道中漂流。这样，即使是在溶洞中漂流时，游客主要感受到的还是漂流，只不过漂流的场景不同，漂流所获得的享受也有很大不同。另一方面，野洞河漂流主要是游客两人合乘一个橡皮筏，自行驾舟漂流，在穿越溶洞时的感受与由船工驾船、导游解说的溶洞观光自然不同。因此，在宣传促销中，野洞河应该充分突出穿越百余米溶洞漂流的独特之处，但同时必须注意强调溶洞漂流不同于一般的溶洞观光旅游。从游客的感受来看，穿越溶洞漂流既不是一个很短、像穿过一座大门或一个门廊一样的天然洞穴，也不是越长越有意思，溶洞中漂流毕竟见不着日光，气温通常比洞外低，且在洞内驾舟漂流比较紧张、刺激，因而时间不宜太长。所以，120米长的天然溶洞，里面的景观、情形又很富于变化，确实是大自然的特别恩赐。

（三）围绕“野”字进行策划包装和开发宣传

野洞河最迷人之处，在于其无处不在的野趣。驾轻舟在急流涌浪中漂流，穿越下野洞，领略的是水流放荡不羁的野性和自然造化鬼斧神工之野趣。观看俥家等民族歌舞表演，品味的是乡村姑娘、山野村夫未经雕琢、质朴自然的乐趣，特别是苗族小伙子热情奔放的草裙舞，再现了我们祖先生活、娱乐的场景，民族斗牛则更会令人感受到动物界为了生存和荣誉殊死搏斗的狂野。还有那遍布山川的野菜、野果和不时出现的野猪、野猴，以及不便以野称的山花、雉鸡、鸳鸯，以及不以野称、充满野趣的大鲵、河鱼、虾蟹等。在如此环境中漂流、娱乐、休闲，能够真正感受到野外旅游远离尘嚣、回归自然的趣味，进行野炊、野餐、野营或开展野外生存锻炼，也定会享受到更多的乐趣。但野洞河的人是文明进步的现代人，更是纯朴自然、热情满怀的主人。

（四）野洞河漂流项目的开发，除了突出穿越溶洞漂流外，就在于突出“野”这个对现代城市居民非常有吸引力的特征

野洞河不仅在于有洞，而且是野洞，还是在充满野趣的深山峡谷中穿越上下两个长度在百米以上天然溶洞的河流上漂流。野洞河的“野”，当然是处于完全自然状态的淳朴天然的“野”，是充满野物、野景、野风、野韵、野情、野趣的“野”，是紧扣返璞归真、回归自然主题、充满生活激情和给人以震撼、美感与无穷乐趣的“野”，绝不能是“野蛮”“粗野”“撒野”。因此，野洞河漂流项目的开发、宣传，自始至终都应该围绕“野”这个中心，不断深化和丰富“野”这个主题，做足“野文章”。在旅游餐饮食品、方式选择和环境、设施建设上，应该以黔东南各民族的主要特色食品和宴饮方式、礼俗为基础，突出野菜、野味和农家饭。在不污染环境、水流和不破坏景观氛围的前提下，逐步选择适当区域开发野餐、野炊（如在漂流途中或终点搞河鲜烧烤）。在住宿设施和项目开发上，应该以苗、侗等民族吊脚楼为主体，在不破坏环境和确保安全的条件下，逐步开发帐篷、小木屋等家庭和情侣野营项目。在表演、娱乐项目开发上，突出黄平俥家和黔东南苗族、侗族歌舞、娱乐、民俗项目。

（五）在形象策划、包装和广告宣传上，突出野洞河淳朴自然的景色、生态环境和民风民俗，用主题形象、主题宣传口号和文字、图片、活动场景来突出野洞河漂流旅游的野趣，可以使用“野物野景野风野韵野洞河，真山真水真心真情真享受”等宣传口号

电视广告片的设计制作，可以设想首先是火热激烈的斗牛场景，点出“狂

野”主题；然后是披发跣足、裸露上体着草裙的一群青壮年男子跳热情奔放的草裙舞的画面，在继续烘托“狂野”的同时，推出淳朴热情的少数民族生活主题；最后是在以书法家狂草巨大“野”字后，推出“野洞河漂流”的题目，衬以主要景观、项目、漂流活动场景的画面。

三、加强配套管理，进行后续开发，建设成熟一流的漂流旅游项目

野洞河的目标是建设成为成熟、完善的一流漂流旅游区，不满足于与别人比过得去，不是只着眼于眼前，而是有长远计划和规划，包括在设施配套、项目后续开发、市场开发等各个方面。近期，野洞河开发建设的主要任务，是加强有关安全防护、设施配套，并筹划进行上游峡谷观光项目开发。

（一）增加漂流方式

根据水量大小和水流速度，分别设置三条水位控制线，增加员工驾船、游客乘船漂流方式。最低的一条水位线是游客自行驾船漂流控制水位线，水位在此线以下才允许游客自己驾船穿越溶洞，安全员沿漂流河道布岗，在危险部位固定安全员进行安全维护，减少翻船落水，有翻船落水的立即救助。其上的第二条水位线为船工驾船、游客乘船漂流控制水位线，水位在此线下和第一条水位线之上时，为了使得漂流正常进行，同时切实保证安全，由船工驾船穿越溶洞漂流，并布置必要数量的安全员在危险部位予以协助。最高的一条水位线为禁止漂流水位线，水位一旦达到此线，就必须禁止漂流。

（二）在登船起漂口进行安全检查和控制下水漂流的游客数量，拉开漂流船之间的距离

在登船口设置隔离护栏和安全检查口，兼做检票口，配备 2 名安全检查管理人员，负责安全检查和进行安全提示，内容包括游客体重搭配是否大体平衡，游客是否按规定穿好救生衣，眼镜是否固定，相机、钱包等随身物品是否已进行防水包装处理，有无其他不宜随身携带的物品，游客是否掌握漂流筏操作方法和明白注意事项等。检查完毕，再根据前船的距离决定是否马上放行，以控制彼此间的距离，减少船只拥堵和相互碰撞的机会。

（三）加强洞中漂流的安全控制

1. 在洞口上方分级设置进洞控制区，控制进洞漂流船的数量、速度。控制区选择水流平缓、水面开阔、水深适中的水域，根据水流大小、速度和游客数量确定控制级数，从洞口往上，由近及远，最少一级。每级至少有 2 名安全管理员

负责控制下行和入洞船只的数量、速度，必须等前一只船顺利进洞后再放船下行。下一级控制区等待下行的船只增多时，上一级控制区就将后行船控制在本区域。三级控制区船只都比较多时，就要通知登船检查口暂停放船。

2. 加强进洞口和洞中的安全防护。在进洞口至少设置 2 名安全员，以迎接并协助船只安全进洞，进行洞中漂流安全提示，救助入洞翻船落水游客。洞口安全员数量应随水流、水量的增大和游客数量增多而相应增加。溶洞中的主要部位，包括低矮和狭窄易碰撞游客的地方、水流比较急的地方、光线比较暗的地方、下行路线不太明确的地方等，都相应设置安全员，进行提示、导引、协助。

3. 根据情况增加安全防护设备。在水量大、水流快的时候，为游客配备安全帽、安全手套、不易脱落的漂流鞋。平时也根据游客的身体、年龄状况和意愿、要求，有选择性地为部分游客配备这些用品。

（四）搞好交通、通信等基础设施建设

漂流起点和终点至黄平县城的公路改造和路面硬化，既关系到交通安全，也关系旅游交通的舒适、快捷，予以重点解决。移动电话信号将覆盖漂流河段所在区域和公路沿线，野洞河漂流公司为安全员配备必要数量的对讲机，保证相互之间以及与管理人员、其他主要环节的联络通畅。

（五）计划开发野洞河上游峡谷观光旅游项目

此项目开发主要是游览步道、观景、休憩、卫生、安全防护等基础和配套设施建设，按规划分期投资建设，初期投资不会过大。上游峡谷观光项目开发的意义很大，一是可以分流高峰期下游漂流项目的游客量，增强漂流项目的安全性，提高漂流项目的质量；二是增加野洞河旅游的选择性，使在不宜漂流的季节、天气前往的游客，以及一同前往但已经进行过漂流或身体、年龄状况不宜参加漂流的游客，都有适宜的项目可以选择；三是丰富野洞河旅游区的项目内容，延长旅游者在旅游区停留的时间，增加旅游花费和经营收入。按照人的正常生理需要和旅游消费心理，在旅游区停留的时间超过半天，游客就必须吃一顿饭，达到一天，有相当一部分游客就要在旅游区及其附近地区住宿，相应地购物、娱乐消费也会从无到有或从少到多。因此，旅游区新上项目增加的收入，绝不仅仅限于新增景点的门票收入。从增加旅游区和黄平全县旅游收入考虑，新增的项目内容收入高低甚至有无收入，都不是最重要的。

第五节 昆明滇池国家旅游度假区

自1992年批准试办以来，昆明滇池国家旅游度假区取得了巨大成就，为下一阶段的发展奠定了良好的基础。首先，滇池度假区的产业发展迅速，成效显著。其次，度假区的新项目、新投资和大项目、好项目迅速增加，像著名的大连万达集团、云南红塔集团和海埂国家高原体育训练基地等，都是全国乃至世界知名的品牌。一个旅游区的开发建设和发展，特别是高水平的国家旅游度假区建设，必须要运用现代市场经济手段，利用市场资金实现融资开发，不能自己有多少钱就办多少事，大投资商的介入和依据规划进行区域性整体开发是比较成功的经验。同时，旅游区特别是高水平旅游区更需要知名品牌和鲜明的主题形象，没有名气就没有旅游，名气不大旅游也不可能做大，名字不响亮旅游区的影响和效益也不会太好。最后，滇池度假区的项目开发、基础配套初具规模，旅游经营、管理、服务已经达到了比较高的水平。依托滇池水面、湿地和民族文化、历史文化的陆地与水上活动项目比较丰富，特别是体育运动类的度假项目有特色，住宿、餐饮、娱乐、交通、信息、购物等配套服务体系基本建立且水平比较高，主体项目与辅助项目、环境与氛围等都基本能够适应度假旅游的需要。

滇池度假区发展战略研究报告是高水平的。一是从市场分析入手，以市场需求为出发点，抓住了问题的实质。在市场经济中，所有的生产都是商品生产，都是要通过交换去满足他人消费需求的。旅游产品在理论上的自给性消费比例为零，即所有的生产都是供别人来享用的。在市场经济条件下开发和发展旅游，首先不再是看生产者能够生产什么，而是要看市场需要什么，然后再去根据资源等条件组织生产。因此，对旅游区的长期发展、旅游项目的选择开发进行战略研究，出发点、切入点是市场需求，着眼点和归宿是怎么去满足市场需求。二是进行全国、全省和全市旅游的横向比较研究，运用系统论，贯彻统筹协调的科学发展观，着眼于建设有特色和吸引力的旅游区。“知己知彼，方能百战不殆”，市场需求及其供求关系除了受支付能力、消费欲望等决定外，还直接受相关产品生产和供给的影响。旅游具有区域协作、分工配合共同形成旅游区、旅游目的地和旅游线路等特征，因此，相关区域内的旅游区、旅游项目与自身存在非常密切的竞争—合作关系，理想状态就是统筹协调、分工合作，最糟糕的就是自顾自地低水平重复建设。此外，全面、客观地分析度假区的成就、基础、问题、环境、机遇，这是实事求是地确定度假区未来发展方向、目标、任务、道路等战略的重要条件。

从长远发展需要出发，就滇池国家旅游度假区发展目标和战略调整提出如下对策建议：

一、在目标市场定位上，建议以长江流域及其以南和东南亚地区为一级市场，长江以北和东亚、东北亚、中亚、南亚作为二级市场，欧美、西亚、澳新等为三级市场，并进一步突出国内三个高端客源地的地位

这不仅是从空间区位和距离考虑，同时也是从市场潜力和各种相关因素如区域合作、气候、现实影响力等出发。以昆明为中心，长江流域的主要城市上海、南京、武汉、重庆，长江以南的广州、深圳、香港、澳门、台北，东南亚的泰国、新加坡，周边的南宁、贵阳、成都等，尽管空间距离从数百公里到数千公里不等，但时间距离均约为5小时以内（包括航空、铁路、高速公路），长途交通费一般在三五千元。考虑到在大湄公河次区域合作（GMS）、东盟和中国经济技术合作、亚洲和太平洋经济社会合作等区域性合作中，云南及GMS其他5个成员国在地理位置上为中心区域，在合作内容上也是重点，在双边合作、入出境签证、航空和陆路水路交通连接等方面的状况都会迅速改进。同时，长江流域及其以南地区是我国经济社会发展水平最高的区域，三大发达区域有两个在其中，起于东海之滨止于四川盆地和青藏高原的长江经济带也是我国最有活力、发展水平高、规模最大、实力最强的，华东、华南还集中了我国大部分经济特区（如最大的经济特区海南省）、沿海开放城市、计划单列市，特别是香港、澳门两个特别行政区和宝岛台湾省。因此，从自然、经济、社会、外交、区域合作及其决定的市场潜力、区位交通等因素看，滇池国家旅游度假区的一级市场应该是长江流域以南和东南亚国家。南亚国家尽管在空间位置和距离上也基本相同，但考虑到国家发展水平、市场潜力和外交及区域合作等因素，近期还只能与中国北方和东北亚、中亚处于相同地位。欧美和澳新等尽管是国际旅游的发达市场，但考虑到空间位置、距离、费用、时间及度假旅游的特性等，只宜作为三级市场。

二、在目标客源层定位上，建议重视自驾车旅游和青少年学生旅游

港澳和东南亚来华从事自驾车旅游是个历时多年的成熟传统市场，但目前主

要是观光体验，线路比较长，如云南省中国旅行社多年来组织接待的从香港入境自华南、西南至西藏和西北的丝绸之路，一直到新疆或内蒙古等。宣传和市场开发做得好，首先是香港、澳门两个特别行政区的居民可以方便地自驾车到昆明度假三五天，然后是泰国、新加坡等东南亚国家的度假市场。因为这些国家和地区主要是海滨度假，常年气温高，在夏季或雨季湿度也很大，度假的舒适度不足，而滇池高原湖滨度假的最大优势是气候资源，四季如春的春城太舒适了，加上民族文化、高原体育。所以，滇池度假应该有足够的信心在东南亚产生影响并形成气候。国内的自驾车旅游更是突飞猛进、如火如荼，每到周末和节假日，只要有车，人们都以外出度假、休闲、娱乐为时尚。现在家庭轿车在我国快速增长，自驾车旅游的国内潜在客源市场相应快速成长。滇池所处的西南地区以注重休闲、娱乐、餐饮著名，成都人、重庆人、贵阳人与昆明人一样，喜欢外出吃饭、打牌、钓鱼、健身、歌舞，春城昆明的美名魅力无双，即使在西南也是首屈一指。青少年学生旅游在世界各国都是最有活力和价值的市场，其意义不仅在眼前的客源和收入增加，更在于为未来培养忠诚的消费者。而且，中国的传统是家长承担孩子工作前的所有费用，长期实行的计划生育基本国策使得大部分有支付能力从事旅游消费的家庭基本都是独生子女。尽管我们一直反对将独生子女当成“小皇帝”“小公主”，但实际上他们的消费一直是家庭的重点甚至中心，对家庭的消费决策影响也很大。因此，结合青少年和学生特点开发度假旅游项目、设施和服务，潜力巨大，前景广阔。

三、主体形象定位及项目选择要以体育度假为核心

以建设高原体育度假旅游区为主要目标，在民族文化和历史文化开发利用方面要突出其中的传统体育、民族体育和度假休闲的内容，观光类的资源、项目可以借用。现在提出的康体度假目标定位特色不突出，不具有唯一性和垄断性，因为很多地区都可以建设康体度假旅游项目和目的地，如山区、海滨、草原、城郊、乡村和温泉、森林、湖泊、湿地、山谷等都能够开发康体度假旅游项目。而高原体育度假，首先必须是在高度适中的高原地区，其次是气温、大气压、含氧量、湿度、环境等适宜开展运动康体度假，最后还要综合考虑区位、交通和可资利用的民族、历史、社会等独特资源。滇池度假区能够实现这三个方面的优势结合，建设高原体育度假旅游区，在国内外都是独特的，这样才能形成优势和很强的竞争力。关于开发第三空间的提法确实比较新颖，但了解了其实际内涵后就会

发现，这实际上是全国、全世界都面临的共同任务。在工作和日常生活空间之外，适应经济社会发展水平和人民生活水平提高的实际需要，所有的国家、民族、地区、城市都要考虑为国民、居民、市民创造休闲度假空间。此外，在度假区建设方面提出打造第三空间，还可以理解成主要是为昆明的市民开发建设的，而不是供外来旅游者度假休闲的度假地。从度假区建设的本原目的来看，其中建设的景观房产都不应该是给当地居民居住的，而应该主要是为其他地区的居民前来度假建设的住宿设施。

四、形象理念建议使用“活力滇池、健康滇池、时尚滇池、文化滇池”，取消“欢乐滇池”，进行顺序调整，将“风情滇池”的提法改为“文化滇池”

首先提“活力滇池”，是对应于其体育度假、充满运动活力的特性；接着提“健康滇池”，表明其体育度假是着眼于各类旅游者提高健康水平目标的，不是单纯以体育运动、更不是以竞技体育为主要内容和目标的体育，而是参与性强、覆盖面广、有特色、有趣味、有吸引力的群众体育；再提“时尚滇池”，既表明旅游度假和休闲是今天全国和全世界人民的时尚生活，也表明滇池的高原春城体育度假，融合民族、历史、运动等内容，是更具特色、更有吸引力的时尚休闲度假方式；最后提“文化滇池”，既表明滇池度假是很重视文化氛围营造的，同时也表明其中包含有浓厚的民族、历史和社会文化内涵，是具有深厚文化底蕴的度假休闲项目。而“欢乐滇池”在突出欢乐、快乐特性的同时，也会给人以喧闹、嘈杂、拥挤等感觉或联想，这与度假休闲是有矛盾的，“活力”“健康”“时尚”实际上就含有“欢乐”的含义，因此再用这个词还有重复的意味。“风情滇池”的提法，一是“风情”一词主要是指一个国家、地区、民族直观表现出来的有特色的事物，即风土人情，不如“文化”一词内涵丰富；二是这样提还可能给人以看热闹、听新鲜的理解，主要是观光旅游类的项目，与度假所需要的慢慢品位、细致欣赏、深入体验、积极参与等不太对应。

五、进一步提高策划、规划、设计、施工、管理、服务、宣传、促进等水平，以塑造中国一流度假旅游目的地的品牌形象

滇池度假区无论是自身纵向比还是与其他度假区横向比，在各方面都是很出色的，但这不等于说就都是一流和高水平的。从实际考察的项目、设施、服务和

感受到的环境、氛围看，滇池是西部地区旅游区的痕迹非常明显，与建设中国一流、世界知名旅游度假地的目标差距还很大。一是滇池的水质状况是影响度假区最主要的因素，如果云南省及昆明市不下大决心尽快全面、根本解决滇池水富营养化问题，如像专家建议的引金沙江水入滇池使之成为流水不腐的一池活水，应该说滇池度假区的环境基础就基本不存在了。本人曾考虑提出研究将滇池度假区调整至扶仙湖等地的意见。二是引进大的房地产集团开发景观房产和高档住宅存在政策和度假区性质、环境等方面的风险。进行房地产开发是很多度假区在初创阶段不得已采用的措施，是为了解决投资及环境、基础、配套、影响不足等困难，其消极影响是导致部分度假区名不副实，成为居民区和城市的新城区，度假功能很弱、环境较差、氛围全无。因此，滇池度假区在已经初具规模的情形下，引进大的房地产商开发景观房产和高档住宅，而且这样做是在一再表示规划的土地已经远远满足不了发展需要、正全力争取调整规划扩大面积时，有些让人觉得不可思议。从开发商的意向看，以土地开发的经济收益作为主要目标，肯定会建出一批很普通的房产，在绿化、环境、治污、覆盖率、容积率、建筑外观等方面是否符合景观房地产的需要可能都要打问号。做出或支持、积极干预这项决策的人，可能要对滇池度假区的命运负历史责任。三是建设“21 世纪昆明的标志性区域”与度假区的性质特征有矛盾。度假区的建筑要新颖和有特色，但根本上不应该是城市的一个区域，而是主要供旅游者度假休闲的度假地。一旦将滇池度假区建设成为昆明市 21 世纪的标志性区域，也就意味着它不仅成为昆明市的一个城区，而且是最有特色的标志性城区，昆明人在以此为自豪的同时，势必要向这里集中，包括居住、生活、工作、娱乐、休闲、商业服务等。果真如此，实在难以想象还怎么让人去悠闲地度假。四是已经建成的建筑无论是外观、设计还是内部的装修、管理、服务，都还很难说有特色和在档次上符合国家级旅游度假区的实际需要，包括高星级的酒店在内，明眼人一看就发现问题不少。

第六节 兵团十师三个旅游项目

按照十师确定的“依托喀纳斯王牌景区开发和发展旅游”的思路，考虑到中央早就批准、因而北屯建市只是时间问题，北屯及 188 团规划建设的三个旅游景区的功能和性质定位应该是：平顶山—南湖景区成为北屯封闭型的城市公园，额尔齐斯河成为北屯开放型城市观光休闲景观长廊，布伦托海度假旅游区成为面向中远程及近程市场的观光休闲会议度假旅游区。

一、平顶山—南湖城市公园

从规划建设的主要内容和时间次序看，平顶山—南湖建设要抓紧启动。一是南湖的道路、水流调节等基础配套已经完成，平顶山的旅游服务设施和绿化基本成型，实际上已经在作为城市公园发挥休闲、健身等功能作用，说明北屯居民迫切需要这个项目。二是考虑到北屯建市可能还需要几年时间，由于额尔齐斯河景观带的土地目前属于地方政府，其开发建设可能要等到正式建市后才能开始，因此，平顶山—南湖作为城市公园率先建设并发挥功能作用，是尽快满足居民需要和提前为城市进行功能配套完善的客观需要，同时从景区发展来看也是很好地打个时间差，对项目的效益和前景都很有利。

平顶山—南湖项目规划应该是能够落地的景区修建性详规，不必做很多的市场、效益分析。规划的主要任务，是岸上和水面的游览、休闲、娱乐、健身及出入口、内外道路交通、卫生与排污、灯光照明、造景绿化、观景休憩、管理服务等基础配套项目的选择确定和空间布局，主要建筑物和设施的建设设计及对其风格、体量、高度等方面的要求，土地利用规划方案和投资量测算，以及对建设施工、投融资、项目竣工后的经营管理等提出建议。

作为城市公园，平顶山—南湖项目规划必须重点考虑的问题，就是怎么样将“城、山、湖”三者有机地结合起来，使得“山”与“湖”成为一个完整的分工衔接和内部运转都非常顺畅的景区，使得该景区成为与城市发展和市民生活密切结合的“城市公园”。为此需要考虑的问题主要有两个。第一，要规划建设多条顺畅和自然连接平顶山与南湖的游览通道，使得游人能够从不同的区域顺畅地下山进湖和由湖上山，特别是如何解决跨越目前将山与湖分割开的一条宽阔公路，可以考虑公路改线，或修建三五个地下穿越、路上架空游览通道，同时在公路两侧进行遮蔽美化处理。第二，出入口和道路交通规划设计统筹考虑，使得人们从城市和附近的不同区域都能够方便地出入。因此，平顶山面向城市要有 2 ~ 3 个门，包括一个主门和 1 ~ 2 个有售检门票功能的侧门；南湖东、西、南各有一个门，主门可以设在西边主要游乐服务设施的区域附近；同时，各个门及其与城市之间要有机动车道顺畅连接。

二、布伦托海观光休闲会议度假旅游区

（一）从资源及其对应的市场需求看，此项目最终能够成为满足中远程及近程市场不同层次需求的综合性、高品位旅游项目。其主要优势有以下三个

1. 资源一流，水面宽阔，水质优良，空气清新，相对湿度比较大，美观度、舒适度都很好，美味湖鱼宴已经成为比较知名的旅游品牌，完全可以成为先导性的旅游吸引项目。

2. 区位优越，距离北屯不足30公里，有"远离尘嚣、近在咫尺"的特点，很容易成为师市公商务和会议接待服务基地，而北屯是从首府乌鲁木齐到喀纳斯王牌景区的必经之地，是新疆黄金旅游线和正在规划建设的北疆旅游环线的重要节点。

3. 可以依托喀纳斯王牌景区的品牌效应，目前北屯已经成为喀纳斯旅游的主要集散中心和接待服务基地，迫切需要增加住宿等接待服务设施。"上山下海"的宣传主题和理念可以考虑使用，生态旅游区"区内游、区外住"和接待、餐饮、娱乐等延伸服务外展的趋势也是此景区重要的发展契机。

（二）作为综合性旅游区，此项目开发建设和发展的时间次序可以分为以下三个阶段

1. 起步阶段。依托湖鱼宴、水域、湖中天然长堤等，发展美食和观光旅游，活动内容就是品尝湖鱼，岸上、天然长堤和近岸水上观光，辅之以湖石赏玩和垂钓等，大体上就是目前已经开发出来的项目。需要进一步完善的，是岸上餐厅等餐饮服务设施和岸岛连接的中型平底船，改造岸上厕所、停车场和设计建设主入出口及景观门。

2. 扩展阶段。主要任务是发展水平比较高的湖滨住宿、餐饮、观光、休闲旅游，需要在岸边设计建设一座三星级、规模中等的酒店，主要服务项目是餐饮和住宿，满足师团高档公商务接待需要。其中，客房标准间以上床位数不少于200张，要有部分两间套和少数三间豪华套；大餐厅加包厢餐位数以400个左右为宜；室内娱乐以歌舞棋牌和少量健身项目为主，因此需要一个兼有会议室、宴会厅功能的多功能厅。同时，此项目规划要为今后扩展会议、度假旅游内容和提升酒店、旅游区档次水准预留空间。这是目前阶段最亟须做的项目。

3. 深化提升阶段。主要是发展会议、度假、远距离水上观光和水上运动旅游。酒店在增加住宿、餐饮接待服务能力的同时，至少提升为四星级，如新建一栋四星级及以上标准的客房楼。更主要的是设计建设中型规模的会议及配套服务

设施，包括一个容纳200人以上、能够便捷分割成中小型会议室和兼作大宴会厅的大会议厅，以及数量和规模合适的中小型会议室。度假旅游需要考虑的项目，就是适宜远距离水上观光、游览、娱乐的三星级标准中型游船，必须有比较好的卫生间，能够提供正餐服务以及甲板观光和相应歌舞表演等娱乐服务，抗风浪能力强，安全性能好，救生设施设备齐全，夜间可以航行以便开展夜游活动。为提高知名度，可以策划组织全国性、国际性水上竞赛活动。

三、额尔齐斯河城市景观带

此项目要在北屯正式建市后，按照城市总体规划来规划建设，主要是外部与城市的交通连接和内部游览、休憩、运动、健身等设施建设。为了维护和改善景观状况，可以考虑在合适位置规划建设高度适中的橡胶拦水坝，形成比较宽阔、深度不大的水面，既能够提升景观质量，同时满足额河水文变化后景观带树木对水的需求。

第七节　兵团其他师三个项目

一、农八师一五〇团驼铃梦坡旅游区

（一）名称

从景区未来宣传、销售的角度考虑，建议将景区名称与建设项目、开发建设和管理主体的名称区别开来，即景区名称简化为“石河子驼铃梦坡沙漠旅游区”，以突出“兵团沙漠旅游”这个主题。因为石河子作为军垦名城在全国有比较高的知名度，都知道是在新疆，且知道是兵团建设和管理的城市，比用“新疆”作为地名更好，建设项目和公司名称保持不变。此外，生态概念用得太滥，沙漠生态对旅游者来说，主要感受是不良的，即使人为改造过，也不能与森林、草原相比。

（二）开发建设原则

沙漠旅游项目的基本原则是少建设、多利用，设施建设和城镇、其他景区常见项目要尽可能少，固定设施、大型建筑更要少而精，避免景区城市化。要尽可能做好活动策划、组织和宣传、推广工作。为此，建议将建设项目调整所减少的投资转移到宣传推广、活动策划组织和人力资源开发方面来，可以考虑在公司下设立“石河子驼铃梦坡旅行社”，专门负责策划、组织、推广、接待沙漠旅游活

动，使景区开发建设与市场开发同时并举，同时见效。

（三）管理服务设施

游客中心和管理用房可以合一为景区管理服务中心，员工应该以团部为主要生活居住基地，以减少景区的建筑设施和投资、维护、管理成本，特别是尽可能减少建筑设施过多对沙漠景观的破坏。管理服务中心在设施项目上，除常规的外，必须有洗手、洗脚、洗脸、换鞋等设施与服务。

（四）军垦博物馆（演示厅）项目

不建或缓建，完全可以利用石河子市的兵团军垦博物馆，避免重复建设，也可以减少投资和运营成本，且按照现有投资、展示内容等条件肯定做不到位。

（五）景区大门

建议用烽火台加夯土墙，突出屯垦和历史文化内涵，成为景区的特色标志，所称的“古长城”绝不能是现代人用砖砌成的高大城墙。

（六）洗车场

应该考虑与团场小城镇建设合用，以在团部建设为宜。

（七）葡萄长廊

与管理服务中心合一，选址应该在景区大门内，作为大门与主要沙漠景观的过渡、引申项目。

（八）景区道路

主要是进入景区大门和管理服务中心的机动车道，景区内沙漠中的机动车道和人行游览道路都不必和不能硬化，而是越野车、卡车和游客能够通行的简易沙石路，以不破坏沙漠景观，但必须做好交通信息指示。连接大门和管理服务中心及其内部的人行道可以用木板栈道。

（九）人工湖、水上乐园、更衣室、淋浴室等项目和设施不建或缓建

在这方面必须考虑到爱惜水资源的观念和新疆缺水的总体印象对游客的影响，这些项目与沙漠旅游主题不一致，与目标市场的游客需求也不吻合，即搞沙漠旅游不是来嬉水、游泳、划船的，不要追求将沙漠景区建设成为城市公园和游乐园。

（十）沙漠热气球项目

要认真论证，初期是否必要应该慎重考虑，特别是安全保证以及与主题的关系等问题。

二、农五师怪石峪景区

看过怪石峪的人，都认为其奇特性在岩石类景观中很有代表性。对大众旅游

者来说，它形象生动、千姿百态，远胜很多早就蜚声国内外的石林景观。小平同志在改革开放之初指出，云南路南石林比南斯拉夫的石林更好，现在有不少游客评价，怪石峪比路南石林更好看，石林只是一块完整的大石头，远了看不明白，进去了更看不明白，只有在正面不远不近的地方才能看到阿诗玛等人物造型。从地质成因上看，怪石峪的科学价值可能更高。目前，国土资源部与国家旅游局开展了国家地质公园的评定，并发起主导评定世界地质公园。与黄山、张家界比，怪石峪作为旅游景区的名气小得多，但作为地质公园未必逊色。河南焦作的云台山几乎一夜成名，同其与黄山、张家界等著名景区一起，先后成为国家地质公园和世界地质公园不无关系。因此，我们认为很多同志和游客的意见要重视，怪石峪要认真考虑申报国家地质公园和世界地质公园。

从目前情况看，被评定为2A级旅游景区后，怪石峪的变化很大，重新设计建设了景观门及展示室、停车场和围墙，景区内公路沿线设置了景观说明指示牌、垃圾桶。直接经济效益上升很快，接待游客和门票收入都大幅度增加，说明仍然处在宣传和扩大影响、提高知名度的快速成长期，前景非常看好。特别是新加坡、中国香港等旅游团来了，自驾车旅游者在景区内扎帐篷停留7天，这既说明在宁波中国旅游投资洽谈会、成都中国国内旅游交易会、乌鲁木齐兵团旅游项目推介会等场合的宣传推介效果初现，更证明怪石峪景区的资源品位高，观赏价值大，趣味性、科学性强，吸引力大。

怪石峪近期开发建设的主要任务，就是尽快将连接主要景观与公路的游览步道建设好，具体意见如下：

1. 注意从不同角度、高度、距离观赏的需要，不能直上直下、直来直去。

2. 注意保护景观的原真性，道路、观景平台、休憩椅凳等设施建设和垃圾桶设置都要尽可能不破坏景观，并尽可能就地取材。除了通行必需，否则景区内的一草一木、一土一石都不要动，不要放任人们去自由刻画、移动、损害。用木板修架空栈道的意见很好，观景、休憩、指示牌、说明牌等服务设施要就地取材、因陋就简，少修亭台楼阁，少新建多利用。

3. 景区内的区间车不是环保、交通安全和方便游览所急需的，可以暂不考虑，以后根据发展情况再决定。

4. 滑雪场项目可以考虑，对冬季旅游有好处，但一定要注意到与乌鲁木齐等滑雪旅游的竞争—合作关系，投资规模适中，管理服务、包装宣传要有特色、高起点。

5. 要成为4A级景区，还必须提升游客中心、停车场、内外交通的标准化、合理化水平，并注意结合景观特色、民族特色、兵团特色来建设、管理好大门外和景区周边的餐饮、购物、娱乐、运动等项目。为此，加强与博州等方面的协调沟通非常重要。

三、农一师克孜利亚大峡谷

（一）名称：新疆克孜利亚大峡谷

峡谷中的岩石全为红色，绝大部分景观都很像古代城堡（“克孜利亚”维语即为“城堡”）。此名一是运用民族语言，比较容易产生联想，有利于刺激旅游动机；二是比较有特色，比目前通行的简单地以地名加“峡谷”或“大峡谷”的命名方式科学、进步了很多。

（二）开发建设要求：以自然和天然为最高原则，少建设、少开发

1. 在必需的设施设计建设和材料、物品使用上尽可能利用自身所具有的沙石材料。

2. 初期除外部道路外，景区内游览道路、观景和休憩设施全部为天然的，不修筑游览步道、观景亭台。

3. 停车场仅对河滩地稍做平整和防洪处理，不硬化、绿化。

4. 景区大门、门票房、管理房、游客中心、垃圾桶等以简易、可移动、易拆除设施为主，外形做景观化处理。

5. 景区内不使用机动交通，除步行外，可辅之以骑马、乘马车。

（三）近期主要开发建设任务

1. 通达景区公路：建议直接从阿克苏到景区，新修约 50 公里的二至三级公路，尽快勘测线路申报立项和开工建设，力争一年内通车。

2. 景区测绘：掌握地质、地理、地貌及主要景观的基础数据和水文、气象数据。

3. 游览线路规划设计和开发次序要安排好。

4. 完成管理、服务设施设计、建设。

（四）主题和市场定位

以自然奇观为主题，宣传中突出奇特、形象、恢宏，整体上以中远程市场为目标，近期以乌鲁木齐及南疆城市为宣传推介突破口，配套基本完成后作为兵团和新疆旅游经典自然景观向国内外宣传推介。

（五）品牌包装：世界地质公园、国家 4A 级旅游区、丝路旅游天然奇观

第三章　人文社会旅游资源开发

历史文化和主题公园是人文社会旅游资源的重点。其中，历史文化旅游资源是我国最先开发利用的，但难度也是最大的，因为其所有权多在国家，占有权、使用权和管理权多属文化文物等部门，如何活化历史文化为旅游所用，如何处理好资源的文化文物保护研究与旅游开发利用之间的关系，如何处理好文化文物部门及资源具体占用管理单位与旅游部门和具体实施旅游开发建设与经营服务组织之间的关系，都是需要智慧、技术、耐心和技巧的，但本章仅在此点出，不就这些问题展开研究，以免引发更多争议。主题公园类旅游项目开发建设是近些年的热点，高潮不断，褒贬不一，单体投资多，项目差异大，策划、规划、设计、建设、管理、服务、营销等方面值得探讨的问题也很多，本章将对其做比较详尽的探讨。

第一节　安徽省红色区域中心纪念园①

霍山是鄂豫皖革命根据地核心区域，是安徽省大革命时期的红色区域中心，革命历史文化非常丰富，发展红色旅游的资源基础好。随着我国旅游业的持续快速发展，为适应人们崇尚自然、追求生态享受等需求，霍山作为大别山的主峰所在地，以自然生态旅游、农业乡村旅游为主的旅游也得到了较快发展，交通等基础配套条件有了根本改进。在霍山规划建设“安徽省红色区域中心纪念园”，既是纪念革命前辈、宣传展示大别山革命历史和革命精神的需要，也是贯彻落实全国红色旅游发展规划、加快发展大别山红色旅游的重要举措。

一、霍山红色旅游资源基础优良

霍山县具有光荣的革命传统，有过光辉的革命斗争历史，红色旅游资源非常

① 本节是在共同商量交流的基础上与黎斌共同执笔撰写的。

丰富且具有独特优势。1929年5月，党领导的霍山诸佛庵兵变是大别山革命根据地创立的主要基础，它树起了皖西武装革命斗争的第一面红旗。紧接着，霍山相继暴发了西镇、桃源河、舞旗河、胡家河、大化坪和东北乡农民起义，瞬间红色风暴席卷全境，革命红旗插遍霍山的山山水水，霍山成为安徽全省第一个赤化县，建立了安徽第一个县级红色政权——霍山县第一届苏维埃政府，和全省第一支红军正规部队——红三十三师。根据霍山的革命形势，1930年2月，中共安徽省将霍山确定为全省红色区域中心。红四方面军长征后，高敬亭率领红二十八军继续在霍山坚持革命斗争。抗日战争暴发后，霍山的红军参与改编为新四军一部和抗日工作团，在大别山东南麓和皖西大地上为抗击日本侵略者、捍卫中华民族家园而英勇奋斗。解放战争时期，作为战略重点区域大别山的核心区域，在霍山这片土地上创造了更为光辉灿烂的革命史诗。1946年7月，中原军区一纵一旅掩护主力突围，东进途经霍山，在青枫岭、磨子潭两战两捷，威震敌胆。1947年7月，刘邓大军千里跃进大别山，其主力一部迅速在革命老区霍山站稳脚跟，与国民党军队激战一年有余。霍山这块红色的土地，为中国革命事业和民族解放事业做出了巨大贡献和牺牲，自大革命暴发至新中国成立，当时仅有十几万人口的霍山，就牺牲了近6万人。可以说，霍山每一条山路小径上都留下过革命先辈的足迹，每一个山头上都有革命先烈在九泉含笑、期盼，每一条河流中都曾经流淌过革命志士的鲜血。霍山是革命的摇篮、英雄的故里。

二、在霍山建立安徽省红色区域中心纪念园合情合理

从大别山和皖西革命根据地的斗争历史看，霍山暴发革命运动早、革命事件多和革命斗争时间长，创下了“三个第一”“一个中心”和“二十年红旗不倒”的光辉业绩。“三个第一”就是诞生了安徽省第一块革命根据地，创建了安徽省第一支红军正规部队——红三十三师，建立了安徽省第一个红色政权——霍山县第一届苏维埃政府。“一个中心”就是安徽省红色区域中心。“二十年红旗不倒”是指从1929年到1949年，在长达20年的时间中霍山这块红色革命根据地始终没有改变颜色和中断革命斗争。因此，在霍山建设安徽省红色区域中心纪念园是实至名归，没有任何疑义。

三、纪念园建设的总体要求和选址

安徽省红色区域中心纪念园建设，在项目定位和主题策划上必须立足于建设

集纪念、展示、宣传和参观、游览、休闲于一身的精品红色旅游项目，实现纪念、教育和旅游的有机结合。纪念园选址为南岳山麓，位于县城衡山镇边，其中已经建有烈士陵园。南岳山是霍山的一个重要风景名胜区，山岳景观奇特，森林茂密，历史文化积淀比较深厚。汉武帝时，此山被敕封为南岳，衡山被封南岳后称为小南岳。早在汉代始建的南岳庙，诗词碑刻遗存较多。南岳山是霍山主要的自然和历史文化旅游区，在省内和江苏等周边地区有比较大的影响。南岳山也是衡山镇居民的主要休闲、健身、观光区域，紧靠县城，交通便利，景色优美，浓荫密闭，空气清新，可俯瞰衡山镇全貌，也可以遥观富饶坦荡的皖中平原和背后绵延起伏的大别山群峰。

四、安徽省红色区域中心纪念园建设要注意做好几个方面的结合

(一) 将纪念与旅游两大功能有机结合起来，纪念设施建设要考虑其旅游服务功能

例如，纪念馆在集中展示、宣传主题和核心内容的同时，要能够提供旅游信息、咨询、导游、休憩等服务，并规划建设咨询和导游服务中心、休息场所和设施、卫生间等；其他纪念设施同时具有观景、休憩、遮风避雨、遮阳防寒等功能，如建设以主要历史人物、历史事件命名的纪念亭、纪念阁、纪念轩、纪念楼、纪念长廊；还可以规划建设一些融纪念、参与、体验为一体的项目，如以特定游客、人群为名称并集资参与规划建设霍山县共产党员纪念路、衡山镇少先队员纪念林等。

(二) 将旅游与公园两个方面的功能结合起来

纪念园在作为红色旅游景点的同时，也将成为更理想的衡山镇居民休闲公园，因此，除了旅游点所需要的设施、项目和开发建设所必须遵循的规律外，还必须按照城市公园的特点要求来规划建设。例如，空间要开阔，交通要多维、多向、互通，环境要清静、优美，游客容量要比较大，服务项目要同时考虑远道游客旅游观光和城市居民休闲需要。在具体功能分区上，可以将旅游和公园做出适当划分，空间上的交叉和分离科学适度。在名称上可以考虑两个名字且分场合使用，整体上可以叫“传贤公园”，以突出对霍山大革命早期革命家舒传贤的纪念，同时“传贤”二字作为公园名称也很贴切，有教育、润泽等功能作用；其中的红色旅游项目集中使用“安徽省红色区域中心纪念园”的名称，以现在的烈士陵园为主，突出红色主题。

（三）在纪念园和纪念设施建设上结合运用霍山及皖西民居建筑风格和有地方、乡土特色的材料、方式

这一方面是突出特色、增强吸引力和观赏性、趣味性的要求；另一方面又可以降低投资和经营维护成本，同时体现自然生态理念。例如，在材料选择上，要尽可能少用现代工业合成材料，多用天然材料，如竹、木、石、土；必须用钢筋、水泥、釉面砖等工业合成材料的，要注意场所、位置、体量、高度等，在外形、内外装饰上要与环境协调，可以进行仿生处理。

（四）将项目建设与相关配套建设、环境整治营造结合起来

作为旅游区，必须出入方便，而且要形成环线，使游客少走回头路，外部连接道路规划建设和出入口设置、建设以及停车场、纪念品和土特产品销售服务项目、餐馆、洗手间等布局合理，以进得来、散得开、看得到、游得畅、出得去、买得好、吃得爽等为基本目标。特别是餐馆、购物摊点等经营服务项目，不仅要位置合理，数量适中，而且要加强监督，规范服务，否则会对旅游区的环境、氛围、形象产生不良影响。考虑到是红色旅游项目，纪念园娱乐项目选择、规划布局和监督管理必须认真研究，防止影响氛围和与旅游区性质不协调，更不能出偏差。

（五）将硬件建设与软件建设结合起来

很多旅游区开发建设往往重视项目设施等硬件，因为其看得见、摸得着，成绩直观明显，在许多项目中也是投资最多、难度最大的。但是，要成为成熟、成功的项目，主题策划、经营管理机制建设、制度规范和经营服务理念确立、人才培训等直观上难以看到的软件开发建设往往更重要，相比之下硬件设施建设则只是基础和基本条件。纪念园建成后，宣传什么主题，作为安徽省红色区域中心怎么样让各方面认可，怎么去吸引外地游客和为本地居民提供优良的休憩服务，对兼有旅游经营功能和城市服务功能的纪念园实行什么样的管理运营体制，特别是经营管理和服务人员的选择、聘用、培训、考核、监督怎么做等，都是要必须认真仔细考虑的。

五、具体工作措施

围绕建设安徽省红色区域中心纪念园，霍山要在红色旅游开发建设和宣传招徕方面集中力量，争取成为大别山红色旅游的先导、重点、热点区域和线路。

1. 通过上报刊、编书籍、拍影视、举办论坛研讨会等形式，大力宣传霍山

的革命斗争史，着力提高霍山红色旅游的知名度。

2. 要着力做好纪念园的规划，在现有烈士陵园的基础上加以扩建，把诸佛庵兵变、西镇暴动等重要事件和舒传贤、刘淠西、黎本益等著名人物容纳进来，建成纪念亭、阁、馆等。

3. 建设资金的筹集上，在争取政府拨款、社会捐助的基础上，注意采取招商引资的办法吸引社会资金，同时号召霍山的共产党员、青年团员、少先队员等，结合有关政治教育活动开展捐款、义务劳动等活动。

安徽省红色区域中心纪念园建成后将是安徽红色旅游的一个亮点，也必将为推动大别山红色旅游发展和带动大别山旅游业上台阶做出贡献，更将为霍山人民更高水平小康生活提供优美空间。

第二节　四川阿坝长征雪山草地纪念馆

松潘红军长征纪念馆是通过签订协议，由松潘县委托四川华神集团进行投资改造、开发建设和经营管理的。华神集团委托专业规划设计单位编制了规划设计方案，按照纪念性建筑的设计理念、原则和方法，参照其他纪念性建筑的风格，对博物馆重建进行了规划设计。总体上看，该方案思路比较新，风格比较独特，一定程度上反映了红军长征历史、精神和文化，建筑体量和高度合理，作为纪念性建筑有比较大的创新和纪念、展示、宣传功能。但从资源基础、品位出发，根据红色旅游项目及其规划要求和市场需求特性，该方案也存在明显不足，具体意见和建议如下：

一、将纪念馆名称由“松潘红军长征纪念馆”改为“长征雪山草地纪念馆”

这主要是为了突出特色，避免雷同。“松潘红军长征纪念馆”这个名称，只要将“松潘”换成长征线上每一个从省到地市、县乡、村寨的名称都可以用，这就没有特色可言。实际上，松潘的长征纪念馆是阿坝州唯一的，也是四川省最主要的长征纪念性建筑，而爬雪山、过草地是长征途中最艰险的，是人类军事史和人类历史上最坚苦卓绝、英勇无畏的光辉事迹，是最伟大的战胜强敌、战胜自然、战胜自我、坚定理想信念的壮举。因此，在名称中突出“雪山草地”，既有特色——是全国和全世界唯一的，又能够非常准确地表现产品的性质特征，还使得人民对雪山之洁白、巍峨、壮观和草地之秀丽、妩媚、坦荡等产生美好的联想、遐想和向往。

二、建议将纪念馆主题调整为：纪念、展览、宣传以爬雪山过草地、创造人类军事史和整个历史上罕见的战胜强敌、战胜自然的四川境内的红军长征奇迹历史、精神文化

这主要也是为了充分展示、体现爬雪山、过草地的历史价值、军事价值、精神价值和旅游价值，突出特色，不要将整个长征都作为纪念、展示、宣传的对象，那样就既会产生疑问和争议，又会使得主题、特色、优势不突出。考虑到该纪念馆是四川省最主要的长征纪念性建筑，可以将四川境内长征的内容涵盖进去，其他有关长征的内容除非是要让旅游者了解红军入出川、特别是入出雪山草地的基本线索和缘由，否则都不应包括进去。在这方面，要从根本上修正松潘纪念馆和红军长征纪念碑园是长征总纪念馆和纪念总碑的观点，无论当年有关部门是如何定的，现在阿坝要这样做都是徒增烦恼，可能还会弄巧成拙。

三、纪念馆设计、建设、展示的总体目标要求

纪念馆要有鲜明的特色、直观的外形和视觉效果，强烈的视觉冲击和震撼力。在适度的庄严、肃穆气氛中，恰如其分地表现出红军战胜强敌、战胜自然、战胜自我、英勇无畏、坚定理想信念的革命乐观主义精神。这是表现主题、突出特色的需要，也是建设一流的红色旅游精品项目的需要，同时要考虑到旅游者的实际感受，既能比较好地产生震撼力、感染力和教育、感化作用，又能够吸引旅游者，让旅游者在相对轻松的心态下参观游览和接受教育。

四、纪念馆设计、建设、展示的主要意见和建议

1. 外形要寓含红军爬雪山、过草地的主题，俯视、远眺都能非常直观地看出其象征意义，不能过于抽象，切忌表现的主题过于泛化。

2. 纪念馆及其附属建筑内外装修要借用藏、羌等当地民族建筑的风格、材料，营造出的气氛要有一定程度的庄严、肃穆并兼有革命的浪漫主义。

3. 整个纪念馆及园区设计也以庄重中透出适度肃穆、庄严为主，避免过于凝重、压抑、悲伤类色彩，要将红军战胜强敌、战胜自然、英勇无畏、坚定理想信念的革命乐观主义精神充分体现出来。

4. 陈列、展示内容以纪念红军爬雪山、过草地为主题，兼顾四川境内长征方面的历史、文化。

5. 纪念碑从外形到含义都必须以爬雪山、过草地为主题。

6. 整体设计要考虑建设“雪山草地红军无名烈士墓”的项目内容，可以考虑在金碑后山或两边建设墓地，但其位置不能低于纪念碑和其他建筑物。

7. 纪念馆附属设施在考虑作为备用展室和办公管理用房功能外，要考虑200个床位左右的青年旅社及公共食堂，每间4~10个铺位，卫生间为楼层集中公用，食堂为军队连队大食堂式的，客房、食堂的内部家具、陈设、装饰以营房为标准，但必须保证安全、卫生、整洁，适当考虑方便和管理需要。

8. 要将停车场、卫生间、报告放映厅等旅游服务内容纳入规划设计方案及其实施中。

9. 上山至纪念碑和烈士墓的路线设计要表现雪山、草地的主题，采用蜿蜒曲折的线路，每间隔10~30米一个弯道，距离要有差别，每个弯道都要有寓意，并通过说明牌或导游解说表现出来，题材要从红军长征在四川境内的主要会议、战役等实现的转折方面去选择，整个线路应该就是一个大转弯，表示红军爬过雪山、走过草地后实现了长征从甩开敌人的围追堵截转变为主动出击抗击日本侵略者的命运大转折，也表示中国革命从土地革命斗争转入抗日战争的历史性转折。

10. 路线要形成环流，下山和出纪念园的路线以直线为主，且不能与上山和进入的线路重合，适应人们要很快上车、进餐馆、酒店、商店的心理需要，展示的内容及其方式应以相对轻松、简明的长征在四川境内的小故事为主，讲解也尽量少而简单，是游览参观活动的尾声，同时也留下足够的意味、韵味。

五、现有设计方案具体内容调整意见

1. 金碑和主馆的碑形设计在表达红军爬雪山、过草地的主题方面效果较弱，最多也就是表现出了“雪山草地树丰碑”的意思，爬雪山、过草地的壮举、精神没有直观、鲜明地表现出来。游客看纪念馆的外形，最主要的是在纪念碑处和上山途中俯视，因此，现在纪念馆碑形设计的方向是正确的，但主馆至少要在临河的一端加上碑帽，其内部使用功能可以是卫生间和休息室，也可以作为侧向相对的客用或应急楼梯。

2. 现设计的上金碑路线要大幅度向左边山坡回转，以加大弯度、延长距离和相对降低登山难度。

3. 在右面山坡设计建设以直线为主的下山道路，直通园外和停车场，游客不再从主口出。

4. 停车场规模以 20 辆大轿车停车位为宜，车辆出入口分设，人员进出口与车辆进出口分设，位置应该在纪念园出入口之间，并在周边的适当位置设计、建设游客中心、卫生间等。

5. 园区内少用草坪，多用适宜栽种的常青树，多借用附近天然的雪山、草地景观。

6. 园区内的雕塑、浮雕等也都以红军爬雪山、过草地为主题，不要泛化为整个长征。

7. 金碑的设计理念、寓意要重新解释，或者经过专家论证后重新设计、建设。

8. 纪念馆的内外装修切忌奢华、现代和过度，要以质朴、简约、自然为原则，内墙不必石头贴面，外正立面可用石头装饰呈现羌族建筑风格，如果能够搜集到在雪山、草地牺牲的红军官兵姓名，可以按现设计刻录，但为能够看清，不宜过高，用红军爬雪山、过草地的巨型浮雕的效果可能更好。

9. 为了方便游客，减少游客在纪念馆内上下的距离、次数，建议展示、参观的顺序从一层开始至二层结束，出馆后不用下台阶就可以直接走上登山的路，因此，主入口也改在一楼。

10. 纪念馆及园区内的指示、说明等标牌要取用当地的材料和造型，不要都用不锈钢方块，有标准图形的采用标准图形标志，没有的要中、英文对照。

11. 整个项目的参观游览时间以 2 小时为宜，加上休息、等候、进洗手间等时间，耗时 3 ~ 4 小时，因此，可以在外部布置餐馆和适量的购物点，住宿设施建议主要布置在松潘县城或章扎镇等地，川主寺可作为旅游线路上的一个餐点。

六、目前雪山草地旅游区、旅游线开发应该注意的问题

1. 充分认识雪山草地在红色旅游中的突出地位，牢固树立建设红色旅游精品、名品、绝品的意识和工作目标。

2. 在开发方式上一定要统一策划、整体开发、分步实施。

3. 必须依据法律法规明确有关各方的责任、权利和义务，不能糊里糊涂和先做起来再说。目前主要是明确雪山草地其他项目的开发经营权归属和所有建设

项目的用地性质及法定手续，建议通过协商，阿坝州及松潘县等将雪山草地红色旅游开发经营权依法有偿、有条件地转让给华神集团。

4. 充分认识到查找、搜集烈士遗骸和建设红军无名烈士墓及在草地长征沿线建立红军无名烈士纪念碑的重要性。

5. 雪山、草地红军长征主线路沿线不要修高等级公路，至少要保留 30 公里以上的砂石路面。

6. 考虑引水恢复一部分草地湿地，具体选址要考虑是否易于恢复和是否是当年长征路过的草地，规模视效果需要和投资能力决定。

7. 尽快打通与腊子口、哈达铺、会宁及陕甘宁红色旅游区、丝绸之路旅游国线的交通联系，避免游客走回头路。

8. 在旅游项目开发上要将参观游览、学习感受、参与体验和度假、自驾车、自然、生态、民族、历史文化等旅游有机地结合起来。

9. 建议主要建设项目在规划设计前，先到国内外进行考察，并进一步开展论证、研讨、交流活动，以确保项目设计、建设、管理、服务的质量、水平和效益。

10. 希望四川省特别是阿坝州、华神集团和松潘等县高度重视雪山草地红色旅游区的开发建设，在自力更生、充分发挥自身聪明才智的同时，多借用外力、外脑。

第三节　四川雪山草地红军无名烈士墓

一、项目主题

让长眠雪山、草地的红军英魂有一个确切的、庄严肃穆的安息之地，以使我们后人无愧于红军先烈，并为人民提供真实、有震撼力和重大教育功能的瞻仰、凭吊对象、处所。

二、项目内容

在当年红军爬雪山、过草地牺牲最多、相对集中的区域，用物探雷达探询红军烈士的遗骸、遗物（特别是武器等可能尚存能够证明遗骸主人为红军的物品），在离旅游路线比较近的烈士遗骸处造墓立无名烈士碑，将离游览路线较远的烈士遗骸集中在松潘县川主寺镇的红军陵园中安葬，并建立大型的红军无名烈士墓和纪念碑，遗物在碑园纪念馆中陈列展览。

三、活动策划

要以让红军先烈安息和让我们无愧于先烈英魂为主题，在查找工作准备、启动、进行和烈士遗骸、遗物发现、运送、安葬安置、建墓建碑奠基、纪念碑竣工、正式接受人们凭吊等活动中，进行广泛的政治宣传，让广大旅游者学习长征历史、精神，弘扬为理想信念不怕艰难险阻、不畏牺牲的大无畏革命精神，促进红色旅游发展和革命历史文物保护。时间不限制，可以持续多年查找，在大型烈士墓中预留土地续建 2 号、3 号墓，开展连续、滚动宣传。

在雪山草地旅游线上营造庄严、肃穆、惨烈的氛围，让旅游者真切感受到红军在雪山草地征程上与自然之敌、阶级之敌顽强斗争所做出的巨大牺牲，进而深刻感受到中国革命胜利和中国社会主义道路的极其艰难与宝贵。

四、活动组织

建议提请四川省委、省人民政府和成都军区正式请示中共中央、国务院、中央军委，批准由四川省委、省人民政府、成都军区开展查找红军遗骸遗物、建立红军无名烈士墓和无名烈士纪念碑之事，具体可以由四川省委宣传部、省旅游局、成都军区政治部、阿坝州人民政府承办，松潘县和四川华神集团协办。

五、资金筹措

将资金筹措与宣传教育结合起来，由主办单位或其联合组织的委员会发出倡议，在全国号召广大党员、干部、军人、青少年学生等每人为红军先烈献出一元钱，预计可筹措 5 亿元；红色旅游开发建设、文物保护等专项资金安排款项进行基础和配套建设；有选择地接受海内外企业、社团、公益组织和知名爱国人士捐赠，但明确告诉捐赠者只发捐赠证书和在纪念馆建立捐赠档案，不刻碑表彰，不得以此进行商业炒作和广告宣传。

第四节 山东蓬莱和平圣城

《蓬莱和平圣城总体策划方案》顺应人类向往和平的良好愿望，利用连续多年举行“和平颂”国际青少年交流活动和蓬莱仙境及其所体现的道家“天人合一”“天地合万物生”思想等条件，提出将蓬莱市的建成区北部临海预留的2.6平方公里旅游休闲用地，建设成为以人类和平为主题的“和平圣城”，是一个大胆、新颖、很有创意的城市区域总体策划。方案对蓬莱和平圣城建设的市场、区位、基础、配套等条件进行了比较全面的分析，围绕主题提出了建设国际和平会议中心、和平广场、和平女神及祈祷台、和平圣火台、各大洲特色文化街、万国文化博览园、和平度假村等项目，并就土地利用、项目空间布局、道路交通、市政基础配套、绿化美化等提出了明确、直观的建议等，这些都是非常有价值的。

本人根据方案，就蓬莱和平圣城总体策划提出的意见是：用其实，易其名，因名而行实。具体阐释如下：

1. 和平圣城策划不是单一的主题建设项目策划，而是涵盖2.6平方公里面积的城市旅游文化休闲区域总体策划，在一定程度上应该作为城市规划中的主题片区策划设计，应该更好地遵循城市规划中有关城市及片区性质、地位、发展方向的规定，体现立足发展、考虑现状等因素。

2. 和平圣城这一很有创意的主题策划，如果用于单体项目或一组项目，而不是城市面积比较大的一个非常重要的片区，可能效果更好，策划、规划、设计、建设、配套、衔接等工作可能也容易做一些。

3. 和平圣城的主题与蓬莱仙境、八仙过海及道家文化思想有非常紧密的联系。天人合一、自然和谐是人类和平的重要条件，人类之间的所有纷争都是从种族、民族、国家及个人利益出发，想改变资源占用状况、扩张自身利益而引起的，人地关系、人与自然资源禀赋关系始终是影响人类和平的重要因素。但是，和平与和谐还是有明显区别和本质不同的。和谐不仅强调人类社会之间良好的关系状况，而且更突出人与自然之间的良好关系状况。和平基本是在以人为本、为主体甚至地球主宰的前提下寻求的理想目标，和谐是将人类作为自然系统的一个环节和一个平等成员来追求的理想目标。因此，如果要将蓬莱建设成为世界和平城市，仅仅依托蓬莱仙境及其所反映的道家文化，和已经举办了5届、即将举办第6届并将长期举办下去的“和平颂”国际青少年文化交流活动及其产生的效应，难度是比较大的。

4. 策划所提出的和平主题项目基本属于展示、交流地球各大洲和30多个国家文化特色的城市国际文化片区，在其中一定程度地融入和平主题。与此前已经不够景气、议论多多的世界公园相比有何特色和优势，与很多大城市建设的民族村和国外历史文化街区比有什么更强的竞争力、生命力等，方案中说明得还不够充分。

5．按照建设和谐社会的总体目标，依托道家文化，策划建设以旅游休闲为主，同时兼顾国际文化交流、歌颂和平的主题，打造人民全面小康生活的第三空间，是一条值得探讨的策划思路。

6．策划方案中很多具体的项目建议可以纳入第三空间主题之中，如和平国际会议中心、和平广场、和平大道、和平度假村、和平圣火台等，但仅仅作为其中的一个主题项目组团。在项目选择上要更多地体现道家“道法自然”“天人合一”等思想，以为蓬莱市民和旅游者提供以自然、和谐、生态、悠闲的城市第三空间为主要功能目标，一些存在矛盾或不一致的项目需要逐步动迁，新选择的项目要认真论证，绿化、美化和项目、交通、服务等设施布局都要考虑休闲氛围、文化氛围的营造，自然和人文生态观念、和平文化、养生长寿文化、道家文化、民族文化、地区和城市文化兼收并蓄，但必须突出主题。

7．对几个具体策划项目的意见

（1）在品牌宣传方面，是“蓬莱仙境”好还是“人间仙境”好，作者认为天堂之谓的利与弊值得借鉴，“蓬莱仙境”则是言之凿凿的。

（2）慎提“国际化城市”“世界著名的和平城市”。

（3）蓬莱文化广场与策划中的和平广场近距离布局是否合理和必要，二者如何分工，还要考虑国家限制大广场、宽马路的政策因素。

（4）要认真研究建筑覆盖率、绿地覆盖率，策划方案中建筑过多过密，不符合旅游休闲需要。

（5）和平女神与自由女神、民主之神、百神欢聚的可行性要认真研究，至少与伊斯兰教的安拉不好集中到一起。

（6）圆丘形建筑在我国已经有不同意见，与中国传统的建筑文化风格不一致，“钟”与“终”同音也有此问题，能否考虑使用莲花蕊、莲花瓣形建筑，因为莲花即荷花，有和平、祥和之寓意。

（7）和平圣火盆用黄金好吗？黄金熔点是多少、投资多少、是否好维护等，需要认真考虑。

第五节　北京环球影城主题公园

《北京环球影城主题公园项目建议书》及其所附的有关材料，对北京环球影城项目建设的必要性做出的主要说明是：第一，能够完善北京城市功能，丰富北京市旅游产品类型，改变北京旅游休闲以单一历史文化类项目为主、缺乏现代化、高科技和参与性强活动的状况，更好地满足市民休闲和国内外旅游者需要；第二，可以促进首都钢铁公司生产和产品结构调整，建设京西环境绿化带，改变北京市的环境状况；第三，可以进一步丰富和体现2008年北京奥运会“人文奥运、科技奥运、绿色奥运”的主题，促进东西方文化交流和融合；第四，能够促进我国主题公园低水平重复建设和低质低效状况的改变，使得我国主题公园升级换代；第五，更好地促进北京经济和旅游业发展。

关于该项目的市场基础和前景，项目建议书分别从本市、全国的经济发展水平、旅游市场状况、加入世界贸易组织和举办奥运会、全球旅游业及国外大型主题公园状况等方面，依据权威的国际专业机构专题调查研究报告，划分为本市、周边、国内其他省市和入境四大市场，分别进行了定性和定量相结合的分析预测。结论是旅游业已经成为世界第一大产业，我国总体实现小康目标后居民旅游休闲需求和支付能力均发生了很大变化，需要开发建设参与性、趣味性、知识性都很强的主题公园项目；北京作为中国的首都、国家政治和文化中心、世界著名的旅游城市和正在建设中的国际化大都市，其市民收入和旅游休闲、文化消费均大大高于全国平均水平，需要而且能够建设融文化、科技为一体的大型主题公园，项目的市场和投资收益前景比较乐观、可靠，且将可以取得比较好的环境效益和社会效益。

项目建议书对项目建设必要性的论证说明和对项目市场的分析预测，依据是比较客观和充分的，所采用的方法也是科学的，因此，所得出的结论是基本可信的。

一、在我国建设大型主题公园的市场条件趋于成熟

从20世纪70年代末期以来，我国旅游业步入了持续快速发展阶段，到20世纪末中国发展成为亚洲旅游大国。进入21世纪，我国旅游业继续保持旺盛的增长势头，并确立了再用20年时间建设成为世界旅游强国的目标，目前中国已经成为世界最大的国内旅游市场和出境旅游消费国。旅游业先后被确定为我国国民经济新的增长点和战略性支柱产业、很多地区的支柱产业或重点产业。因此，旅游项目建设总的市场基础和前景都非常好。选择市场条件好、经济社会发展水平大大高于全国平均水平的大城市，引进国外先进技术和知名品牌，建设大型乃

至超大型主题公园，不仅能够更好地满足旅游消费需求，而且对促进我国主题公园状况的根本改变，使之升级换代，对增强我国旅游产品的参与性、趣味性、知识性和吸引力、竞争力，对积极引导和培育旅游消费需求，进而更好地发挥旅游的经济、社会功能，都将发挥比较好的作用。

二、北京市建设大型影视主题公园的市场和配套条件在国内是最好的

北京是中国的首都和政治、文化、交通中心，也是千年古都和充满生机活力的国际化城市，是我国最重要的旅游目的地、旅游集散中心和入出境口岸，旅游发展的资源、区位、交通条件在全国都居首位，因此，旅游业发展水平长期名列各省市区前列。在北京建设现代化、高科技的大型主题公园，其市场基础不仅仅在于本市及周边城市居民的旅游、文化、休闲需求迅速增长，更在于其作为首都所决定的中远程客源市场在全国是最大的。因此，北京的整体市场优势比较明显。

三、北京建设主题公园将会发挥多方面的积极作用

建议书所论证说明的作用都将实现，此外还应该从全国来认识其积极作用。

1. 对引导我国主题公园升级换代和全国旅游产品开发建设、结构优化将发挥重要的示范、推动作用，带动我国旅游产品增加知识、科技含量，增强旅游活动的参与性、趣味性、主动性和吸引力、竞争力。

2. 可以成为发展旅游业、促进生态环境保护又一个很有说服力的典型，以主题公园建设推动首都钢铁公司的结构调整，将首都北京的环境污染重点地域逐步转化为美化城市、净化空气、供人们旅游、娱乐、休闲的绿色环保场所，在全国和世界上都将会产生很大影响。

3. 可望创造出大型国有工业企业在结构调整时同步解决人员转岗就业、不产生下岗失业的经验，对当前引起社会广泛关注的解决下岗失业人员再就业提供示范作用。

四、项目后续工作中应该注意的主要问题

作为大型主题公园类旅游项目，为保证其预期目标的实现，从旅游方面看需要注意的主要问题如下：

1. 要注意其性质对北京旅游形象的影响，在科学策划好项目本身形象定位、

宣传和市场开发的同时，将这一项目所增加的内涵与北京现行的旅游市场形象协调和完美地结合起来，使得北京旅游在全国和国际上的形象更加丰满、鲜明、突出。

2. 要将国内其他省市区消遣性旅游市场和公务、商务、会展等事务性旅游市场放在最突出的位置上，同时兼顾市民休闲娱乐市场和入境旅游市场的开发。

3. 在市场预测、定位、定价上要注意我国居民和普通旅游者的收入水平与实际支付能力。

4. 要注意项目主题和内容的特色，防止与附近区域城市雷同，即使是高水平的重复建设也会影响到项目预期目标的实现。

资料

长三角新一轮主题公园热透视

2016 年 6 月 18 日，上海迪士尼乐园开业，标志着我国长江三角洲地区主题公园热潮达到了一个全新的高度。21 世纪初以来长江三角洲地区新一轮主题公园投资建设热潮意味着什么？预示着什么？为此，我们专访了国家旅游局信息中心副主任蔡家成博士。

记者：外资和民营资本在进入长三角旅游业时，为何选择以主题公园为突破口？

蔡家成博士（以下简称蔡）：主要原因有三个。一是目前我国对历史文化和自然生态旅游项目投资建设的准入有很多很严格的限制，如文物类的旅游资源开发受到国家文物保护法制约及来自文物部门的强力干预，自然生态类的旅游资源开发受到风景名胜、环境保护等方面法律法规制约及有关部门的干预，其他如水利、地质、林业、宗教等旅游资源开发也存在各个主管部门的限制，而主题公园投资开发基本上没有这类制约和限制。二是从性质特征看，主题公园投资建设多与房地产开发有密切联系。一个高水准和成功的大型主题公园项目所产生的最大效益，往往不是自身的经营收入和利润，而是对附近一定区域内的房地产升值产生很明显的推动作用。此外，主题公园在策划、规划、投资、建设、管理、宣传等方面，与房地产项目有很多相同、相通之处，如投资数额巨大，需要高水平的策划、规划、建设、管理、宣传等。因此，大投资商进入发展水平比较高的地区投资开发旅游业，很容易在主题公园项目上与地方、城市政府产生共鸣，达成协议。三是主题公园是旅游文化娱乐类项目，随着国内外旅游者对我国旅游消费需求的不断深化、多样化，客观上要求各地、各城市加快开发集娱乐、参与、互动和感受、体验、学习、教育于一身的旅游项目。无论是国际品牌，还是传统文化内涵的，主题公园都能够很好地适应旅游消费需求的这种新趋势。长江三角洲是我国经济社会发展水平很高、正率先实现现代化的区域，投资商选择这个区域的特大城市和大城市投资建设主题公园是理所当然的。

记者：新一轮的长三角主题公园建设热有什么特征？

蔡：与20世纪末期主题公园热相比，21世纪初以来长三角出现的主题公园投资建设热潮有明显的不同，出现了三个值得赞赏的新特征。

第一，档次水准有了质的飞跃，主题策划选择、可行性研究、规划建设、投资规模等水平大大高于上一轮。从项目和主题选择看，新一轮热潮多引进世界知名品牌，或者深度挖掘中国历史文化，而不是简单地学习、借鉴、模仿、搬用，也不是不顾性质特点和功能影响地去适应甚至迎合一部分旅游者的简单感官刺激和心理需求，很注意将娱乐、运动、教育、科普和深层体验、参与互动结合起来。新一轮主题公园建设中，多比较重视从旅游需求、市场供求关系、投入产出及投资效益、政策许可等方面，进行可行性分析研究和咨询论证，而很少想当然地凭主观判断甚至少数人的兴趣来决策。无论是单一主题还是综合性的主题公园，在规划设计上都比较重视满足不同类型旅游者的需要，重视交通连接和服务、餐饮休憩服务、集中展示和参与互动、设施和服务人性化与特色化等。从投资规模看，也从百万元到千万元级发展到亿元以上乃至数十亿元和超百亿元。相应地，项目建成后的经营、管理和服务水平也有非常大的提升。

第二，投资建设和运营机制发生了质的飞跃，基本实现了专业化、市场化，即按照市场需求，利用市场资源，运用市场化手段，来进行专业化的投资建设。在投资和开发主体方面，已经从民间自发和部门、主管单位自行建设，转变为政府协调支持，专业投资商和开发商投资建设，主要是专门组建开发建设企业实行公司化、专业化、市场化运作，各司其职，各负其责，分工配合。投资建设的资源要素也基本市场化，不再是投资人、开发单位主要利用自身所拥有的资金、技术、人力、信息等资源来实施开发建设，而是运用现代融资渠道筹集资金，充分依靠社会上的专业服务机构提供策划、咨询、论证、规划、设计、建设等专业服务和金融机构的资金及金融服务。更为重要的就是，通过主题性质策划、可行性研究、咨询论证等，充分考虑市场需求及其满足情况和变动趋势，以适应市场需求为投资建设的出发点、归宿点。

第三，经营管理发生了质的变化，从主题塑造到宣传营销和竣工开业后的管理服务水平都大幅度提高。首先，高度重视引进或塑造主题公园的品牌，包括运用洋品牌和自行策划、塑造响亮的品牌，不是像原来的做法“先生儿子、再取名字”和简单地对待主题形象、品牌策划、塑造问题，而是充分认识到品牌的重要价值。其次，高度重视宣传营销，从宣传营销方案策划，到宣传营销方式选择和活动组织，都是原来的主题公园所无法比拟的。传统的主题公园往往只是简单、被动、零星地进行一些广告宣传，很少有专门的宣传营销策划和计划。最后，竣工开放后的管理服务更不是原来的主题公园能够同日而语的，从引进知名品牌企业的管理服务标准、规范和制度，到制定执行自己的标准、规范、制度，一直到企业核心价值、经营理念、文化建设，都是在现代企业管理理论指导下，按照科学、实用、绩效、发展等原则来展开的。

记者：我们知道，要支撑一个投资上亿元的主题公园，其身后必须有一个相应的消费群体。你认为长三角地区能消化掉这些主题公园吗？同时，会不会造成重复建设和内耗，相互之间争夺客源？长三角的主题公园如何避免这些因素，形成健康有序的竞争局面？

蔡：在出现质的飞跃的同时，以长三角为典型代表的新一轮主题公园热也确实需要冷静思考。对于长三角地区来说，由于经济社会发展和现代化水平均比较高，生产和消费规模巨大，在中国东部三大重点经济圈处于中心位置，并作为长江流域经济带的强劲龙头与沿海开放经济带在中心部位交会，科学选择主题、确定适度数量和投资规模的主题公园，预期效益和发展前景是不错的。但从全国和区域经济角度看，主题公园热也有值得关注的问题，隐忧具体也包括以下三个方面：

第一，一哄而上，互相攀比，重复建设。原来是鬼城、西游记宫、三国城等传统主题项目遍地开花，机械动力的游乐设施、项目几乎遍布各类城市的各类公园中。现在则是三大直辖市争上环球影城；香港特别行政区的迪士尼乐园建成开业后，中国最大城市上海又建成开业了一家规模更大的迪士尼乐园；还有就是室内冰雪旅游主题项目南下各大中城市，很多城市要花巨资在盛夏“火炉”中营造冰雪“童话世界”。这在很大程度上是在更高水平、更大规模上重复20世纪90年代的做法，其潜在的危机因此比第一轮更大，一旦需求不足，投资风险将更大，效益前景将更难预料，造成的损失也将更大，包括资金占用、设施设备闲置、土地资源浪费等，都会在更大的规模、更高的水平上发生。

第二，热衷于“创新”，贪大求洋。这与第一点有很大的联系，因为要互相攀比，进行各种各样的花样翻新。拿洋品牌和知名品牌来吸引人乃至唬人，就是非常普遍的手段。拿传统文化题材来做主题公园，在历史人物家乡、古村古镇建设主题公园，也渐成气候。创新是要以资金、技术、人力投入为支撑的，必须以旅游消费需求为出发点，同时也就必须考虑项目及其依托的资源、项目是否协调。在项目的规模、档次水准上，则往往是要一争高下，比投资规模，争活动内容数量和档次水平等。如果这种“创新”脱离实际和偏离市场需求，特别是不顾实际需要的贪大求洋，导致供给与需求脱节，所潜在的危险之大是不言自明的。

第三，对市场需求的分析研究不够深入、全面和客观，仍存在着浓厚的自然经济观念痕迹。出现重复建设、互相攀比、贪大求洋等现象，深层原因就在于对市场需求重视不够，很多可行性研究、咨询论证流于形式，做应景文章，甚至变成争取项目立项审批的“可行性研究”，即“让政府决策部门觉得项目可行”成为可行性研究的主要目标和任务。进一步分析，这种倾向的认识论根源，在于市场观念不强，在于对投资和项目前景不负责任，仍然是贪大求全，追求自成体系，别人有的我一定要有，别人能够做、做得好的我也一定要去做和做得更好，这在很大程度上仍然是自然经济观念在起作用。

要规避新一轮主题公园建设的风险，促进中国主题公园在21世纪持续健康发展，对策就在于进一步强化市场经济观念，强化投资责任和风险意识，贯彻实事求是的思想路线，高度重视项目的市场需求、供求关系、投入产出分析，让参与投资建设的各方真正对投资和建设主题公园项目负责。

记者：有资料显示，主题公园进入中国30多年，全国数千个主题公园锁定了几千亿元投资，大多处于亏损状态。请问主要原因是什么？有人认为，在中国，主题公园还属于奢侈性消费，您是怎么认为的？

蔡：这类资料我也看到过，并与人探讨过其原因。归纳起来主要有，第一，上一轮主题公园热具有很大的自发性和盲目性，很多是凭投资人自己的判断来确定主题，没有经过可行性研究、规划设计评审论证等科学程序。如北京长城—十三陵旅游线上曾经建设了一个“小人国”，开业多年的情况是，门前去十三陵、长城旅游的游人熙熙攘攘，但其自身却门可罗雀。投资方前往咨询，我简单问了管理者两个问题，其一是为什么选择那个区位建设此项目，其二是是否知道旅游者去长城、十三陵的目的是什么，你的项目与已有项目和旅游者的需求是什么关系。对此他都是丈二和尚摸不着头脑。第二，规划设计、投资建设、管理服务水平都很初级，限于认识和投资、人才等支撑条件，很多项目粗制滥造，看了以后往往产生受骗上当的感觉。因此，即使开业时轰轰烈烈，但很快就门前冷落鞍马稀，最终往往不得不关门大吉。第三，一哄而起，简单模仿，牵强附会，重复建设，脱离市场需求。这与前二者都有密切关系。尽管与自然生态、历史文化类旅游景区相比，主题公园因完全靠投资新建，资本费用和维护成本都很高，因而门票比较贵，但前一轮热潮中建设的主题公园项目还不能说是奢侈性、贵族化消费。所以，门票太贵不是导致主题公园吸引力、竞争力弱和总体上投资效益不高的普遍性原因。随着投资量的迅速增加和规模的急剧扩张、水准的大幅度提高，新一轮主题公园热中的项目倒可能正面临这种风险，即到底能有多少人有能力将其作为日常旅游消费。

记者：我们看到，在此次主题公园建设热中，不光有国内同行的竞争，还有迪士尼这样的国际品牌加入，这一格局的形成意味着什么？

蔡：国际知名品牌加入，从总体上看是好事，有利于快速提高我国主题公园水平，根本改进主题公园的内在运行机制，增强项目的影响力、吸引力、竞争力，改变上一轮出现的低水平重复建设状况。此外，迪士尼这些知名品牌进入，也能够促进我国旅游品牌化进程。但我们也必须认识到，国际知名品牌的主题公园落户中国，也必须充分考虑市场需求，不能近距离多点布局。据了解，这些大公司进入中国，自身是靠收品牌使用费而旱涝保收、只赚不赔的，风险基本上都由项目主管方、投资人承担。这样，项目的需求状况就更要我们自己人多多考虑。很多策划、规划机构从自身增加业务和收入的动机出发，也存在鼓动各城市规划建设主题公园的现象，拿一个一时取得成功的项目去游说四方，如提出要在全国多少个城市建设冰雪世界。

记者：国外在主题公园建设、规划和经营上有哪些先进经验可以让我们借鉴？

蔡：我认为这方面的成功经验很多，同时却没有通用和放之四海而皆准的，需要各个主题公园建设者借鉴别人的经验来探索自己的模式。如果要说国外在主题公园建设、规划、经营上创造的一般可行原则，主要的就是，第一，在项目策划和规划设计上要高度重视旅游者的需求及其变化趋势，要以市场需求为出发点和立足点；第二，要形成一套科学、民主、规范的投资决策、规划论证、经营管理机制，要充分利用市场上、社会上的人才、智力、技术，不要刚愎自用和迷信少数权威；第三，项目主题、内容、方式要新颖，同时要不断创新、深化、丰富，立足于滚动、持续性开发、宣传；第四，让项目投资人和建设主管单位真正对投资和效益负责。

记者：地方政府和投资商如此热衷于主题公园建设，原因是什么，会不会是一场新的“圈地运动”？导致投资过热，对目前的宏观调控产生什么影响？这将对长三角经济产生什么样的影响？

蔡：这种疑问和担忧不是一点道理没有，但我认为主题公园建设与“圈地运动”关系不大，因为这些项目占地通常是以项目自身需要为限，与自然景区开发有很大不同。同时，这些项目多建设在大城市，而大城市的城市规划、土地利用规划约束是很强的，很难实现“圈地”目的。因此，主题公园热对目前的宏观调控不会产生很明显的影响。对于长三角地区来说，确实必须极其重视土地利用，对主题公园项目供地也必须严格执行土地利用政策，认真履行审批手续，在项目审批上严格执行城市总体规划，防止“高水平重复建设”造成更大的浪费。

记者：中国主题公园的主要盈利模式还是靠单一的门票收入，同时有人认为，中国的主题公园门票偏贵，还属于奢侈性消费，你是怎么认为的？长三角主题公园在盈利模式上是否应该有所扬弃？国外有哪些先进经验可以借鉴？

蔡：旅游景区景点项目依靠门票作为主要盈利途径，是有很深的制度和机制背景的。我们提倡在发展旅游上要政府主导，但实际上目前我国的旅游景区景点项目投资建设和经营管理，都是由项目主管单位负责的。项目所直接产生的一部分经济效益，如交通、区域外部的餐饮和商品销售等商业服务业收入，对所在区域房地产升值、税收增加等收入，以及对所在城市、地区长途交通、酒店、餐饮、商业的带动，包括对其形象、声誉、环境的促进作用，都与项目及其投资主管单位没有直接关系。投资商实现盈利的唯一途径，就是销售门票和在景区景点内的有关项目收入。对于大型主题公园来说，由于投资量巨大，维护、管理、服务、宣传、培训等费用和融资成本相应都比较高，要实现盈利、维持运转，门票高定价是必然的，因此也就成为只有少数富裕阶层才能消费的奢侈性项目。对于长江三角洲地区来说，对策措施就是学习国外特别是发达国家的经验，由政府组建公司来融资建设和经营大型主题公园，用以此增加的财政收入、土地出让金和城市交通、商业服务业收入来担保、支撑项目运转，以此尽可能降低主题公园的门票和内部项目收费。国外尤其是在发达国家，大部分旅游景区景点项目都是免费开放的，除政府建设和直接管理的外，政府还鼓励公益机构、民间投资建设和管理的项目免费开放，以实现良好的综合经济效益为根本目标。

记者：有人认为，主题公园的建设主要是地方政府的行为，而国家旅游局并没有行政审批权，所以缺少宏观调控，会造成投资过热，你是怎么看待这个问题的？

蔡：这种观点值得讨论。首先，减少行政审批和干预是建设社会主义市场经济体制的总体要求，不能什么事出现了问题，就考虑要由哪个或哪级政府机构来加强行政管理。其次，实际上大型主题公园项目建设是由地方政府报请国务院或者国家发展和改革委员会审批的，在审批时还要由相关部门就是否符合城市总体规划、土地利用总体规划、污染控制与治理等进行审核把关。最后，国家旅游局作为全国旅游行政管理部门，在旅游项目建设管理上，一直是按照市场经济原则，主要是通过规划、标准、规范等来引导投资商——也包括地方、城市政府——来科学决策、合理投资、规范管理、优质服务的。总之，我国在主题公园建设方面的政府管理与服务是现实存在的，没有缺位，但最关键的还是要按照国务院关于投资体制改革的决定，建立起“谁投资、谁决策、谁收益、谁承担风险”的投资机制。

记者：有专家认为，中国的主题公园群落正经历艰难的转型期，旅游界、投资者应该冷静思考中国主题公园到底应该走向何方，同时还要考虑消费者的实际需求。你是怎么认为？

蔡：这是毫无疑问的。投资热需要冷思考，其中符合旅游消费实际需求是根本出发点。新一轮主题公园热刚兴起，业界和社会各有关方面就高度重视，开展讨论，交流看法，分析利弊，出谋划策，这本身也是其与上一轮完全不同的新变化。因此，我们完全有理由相信，中国主题公园在新世纪一定会走得更远、走得更稳、走得更好。

第四章　综合性旅游资源开发

有不少旅游资源兼具自然和人文社会双重甚至多重性质，其开发利用兼具两个或多个方面的特性及要求。本章所选择的多个项目都是这样，其中有的是以自然为主兼有人文社会或历史文化因素，有的是以历史文化为主而兼有自然生态资源，也有的是以人文社会为主。

第一节　安徽霍山六万寨

旅游项目和旅游区的开发，首先必须明确其主题目标定位。科学地进行目标定位，必须以分析市场供求关系为出发点，以分析资源特性及其开发配套条件为基础。在具体项目选择方面，必须充分考虑与周边和相关项目的竞争—合作关系，放在旅游线路、产品和目的地中来准确定位。

一、与六万寨景区密切相关的几个项目的现状及其发展趋势

万佛湖、东石笋、天堂寨、铜锣寨、南岳山、大别山主峰（龙井河）等霍山及其附近已经开发和正在开发的旅游项目、旅游区，与六万寨旅游项目关系非常密切，正在和即将共同构成大别山东南麓旅游线、旅游产品和旅游目的地。必须从这些项目共同构成的主题形象入手，来分析六万寨的定位。

（一）舒城县万佛湖旅游区

万佛湖作为一个亲水旅游项目，是目前皖西大别山开发最好的，与之相比，其他项目的差距都非常明显。万佛湖已累计投资 4 亿多元，水上项目和岛屿的开发基本成熟，管理、开发、营销方面也做得比较到位，尤其是在宣传方面。万佛湖的宣传不仅仅是用媒体面向公众的宣传，在政府决策层面的宣传、公关、协调方面也都是很成功的。

原来，万佛湖作为皖西五大水库之一，其影响是不能同佛子岭比的，甚至也不能同梅山比。但佛子岭到现在还是老样子，梅山据了解也好不到哪里去。霍山

20 世纪 80 年代至 90 年代所做的事，后来转到万佛湖去了。例如，安徽省委、省政府以及各厅各市的领导都去过万佛湖，前段时间郭金龙书记在万佛湖召开的一次会议上提出，要把万佛湖建成"安徽的北戴河""安徽的千岛湖"，这表明在安徽省委、省政府领导的印象中，万佛湖已经超过太平湖、超过巢湖，更不用说皖西的其他几个水库了。

以此为基础，目前万佛湖在进行第三次创业，有几个项目正在开发。例如，相距几公里的温泉，日出水量 2000 吨，含氡，出水口温度 62℃，很有优势和潜力，如按御温泉的模式做，可能不仅在皖西和安徽省内，甚至在华东地区都将产生很大的品牌效应。万佛湖还有高尔夫项目，因为内部意见不统一并有人在向外、向上反映，前期准备就绪后被迫停了。做事稳重、谨慎是好事，但好事过了头也会变味。国家政策是有相应空间的，目前开发区的审核工作进展顺利，12 个国家级旅游度假区已经通过主管部门的审核，即将公布和恢复建设，以后就要按照法制化、科学化的方式来进行规划建设。从区位来看，万佛湖不比霍山的佛子岭有多少优势，但做到这种程度，应该值得研究、学习、借鉴。

万佛湖也有不足和挑战。例如，刚建设的一家四星级酒店，设计就存在明显不足，进门要上一二十级的台阶，没有无障碍通道，大堂里的台阶也不少，甚至进出电梯前后还要上下台阶。这些在新建设项目中都应该避免。万佛湖可能成为皖西大别山旅游的一个主出入口，从合肥经舒城到万佛山、万佛湖，然后沿着公路到金安区的东石笋旅游区，到霍山后再往西走。万佛湖成为这条线路东部的一个入口和龙头，龙头有龙头的优势，但也劣势。例如，如果是观光旅游，最多吃顿饭，然后住到霍山或六安了，而实际上住宿花费比观光、餐饮花费一般都要高。

（二）六安市金安区东石笋旅游区

东石笋的资源品位比较高，尤其是在奇特性方面比较突出，如石笋自身挺拔雄伟，遍地可见的水晶更具观赏、品位价值。但是，它目前的投资商非常谨慎，主要是尽快和尽可能将游客吸引进来，争取尽可能多的眼前利益。例如，不仅现在的配套开发很有限，据说东石笋附近山上的石林、石头景观相当好，可连游览步道都没修上去。西石笋与东石笋相距只有 1 公里，现在也还未开发。现在的项目内容，在东石笋旅游至多半小时、甚至 20 分钟就完了，既不能成为主要的观光点，也不能成为餐点，而只是一个点缀性的项目。金安区想对外招商，解决现存的问题，首先是要与目前的开发商就终止合作协议达成一致意见，然后要按照旅游项目和旅游区的概念确定整体开发规划和工作方案，要明确是自己组织开发还是引进开发商开发。这样，至少需要三年时间。

（三）金寨县天堂寨旅游区

天堂寨是以古战场、古代军事堡垒和要塞为文化依托，以瀑布、溪流、峡谷、山岳等自然山水为基础资源的旅游项目。现在还很难说天堂寨是一个完整、成熟的旅游区，因为还是“三分天下”——英山、罗田、金寨各搞各的，各唱各的调。要成为一个有影响的、成熟的旅游区，应该三家统一起来，从游览步道的设计建设、观光游览项目点的布置、出入口的设计，到住宿、餐饮、购物、娱乐等服务项目的分布，都要统一考虑，这样才能形成整体形象和提高水准。

目前，天堂寨正在开发一个峡谷，深潭、巨石、河流等景观比较好。安徽旅游集团想把山顶原来的观景台拆掉，做成寨子，然后对游览步道水泥过多的地方进行改造。这个景区做得成功和聪明的地方，是引进了外面的相对有实力的投资商，其主要意义不在于引进了投资，而在于引进了市场，在于安徽旅游集团在合肥、在省内把天堂寨旅游的品牌做出来。目前金寨每年收 190 多万元资源使用费，但这个品牌出来以后，对这个县的旅游发展来讲就是非常突出的成绩。据介绍，安徽旅游集团每年投入二三百万进行开发建设，对于金寨这样的老区县来说，也是非常难得的，如果考虑到是外地资金的注入，不是区域内资金的内循环，意义就更大。搞旅游开发，不能什么都自己做，有些东西可以且必须对外放开，不仅是资金，尤其是机制和市场，都应该是开放性的。即使加上这些项目内容，天堂寨旅游区也还是比较单薄的，但其最大的缺陷是由三方分治导致的不顺畅，曾经观光时需要走回头路，也就是从霍山去游览，然后还必须再回到霍山才能出去。此外，天堂寨在出入交通和区位方面有弱势，是目前皖西大别山旅游线的最西端，距霍山县城 90 公里，主要是山路，需要 2 小时。而且，两省三县之间的协调工作是有难度的，各有各的利益，各有各的想法，这样的旅游区又不可能由国务院或其主管部门来协调。因此，天堂寨要从根本上改变现状，需要的时间更长，难度更大。

（四）霍山县铜锣寨旅游区

铜锣寨目前的情况大家都知道，我基本上同意它目前的做法，它有些缺陷，机制方面有，设计方面也有，如那个门，投入那么多资金建了个如此雄伟的门，与那个景区主题没有任何关系。这方面天堂寨就很聪明，用石头、木头做，比较原始古朴。同时，在铜锣寨景区，人都在景观中走，不能远观，只能看些局部的，全景看不出来。此外，现在的出入口设计不理想。总之，铜锣寨投入了很多钱，品牌和影响都有了，效益没有出来，原因是多方面的，但规划设计、经营管理方面的问题比较突出。目前，铜锣寨还可以继续维持下去，如果能引进投资商，特别是外面的投资商，对这条线进行整体运作，将铜锣寨作为其中的一个点，也是有可能的，因为这个景观的质量还可以。如果说，天堂寨主要是以瀑布、石头、山体景观为主的话，铜锣寨的险要奇特是超过它的，甚至与我们正要开发的六万寨相比也不弱。所以，对铜锣寨要有信心，特别是在招商引资方面，但不要作为一个项目孤立地看。

（五）霍山县南岳山旅游区

南岳山景区的定位，一定要把城市公园作为一个主体，兼顾旅游。因为这个景区位置好，在霍山人民尤其是衡山镇人民的心目中，南岳山的位置还是独特的。如果建成一个含有历史文化性的城市休闲公园，结合红色旅游，如拟议中的红色区域中心纪念园，利用这个红色旅游品牌，将里面的烈士陵园管理好，做成教育、休闲项目。此外，可以建设一些纪念性的设施、项目，如纪念亭、纪念碑、纪念楼、纪念桥、纪念路、纪念林等，把纪念性功能和实用性功能完全统一起来，而不是只建一些在旅游休闲方面没有实用价值的设施。可以在楼、亭或桥边立一个牌子，记载这个设施纪念的是什么人、什么事。

（六）霍山县佛子岭旅游区

佛子岭旅游的想法很多，起步也很早，目前存在的主要是机制问题，是体制不顺，单打一个景点来解决这个问题很难。建议好好去万佛湖、响洪甸、梅山这几个水库去看一看，取取经，了解一下它们是怎么解决机制问题的。如果发现有做得不好的、不理想的，分析一下原因在什么地方。旅游开发中，进行单个景点开发效益不好把握，成线成片开发就可以弥补。如果有大投资商来，可以从上至下协商，如先同省水利厅协调。

要做好佛子岭景区，水上项目要慎重，不能像万佛湖、梅山一样，搞些小游船，观湖、钓鱼、饮食等。佛子岭应该以休闲、度假、会议为主，利用它的水质资源和气候资源，举办专业性会议，结合一般性的观光项目，吸引佛子岭镇、衡山镇和六安市的人来短期度假。水上项目可以适当搞一点，但不要太多，因为来皖西旅游一般只能玩一个水库，不能用相同的项目来搞竞争。可以做些小木船，带篷和不带篷的，上面架上炉子，钓鱼烧烤。佛子岭水库两岸的风景很好，但没有岛，獐子岛也只是个半岛，所以应扬长避短。有人想在獐子岛上建四星级宾馆，这是不现实的，因为那是皖西、安徽人民的大水缸，那个项目做起来，污染了水怎么办？如果按照环保标准治理污染，费用又会很高。不治理的话，霍山县、六安市肯定通过不了，新闻一曝光，问题就大了。

佛子岭的品牌是全国性的，也是世界性的，可以成为霍山的旅游品牌，佛子岭水库在全国曾经有广泛影响，在20世纪50年代是全国156个重点项目之一，一些外国首脑都来过佛子岭，而且有描写它的散文进入过中小学课本。20世纪50年代出生的那一代人，正面临快要退休的时候，正好是有钱有闲的，如果霍山要做旅游品牌，佛子岭是第一选择。但第一品牌目前的这种状况不行。

如果要做的话，搞一些木船，做大一点，带篷子，能坐二三十人，两面背着坐，不要前后坐。观光走一两个小时，愿意划船的，可以划小木船。这些投资不是很多，效果会相当好。同时，迎白路大拐弯的地方有一片原始森林，在这里找一个对景观影响不大的地方，建一个四星级酒店，将会议、娱乐、水上休闲等功能结合在一起，成为一个度假产品。其他的商业服务，给佛子岭镇一些项目，如餐馆、商店等。目前大坝下的漂流项目可以继续保留，但这个项目做不大，漂流项目投资的经济制约和技术制约很少，出现了全国漂流项目遍地开花，南到海南岛，北到黑龙江，西一直到新疆，因此只能是区域内的近程市场，中远程除非有奇特的资源。

（七）霍山县大别山主峰旅游区

大别山主峰，包括龙井河、太阳和马家河林场，做的都是大别山主峰概念。安徽先把大别山主峰这个概念做出来，是有远见的做法。引进外面的投资商来做，意义更深远。大别山的资源，如果从观光的角度来衡量，在奇特性方面无法与黄山相比，没有多少使人看了能产生震撼的景观。它最大的优势是区位，以及非常好的生态条件、气候条件。大别山位于华中、华东、华南、华北的中间位置，国家大型干线交通的建设，使其可进入性问题基本解决，而且是高水准、高标准的。对于目前的度假休闲市场，这些都是最重要的条件。盛夏乘车去马家河林场，两个弯一转，感觉凉风扑面而来，再往上走甚至有点冷。目前地球全面升温，大家都在找清凉的地方，在江淮大地，还有武汉、南昌等几个大火炉中间，有这么一大块清凉地，做成度假休闲避暑的旅游地，将会成为一个非常吸引人的去处。此外，大别山冬天还有冰雪景观，也很有价值。

二、大别山及皖西旅游的基本定位

大别山旅游是个很大的概念，可以定位为“四山”，即“革命的山，英雄的山，神奇的山，秀美的山”，这是对应于它的历史文化资源和自然生态资源，特别是针对旅游者消费心理需要而做的定位。大别山作为革命根据地是“鄂豫皖”，作为旅游地应该是“皖鄂豫”，因为大别山在安徽的部分属于东南部，光、热、水、气条件最好，植被自然景观最好，北、西面相对要弱一些。更为重要的是，大别山东南麓面对的是中国目前经济发展总量最大、水平最高、旅游消费最旺盛的华东经济区，以长三角为代表的这个经济区，发展旅游势头非常好，是目前中国最大的旅游客源地。如果这个区域的游客就近选择旅游目的地，江西、安徽、福建的机会最多。江西的井冈山、三清山、龙虎山等几个山做得很好，就因为它们直接到江苏、浙江去宣传。安徽也提了一个口号，叫“拥抱长三角”，表示的意思很明确，知道长三角对安徽旅游意味着什么。安徽为什么能作为大别山的龙头和主体，就在于它的市场优势和区位优势。

大别山开发的基本方式和原则，主要是整体开发，不仅仅是旅游。安徽如果想抢占先机，争取主动，一是要由省委或省政府研究室牵头，省社科院、安徽大学以及相关科研机构一起，拿出一笔钱搞一个大别山战略研究；二是在战略研究的基础上，由省政府办公厅牵头，联合相关厅局、地市县，做一个大别山整体开发规划或规划纲要，按区域经济来做；三是加大攻关力度，把皖西学院改成综合性的大别山大学，围绕着服务大别山开发、建设与发展来确定学科建设目标，围绕区域开发建大学在世界上是有很成功的做法的，大别山大学的主要任务就是围绕着大别山的地质、地貌、景观、历史、文化、民俗、经济、社会进行研究；四是依托大别山大学，成立大别山战略研究院或中心，网罗一批国内专家来为大别山建设服务。目前，河南、湖北两省至少在大别山旅游开发力度上已大大超过了安徽，如果没有紧迫感和危机意识，再不抓紧的话，很可能河南、湖北的势头就会超过安徽。湖北旅游的重点一开始在鄂西，就是宜昌、三峡、神农架一线。如果将重点转移到鄂东，在大别山开发竞争方面安徽将面临很大压力。北面的河南也不容忽视，云台山就做得非常好，河南关于大别山红色旅游的开发规划已经完成，水平比较高。

皖西大别山旅游线的性质和品牌定位，从 7 个景区构成的旅游线看，主题品牌是以观光为主的，兼有度假体验，在内容上以自然风光为主，兼有民俗文化、历史文化。这是客观选择，因为目前所对应的主要是中近程市场，这个市场是初步兴起的，必然以观光为先导，而度假休闲的经济能力有限，意识也还没有产生。目前，还没有能力做出面对中远程市场的项目，对中远程市场的重视和开发力度也不够。在这 7 个项目中，万佛湖算是做得最好的，但也还处在提高、丰富阶段。铜锣寨、天堂寨、佛子岭则更初级一些。南岳山作为旅游项目目前主题定位还不明确，还不能算一个旅游景点，只是霍山人去看看。大别山主峰正在开发，开发商高度重视度假的概念，规划、设计、建设都比较到位，开发商不急于要赚多少钱，而是立足于做出一个自己很满意、大家都认同的项目。对这类投资商，大家不要着急，如果从发展的角度看，好像眼前有些不利影响，但通过加快其他项目开发步伐完全可以弥补，让这个项目被精雕细琢成为精品、榜样，是求之不得的大好事，应该鼓励、支持。霍山县在这方面做得很好，包括东太路、到龙井河的公路都不是小项目，能够在短期内完成改造升级很不容易。

皖西大别山旅游线面临的问题，是只在周边市场小打小闹，最多是在华东的上海、南京，连在苏州、无锡、杭州等地的影响怎么样都不太明确，就说明在中远程市场基本没有竞争力。所以，大家不满意了——怎么弄来弄去还是我们这些人自己折腾，怎么就是规模做不大，档次做不高，影响力有限。意识到不满意就要马上调整。这条线无论是从市场需要，还是从资源特色、优势来看，都具备调整的条件和必要性。大的旅游市场趋势就是，观光旅游正在向度假、休闲、体验旅游转变，旅游消费需求逐步升级。大别山旅游最大的优势是在气候、环境、生态上，不是在景观的奇特性上，长远来看对应的主要就是度假旅游。

三、六万寨旅游景区的优势

从资源品位和所具备的特色优势以及与相关景区的分工合作关系来看，六万寨的条件很不错。六万寨的优势主要表现在以下几个方面：

（一）六万寨的历史文化旅游资源比较丰富

六万寨作为古城堡的遗址、遗迹保存得不错。虽然寨门没有了，寨中的建筑也没有了，但搬不动、没有多少实用价值的东西，如石头城墙，除了部分毁损外，还有成段的保留下来了，土城墙基本轮廓还看得出来，几座寨门地基部分也基本保留着，修复起来比较容易，包括里面的王宫、王坟。水牢是天然的，还有两个山洞。历史文化方面做起来难度不是很大，而且现在的基础比铜锣寨、天堂寨都好。

（二）六万寨在自然景观方面也不弱

仅就东门冲一条峡谷看，飞瀑、溪流、石头、山形、植物等景观都相当不错，特别是水牢下来的几个地方，与山洞组合得很好。姜家冲包括狮子包的自然景观与天堂寨相比，瀑布弱了一点，其他都不弱，峡谷还略胜一筹。

（三）六万寨的乡村旅游很有特色

农作物、土特产、农家饭都很有特色，稍加包装和引导，就可以作为餐饮点了。农业、乡村和餐饮对六万寨开发，在前期以观光为主、以近程市场为主时，应该以餐饮为一个主要的先导宣传品牌，农家饭的绿色、健康、特色非常有吸引力，而中国人比较爱吃，霍山和皖西人更不例外。

（四）六万寨气候资源条件非常好

六万寨的气温比城关低，自然植被条件、含氧量即负氧离子等肯定都比城关好。气候和生态环境方面，在开发和宣传时要有具体的观测数据。

（五）六万寨区位条件非常优越

六万寨距离城关只有20公里，气候、环境优势与区位优势结合起来，决定了六万寨在近程和中远程市场方面都具有非常大的优势。大别山主峰的气候和生态环境一定比六万寨还好，但毕竟离城市远一些，而会议、商务、公务等要以城市为中心，这对度假、休闲、避暑、疗养等消遣性旅游也有很大影响。

（六）六万寨开发机制比较新

由迎驾集团来做这个项目，比县、乡、村自己做更能避免当年万佛湖所出现的那些问题。现在从策划、规划、论证开始做，按成熟、高标准的旅游区搞规划，就是一个重要表现。在规划、论证时，首先考虑市场需求、市场定位和产品定位等，最好能做到一步到位。中西部旅游开发具有后发优势，别人走过的弯路可以不走，引进新机制，将包装、宣传一揽子考虑进来。景区在开发初期，老百姓很纯朴。随着商品经济的发展，人们的意识发生变化，矛盾就会产生。所以，对新开发的旅游区，要非常重视机制问题，如果开始不把基础打好，就可能后患无穷。在我国，特别是中西部地区，旅游开发商与政府对簿公堂，政府拖、推、赖，开发商等待、观望、撤资，造成旅游区不死不活、投资商不再投资的现象并不少见。

四、六万寨的主题性质定位

六万寨旅游区的主题目标，就是自然生态与历史文化类的观光休闲度假旅游区，其产品是复合型的旅游产品。不能以古城堡为主，因为古城堡说起来故事很多、很神奇，但如果没有设施、场景、活动的再现，就没什么可看的，反而与其他自然和人文社会景观一般无二。而如果要修复古迹设施，再现古战场的场景，策划组织有关活动，需要的投资、技术、设备、策划、管理和客流、收入规模都不是一般意义上的，且需要不断地投入和开发新项目，成为长盛不衰的主题类旅游项目。一般性的修复、开发、陈列、展示吸引力很有限，步人后尘，很可能重蹈覆辙。而六万寨的自然、生态、人文社会旅游资源不错，因此，应以这些项目的开发为主，近期则要将自然生态类项目放在第一位，古城堡、古战场等作为品牌和深度开发、后续开发的备用资源，近期可以在导游解说、设施外观方面借用，以形成特色。

六万寨旅游区的名称，要综合考虑其主题性质和相关旅游区的名称。皖西以“寨”命名的旅游区太多，因此，尽管六万寨也是一个古山寨，但直接用“六万寨”就没有特色，建议使用“六万晴霞”这个名称，它是霍山八景之一，自古就存在，是比较难以见到的气象景观，如果将来真正能把“六万晴霞”这个景观找出来，那就是名至实归。这个名称将六万寨这个景区的自然、人文、历史等性质特征全部概括进去了，既有历史文化底蕴，也有很浓的文学艺术韵味，能给人以非常美妙的想象。这样，这个旅游区的全称就叫“大别山六万晴霞旅游区”。为了弥补这个名称有些虚飘的缺陷，旅游区的主题品牌口号要实一点，可以叫“古寨奇观、山村清境”，每四个字都是前实后虚。当然，最终定什么名称，应该广泛征求意见，进行探讨。围绕主题品牌，在霍山城关衡山镇用什么宣传口号，在六安、合肥、华东市场宣传什么，在规划时期可先考虑，也可以通过电视台、报纸杂志发布信息进行有奖征集，这种做法的主要目的还是在于做广告宣传，有理想的结果更好，否则也决不会白花钱。

五、六万寨的目标市场定位和开发

六万晴霞旅游区的目标市场：六安市各区县为区域内的近程市场，是近期的基础市场。初期就是霍山县城，然后是六安市和其他几个县城、合肥、淮南、蚌埠、安庆，开车一般在 2 ~3 小时。主导市场是中程的华东地区，可以沿长江线向长三角开拓，然后沿长江和淮南线、京九线、宁西线向两翼拓展。高速公路通车以后，华东的中程市场有相当一部分如江苏中部、北部可能变成近程市场。远程辐射市场目前可以不考虑，而是着力于近程基础市场和中程主导市场。

具体的目标市场细分：对衡山镇，应作为休闲、避暑、城市公园。因此，就要研究城关人民的生活水平和支付能力，有钱有闲又舍得花钱的毕竟不多，要尽可能提供优惠，价格不要太贵，如果定位为门票每张 50 元，就可以向城关居民发50元一张的年票，甚至赠送限本人使用并限制次数的年票，每年限发5000张。然后在开业庆典、周年纪念时，每次5000张，先城关，后乡镇，再发展到周边城镇和六安市及其各个县。这是宣传，也是开发市场，我们不能只考虑到5000张门票，值25万元，太划不来了，应该考虑到价格与需求的反向关系和人们的消费心理。绝大部分人不可能拿着年票老是自己一个人来，往往是来了亲友、客户，去其他地方全部要掏钱买票，来这里自己可以免票。如果考虑到交通、餐饮、购物等消费，免票就成了真正的鱼饵。在开业三周年、五周年、八周年、十周年时，都可以这么做。

县内和中近程市场的开发，还必须考虑到很多人没有汽车，因此，必须注意开发利用公交线路。景区的次级市场，是观光度周末的，将是以"自助游"为主，也有一些团队。一些人开车来、搭车来，学生和青少年背包乘车过来。具体建议采取以下措施：

1. 要在沿途设置数量充足、位置合理、标准规范的交通指示牌，至少要从六安下来的高速公路口开始，沿途每到主要的交通岔道口，都要有醒目的指示牌。不要以为我们的路牌已经够多了，为了客人的方便，应尽量更多一点。

2. 要有足够的停车场，不能仅考虑到"五一""十一"黄金周旅游的需要，农村的闲地，农家的场院、谷场都可用作临时停车场。停车可以相对分散开，还可以体现生态效益和用地效益。

3. 要围绕自驾车做好服务，包括加油、修理、代停车、代驾车等。六万寨的景区交通目前想到的有两种方案，一是公司安排专人代泊车，二是在前寨门和后寨门之间提供景区内交通车，这两种方式都可以用，尤其是后一种方案，还可缓解景区的停车困难。至于停车费，不宜收得太多，保本就行，主要是为景区服务。

4. 适当建汽车旅馆和汽车营地，这是中高端市场。要提供扎帐篷营地和供水、供电服务，选择周边景色、绿化好、出入方便的地方，前期在寨上不要建营地，后期可考虑在环境相对好一点、平坦一点、配套相对成熟一点的地方建。

省内的市场主要是观光、会议、度假。会议不一定是这个旅游区的主要项目，但在规划时要考虑进去。市内、省内除皖南以外的地区，应该是团队和团体相结合，团队就是由旅行社组织的，团体则可能是开会、考察或是采风等，因此，也应面向两方面进行宣传。

中程市场可能更多的是观光体验型旅游，包括红色、乡村、历史、文化、自然、生态等。远期市场将从红色大别山和生态大别山入手，必要时可在上海或北京开说明会，但不宜做大，因为六万寨目前的品位在远程市场吸引力不会太大。

六、六万寨开发建设的阶段划分和主要步骤

六万寨开发可以划分为三个阶段，具体任务划分如下。

第一个阶段：以观光休闲为主，这是由主题性质定位所决定的。20 公里的距离，如果做得好，它主要的市场是县城居民和到县城来的人，只要有半天或一天时间，都可以来。观光也是指近程市场的观光，休闲是城关人以及来城关的人的休闲。甚至仅仅因为餐馆好，开车来这里吃顿饭。周末家庭游，不排除周边城镇自驾车过来，不是观光，不是看奇特景观，而是为了享受清凉、清新，回归大自然。所以，近程市场是可以马上见效益的，而且开发难度是比较小的，投资也比较少。

第二个阶段：以度假、体验为主，这是由资源优势决定的。度假不受时间长短和季节影响，气候适宜，环境好，还有好吃的、可看的、爱玩的，这就完全够了。度假做好了，就不仅仅是近程市场。

第三个阶段：主要是游乐、会议项目开发。这要根据市场需要，围绕城市公园、城市休闲区来做一些参与性、娱乐性的项目，如攀岩、徒步、森林穿越等，但主要是针对近程市场，可作为深度开发、滚动开发的后续备选项目来研究。

从初期开发来看，主要是将进出通道、管理服务设施做好，从东门冲上，在六万寨上吃一顿饭，从姜家冲下，一出一入。这些工程，用一年时间完成问题不大。规划完成后，只要内外道路修通，明年的“五一”或暑期就可以开门接待游客了。具体内容如下：

1. 如果条件跟得上，游览步道可以全线施工，一些重要的工程可以招标。

2. 公路可以按山区三级标准，平均宽不低于 6 米，有的地方稍宽一点，考虑到会车、休息和观景的需要。公路最好一次性修到位。此外，应该有城市的公交线路，白天密度大一点，入口出口各一条。区内交通、游览步道、厕所、垃圾箱由开发商负责，是首先必须做好的。

3. 大门，初期可以用竹木或石质材料建，外形与古山寨的寨门一样。寨上五道门的恢复，可以作为后期项目，不要一起做。

4. 在近期开发中，原来的城墙砖、石条等，可逐步收集归拢。城墙、城门的修复工作逐步做，包括石城墙两边的项目，根据市场需求，同时也是为了不断

有新项目来巩固老市场、开发新市场。

5. 游客中心、入口以及停车场、厕所、景区介绍信息，包括导游解说中心、中间的餐点等设施项目，也必须尽快建好。游客中心以休息、喝茶、餐饮为主，适当提供一些观光、散步类的参与性项目。

6. 出口除了停车场以外，应该有购物设施和服务。在水牢口上面两条溪流回合处建一个好的餐馆，300～500 个餐位，可以自己投资，也可以对外招商，不要建水坝，不要占主体位置，要给未来的四星级酒店让出地方。餐厅服务员可以用村里的。

7. 沿途服务设施的标志要统一规划，用天然材料，直观图或文字，文字标牌要中英文对照，交叉路口要有指路牌。

中远期滚动开发时，公路要修到景区内，可以考虑在穿心石山脊的适当位置另增加一条公路，景区内交通既要形成环线，又要给人多重选择性。后期规划的度假酒店，最少不低于三星级，最好是四星，床位 300 张为宜，以度假为主，其他设施相对少一些。因为离县城很近，会议设施要不要做，要根据情况慎重研究。古城墙、城门以及沿线的开发是二期的主要任务。调节水库应建在隐藏的地方，同时考虑作为宾馆、酒店用水的水源，可在南门口的那条峡谷中建水库，因为那里景点少，比较隐蔽，外面用乱石装饰。现在强调回归自然、生态游，纯天然是最好的。王宫、王坟的恢复再放到后期。从位置看，王坟的真实性要考证，我判断可能是内城的城门。

七、开发和管理策略

（一）着眼长远建立用地、利益共享机制

目前，许多开发商和政府在开发初期，从经济角度、初期投资方面考虑，费用怎么省怎么做，这是对老百姓不负责任。建设和交通用地都应该按征地来做，包括中长期投资建设用地都应该预征和控制起来。旅游项目自身只要能维持运转，能发工资、付利息和垫付，甚至使用流动资金贷款就可以。旅游区开发投资的最大效益是地产升值带来的。东部的许多地方，都已经意识到了，如上海环球影城项目在论证时，就不仅仅着眼项目本身的效益，而是要利用这个大项目来产生影响，使附近土地升值来产生更大的投资效益。所以，凡是旅游区建设规划用地都要征用，对农业用地兼有旅游功能的，实行转租或补偿方式。在这方面必须考虑农民群众的利益，该给的补偿一定要给。在用工、商务、餐饮服务等方面，

要通过充分协商和引导，形成共建模式，有些服务企业可以搞股份合作制，不能简单地按一亩地支付多少钱，搞分光吃尽，要考虑形成长效机制，实现多方共赢。这就需要政府、村民自治组织认真履行职责，引导、组织居民与开发商充分沟通，形成共识，通过合理合法的方式来参与开发和获取利益。

（二）认真科学地做好开发商与政府、村民的协调工作

普通老百姓通常不考虑劳动强度、知识结构、受教育程度，如果收入不平均就觉得吃亏了、不公平。对此，政府就应该去引导。投资商去说往往可信度不高，而政府是人民的政府，要为人民去算这笔账。要让居民认识到，通过发展旅游，居住地交通状况好了，见识广了，信息量增加了，未来的发展环境就将大大改观，同时，商贸土特产品收入提高了，就业机会多了。县、乡、村干部一定要让居民明白，旅游开发对当地乡村、对老百姓意味着什么。

（三）科学认识旅游投资

投入几千万元老不见赚钱，有人就以为旅游投资效益不高，其实是没有认识到旅游投资与地产开发结合在一起，属于长效投资。旅游区投资经营分三个层次，即业务经营、资产经营和资本经营。业务经营都能理解，资产经营就是旅游区开发经营一段时间以后，通过评估资产增值，可以通过出让一部分资产，来实行资产债务重组，实现投资效益；资本经营就是将项目做成可信品牌后，通过股票上市，从市场融资，或整体出让，来实现投资盈利目的。

（四）实行区域、线路整体开发

从旅游的性质特征看，开发商的投资开发和经营以单点突破为先导，要尽快实行连线开发、区域联动，着眼整体利益，单个项目往往有很多局限。连线开发效益最有保证，因为旅游消费是综合性的，分别投资的话、在投资商之间就要形成竞争合作关系，往往会形成无序竞争甚至两败俱伤。

（五）六万寨旅游规划工作的具体意见

首先是交流，规划组只是技术班子，是负责绘图和写字的，主意和思路还是要大家拿。要尽快把规划的技术班子搭建起来，由政府、乡镇、集团召开联席会，沟通一下，多方发表意见，技术组把这些意见好好整理一下，综合分析，形成规划大纲，再开会讨论。最好是直接把大纲发到有关县直或乡镇的主要领导手中，请他们利用三五天的时间研究提出意见。技术组同时就可以编制初稿，召开研讨会或论证会，再广泛征求意见，或开一个中期论证会。建议请一些外面的专家发表意见，看一看规划有没有缺陷和问题。在这个基础上，可邀请专家举行评

审会，然后批复，就可以了。总之，规划绝对不是规划班子的事。

考虑到县里整个投资开发的次序，在大纲和初稿的基础上形成一致的结论，就可以进入景区建设了。比如，公路，在初期的一两年内，只需要修 1～2 条主要进出口路，等级是山区三级公路，任何人不会对此提出异议。麻烦的是建设用地，今、明两年需要动工的，如大门、游客中心、餐点等，可分头在规划初稿大纲中考虑进去，请县里规划部门考虑上报，等规划出来后，根据明年、后年的建设规划、计划，项目、设施建设需征用哪些地，再根据方案具体实施。

八、关于佛子岭旅游区开发建设

(1) 规划协调，如果想规划得很好的话，建议大家还可以按照这个路子，对景区熟悉的、不熟悉的，或原来熟悉现在对动态掌握不是很清楚的，对沿线待开发或未开发的项目进行调研、了解。

(2) 要充分发挥佛子岭的品牌作用，大别山是品牌，而佛子岭也是与大别山齐名的品牌，应作为霍山、六安、大别山旅游的知名品牌。

(3) 獐子岛旅游休闲区的开发应以休闲为主，大林竹海、迎白路旁边滨水的原始森林，应以休闲度假为主。

(4) 佛子岭的水上项目，应与万佛湖、响洪甸、梅山进行合理分工，要考虑市场需求、投资效益和自身优势。

(5) 在功能定位方面，佛子岭作为霍山次一级的旅游综合接待服务中心和交通枢纽，要与县城合理分工。例如，城关要上三星级宾馆，佛子岭如建四星级宾馆，如何分工。后续的商业性项目、游客接待中心，都不能只考虑佛子岭镇，而要与衡山镇统筹考虑，交通中心、综合接待服务设施、集散中心、沿途线路景点等，都要放在一个大方向上来考虑。总之，要从全县和大别山旅游的整体上来考虑佛子岭景区的目标定位和发展规划。

第二节 大别山中国茶谷

一、茶谷概念及名称

为什么叫茶谷？从词性看，中国人更喜欢用“峰”而不是“谷”，“高峰”与“低谷”是最典型的对称词，也最能说明这一点。如果叫“茶峰”或者类似的“茶山”“茶坡”“茶园”，所指对象的空间都是有限的，而“茶谷”既可以指一条山谷，也可以指在一个连片区域的若干条山谷、谷地，可见其涵盖空间区域和项目内涵能力都是很强的。

人类进入信息化时代后，以“谷”名之且享誉全球的，当数“硅谷”。“硅谷”是在美国加利福尼亚州斯坦福大学附近的一个地方，早年因计算机芯片产业在那里兴起、集聚而得名。从性质上看，硅谷是典型的信息革命的产物，是计算机和信息产业集聚地。

而我们今天研究的“茶谷”，看似与信息革命、信息化没有什么关系，因而与美国享誉世界的“硅谷”没有关系。实际上，如果从信息化对人类进步和发展影响的角度看，二者之间可能还真有些关系——硅谷是信息革命自身的产物，茶谷则是信息革命对人类生产生活产生影响的必然产物。

茶谷产生的历史背景，一是以信息技术为主要内容的第三次产业革命，使得人类将要从工业社会进入信息社会。工业社会是产业即生产导向型社会，工业生产要集聚劳动力、人口和生产要素，产生城市并逐步形成和扩大城乡差别。随着第二产业的无限扩张，第一产业的规模和发展空间受到严重挤压。信息社会则是消费即生活导向型的，突出人的生存、生活、发展需要，即所谓以人为本，人口分布、产业布局等都将以更好满足人的需要为出发点和目标。二是中国经过 60 多年特别是改革开放 30 多年的发展，由贫困到温饱再到小康和全面小康，并开始向更高水平的小康和中等富裕迈进。人民生活从温饱到小康和中等富裕的进步发展过程，最突出的特性是越来越重视质量，包括对安全、健康、快乐、幸福的追求越来越普遍、越来越强烈。生活决定生产，需求决定供给，中国的生产力布局、产业布局和经济发展模式随之变化调整，科学发展、可持续发展、绿色发展、和谐发展成为必然选择。此外，我国现阶段所提出的新型城镇化，在诠释含义时，基本是将对各种规模的城市实行不同的方针，即严格控制特大型城市、限制大城市发展、合理发展中等城市、加快发展小城市和建制镇，作为主要内容。实际上，新型城镇化更要体现在城镇化的出发点、目标和各类城市布局的物质与非物质内容等方面与传统城镇化的不同。例如，从出发点和目标来看，新型城镇化不单纯或主要是以产业集聚、资源集中等生产为主，而是以人的需要为主，以建设发展宜居、宜业、宜游城市为主；就产业集聚和集中来看，也是突出各次产业平衡协调为主，加工工业即第二产业如何定位要服从城镇化的出发点、目标和产业均衡协调的基本原则，不排除产生一批第二产业很弱而第三产业和第一产业很强的田园城市、乡土城市、旅游城市。茶谷的定性、定位、定向及产业布局、项目选择，就应该充分考虑这些因素。

因此，要从信息革命和科学发展来理解和定位“茶谷”——它是信息革命和科学发展的产物，“茶谷”应该与“硅谷”相提并论，甚至可以比“硅谷”意义更大，形象更美好，内涵更丰富，声誉也更响亮。也因此，“茶谷”不宜叫“六安茶谷”“大别山茶谷”，而应叫“中国茶谷”——只要冠个区域性地名，其他地区就可以“照猫画虎”，这在当代中国极为普遍。如果“中国茶谷”很难注册，干脆与“硅谷”一样，就叫“茶谷”——“茶谷”在哪儿？在中国，在安徽，在大别山中。

二、“中国茶谷”概念在六安和大别山是否立得住

首先，对“茶谷”在中国不可能产生多少疑问。中国自古以来就是茶叶的主产地。

其次，“中国茶谷”在中国的什么地方，则是大有文章可做的。从茶叶生产看，我国从北部的黄河流域一直到最南部的海南岛，东自台湾西至青藏高原和蒙古高原东南坡，都出产茶叶。从茶叶质量和品牌影响看，比大别山出产的茶叶更好喝、影响更大的比比皆是，六安瓜片不是八大名茶之首，霍山黄芽等更是后起之秀。但是，在中国的任何一个地方，只要与茶的生产、加工、运输、销售、消费有关系，都可能成为“中国茶谷”，因为这个品牌与其他品牌一样，完全适用“使用在先”“注册在先”原则，更要靠使用者努力、科学、充分的阐释、表现、展示和丰富来巩固和长期拥有。

最后，六安使用并建设“中国茶谷”有明显优势。第一，主观上抢占先机，“一招先，吃遍天”，但一定要下定决心、义无反顾、毫不犹豫地行动起来，一定不能“起了个大早，赶了个晚集”。第二，天时有利，科学发展、和谐发展、绿色发展成为世界和中国的共同选择，不以 GDP 论英雄，城乡均等化发展和各次产业平衡协调布局，以及人民生活全面小康、旅游休闲和健康快乐成为人民大众的生活追求等。第三，地利更好也更重要。如果说天时是大家共享的，地利则完全是自己独享的。大别山纬度、海陆位置和距离、海拔高度和相对高差以及地质地形地貌，在中国和世界上都是少见的优越，由此决定的气候气象、植被和动植物资源、物产和人文社会等条件也极为优越。例如，六安为大别山东麓，东海、太平洋的暖湿气流西进抬升时易于形成降水，决定了其温湿度和植被、动植

物资源都优于西坡、北坡；六安及其霍山、金寨等更是华东这个我国率先实现现代化、经济和人口总量全国第一区域进入大别山的门户。第四，六安大别山的交通和其他基础配套条件日渐优越，成为东西南北、轨道和公路交通、地面和空中交通的重要枢纽地。

三、茶谷的主题不可泛化，茶谷的内涵则一定要丰富

茶谷在产业集聚、布局上，包括在旅游项目选择和含义阐释方面，都必须围绕茶展开，使得茶谷名副其实和主题突出、鲜明。但这绝不是说，只有与茶的生产、加工、储存、运输、消费直接相关的事物、项目、产业才能进入，其他事物都将被排除在外。正确处理这个关系，需要实事求是、因地制宜、相时而动，其中技术性和策略性的手段是要做好主题的阐释和演绎。经初步考虑，以下主题可以使用：

第一，茶与山水——好山好水出好茶。茶谷以茶为主题，有好茶和名茶是其中应有之义，由此也说明这方山水之神奇、洁净。以此来阐释茶谷主题，除了可将大别山美丽的山水涵盖进去并展示出来，还可以引申到“茶与森林”“茶与树”“茶与竹”“茶与花”“茶与石斛”等次一级主题。

第二，茶与中国、世界和人类。由丝绸之路、“一带一路”战略，经“茶马古道”，到“茶马古镇”，围绕茶的历史和国际交往阐释、表现、展示，以将茶谷与国家和世界联系起来。茶与咖啡是世界两大天然饮品，茶比咖啡更可口、更有利于人类健康，茶比咖啡传世更早、影响更大更广泛。

第三，茶与生活。围绕生活中喝茶、茶道、茶艺等展开，包括茶与酒、茶与饮食、茶与疾病、茶与健康等主题，还可将当地居民生活纳入展示并阐释。

第四，茶与文化。可以围绕茶与歌、茶与诗词散文、茶与戏曲、茶与民俗、茶与禅、茶与宗教等来展开。

四、茶谷的建设和发展

总体上，茶谷要统一规划、分步分类建设。总体规划主要是明确目标、任务、途径、措施，最好分阶段确定。就旅游方面看，第一步是做好自驾车观光、体验类产品；第二步顺理成章延伸到休闲度假；第三步则是各种主题类、专项性产品和项目。具体在每个阶段组合、包装、建设、开发什么旅游项目，可以学习其他类似目的地的做法，也可以通过持续不断的旅行社、游客需求调查和关注、

收集游客评价（主要通过网络）来选择、调整。此外，旅游是知名度经济，为了将茶谷做热、做大、做强，要选择合适时机和方式尽快开展推广宣传，可以策划组织大众性和专业性的活动，官方举办的活动也要突出参与性、趣味性和可传播性。例如，市政府能否在整合有关县区举办的茶叶文化节的基础上举办以茶为主题的综合性节庆宣传，是否可以将近年来举办的六安文化旅游节的主题突出为茶谷，可否举办大别山主峰登山节和佛子岭垂钓节等。

第三节 黑龙江阿城雪域天堂

一、项目建设具有可行性和必要性

（一）开发建设高水准的冰雪旅游项目完全符合当前我国旅游市场需求和旅游业发展需要

我国的旅游消费水平不断提高，旅游目的、方式、质量要求、权益保障方面的变化迅速。针对旅游需求趋势和产业发展要求，我国正在进行旅游产品项目的升级换代和转型，目标是建立观光、度假和各种专项产品相结合的复合型旅游产品体系。就目前情况看，我国冰雪旅游项目存在的不足主要是项目单一，设施和服务初级，覆盖市场半径小，品牌影响力和竞争力有限等。因此，开发、建设大型、高档冰雪旅游项目非常必要。

（二）阿城具备建设高水准冰雪旅游项目条件

首先，是区位和交通条件优越，西距哈尔滨50多公里，仅30分钟车程，目前用高速公路连接，未来如用轨道交通连接将更便捷，可以完全被认为是哈尔滨的城市旅游项目。其次，阿城资源优势突出，依托哈尔滨及黑龙江、东北冰雪旅游品牌，以金源历史文化和民族文化为底蕴，自然生态环境优良，还可利用哈尔滨动物园等已有项目资源，完全能够建设成为“远离尘嚣、近在咫尺”的旅游度假地。

（三）所论证的三个项目各有特色和优势

一撮毛滑雪场前期准备工作很充分，已经进行了比较全面、深入的可行性研究，对投融资渠道和投资效益前景进行了科学分析。雪域天堂项目策划很到位、起点高，其中国际论坛、高尔夫、冰雪等项目都很有创新意义。中龙滑雪度假项目则比较好地融入了度假概念。

二、意见和建议

（1）建议项目以建设哈尔滨、黑龙江特色鲜明、功能齐备、设施高档、服务一流的综合旅游度假地为总体目标。

（2）市场目标定位建议以中远程国内市场和入境市场为主导，以哈尔滨、黑龙江、东北市场为基础，高度重视南中国和东南亚市场。。

（3）项目选择方面，建议将大众化的冰雪娱乐项目、冰雪运动学习项目、度假休闲项目及设施与服务、专业比赛观赏等结合起来。

（4）要重视品牌、形象、特色、主题的塑造和市场开发宣传，“北国博鳌”“雪域天堂”“一撮毛”与“阿拉吐喀”等都有价值和意义，但要考虑实际使用的可行性。例如，博鳌与阿城的优劣势可以比较如下：

博鳌：中国最大的经济特区、特区省、第二大岛、南海明珠、旅游度假胜地、毗邻东南亚、东亚太、珠三角、香港和澳门等发展水平比较高的地区。

阿城：太阳岛、松花江、亚冬会、哈尔滨之夏、哈洽会、林海雪原、北大荒与北大仓、夏都、东北亚。

仅从国际会展看，中国有了博鳌为什么还需要阿城，需要的话为什么是阿城而不是大连、长春等某个北方城市，这些都值得研究。

（5）要注意与哈尔滨等中心城市的交通衔接，方便团队、自驾车游客、大众游客和市民进出。

（6）应重视安全防护、救助，特别是救伤、防寒、防冻等。

（7）环境污染的防治要突出抓好，如一撮毛项目拟选区域进行视觉污染物的遮蔽、建筑污染的处理、粉尘污染的治理等。

第四节　北京八大处公园

（一）将八大处公园与香山公园在山上连通

解决八大处公园长远发展的根本措施，应该是以理顺管理关系为基础，将其与香山公园连成一线，形成从香山进、八大处出或八大处进、香山出的旅游环线。如此做的好处在于：第一，在项目上，香山可以以登山、看红叶为主，沿途以远看市容市貌、近观山色天光为主，八大处则以参观寺庙、拜佛、饮茶为主，使北京西山旅游的产品更丰富，形象更鲜明；第二，形成比较科学的环形旅游线路。避免走回头路是从游客心理特性出发形成的一条旅游区点规划设计和开发建设的重要原则，我国在旅游区点等级划分等标准规范中已经对此提出了明确要求；第三，将香山与八大处从山上连通，还会对分流高峰期的香山客流、更好地保证旅游安全、秩序、质量以及疏解交通发挥重要作用。因此，此举是两个景区和广大游客多方共赢，而不仅仅是两个公园双赢，从这个角度来提出问题并开展有关的协调工作，应该是有可能取得成功的。

（二）充分做好灵光寺佛牙舍利参观项目

定期开放、限量参观的灵光寺佛牙舍利，是我国绝品旅游项目，不能简单、轻易就让人参观。现在看来，感觉主要是神圣、肃穆、神秘性不足。改进的主要建议如下：

首先，对参观者的着装要有严格的要求。一是游客参观时不准穿鞋，也不准赤脚，可以考虑用软底文保鞋。文保鞋一次性使用，尽可能精美并具有纪念意义，提供包装袋或包装盒，让游客带回去收藏、陈列、展示，以向人证明或炫耀主人看过佛牙舍利，费用一律含在参观门票中。二是进入佛塔的所有人员不准穿短裤、短裙（不过膝）和无袖、无领上衣，也不得穿着怪异的服装，可以在入口处提供更衣服务。三是进入佛塔内的所有人员不准戴帽子，发型、饰物、化妆品使用和其他装饰也要有限定，不能出格，不能随心所欲。

其次，对所有进入佛塔人员的行为举止做出规定。一是不准照相、摄影、摄像和使用电子设备、器材（如手机、呼机、对讲机）。二是不准说笑打闹，不准高声说话，不准说不敬神佛的话。三是不得有其他不文明、不文雅、不恰当的言谈举止。四是倡导游客进塔参观前沐浴净身（洗手净面）和素食，进一步强化其不冒犯、不亵渎神灵、圣地的观念，营造神圣、肃穆气氛。

再次，改进佛塔内部的布置、陈设、展示、解说方式和手段。一是从换文保鞋起至游客换穿自己的鞋止，沿途均铺设色彩庄重、淡雅的地毯，并尽可能高档。二是塔内照明用柔和、低热、易使人安静并产生肃穆、神秘感的灯光，忌过于明亮、直白。三是不用语言和语音解说，不用人工照明（指现在用的手电筒）。四是用现代热控技术设计生产佛牙舍利保存和展示设备，使人一站在正面限定距离观看时，就有一束聚光灯照在佛牙舍利上，让人清晰地看到佛牙舍利的形状、颜色、质感，人一离开灯就灭。五是降低现在的佛牙舍利陈设、展示的高度，或者抬高参观位置，使人能够更清晰地看到。六是参拜行礼的位置另在观看位置后部设置，将其与观看在空间位置上分开。

最后，改进有关的管理、服务项目。一是提高参观佛牙舍利的价格，将以上改进增加的费用包含进去，同时更是为了提高该项目的身价档次，让人们以能够和曾经看到佛牙舍利为荣。二是在入口处设立室内检查、提示、更衣、换装、洗手净面等设施和相关服务，特别是提示参观注意事项。三是对管理和服务人员进行严格的培训、考核、监督。

第五节 湖北鄂州莲花山

莲花山旅游区值得肯定的，一是从选题看，以传统文化为主题，包括作为中华传统文化的宗教文化、保健养生和珍惜生命文化等。一个旅游区以这些源远流长、博大精深的文化为主题，根据市场和旅游消费的需要进行开发，会取得非常好的效果。如果在开始做的时候起点就比较高，就能做出名品和精品。传统文化的题目还不能做得太晦涩、太深奥了，那样就成为一个阳春白雪的项目，大部分公众不一定能接受和理解得了。莲花山旅游区注意到了这些方面，把非常有文化底蕴和非常深奥的东西，通过使用各种手段，使得一般大众都能够理解和接受。二是旅游区的开发建设，包括策划、规划、建设、管理和服务，做得比较到位，水准和起点比较高。从进大门开始，一直按照游客走的主要线路，无论是游步道设计，还是景区大门、售票处、游客中心等设施、项目，包括卫生、游乐、服务、安全保障等设施，基本上是一个成熟旅游区所应该具备的。三是鄂州各个方面，从市委到市人大、政府、政协及各个相关部门、单位，也包括广大市民，都高度重视和积极支持旅游业，积极参与、投入旅游开发和发展中来。这使人确实感受到中国旅游业从改革开放以来持续快速发展的动力，就来自于社会各个方面的共同关心和大力支持，来自于满足居民的消费需求和整个国家、民族在新时期发展的需要等。四是莲花山旅游区利用已有资源，引进大的企业集团以旅游为主题进行深度、转型开发，通过投资机制、管理机制和服务机制的创新，来加强经营、管理、服务，成为高水准、成熟的旅游区。此外，从区位条件看，莲花山处于城区内，与城市居民的休息娱乐和交往密切结合在一起，将旅游区与城市公园功能很好地结合起来，就能够取得比较好的效果和效益。

从进一步发展需要看，莲花山旅游区有待改进和加强的地方主要是以下三个方面：

（一）要进一步明确莲花山旅游区在长江黄金旅游带上的地位

长江黄金旅游带在中国是一个比较成熟、丰满的旅游黄金线，覆盖的市场层比较多、比较全面，包括中近程国内市场和入境市场、远程市场。但长江黄金旅游线在国际和国内市场有很高声誉和很强吸引力的，还是中上游的三峡旅游，宜昌以下的景点都是点缀性的。长江近 6300 公里长，除了三峡及其以上段外，从武昌开始一直到长江口的上海，作为一条完整旅游带的形象还不是很鲜明，影响也还有限。即使是三峡旅游，前几年还是从武汉开始，然后经岳阳到宜昌，现在是越来越短，直接从宜昌上船，走到重庆甚至巫山就完了。在旅游产品转型过程中，沿着长江线的各个旅游区、旅游城市、旅游点必须考虑怎么选准自己的位置。如果把长江旅游作为一个珍珠项链的话，就不能是一般性的项链，每个项目不能都是整齐划一的，必须是各有特色、多姿多彩的。例如，长江三峡自然风光比较多、比较著名，三峡水库中也可搞水上旅游项目；宜昌特别是从荆州开始，以荆楚、三国为主的历史文化比较丰富，而下游的江苏、上海完全是现代化水乡、城市风貌，这样就相互补充和有机结合，长江旅游就能够成为从峡谷、水库自然风光，经过历史文化，走向现代的一条旅游线，无论是从上游往下游顺水走，还是逆水而上。鄂州历史文化值得深刻挖掘的也不少，找出中华传统文化来做旅游，就能够成为一个亮点。但历史文化不是仅仅鄂州才独有的，其他城市也有，也能做类似项目。这样就必须进一步研究，鄂州旅游应该怎么编排到长江旅游线中去，其中中短线要怎么策划，中短线如果是从武汉开始，到岳阳，然后到鄂州再到荆州等，这几个城市的竞合关系要清楚。

（二）要按照市场需求来高标准地策划、规划和深度开发项目，以创造精品、名品和绝品为目标，来塑造建设莲花山旅游区

因为历史文化不是鄂州独有的，其他地方也能做，甚至由于经济技术支撑能力比较强，可能做得更好、更到位。先做，而且做的水准比较高的旅游区，就要有精品意识，力争成为名品和绝品，在影响和吸引力上先声夺人，使得他人在一定时期内难以达到这个项目所具有的水平，这样在长江旅游线上可能才能获得应有的位置。从规划和策划来说，要考虑整个规划区的规模和开发顺序，像莲花山九个山峰，各个山峰之间应该怎么做，应该分出近期、中期和远期，要一个层次一个层次地规划和实施。规划本身就要高起点、高标准，但最难的是实施，因为规划实施涉及因素很多，其中的利益关系就很复杂。例如，将市民的娱乐休闲区和旅游区结合在一起，做好了会取得很好的效果，做不好会影响旅游区的形象。

现在莲花山从大门进来时，感觉里面的建筑过多过乱，缺少规划和协调，涉及的单位也比较多，不太像一个旅游区，特别不像高等级旅游区，而是一个中等城市的居民休闲场所。

（三）以旅游区为依托，进一步促进鄂州旅游业的发展和旅游管理服务水平的提高

高等级旅游区是一个地方的旅游形象和典型代表，搞好了就不仅仅是旅游区自身的事，必然会起表率示范作用。

第六节 《魅力新疆》大型民族歌舞演出

《魅力新疆》大型民族歌舞演出是一台高品位、大众化、特色鲜明的精品旅游文艺节目，对丰富兵团和新疆旅游内涵、宣传展示兵团和新疆旅游文化，特别是对提升新疆旅游及旅游文化娱乐活动的水平、丰富旅游者的晚间娱乐生活，具有重要作用。为进一步提高《魅力新疆》演出的质量，更好地满足旅游者的需要，使演出取得更好的效果，现在从旅游文娱项目的特性、要求出发，提出一点粗浅意见，供节目策划、编导、组织、管理等方面的同志参考。

一、节目名称和主题能否更进一步体现兵团

现在的名称"《魅力新疆》大型民族歌舞旅游演出"存在的不足之处，一是总体上用字太多，且有些别扭；二是从兵团作为新疆维吾尔自治区的一个组成部分来看，"魅力新疆"中的"新疆"已经内含有兵团，但从字面和直观感觉，兵团并没有表示出来，更没有被突出出来，外地旅游者很难从名称上直接获取这是兵团组织的一台旅游文艺演出的信息。本人建议使用"大型旅游歌舞演出《潮涌天山》"，理由一是直接用"兵团"及与兵团相关的词汇如"军垦""屯垦"等，既缺乏韵味，也有内容涵盖难、与融合发展思想没有保持高度一致的缺陷，对于国内外旅游者理解、接受并产生吸引力也不利；二是"天山"是新疆的代称，而新疆就是多民族聚居区，将"民族"内含于"天山"中而不直接表示出来，还有利于表示与自治区所组织的演出有区别，对表示兵团主题和特色没有不利；三是"潮涌天山"一般可以理解为新疆兴起的改革开放、经济发展、民族团结进步大潮，因而坚定地走在融合发展的道路上，由于是化用"戈壁惊开新世界，天山常涌大波涛"的名句，可以专门指新疆生产建设兵团在天山南北掀起的

屯垦戍边大潮，因而可以指代兵团及其从事的屯垦戍边事业。但“潮涌天山”的不足之处，一是需要适当解释说明，二是字面上也不易让大众旅游者产生美妙的联想。因此，最终用什么名称，可以开展讨论以集思广益。

二、按照主题调整演出的篇章结构和节目顺序

按照《潮涌天山》的名称及其所表现的兵团和屯垦戍边主题，现在的节目无须增减，只需进行篇章和节目顺序调整。整台演出按照“天山美”“天山潮”“天山新”三个次主题渐次展开，序曲和尾声节目不变。第一章“天山美”主要表现天山南北的美丽、美妙，包括现在第一章的前三个节目，用歌舞、音乐、舞台美术等表现新疆的自然美、民族美、和谐美。第二章“天山潮”主要表现兵团屯垦戍边的壮丽，由现在的第三章和第二章的第一个节目组成，以器乐舞蹈《草原之夜》勾画出天山潮兴起的场景，用男女声二重唱《花儿为什么这样红》来引发观众思考以留下韵味。第三章“天山新”主要表现兵团与新疆人民共同奋斗所创造的新生活，由现在的第二章后三个节目和第一章第四个节目组成，顺序依次为塔塔尔族舞蹈《绣》、阿拉伯舞《春之火》、维吾尔族舞蹈《婚礼》和《夕阳乐舞人》，气氛由优美、活泼到幸福、欢乐、热烈、奔放，将演出推向高潮。尾声歌舞《最美的还是我们新疆》，将兵团及屯垦戍边事业的出发点、落脚点点出，即为了新疆的美丽、繁荣和发展而不懈奋斗。

三、对部分节目的内容、形式、道具、舞美设计进行调整

（1）男声四重唱《花的兵团》有些单调，能否增加女子伴舞以增强效果。

（2）为了增加美感，《打馕舞》中用木棒穿在一起由两个演员抬着的三个馕道具，其木棒能否换成无色透明玻璃钢材料，或用红绸缎通体包裹并在两端结花装饰。

（3）《草原之夜》的灯光偏亮，有如同白昼的感觉，建议稍微减弱。

（4）每个节目都根据主题设计舞台背景，现在好像有几个节目的舞台背景没有变。

（5）主持人的串场词还再要简练一些，尤其不能给人耍贫嘴的感觉，以区别于街头商业演出，保证演出的档次水准。

四、增加节目内容的提示、说明

（1）对民族、历史、文化意味比较浓的舞蹈节目，除了主持人在报幕时说

明、提示外，要在节目单上用几句话进行说明提示，并争取在节目进行的同时在电子显示屏上同步进行解释，语言要通俗、简练。

（2）歌曲节目除了在节目单上介绍歌词大意外，还要在演唱时在显示屏上同步显示歌词，因为演出时老是去看节目单既不方便更影响欣赏效果。

（3）显示屏显示和节目单都要中英文对照，以便于外国旅游者欣赏。

五、剧场设施、管理和服务的改进

（1）剧场主出入口外部要保持通畅，要方便大中型旅游车辆临时停靠和上下客，要调整现在的夜市摊位，不能紧堵在大门前，要留出足够的人行通道，并注意维护此区域的卫生、秩序和治安状况。

（2）剧场的观众出入通道一定要保持畅通。7 月 2 日晚散场时主通道二楼通一楼的电梯依然上行，导致大部分观众涌进比较狭窄、光线不太好的步行楼梯，既有不便，又有安全隐患。其他安全出口和消防设施状况如何没有了解。人命关天，旅游演出场所一定要极端重视安全保障工作。

（3）剧场安全出口、洗手间、停车场等信息指示要齐备，现在在剧场前部看不到洗手间的指示牌，中后排能否看到也有待验证。

（4）剧场内特别是舞台上的电线等设置要科学、规范、美观，不能随便拉接，灯光、音响设备放置也应如此。

（5）舞台上部的大块金属网格结构应进行美化装饰处理，现在的状况显得粗糙、简陋、不美观。

（6）舞台两侧供演员出入的门窄而低，不便出入，让观众感觉别扭，需要扩建。

（7）舞台前后和两侧帷幕数量不足，比较简陋，应该逐步增加、调换。

（8）要通过显示屏不断提示和节目单、出入口水牌提示等，提醒观众注意卫生、秩序、礼貌，不要在剧场内吃东西、扔废弃物、吐痰、高声说话和接听手机，青少年观众不要快跑打闹，幼年观众不要在场内哭闹等。

六、坚持准确的角色定位

新疆和兵团旅游的大众化、民俗化演出活动很多，包括田间地头、场院街巷、餐厅景点和会展节庆等场所都有，缺少的就是剧场内长期坚持的艺术性、趣味性、群众性比较强的演出。旅游文娱活动的类型分工中，大众化、民俗化的演出突出地方、民族特色，注意参与互动，随时需要随时演，商业氛围比较突出，艺术性、欣赏性相对不足。歌舞伴宴在新疆和一些地方取得了不俗的成绩，出发点是边吃饭边欣赏歌舞，物质、精神双丰收。但给很多人的感觉是，将吃饭这种极为世俗化的活动与歌舞艺术这种极为高雅的活动硬在时空上结合起来比较别扭。如安心吃喝，不仅会错过欣赏歌舞，还会有对不起艺术家、不尊重其劳动和创造的愧疚。如专心欣赏歌舞，又会吃不好饭，对健康不利。因此，往往是既吃不好饭，也看不好节目。剧场演出就应该坚持剧场舞台艺术，贴近广大旅游者，兼顾市民需要，目标是为旅游者提供一台高质量的以新疆兵团为主题的晚间文艺演出，区别于大巴扎、景区点、餐厅等场合的演出。门票价格要中等偏上，并对旅行社的团体游客给予优惠，以平衡旅游者需求与市民需求的关系。

资料

六万晴霞旅游区规划概要

一、项目概况

六万寨地处霍山县城西15公里的落儿岭镇，最高峰海拔644米。东、西、北三面都是悬崖峭壁，仅南面有一条崎岖小路，地势险峻。据《霍山县志》记载，“南宋年间，遗臣曹平章为辅宋王孙南下潜霍，抗击元军，拆古城修六万，据险屯兵、招募流民，设团练，最终聚兵六万余人”，故称“六万寨”。现有五道寨门、金銮殿、仓房、水牢等五处遗址，有南门的狮子包、鬼门关、猫儿尖，西门的龙头岩、十八扭、元宝石，北门的回音壁、半挂门，还有周围的钟鼓山、跑马岭、操场坪、喜鹊尖等，都是令人赞不绝口的胜景。更有山顶的“天井”，至今从未干涸，被称为“神水”。在久阴转晴时，寨顶霞光似火焰闪烁，光焰夺目，故名“六万晴霞”，系“霍山八景”之一。

二、区域概况

霍山县位于安徽省西部，大别山东麓，距合肥120公里，105国道、G35高速、318省道、209省道纵横穿境，周边主要城市有南京、武汉、合肥、南昌、六安等20多个。霍山县总面积2046平方公里，人口约37万，地形地貌为“七山一水一分田，一分道路和庄园”。霍山县历史悠久，汉唐遗址、明代古庙、清代文峰塔等建筑保存完好。境内山清水秀，生态优美，景色宜人，驰名中外的佛子岭水库是观光游览的胜地。

三、主体开发

从资源品位和所具备的特色优势以及与相关景区的分工合作关系分析，六万晴霞旅游区有独特的优势。主要表现在以下几个方面：

第一，历史文化资源丰富。六万寨古战场遗址、遗迹尚在，还有成段保存较好的石城墙，土城墙根基轮廓尚存，寨门、王宫、王坟地基轮廓完整，较好修复。口传历史文化较丰富，可用于解说宣传。

第二，自然景观别致优美。东门冲一条峡谷飞瀑、溪流、奇石、山形、植被等景观秀美和谐，水牢下来的景致与山洞融合得恰到好处。寨西、北两向石壁如刀削斧劈，高达百米，主峰两侧怪石向峡内倾斜，摇摇欲坠，由峡底仰望仅透一线，峭壁青石满布，藤萝攀缠，瀑声惊然，风清雾润。

第三，夏季气候凉爽宜人。大别山属热带温湿季风区，植被丰富，动植物物种众多，植被覆盖率高，是一个生态系统相对完备、植被垂直分布、珍稀物种丰富的天然基因宝库。气候“春暖、夏凉、秋爽、冬寒”，季节特征非常明显。由于植被、坡向、坡度及地形起伏显隐等局地条件的差别，又形成多种多样的小气候，“山外初夏，山里桃花”，六万寨就比较典型。

第四，区位条件非常优越。六万寨距离城关只有20公里，气候、环境优势与区位优势结合起来，决定了六万寨在近程和中远程市场方面都具有相对优势，对以城市居民为中心的会议、商务、公务、度假、休闲、避暑、疗养等消遣性旅游有较强适应性。

四、性质定位

六万晴霞旅游区主题目标是自然生态与历史文化类的观光休闲度假旅游区，其产品是复合型旅游产品。以六万寨的自然、生态、人文社会旅游资源开发为主，近期以自然生态类项目开发为主，古战场等作为品牌和深度开发、后续开发的备用资源，近期可以在导游解说、设施外观方面借用，以形成特色。

综合考虑其主题性质和相关旅游区的名称，使用“大别山六万晴霞旅游区”，以将六万寨这个景区的自然、人文、历史等性质特征概括表达出来，既有历史文化底蕴，也有很浓的文学艺术韵味，能给人以非常美妙的想象。

旅游区的主题品牌口号为：“古寨奇观，山村清境”。

五、目标市场定位和开发

六安市各区县为六万晴霞旅游区的区域内近程市场，是近期的基础市场。初期是县城，然后是六安市和其他几个县城、合肥、淮南、蚌埠、安庆、南京等，开车一般在2~3小时。主导市场是中程的华东地区，沿长江线向长三角开拓，然后沿长江和淮南线、G35高速、宁西线向两翼拓展，中程市场有相当一部分如江苏中部、北部可能变成近程市场。远程辐射市场目前可以不考虑，而是着力于近程基础市场和中程主导市场。

近程和中近程市场开发，注重便利的交通环境和乘载需求，着重开发利用公交线路。景区的次级市场是观光周末游，将是以“自助游”为主。中近程旅游市场开发，考虑到游客旅游交通方式，开发利用公交线路。景区内交通目前有两种方案，一是公司安排专人代泊车，二是在前寨门和后寨门之间提供景区内交通车。根据规划和市场要求，在适当场地建汽车度假旅馆和野营场所。

省内市场主要是观光、会议、度假。市内、省内除皖南以外的地区，应该是团队和团体相结合，团队是由旅行社组织的，团体则可能是开会、考察或是采风等，因此，也应面向两方面进行宣传。中程市场可能更多的是观光体验型旅游，包括红色、乡村、历史、文化、自然、生态等。远期市场将从红色大别山和生态大别山入手，必要时可在上海或北京开说明会。

六、开发建设的阶段划分和主要步骤

（一）六万晴霞旅游区建设，可分以下三个阶段

第一个阶段以“观光休闲”为主，这是由主题性质定位所决定的。六万晴霞旅游区离县城20公里，这就决定第一阶段主要市场是县城居民和到县城来的人，从时间上考虑，半天或一天都可以来观光、休闲、游玩。要和当地村民合作，做有特色的农家乐，以自驾游、周末家庭游为主，享受清凉、清新，回归大自然。第一阶段投资小，见效快，开发难度不大。

第二个阶段以“度假体验”为主，这是由资源优势决定的。度假体验不受时间长短和季节影响，气候适宜，环境好，还有好吃、好看、好玩的，一定能够吸引人。

第三个阶段是以“游乐、会议项目”开发为主。根据市场需要，围绕打造城市公园、城市休闲区，做参与性、娱乐性项目，如攀岩、森林穿越和徒步等。

（二）第一、二阶段（为期三年）规划建设任务

1. 道路规划建设

（1）公路从东门冲上、姜家冲下，一出一入。

（2）在六万寨仓房处通往蒋家冲旅游步道，使景区实现环状交通。

（3）环城墙步道，分段分期开发。

2. 旅游区内交通、游览步道、厕所、垃圾箱指示牌均按国家4A级景区设计施工。公路按山区三级标准，平均宽度不低于6米。

3. 旅游区大门初期用木质、竹质、石质，体现自然、生态、质朴，和旅游区性质保持一致。

4. 旅游区内原有遗址旧貌保护，城砖条石收集、整理，历史建筑逐步修复、持续开发。

5. 根据规划建设旅游区进出口大门、游客中心、观光亭、停车场、厕所等设施。

6. 在水牢景点上游的平坦地建300～500人的餐馆，并给四星级宾馆预留位置和用地。

（三）中远期建设任务

对旅游区内项目滚动开发，主要是逐步提升区内交通、游览、休憩、卫生、信息和接待等设施的档次水平，包括将公路修到景区内，另增加一条连接景区和干线公路的公路以形成环线交通；根据规划修复遗址旧貌，规划建设度假休闲酒店等。

第二篇

地区旅游发展

国家社会经济体系是由纵横交错的系统、区块（即所谓“条条”和“块块”）构成的，旅游业也是由不同行业和各个地区旅游业共同组成的。从发展角度看，地区——省、自治区、直辖市，市、州、地，县、市区——更是生产建设和发展的主体。就旅游发展来说，从省到县的三级都是主体，且性质特征、目标任务、方式途径、对策措施也有所不同，但它们都是中国旅游发展不同层级主体，即中国旅游业就是通过它们实现发展的。因此，本篇依次从县域、市域、省域和跨区域四个层级来研究阐述旅游发展。

第五章　县域旅游发展

县级行政区是我国相对完整的经济社会体系及行政管理单元。从旅游开发建设和发展来看，县级是基本单元和主体，承担着具体实施和组织管理旅游义务、规划、行业的职能任务。因此，本书对地区旅游发展的研究阐述就从县域开始。

第一节　浙江长兴县

浙江长兴将“古生态旅游”确定为主攻目标，是符合市场需求趋势和自身资源禀赋实际的，因而也是很有特色的。从开发的现实状况看，“三古”作为以观光为主的龙头产品，总体上已经或即将完成任务，但“古银杏”“金钉子”相对比较成熟，“扬子鳄”略显单薄。目前，最急迫的是如何将“古生态”这一主题和以“三古”为龙头的旅游产品打造出来、宣传出去，真正成为被广泛认可的长兴旅游主题形象和产品品牌。

一、古银杏项目开发

古银杏旅游是农业观光加生态体验、农家乐的产品形态，2500 米的古银杏长廊，数千棵古银杏拥抱着农舍、小溪，充盈着山坡、谷底，春来嫩叶吐翠、繁花似锦，夏天青果茁壮、绿荫掩映，秋日硕果累累、枝头树下全部是树叶造就出的金色海洋，还有农家房前屋后晾晒的银光闪闪的银杏果，冬季则是高大挺拔的银杏树脱去铅华、直面蓝天、大地和世人。加上附近寺庙中直冲云霄的银杏王和五代同根的银杏王后，作为观光项目，非常美，吸引力很强。以此为基础延伸开发的品尝、购买银杏和农家餐、家庭旅馆、竹林休憩观光等，也都成为延伸产业链、吸引游客延长停留时间、增加旅游收入的优势项目。因此，古银杏是“三古”中开发最为成熟的项目。

古银杏项目开发方面应该继续做好的，一是要选择适当位置建设能够观赏古银杏长廊全貌的观景设施及配套的道路等，可以继续开发的是八躲夰登山和鸟瞰、观赏太湖风景；二是增加银杏饮食品的种类，如以绿色、养颜、保健（食疗、食补）为主题开发出系列银杏宴，使用白煮、清炖、爆炒、煲汤、烘烤、干焙等烹调方式，形成系列；三是在购物上，应该适当强化银杏产品的包装，当然不是过度包装和越精美越奢华越好，而是以简约、质朴为基调，以自然、生态为原则，用密封塑料袋或透气竹编，要依据科学检测、研究，在外包装上说明银杏的特性、功能作用、保存和食用方法、禁忌等。

八躲岕现在改为“八都岕”，据介绍是因为“躲”字不太好听。但本人认为大可不必，因为“八躲”本身就包含一个非常有趣的历史故事。一看到“八躲岕”这个非常奇特的名字，旅游者肯定要产生疑问：“为什么会用‘躲’字来做地名?”就会顺理成章地引出“八躲”的历史故事，既有历史深度，又富含文化韵味。如果叫“八都岕”，奇特性就大大减轻，而且含义说不清。大俗往往就是大雅，丑到极致就成为美了，何况“躲”字也并非大俗和极丑之词。

二、金钉子项目开发与完善

“金钉子”的景点建设已基本完成，图文并茂，雅俗共赏，从太古到今天，用比较形象、直观和生动的手法，向旅游者普及古生态、地质演化、地球生命发展知识，岩层实物加文字、浮雕图形，生动有趣，“金手指”的直观形象已高高竖起，绿化、美化、步道、台阶、指示和说明标牌都很好。目前正在配套建设博物馆，相信随着工程完工，进出口道路、停车场、洗手间、休憩场所和设施等也会完善。

继续完善金钉子项目，一是如果在介绍说明地球生命演化的浮雕图片、文字中，将扬子鳄、古银杏等长兴旅游的品牌项目和大熊猫等国人、世人广泛熟悉、关心的生物所处生物进化阶段，与恐龙一样在浮雕图上标示出来，则既对完整地宣传长兴旅游有很好的作用，而且使大众旅游者感到更有趣，因而就更有吸引力。二是对存在的突出也是最难解决的问题，即周边环境问题进行处理。现在从县城到“金钉子”沿线，要路过长兴的主要工业区，尤其是建筑材料工业，粉尘、烟雾排放对附近大气的影响比较大，很多都能够直接看到。开采原料对山体景观的破坏也比较多。解决的措施可以是重新规划设计交通线路和编排游览计划，避开主要污染区和污染物排放高峰时段。对难以避开的，采取搬迁、遮障、绿化等方式，同时要注意导游解说，引导旅游者从支援大城市建设和国家及县域经济发展等积极的方面，来客观公正地看待这些项目。

三、扬子鳄项目开发

尽管正在建设扬子鳄村，但“扬子鳄”这个古生态旅游的品牌项目目前是最弱的。

首先，扬子鳄是国家一类保护动物，其在旅游上的开发利用，除了观赏外，以其活体为主开发表演项目，特别是以其皮、肉为原料开发旅游商品、餐饮品，不仅面临着严格的法律政策限制，而且更难的是人们自发的、朴素的生物和环境保护意识的影响。对于法律政策限制，可以通过种群的研究繁育，逐步达到法律规定可以在研究保护的同时进行开发利用的标准，经过专业机构和主管机关审查认可后进行。对于普通旅游者的自发、朴素环境和珍稀生物保护意识的影响，则要通过科学、客观、全面、巧妙、形象地解释说明来缓解。在这方面，可能国内旅游者的工作相对还比较好做，国外旅游者难度更大，尤其要注意绿色环保组织成员及拥护、支持绿色环境保护者。最好不要向普通外国游客宣传、推介扬子鳄旅游中的商品购物和餐饮，在外国游客的参观游览线路上避开购物点，在其餐饮中不要介绍和提供鳄鱼肉制品。长兴旅游宣传在整体上也都要注意“内外有别”，避免产生负面影响。

其次，鳄鱼旅游项目比较多，国内外很多动物园中都有鳄鱼，扬子鳄的保护研究在安徽宣城等地也有。从外观上看，鳄鱼的观赏价值不高，外表丑陋，且老是在水中或岸上躺着不动，很多民族的童话中鳄鱼是既丑陋又险恶、贪婪、愚蠢的形象，最典型的是《猴子和鳄鱼》的童话故事。扬子鳄又是体形最小的鳄鱼，所以，一般性观赏的吸引力更有限，必须考虑投食、鳄鱼争斗等项目，当然是在研究和保护部门与专家认为不影响保护的前提下。需要进一步研究探索有无其他可开发的项目，如能否像泰国的鳄鱼湖公园那样，开发扬子鳄与人的表演项目。

最后，现在正在建设的项目特色不足，基本是一个以观光、休闲、餐饮、交流为主的综合性乡村公园定位，扬子鳄旅游的主题不突出，特色不鲜明，建设项目过多，没有体现出古生态所需要的古朴、简约、自然的理念。梅园、鱼塘等与扬子鳄无关，也不是研究、保护所需要的项目，最好到其他地方去搞。餐饮、娱乐、休憩场所和设施也是适当点缀，只应该是辅助性的，游廊步道、亭台楼阁也不是多多益善。如果当地的社区发展和居民生活需要一个休息、娱乐、健身、交流的公园，建议另行规划建设。此外，正在建设施工中的现场没有看到停车场的位置和规模，出入口略显局促，进出道路在宽度、弯度方面也还难以满足大型观光巴士通行、交会的需要，公共洗手间等配套服务设施布局、外观形象等怎么样，目前还无法判断，需要加强专业指导。

四、贡茶院旅游项目开发

贡茶院及茶文化实际上也是长兴古生态的重要组成部分，从开发利用价值看大大超过扬子鳄。其开发要选准题目、科学定位，立足于做出精品和名品。目前，我国做茶文化旅游已成风，但除了茶道表演和品茶外，有独特、深远文化的茶文化旅游项目还不多见，特别是在设施、项目、服务、环境、氛围营造方面都做到位的比较罕见。长兴具备做到位的资源基础和经济技术支撑条件。紫笋茶是贡茶，茶叶品质为最上乘，这是茶圣陆羽在长兴经年累月研究并广泛比较后得出的结论，“紫者上、青者下”“笋者上、芽者次、叶者下”，都是精辟概括，可以大张旗鼓地宣传利用。长兴位于江南、浙北发达地区，财政和社会投资能力强，规划、设计、施工和技术、经营、管理、服务人员水平高。开发茶文化，设施、服务、环境是基础。现在的茶馆只是供附近居民特别是老年人品茶、休息、交流、娱乐的场所，周围环境一般，处于庄稼地和水田包围中，离村庄太近。具体建议如下：

1. 要以古朴、简约、生态为目标，在贡茶院和陆羽研究撰写《茶经》的原址或其他适宜的地方，全部用天然的竹木藤草建设茶寮，全开放的茶亭、半开放的茶楼和封闭得比较好的茶馆（冬天防寒）结合起来，除品茶、制茶、选购茶叶及茶具外，不提供任何其他项目和服务。

2. 茶具和茶叶的包装以及茶寮茶室的内部装修与陈设要力求质朴、自然，尽可能不使用现代工业材料，而多使用竹、木、藤、草、沙、石材料、制品、用品（包括炊具、茶杯、茶壶）。

3. 茶寮的停车场和公路与茶寮之间要有比较好的隔离、过渡，以步行 5 分钟为宜。

4. 洗手间既要卫生、方便，又不能过于现代化，特别是在外观上要协调，追求古朴、简约、自然、生态。

5. 所在区域不仅可以不通电话和移动电话，而且应该以此为一个条件，以便为游客创造一种超凡脱俗的意境。为此，办公用的有线电话在位置上要避开游客活动场所，铃声设置要用拟声，如鸟叫、蛙鸣等，要求所有管理和服务人员不要使用移动电话和对讲机，接电话不能让客人看到和听到。

6. 前台服务人员要着古朴农装，不化妆，不烫发，不留披肩发等。

五、长兴其他旅游项目开发

除“三古”以外，长兴段的太湖旅游开发建设正在规划中，其极限运动已经有比较大的影响，以新四军战斗历史遗迹为主的红色旅游也很有价值和吸引力。

（一）长兴段太湖的开发

长兴县一定要在环太湖旅游中找准位置，形成特色，不能简单地以水上、岸边观光、娱乐、餐饮和普通的大众体育运动为品牌项目，像摩托艇、滑翔伞、水上观光飞机、水上自行车等，都是只要有水、有钱就可以搞的。与城市公园和观光带建设相结合是可以的，但一定要着眼于中远程游客的兴趣爱好。极限运动已经形成了比较大的影响，可以作为一个主题品牌。运动度假，依托“三古”的古生态观光和极限运动，是可以成为名品的。

（二）新四军等红色旅游项目开发

新四军是铁军，在抗日战争时期威镇四海，令日伪军闻风丧胆。长兴是新四军六师和总部活动的主要区域，遗留并完好保存了大量的遗址、遗迹和历史故事，博物馆、纪念馆、陈列室和交通配套、旅游服务都比较成熟。利用国家高度重视发展红色旅游、加强革命传统教育、爱国主义教育和青少年思想品德教育的有利时机，科学地选择项目、编排线路、组织活动、开展宣传，不仅对长兴旅游发展有重要推动作用，对国家正在开展的新四军红色旅游区、项目和线路开发建设也会发挥重要作用。

总之，长兴以“古生态旅游”为主题品牌和主体产品，在项目开发、设施建设、服务提供、环境和氛围营造上都必须以此为核心，避免奢华喧闹。在产品结构上，观光与体验、休闲、度假、体育等相结合，不断延伸、深化、扩展，不要追求项目全，而要将力量集中到特色项目上。

六、长兴旅游主题形象和品牌的塑造宣传

长兴以“古生态”为旅游主题形象，以古银杏、金钉子、扬子鳄“三古”为主要产品支撑，既很有特色，又很好地切合了国内外关注生态、关注地球命运、探索地球奥秘和生命起源与演化发展的趋势，可以说在“山水浙江，诗画江南”的全省旅游整体形象中独树一帜，有很强的吸引力和竞争力。要打好古生态旅游这张王牌，必须选择和策划好主题宣传口号，而且要根据不同区域、不同层

面、不同阶段的市场需求特性来做，还要通过公开征集、专家研讨、在旅游行业和社会有关方面进行广泛酝酿等方式，来选择确定长兴旅游的直观形象标识。

在国际市场上，目前阶段长兴旅游的主题宣传口号，建议使用“从远古延续到今天的生态王国——中国长兴”，英文为“An Ecosystem Sliding From Remote Antiquity To Today—Changxing, China”。这一口号的主要含义和功能作用如下：

1. 突出生态王国从中生代即已经诞生，这种良好的生态环境在沧海桑田的历次地球生命演化和生物灭绝中都没有中断，金钉子、扬子鳄、古银杏就是从数十亿年前到数百万年前和近千年来地球生命演化和生物进化阶段的典型代表。

2. 弥补了“古生态”仅有“古”的含义而对今天生态环境如何没有表示出来的不足，长兴“三古”不仅保存到今天，而且继续焕发着勃勃生机，并将继续向未来延续发展。

3. 英文中舍去“王国”，仅仅翻译成为“一个生态系统”，目的是使其更为简洁明了，比一对一地全部直译也更有文学、美学意味。

在国内市场上，就可以将以上中文口号简单地改为“从远古到今天的江南生态王国——浙江长兴”。其主要含义和功能作用，除了上述第一、第二点外，还意在突出其所处的江南水乡，使“诗画江南”的美丽景色跃然眼前。此外，还可以考虑使用“从远古到今天的绿色生态长廊——太湖之滨长兴游”，将太湖的美景和水生态的诱人之处一并涵盖进去。围绕这一主题口号，还可以分别使用“银杏之乡”“古银杏长廊”“天然的地球生命博物馆——金钉子”“贡茶院——试与茶圣品紫笋”“扬子鳄乐园”“极限运动与闲适假期——全家人的乐土”等专题品牌口号。

七、长兴旅游的主题形象直观标识图形

围绕“古生态”的主题品牌和“三古”主体产品，将折扇形和金黄色的银杏叶、金钉子的标识“金手指”、扬子鳄三个形象组合到一起，并将长兴拼音声母“C”幻化成金手指和银杏叶，让憨态可掬、卡通化了的微笑小扬子鳄脑袋从金手指（银杏叶）翘起的大拇指与握着的四根手指（叶柄与叶面）间探出，作为长兴旅游的直观标识。含义和设计思路如下：

1. 银杏叶和金手指不仅颜色相同，都是金黄色，而且形状非常相似。

2. 金手指翘起来的那根手指可以幻化为“C”和银杏叶的叶柄，握着的四根手指幻化为银杏叶的叶面和四个“C”字形，均表示“长兴”。

3. 小扬子鳄要采用其头部正面微侧卡通化形象，避免与鳄鱼商标雷同而可能引起侵权等麻烦，同时也更可爱和显得有创意。

4. 扬子鳄头像用墨绿色，既典雅大方，又隐含“古生态——历史久远的绿色生态”。

第二节 福建永定县

以县域旅游发展的“永定之路”来开展探讨交流，确实很有价值。探讨的基础是永定县、龙岩市、福建省已有的总结和概括，“九个转变、九个做法和九个目标”对“永定之路”做了一个比较全面的概括。福建旅游，二三十年前知名的是厦门鼓浪屿，后来是武夷山，21 世纪以来应该是海峡旅游，特别是从厦门到金门的“两门旅游”。

一、国际旅游目的地的含义

打造国际知名旅游目的地，首先要明确什么叫国际知名的旅游目的地。按照通常理解，永定的这个任务已经完成了。第一，土楼成为世界文化遗产，世界文化遗产是世界专业权威机构按照一定的程序和标准认定的，而且是对不同国家每年有严格数量限定的，不是说谁想进就能进的。因此，一个主要的旅游吸引物、旅游景观成为世界文化遗产，所在地就是国际知名了。第二，土楼是客家文化的一个典型、杰出代表或标识，永定有 50 万海外侨胞，包括土楼在内的客家文化早就随着这 50 万人走向世界、蜚声国际了。第三，把永定作为海峡两岸交流基地，通过两岸交流，作为海西旅游目的地重要资源的永定土楼和客家文化，通过宝岛台湾这个中转站，是不是早就走向国际了。国际知名旅游目的地，实际上强调的不是“知名”而是“国际”。中国人有一个惯性思维，就是全国的肯定比地区的水平档次高，世界的、国际的肯定就比全国的高，因此做所有事情要想表明是最高水准那就加上“国际”这个词语。目前加“宇宙”“太空”的还不太多见，所以，“国际知名旅游目的地”最关键的就是国际，在于反映档次水准。要实现这个目标，需要做的事情就很多了，未来的路也很长。

二、产品性质和定位

（一）永定旅游产品和项目首先要定位在海峡旅游或者海西旅游

福建旅游对于国内来说的知名景区如前所述，作为两岸间旅游交流交往或者作为海西旅游目的地，有那么多的福建人到台湾，这一次台湾那么多的组织——包括文化组织、宗亲组织、商贸组织的人员来永定，很多是来寻根问祖的。所以，作为海西旅游目的地的重要一环，永定旅游的恒久生命力就在于这种两岸一家亲。我们国家很多城市、旅游区、旅游目的地都想一步走到国际旅游目的地。“国际”水准从哪里来？有个很简单的概括，就是“民族的才是国际的”，永定把客家文化和土楼旅游的文章做好了，成为海西旅游目的地乃至海峡两岸旅游的重要吸引物，让两岸共同携起手来，“宝岛台湾”加上“福山福水福建游”，必然会在世界旅游市场、世界旅游舞台上发出灿烂的光辉。

（二）永定旅游文化特性

客家文化是整个华人文化圈的亚文化，是中原文化向东南沿海和东南亚繁衍迁移的独特文化，本身就是一个流动的跨区域的乃至是向国际化发展的文化，对永定、龙岩和福建成为国际旅游目的地，首先在整个华人文化圈、亚洲文化圈、东方文化圈必然会产生独特而有力的影响和魅力。

（三）对于欧美、澳新这些非华人文化圈，永定文化将作为放在整个中华文化和东方文化圈的一个杰出代表或者独特类型，来产生吸引力

旅游的实质就在于不同国家、不同民族、不同地区人民的跨文化体验和交流。所以，欧美、澳新游客来到中国，看过灿烂的历史文化、多彩的民族文化后，下一步必然深入到这种地域性的文化，客家文化就可能成为显文化。这类专项性文化，如运河文化、长城文化、黄河文化、长江文化，早就在旅游界产生很大影响了，这种以某一个族群、一个历史事件为代表的文化的旅游利用应该是今后一个重要的方向。

所以，要把永定建设成为国际知名的旅游目的地，从以上三个圈层不断放大，完全能立得住。想做一个国际性的品牌，不是一步到位，而是要一步一步很坚实地上台阶。

三、国际知名旅游目的地要立足国际水准

想建设成为国际知名的旅游目的地，一个最基本的立足点还是国际水准问题。永定作为闽西革命根据地，长期比较闭塞和落后，工业曾经创造和提供80%的财政收入，现在旅游占新增国民生产总值的18%，这个转变是非常可喜的。一般从资源性经济转向服务性或者增值性经济，不论是对一个县、一个市，还是对一个更大的区域来说，都是非常大、非常难的事情，永定在短短十几年能

够实现这个转变，是“永定之路”里面值得认真总结的。那么多资源枯竭型城市和地区，包括早期的工业基地，在转型方面现在还很难说到了总结经验的时候，永定这么做且成功了，就非常难能可贵。永定的进步很快，县域旅游水准很高、手笔很大，但正如习近平总书记多次说到的，“天下大事，必作于细；天下难事，必作于易”，对于永定旅游来说，这个“作于细”就是大有文章可做的。旅游是体验性、感受性经济，也是享受型、发展型的消费。对于游客来说，无论自己的生活水准怎么样、自己的品位怎么样，对旅游的要求相对要高一个层次甚至几个层次。不要觉得他不怎么样，到我这里来看得到、住得下、吃得上、走得了就行，这样的要求可能就太低了，很难让游客满意，也很难长期这么做。所以，永定旅游要在大手笔的基础上向更为细致化方向发展。现在有句说法叫作“细节决定成败”，当然有人不同意，说战略决定成败，但是所有的战略问题都通过战术问题、通过具体的事情来落实，如果说“建设国际知名旅游目的地”是一个大的战略目标，那么就要靠我们一项一项具体工作来实现。整体来说，质量无止境，服务无止境，做旅游更是如此，从产品、设施到服务都要经得起推敲。中国旅游前 20 年的发展是一种数量规模型的，产品上是观光型的，观光型和深度观光乃至度假休闲最大区别就在前者是靠奇特性、新奇性、差异性等吸引人，游客只要能够看到很奇特、没有见过的东西就满足了，对于接待服务和配套设施差一点是能够忍受的。早年黄山的交通，别说是老年人、小孩，青壮年走一天都受不了，那是观光旅游的典型代表。现在旅游走向深度观光，特别是走向度假休闲和体验感受，对于一个旅游目的地来说，游客感受是什么、游客评价是什么，这种所谓的口碑营销就主要取决于“细”。

四、永定打造国际知名旅游目的地需要解决的突出问题

最后，成为国际知名的旅游目的地，成为“常青树”，环境因素和基础配套也非常重要。这里面有以下几个问题需要注意解决：

（一）坟墓散乱

客家人是从中原过来的，重视风水是中原文化的特质。永定旅游线和旅游区中经常见到的大坟墓，是讲究风水的产物，但是对旅游者可能产生的感受、想象就不太好。对于不太了解、认可、接受这个文化的人来说，这些可能还会增多的坟墓怎么办。一些发展相对较晚的区域，像重庆酉阳，做得最难的就是移风易俗，因为当地主要是少数民族，不让选风水地葬坟，抵触非常大，但他们坚决做

了，取得了居民的理解和支持配合。永定是不是、能不能学习，需要抓紧研究。

（二）交通条件要继续改善

现在大交通正在改善。对于旅游来说，并不是有了路有了机场，交通问题就解决了，往往是一些新的区域有了机场没有航班，航线很少，选择性很弱；有了铁路但客运车次很少，车速很慢，车辆档次低，要不就是车站的档次不行，甚至于有站有车没票。类似这些问题就是旅游基础配套环境，需要注意改进并不断提高。龙岩连城机场是军民合用，客运航线很有限。从体验和感受看，从北京来，乘飞机觉得很舒适，到了厦门走高速公路比原来的国道也快多了，但是要坐 3 个小时的汽车，就未必是舒适的感受。从赣州到龙岩的动车和高铁就要通车了，可能是一个好事。基础配套要往前多想几步，县级在做旅游的时候怎么来解决，在航线上有一些重点旅游城市是拿财政补贴来解决的，但铁路是改革转型最晚最慢的，目前在增加车次、客运能力和车辆、车站舒适性方面还不太好弄。永定和龙岩能不能去尝试，像有些地方旺季开旅游专列。

（三）传统和现代的结合问题

这里重点讲传统文化与信息化结合问题。网络化、信息化是现代新技术革命的主要内容，有时干脆就将新技术革命称为信息革命。习近平总书记在中央网络安全和信息化领导小组成立大会上有两个论断高屋建瓴、非常透彻：“没有网络安全就没有国家安全”，“没有信息化就没有现代化”。可见网络化和信息化的极端重要性。近一段时间，《人民日报》建立专栏连续刊发文章，讨论信息化、互联网对经济社会各方面的影响，绝大部分人认为信息化对传统产业的影响是颠覆性和革命性的。信息化对人类的影响绝对不是简单的技术方面——术的层面，而是整体思维——道的层面。回顾人类发展史，能称得上产业革命的只有三次。第一次是农业革命，把人从树上、林中弄到了地上去种植和养殖，狩猎业、渔业就退居非常次要的地位。第二次是工业革命，把人从田间地头搞到了工厂、车间里面，产生了城乡分离和对立，农业在国民经济中所占比例逐步退到非常低的地位。第三次就是信息革命，使得生产高度自动化和人际交往高度信息化。以后，像现在这个讨论会，我们都未必会聚在一起，大家分散在各地开视频会议就可以了。无纸化办公、远程医疗、远程教育，更不用说电视、电影绝大部分已经被互联网取代了，信息化的影响是无限大、无限多的。旅游与信息有天然联系，因为旅游消费首要就是要了解去哪儿、去干什么、怎么去、花多少钱、待多长时间。这些方面的物质产品和服务都是既有的，只是要把信息搜集出来。这样，旅游生产和服务必然主要依靠信息，信息就成为旅游消费、旅游生产、旅游经营服务和组织管理的首要因素。因此，信息化对旅游的影响更大、更广、更深。如何将客家文化与现代信息技术结合起来，在永定实现智慧旅游、智慧营销、智慧服务、智慧管理、智慧经营，就是一项非常重要、紧迫而长期的任务。

第三节 江苏徐州经济开发区

旅游在徐州经济开发区转型升级和未来发展中，将会发挥很重要的作用。要充分发挥出旅游业的重要作用，首先必须对徐州经济开发区旅游进行科学定位，包括旅游产业定位、产品定位、主题定位和目标市场定位，在此基础上进行项目内容选择和规划设计，并确定开发区政府旅游工作的基本路线方针。

一个区域的旅游定位，通常必须放到更大的区域中，从旅游目的地和旅游产品构成中，来分析确定。徐州经济开发区的旅游定位，必须从徐州市、苏北地区、江苏省乃至淮海旅游区、华东旅游区的旅游产品布局来分析确定。其中，考虑到徐州经济开发区是徐州市正在开发建设的一个新型城区，徐州是苏北的中心城市，所以，比较全面地考察了解徐州市和苏北地区的旅游产品和线路布局状况，就成为研究徐州经济开发区及其转型升级和长期发展中旅游定位的关键。由于考察交流不够，特别是没有能够就徐州市的旅游规划、旅游产品、旅游主题、旅游项目布局、目标市场定位、旅游资源和支撑配套条件及其中有关经济开发区的内容进行考察交流，对开发区旅游自身的考察交流也非常有限，从网络等渠道又没有找到徐州市和苏北地区旅游总体规划及有关材料——由于苏北旅游发展起步相对较晚，旅游规划、旅游产业布局等都在进行中，有关这些区域的旅游目的地和线路产品研究、资料比较少，使得作者对徐州经济开发区旅游发展进行大比例尺的分析研究受到非常大的局限。以下主要根据《江苏省旅游业发展总体规划》产品空间布局中有关苏北和徐州市的资料，进行相关分析。

一、江苏省旅游业发展总体规划与徐州经济开发区旅游定位

《江苏省旅游业发展总体规划》中，没有明确提出江苏旅游的主题。目前，江苏省正在公开征集筛选，意见比较一致的是“锦绣江苏”，紧接其后的还有“鱼米之乡”“人间天堂”等。锦绣江苏，既包括江海山川大地的锦山秀水，包括率先实现现代化的经济社会繁荣锦绣，也包括灿烂的历史和区域文化所形成的

秀外慧中。徐州及苏北是江苏旅游目的地的重要组成部分，资源和经济社会支撑配套条件优越并将继续优化，特别是汉文化在江苏独树一帜，军事文化、运河文化也是江苏的重点，旅游吸引力不断增强，发展潜力巨大，发展速度很快，必将很快成为继苏南“江南水乡”、苏南苏中“鱼米之乡”之后，支撑“锦绣江苏”的一支重要力量。

从全省旅游空间布局整体结构看，徐州是江苏旅游“工字形”架构北部连线（短横）的西端起点，也是京沪、陇海两大经济带和丝绸之路、大运河两条旅游国线的交会点，是江苏规划发展的四个特大型城市之一——也是苏北唯一的一个，是苏北旅游区、淮河流域旅游带的口岸集散和接待服务中心城市（苏北四大旅游重心城市和徐宿淮旅游区三大城市的首位），也是江苏规划建设的淮河流域旅游带和大运河旅游带的交汇点。可见，徐州在全省特别是苏北旅游中的地位极其突出，可以定位为苏北旅游的中心城市和龙头城市，其地位非其他苏北城市可比。从城市地位来看，徐州是江苏三大都市圈之一的苏北都市圈的中心城市，将成为苏北旅游的集散中心和主要接待服务中心城市；连云港、盐城、淮阴、宿迁在资源基础、支撑配套等方面各有所长，但在区位条件上都不如徐州，徐州有“五省通衢”之利；交通方面，连云港有海运之长，但公路、铁路等陆路交通比徐州稍逊一筹；资源方面，盐城有湿地之优，徐州有汉文化、军事文化之特。

江苏省旅游总体规划提出的徐宿淮旅游区的发展目标和任务是：注重徐宿淮呼应，努力实现苏鲁豫皖的旅游联动，重点挖掘两汉文化和淮扬文化的内涵和精髓，以休闲度假为主要导向，发展可参与性强的专项旅游产品。这个旅游区及其核心城市徐州，在汉文化、运河文化等方面具有很深的积淀，有很多可供开发利用的汉文化和运河文化旅游资源，将成为我国丝绸之路和大运河两条旅游国线以及由其连接起来的华东、华北旅游区的重要组成部分。

根据徐州所在区域旅游定位，在江苏省旅游规划对全省 13 个地级市目标任务定位中，有关徐州的是：“徐州作为淮海经济区重要枢纽、江苏省规划建设的四个特大城市和三大都市圈中心城市之一，应当抓住江苏建设文化大省的战略机遇，大力发展历史、文化、商务会展和健身旅游，突出两汉文化和军事文化特色，做‘活’两汉文化，做‘响’军事文化、做‘实’彭祖文化、做‘美’云龙文化，树立‘两汉文化、云龙风光’的品牌形象，使之建设成为重要的旅游目的地和淮海经济区的旅游中心城市。”

二、徐州经济开发区的旅游定位

根据徐州市旅游及淮河流域旅游区的目标定位，贯彻“项目立区、科技强区、服务兴区、环境优区”的开发区发展方针，根据资源基础和支撑配套条件，徐州经济开发区旅游定位如下：

（一）总体定位

建议徐州经济开发区围绕“锦绣江苏”这个江苏旅游主题，贯彻落实徐州市“突出两汉文化和军事文化特色，做‘活’两汉文化、做‘响’军事文化、做‘实’彭祖文化、做‘美’云龙文化”的基本方针，为树立“两汉文化、云龙风光”的徐州旅游品牌形象，为徐州发展历史、文化、商务会展、健身旅游和成为重要的旅游目的地、淮海经济区的旅游中心城市贡献力量。旅游总体定位必须经过讨论和征求意见后，由决策机构正式做出决定。

（二）功能定位

建议徐州经济开发区旅游的功能定位是，服务开发区的建设、发展和转型升级，让旅游项目、旅游设施、旅游服务、旅游活动成为集中、直观展示开发区建设、发展成就的窗口和形象；服务开发区居民小康、富裕生活，让旅游成为净化环境、秩序、心灵、情感的现代化、人性化、科学化的休闲娱乐、精神文化和交往健身的新生活空间；服务徐州市和苏北经济区的建设和发展，让开发区旅游成为徐州城市建设、管理的标志，成为徐州市闪亮的门户和徐州人的骄傲、向往，成为淮河流域旅游带、大运河旅游带和苏北、江苏、华东旅游区的明珠。旅游功能定位必须多方听取意见和认真研究论证后，以规划等方式来确定。

（三）主题形象定位

建议徐州经济开发区旅游的主题形象定位为“古徐州、新旅游”，对应的旅游消费理念为“新徐州、新生活、新感受”，旅游宣传口号可以考虑用“开发区旅游休闲——徐州人的新生活”（面对徐州市居民），“徐州开发区，体验感受去”（周边近程市场），“苏北重镇，旅游新姿”（江苏及附近三省近中程市场），“丝路风光无限好，徐州旅游新意多”和“大运河波光帆影，古徐州风景如画”（远程市场）等。旅游主题形象定位及其宣传口号，必须通过反复深入讨论、公开广泛征求意见、科学研究来筛选确定。

（四）市场定位

徐州经济开发区旅游的目标市场定位是，以徐州市居民旅游休闲为基础市场和主体市场，主要旅游需求是日常休闲、文化、娱乐、健身、餐饮、交往和城市新貌观光；机会市场是苏北及其所在或周边的江苏、山东、安徽、河南居民，主要旅游需求是近程旅游、短期度假、探亲访友、工商事务、公务差旅；导向市场是国内外沿丝绸之路和大运河旅游的中远程游客，以团体自然和历史文化旅游为主要需求目的。近期宣传开发的重点应该是两头，即徐州市民的休闲文化、城市新貌观光市场（基础、主体、区域内市场）和中远程的导向市场。这样做开发宣传效果比较明显，而中间的近中程市场增长具有内在刚性，宣传开发的效果相对较弱。

三、徐州经济开发区旅游的主要对策措施

（一）科学确定开发区的产业和功能定位、土地利用规划和产业布局

继续严格控制高污染、高能耗项目入区，坚定地贯彻绿色开发、生态开发和可持续发展的方针。机械设备、生态能源利用设备、物流和现代服务、居住及生活服务业、旅游休闲等各功能区合理布局。机械加工工业等产业项目要避开旅游休闲和生活区，距离越远越好，由远及近依次布局轻工、物流、生产和生活服务（文教卫商）。高度重视不同功能区之间的衔接、过渡、阻隔。

（二）抓好城市及建筑的绿化、美化

按照现代化、生态化、园林化、人性化、特色化的基本要求，合理确定开发区总体上的建筑覆盖率、容积率和绿化（包括水域）覆盖率等指标，全面进行区域、道路的绿化、美化、净化和工厂、机关、学校、居民区、其他建筑周围的拆围、绿化、美化、亮化，按照新的科学理念进行城市建设、管理和环境、设施维护，将开发区建设成为徐州市和苏北旅游区中最大、最美、最具吸引力的旅游景观，成为周边地区都市旅游的首选地，成为徐州人的骄傲和向往。

（三）科学合理地选择和建设旅游休闲项目

近期主要目标是将开发区作为一个主要旅游休闲、城市新貌观光的项目来规划建设和塑造形象，逐步围绕居民旅游休闲和附近地区旅游观光需求，依托11公里的运河旅游及乾隆下江南遗迹和汉墓葬文化、现代工业、生态农业等资源，开发历史文化旅游、工业旅游、郊区农业观光休闲和体验。适应开发区发展，开发建设规模适中、有市场需求的会议展览设施，发展会展商务旅游。建设大型现代化的主题游乐园，始终是需要认真、全面地分析目标市场、投资效益等因素，科学、慎重决策的事。应该规划建设规模、数量、投资适度和档次水准高的旅游

接待服务设施，主要是环境优美、设施现代、管理服务到位的高星级酒店、会议设施、大中型餐馆和文化娱乐、康体健身场所。主要作用是服务开发区及其旅游需要，为徐州市拾遗补缺和锦上添花，并发挥导向作用。

（四）高度重视旅游主题形象的塑造和宣传

旅游是知名度经济，主题对吸引游客、开发市场有重要作用。旅游主题及其宣传口号、直观标识（Logo）的策划、选择，既是需要专业知识、高度智慧、专业性很强的工作，又必须是为人民大众和社会各方面理解、记忆、接受、认可的工作。策划研究人员既需要掌握心理学、营销学、广告学、文学、历史、美学等专业知识，又必须了解所在城市、区域、国家及其主要目标市场的历史、文化、特色、消费偏好等。从实际情况看，这也是我国各地区、各城市在旅游发展中极容易被忽视、轻视的工作。近年来，越来越多的地区、城市在开展旅游主题形象策划，所采取的比较成功方式是在国内外公开征集，然后组织各方面专家进行专题研究和筛选，并就初选方案再行广泛征求意见，最后报经决策机关和权威机构研究决定。建议徐州经济开发区结合整体形象宣传需要，开展旅游主题形象策划宣传。

（五）高度重视旅游软环境建设

除了前述有关市容市貌外，还包括语言环境、亲善环境、居民素质、管理服务等各个方面，逐步消除其中不科学、不合理、不文明甚至不正确的现象和行为，在城市化、工业化、现代化的同时，促进居民主体自身的文明、进步。

第四节 重庆酉阳县

酉阳全县各方面高度重视、大力支持、共同推动旅游业发展，在短短五年时间内取得了显著成效，为县域经济社会各项事业发展和人民收入水平、生活水平提高发挥了重要先导带动作用。有三个突出之处：一是高度重视品牌塑造推广和龙头带动项目建设。自《桃花源记》诞生始，桃花源美景天下向往，为旅游争抢历史文化品牌的现象越来越多，但如酉阳这般真枪而且先声夺人的实属罕见——县委书记牵头成立指挥部并不屈不挠地到有关部门争取支持。二是在旅游开发建设和宣传推广方面舍得投入资金和人力。作为四省交界、老少边穷的国家级贫困县，每年有2000万元旅游营销资金，旅游局有37名公务员外加7个景区管委会，大出意外——这充分说明酉阳是真想搞旅游，而不是叶公好龙和天桥把式。三是短期内的成绩和效果很值得骄傲。酉州古城从规划设计和建设管理，到民族文化、历史文化挖掘利用和环境氛围营造，在全国同类项目中都是不多见的。尽管存在早期的主题类项目和一系列历史文化古城、古镇出现过于商业化与急功近利的不足，但是桃花源广场设计构思非常巧妙，空间布局和功能利用几近完美，旅游与市镇、商业与公益、自然与文化、历史与现实结合都非常紧密。结合新型城镇化和小城镇建设所规划开发的三个古镇项目也有很多值得称道之处。10000 张床位、465 万人次的年接待量、15 亿元年旅游总收入，也都是很好的说明。

所做的工作、所取得的成绩、所产生的效果充分说明，酉阳县依据科学发展的客观需要，从自身实际出发，抓住人民对健康幸福的追求越来越普遍和深入，国家高度重视民生与和谐发展、绿色产业，人民群众旅游休闲需求快速大幅度增长，以及新型城市化、农业产业化和旅游等第三产业加快推进等有利时机，在社会经济和五大建设协调全面发展的基础上，将旅游作为先导带动产业优先抓、突出抓，在路线、方针、政策上是完全正确的，在道路、方式、对策上是非常科学的。为了使酉阳旅游发展得更好更快，实现长期持续稳定健康发展的目标，提出以下建议：

一、着眼长远和大局，通过协调攻坚，着力解决交通瓶颈问题

“旅”为“游”之存在、发展基础，度假旅游对交通舒适性、便捷性、经济性要求更高更突出，而且交通是可以人为改变的满足度假旅游需求最重要的因素——资源环境、区位都是先天而难以改变的，项目、设施、服务是另一个可以人为决定的方面。

从酉阳现状看，公路包括高速公路主要是满足近程市场的交通方式，目前速度、舒适性、安全性方面都相对最差；航空主要是满足远程和中高端市场的交通方式，铁路主要是满足大众旅游（包括近中远程）的交通方式——尤其是在高铁技术条件下，但目前酉阳都还只能借用重庆主城区的。建议按以下步骤分两步走：

第一步争取尽快立项并建设开通至重庆主城的快速铁路——城际快轨或者高铁，让重庆成为酉阳的近程市场和主要口岸集散中心。

第二步向成都、武汉、贵阳、长沙等周边大城市延伸快速铁路——可以利用国家快速交通建设，重点是将从主城出发的快速铁路继续向东向南延伸，打通西

阳与珠三角、长三角的快捷旅游通道。

二、进一步增强旅游景区开发建设和营销宣传工作的科学性

（1）坚定主体品牌方向。以“桃花源”为主体品牌，不要舍本逐末。“桃花源”的文化根源、市场效应、文学意韵足，文字不晦涩、不深奥，足以产生美好想象。

（2）不要喧宾夺主。“伏羲洞”与桃花源基本是两个关系不大的主题，但市场效应难测。现在其体量、游览时间、项目内容品位和吸引力都呈超越之状，建议改变，有“桃花洞”“桃源洞”“地下桃花源”“桃源仙境”等可以选择。

（3）不要穿凿附会。潜村、陶渊明纪念馆等都是今天的人围绕《桃花源记》所做的文章，在桃花源中出现就显然是穿凿之笔，在这方面不能玩时空穿越，应该尽快迁出桃花源。

（4）要高度重视保护和恢复资源的本真性。研究如何弥补当年军事工程对资源本真性所产生的破坏，控制并逐步减少入口处的现代建筑，特别是从桃花源内可以看到的现代建筑，以逐步营造内外一致的景观效果和环境氛围为最终、最高目标。

（5）自然景观中所必须建设的工程和安装的设施设备，都必须做外观仿生设计包装，以不着痕迹“天然去雕饰”为理想目标。

三、进一步全面提高旅游开发建设和推广宣传工作水平

（1）贯彻产品化开发、产业化发展方针，尽快从着眼要素过渡到着眼旅游产品、线路和目的地建设。

（2）强化市场观，转变资源观，紧紧抓住度假旅游这个主题来进行新的布局、建设和推广营销，让酉阳旅游尽快丰满丰富起来。

（3）树立大产业观念，整合利用好各次产业、各个方面的资源，特别是绿色、有机、健康、特色的旅游原材料产业要抓紧规划、建设和监管。

（4）切实抓好规划的研究编制、贯彻落实、检查评估，尽可能减少对资源环境的不良影响，少走弯路。

（5）依照《中华人民共和国旅游法》，从旅游工作实际需要出发，将旅游领导和组织协调机制长期化、规范化、制度化。

（6）继续抓好面向内部的旅游理论知识教育培训和宣传工作，分决策层

（领导干部）、执行层（各部门和各方面）、基础层（员工）、环境层（民众）开展，统一思想认识和行动方向，凝聚发展力量，营造优良环境。

第五节　甘肃和政县

一、开发和发展条件具备

从核心资源、基础配套、西北旅游发展态势等方面看，和政县基本具备了开发建设上档次旅游景区点的条件。第一，区位较好，可进入度较高。中国西南、西北是两大旅游资源富集区，原来是分区域分省份各自发展的，进入“十一五”“十二五”以后，已加强了区域性联合，将形成由“成都—九寨沟—甘南—陇南—临夏—兰州”大九寨线与“三峡”和“丝路”两大旅游国路连接起来的西部黄金旅游线网。从区位条件看，和政旅游节点的可进入度较高。第二，旅游资源品位高，类型比较全。自然和人文旅游资源兼具，有世界级的古动物化石资源，有较成熟的松鸣岩4A级景区，自然生态方面有太子山，民族文化的“花儿”“秧歌”等也都很有开发利用价值。

二、主要工作意见

（一）资源开发——“远与近”

和政旅游开发重点是古动物化石资源。介入西部旅游线网，面向全国市场，“古动物化石资源”具有核心竞争力价值，可以概括为“几千年看西安和敦煌，几千万年看和政”。而松鸣岩、太子山资源对近距离游客具有吸引力，应着眼临夏、兰州等周边市场，打造近程市场短期生态休闲旅游产品。

（二）功能定位——“游与住”

因旅游接待配套等方面的客观因素，近期和政宜定位为观光点而非接待地，接待基地放在兰州。和政县暂不宜上太多的旅游接待设施，应将现有酒店宾馆包装升级，将硬件配套和软件服务搞好。

（三）旅游标识——“象换羊”

从市场角度看，和政羊虽然具有独占性和垄断性，但奇特性不够，形象上与现在的羊差别不大。而铲齿象较符合独占性、奇特性和趣味性兼具的特点，可以考虑作为旅游标识资源深度开发。

（四）开发原则——“企主政辅，市场与资源并重”

大量的西部旅游开发案例证明，不管从所处经济地理区位，还是从对投资回报的关注度出发，投资商主导的开发往往以市场需求为主要出发点，而当地政府主导的开发则经常从自身资源出发，对市场需求缺乏大尺度背景下客观实时的判断和应有的关注。所以，旅游产业经济活动的本质就决定了往往是“外来的和尚会念经”。建议进一步加强“市场开发与资源开发并重”的意识，和政县政府与山田公司合作的做法就比较好。

（五）开发建设——“软硬结合”

地方在新项目上往往注重硬件建设，深层挖掘资源的内在机制不够，如文化内涵、服务规范等。和政县环境类因素缺陷明显，正处于大规模城乡建设阶段，完成需要3~5年，甚至10年，导致游客感觉不好。能否在建筑施工组织和方式上引入城市的方法，采用封闭性施工、及时清理等方式。酒店、餐饮服务，从硬件设施到技能技巧和细致细微化等软件，都需要加强。

（六）引入“旅游目的地”建设的概念

不要只做单个景点的包装与开发，而应将和政作为旅游目的地进行整体包装和整体营销。应处理好社区、居民、开发商的关系，这方面政府的作用空间很大。政府和开发商都要着眼于长远发展，暂时无法明确的事情可以搁置。

（七）古动物化石开发

古动物化石资源开发要按照“保护、科研、科普旅游”的次序来进行。作为遗迹保护的化石博物馆建设，至少需要几个亿，全部或主要运用商业性投资，在回报上可能有问题。对此，政府和开发商在利益划分和责任分担上要清楚。

三、前景乐观

中国旅游正走向快速增长的深度游开发发展进程。依托“丝绸之路”一线进一步深化和丰富，和政旅游产品极有可能产生质的飞跃。大众旅游的特点是“猎奇”，和政旅游产品具备满足此类需求的功能。不管从西南、西北旅游资源区域性联合的发展趋势看，还是从本地所处地理区位和所具的核心价值看，和政作为甘肃和河西走廊地区一个节点，进入大九寨和丝绸之路等旅游线网的可能性很大，依托松鸣岩、太子山、水库等资源开发城郊游的想法是可行的——初期在兰州及其周边地区推介古动物化石旅游不会有大问题，中期、远期的发展可以逐步考虑。

第六节　河南淮阳县和浙江遂昌县

一、河南淮阳县

（一）有利条件

1. 时机好：工业化处于起步和上升期，农业和农村地位仍非常突出，中心城市辐射带动功能仍不够强大，国家实现文化大发展大繁荣和加强旅游与文化融合发展。

2. 资源好：以伏羲和老子为典型代表的中华历史文化旅游资源品位高、垄断性强、吸引力广泛而恒久。

3. 配套好：经济社会支撑能力显著增强。

4. 主题好：与河南省和中原地区旅游主题切合度高。

（二）实际效果

淮阳县抓住历史文化旅游资源优势和市、县两级党政决策机关与社会各有关方面高度重视并大力支持旅游发展的有利条件，以参加全国旅游标准化试点为契机，通过党政主导、分工负责和广泛参与，强力推动旅游业提升管理服务和经营发展水平的做法和经验，值得认真总结和宣传推广。以龙头企业为重点、带动全行业深入全面地推进旅游经营管理和服务、旅游设施和项目规划建设，是确保旅游工作取得预期效果并持续深入的有效方式，尤其值得旅游业和服务业正处于快速上升阶段的地区学习借鉴。

（三）工作意见

1. 希望淮阳县从县域、市域经济社会发展和人民生活水平提高的实际出发，通过党政主导、市场运作，加快旅游业提档升级步伐，从旅游行业稳步、快速地向所有服务业推进，不断提高旅游项目、设施、产品、服务的规范化、特色化、人性化、科学化水平，加快、加强旅游环境、旅游公共服务的改进和优化，力争早日成为我国知名的、有影响力和生命力的历史文化旅游目的地。

2. 旅游建设和发展目标：中华历史文化旅游目的地

3. 目标市场

——主导市场：华人文化圈。

——基础市场：以中原为腹地逐步向全国各地区辐射。

——机会市场：其他国家和民族。

4. 近期的龙头项目

——主导市场：伏羲陵园和老子诞生地。

——基础市场：龙湖——水城淮阳。

——机会市场：陈胡宗亲会——姓氏文化。

老子诞生地——道家思想文化。

5. 营销推广主题：古都陈州，水城淮阳或古都新韵，魅力淮阳。

6. 近期重点工作

——提升主题宣传推广的工作水平，将太昊伏羲旅游提升为省和国家级旅游节事宣传品牌。

——提升旅游组织协调和接待服务工作水平，增强综合服务基地的实力，特别是要高度重视综合环境、软环境建设和优化。

二、浙江遂昌县

遂昌县抓住旅游业起步好和快速发展的有利时机，以参加全国旅游标准化试点为契机，通过超常规定位和党政主导、各部门分工负责、各方面广泛参与，强力推动旅游业跨越式发展的做法和经验，值得认真总结和宣传推广。遂昌县在参加全国旅游标准化试点中，以旅游企业和员工为重点，突出企业标准规范的制定和贯彻执行，是确保试点工作取得预期效果并持续发挥标准化工作重要作用的科学方式。希望继续保持旅游标准化工作的力度，贯彻标准、提升旅游服务质量工作进一步深入人心，成为全行业和社会有关方面自觉自愿的行动，让标准促进旅游业发展、改进和提升旅游产品与服务质量的重要作用不断增强。

希望遂昌以标准化为切入点和基础，不断提高旅游项目、设施、产品和服务的规范化、特色化、人性化、科学化水平，为建设成为浙江省、华东和东南地区知名的休闲健康旅游目的地而不懈努力。一是从县域经济社会发展和居民生活需要出发，通过党政主导、各方面支持参与，促进旅游业跨越式、超常规发展，突出抓好工作机制和人力、财力、物力投入以及城市公园、城市环境建设等工作。二是建议遂昌旅游主题和招牌项目选择“休闲健康旅游”和“金矿国家矿山公园”，目标市场定位以周边县市为基础市场、以华东为主攻市场、以东南为机会市场，同时高度重视基础配套和服务工作。

第六章　市域旅游发展

如果说，县域旅游发展的主要任务是资源开发和项目设施建设，市域旅游发展的主要任务就是目的地建设，为此必须加强统筹协调。

第一节　安徽宣城市

宣城市的旅游业，依托黄山这块名牌，根据红色旅游、自然生态旅游、乡村度假旅游市场需求急剧扩张的客观实际，适应旅游者崇尚传统文化、返璞归真、回归自然的需求变动趋势，利用名人效应，在类型丰富、品位极高、区位优越、配套条件迅速改善、内外环境不断优化和主客观条件兼备的形势下，一定会迅速发展成为重要产业，在宣城市的产业结构调整、增加就业与居民收入以及财政收入、提高城市知名度、为城市建设和发展创造更好条件等方面，都将发挥重要而独特的作用。作者根据2004年10月底至11月初，对绩溪龙川、旌德江村、泾县新四军军部和红星宣纸厂等几个项目及沿途交通、住宿、餐饮、环境的调研考察，并与市、县旅游局负责同志和有关领导同志交流，就宣城市旅游及相关工作提出几点意见和建议。

一、从旅游市场需求和产业发展角度客观、全面地认识宣城旅游的资源品位和市场前景

一般地看，宣城旅游业隐藏在黄山这块世界旅游名牌的阴影下，似乎只能依托黄山的名气，围绕黄山这个全省和全国的旅游名品来做文章。更有甚者认为，与黄山相比，宣城没什么看头、玩头，因此，宣城旅游也就没什么好说的，没什么好做的，至少是做不出大文章来，只能利用黄山的带动和辐射效应来沾点光。作者认为，认识和评价宣城旅游的资源品位和发展前景，必须从我国和世界旅游市场需求与产业发展的趋势出发。

很多国家和地区的旅游发展都是从观光旅游起步的，其主要原因就是旅游需

求的变化及其在不同阶段的性质特征不同。初期的旅游需求，主要是满足浅表层次的感官刺激和心理需求，说白了就是要看新奇有趣的事物，满足的是去有名气、人们都想去的地方旅游的心理，至于其旅游的真实感受和实际收获，往往都被置于无关紧要、无足轻重的地位。满足这种旅游需求的，主要就是新奇有趣的自然景观、历史文化景观和人文社会景观，都必须是有形的或可以直观感受到的，旅游者没有时间、没有耐心，也没有经济支撑能力去慢慢品味、深入感受、切身体验旅游吸引物的内在价值。对应于这种旅游需求和心理满足需要的，无疑就是观光旅游。

而世界旅游强国和旅游发展水平比较高的国家，其旅游产品的结构无一例外都是综合性的，就是将游览观光与度假休闲、体验感受、考察学习、互动参与等旅游产品项目密切结合起来，基本形成休闲度假、游览观光与各种专项旅游“三足鼎立”的格局，其主要原因就在于市场需求及其变化。随着旅游业的发展，旅游者也迅速成熟起来，其对外出参加走马观花甚至军事拉练式的旅游越来越不满意，而是希望下马看花、仔细观赏甚至于慢慢品味、亲自栽培和体验种花、养花的乐趣，以及交流、学习养花、插花、卖花的知识、经验、体会等。这时的旅游产品和项目，必须是能够让旅游者慢慢欣赏、仔细品味、积极参与、深入体验，并能够学习交流和可以长久回味的。因此，旅游产品结构也就必然发生根本变化，进入复合性、综合型产品阶段。在此阶段，游览观光仍很重要，但也不排除很多游览观光性产品、项目向休闲度假、参与体验、会议展览等产品和项目转型，同样更会有能够满足旅游者深层需求的资源被开发，新的产品与项目类型会如雨后春笋般地涌现出来。

由秀美江南山水、优良自然和人文生态环境，特别是深厚的徽文化、浓郁的风土民情构成的宣城市旅游资源品位，不仅在中国是独特瑰丽的，在全世界也是非常罕见的。对应于目前阶段国内外旅游市场的需求状况，宣城依托独特历史文化，包括徽文化、新四军文化所形成的旅游项目，发展前景十分广阔。在区域分工合作的大背景下，宣城旅游完全可以在安徽旅游中独当一面，在中国旅游中独树一帜，在世界旅游上独一无二！

二、进一步增强加快资源开发和旅游业发展的紧迫感

市场是瞬息万变的，市场给一个国家、一个地区的机会也是转瞬即逝的。抓住了有利时机，一个国家、一个地区就可以顺利实现发展目标，否则就是时不再

来、时不我待。现在有不少地区的人发现，自己的资源并不比别人差，甚至还明显优于别人，但别人发展起来了，取得了很大的成就，而自己却依然故我，主要原因就在于是否抓住了机遇并运用科学的方式加以充分利用。提出宣城对旅游发展要有紧迫感，主要是考虑以下因素及其可能发生的变化：

（一）我国的旅游产品正在更新换代，依托国内旅游的广泛兴起和旅游需求的不断升级，给很多地区创造了加快发展旅游业的良好机遇

如果是在20年前，宣城提出要加快发展旅游业，在以观光为主的市场条件下，显然是不符合实际和不可能的。但20年后的今天提出加快宣城旅游业发展，一是区域内部及周边地区特别是大中城市的旅游需求旺盛，在近程市场上需要符合一般休闲、度假和娱乐需求的大众化产品。简单地说，黄山再美，大多数人去看一次就可以了，用不着花费时间、费用一而再、再而三地去看——除非其项目内容有增加、变化和深化，或者实现了产品的转型。而对于皖南人、安徽人和华东地区的广大居民来说，必须在附近有新的旅游目的地、旅游项目，最好这些旅游项目在方式、性质、内容等方面都是新的，来满足短期度假休闲、娱乐交往等需要。从时间、费用等因素考虑，绝大部分的人不可能老去很远的地区旅游，其娱乐休闲要经常在居住地附近进行。所以，为了适应近程和中近程市场的旅游需求，宣城完全应该抓紧开发其历史文化、生态、环境、气候等资源，抢在附近其他地区的前面占领市场。一定要明白，市场如逆水行舟，也是不进则退的。二是宣城以徽文化为代表的旅游资源，在国内外市场上都有很强的吸引力。但同样道理，如果不及时宣传开发成市场上的热销产品，其他具备同类资源的城市、地区、国家争得先机后，宣城再去追赶，难度将大为增加。

（二）宣城以新四军为代表的红色旅游资源在全国和国际上都是绝品

党和国家从加强爱国主义教育、革命传统教育和青少年思想品德教育的高度出发，集中各有关方面的力量推动红色旅游发展。在《全国红色旅游发展规划纲要（2004～2010）》中，国家重点建设的12个重点红色旅游区中，皖南、苏北、鲁西南是一个；规划建设的30条红色旅游精品线路中，有2条是以皖南为主的，即从黄山到芜湖的一条和从皖南到浙北的一条，而且皖南还是连接本市红色旅游区与湘赣闽、大别山和沪浙3个全国重点红色旅游区的中间地带，地位突出，机遇千载难逢。如果不好好利用，就非常可惜。

（三）宣城的城市和地区经济正处于结构急剧调整变动阶段，对新兴产业、重点产业的选择和相关产业的定位，将为旅游业创造非常好的发展环境

宣城地处长江三角洲的边缘，产业在不同发展水平的区域间转移是客观规律。目前，技术水平相对较低的加工工业从沿海向内地纵深转移的步伐明显加快。宣城的地理位置决定其很可能成为承接华东沿海特别是长江三角洲加工工业转移的重要基地，如果不抓紧从长远和战略高度来提高认识，采取政策措施加快能够将市场、资源、环境和经济、社会、自然有机结合起来的产业发展，其他产业将不以人们的主观意志为转移地加快发展，结果只能是积重难返，走出很大的弯路。从市场、资源和配套条件看，宣城加快以旅游业为先导的现代服务业发展，为长江三角洲、东南沿海建设重要的生活、娱乐、休闲、旅游基地，应该成为有远见而又切实可行的战略选择。

三、解放思想、改变策略，抓好招商引资工作

我国旅游开发建设中的一个看似矛盾的现象是，一方面很多地区的很多项目缺乏资金；另一方面有很多投资商找不到合适的投资项目，市场上等待投资的资金很充裕。究其原因，除了区域结构方面存在的矛盾，即项目多在中西部和边远贫困地区、而资金多在东部和大中城市等客观情况外，就是项目与资金之间、投资需求与投资供给之间的联系渠道不通畅。要建立畅通的旅游投融资渠道，首先就是项目所在区域必须从解放思想、更新观念、提高认识、创新机制等方面入手。从总体上看，各级党政机关及其各部门都很重视招商引资工作，特别是中西部的一些比较贫困落后地区甚至是全体动员，各部门、各单位强行摊派招商引资任务，并与工作业绩、负责人职务升迁和全体人员工资收入直接挂钩，以至于出现假签约项目和协议资金与实际到位资金差距越来越大的现象。在这种情形下，提出要进一步重视招商引资工作，主要是要使招商引资工作进一步开阔思路、创新方式、拓展范围和视野，为此必须认识到不同资金的性质特征，要有针对性地开展招商引资工作。

（一）政府性资金和项目争取

要从了解项目资金的性质特点、使用要求出发，然后有针对性地进行项目前期准备和申报，切忌遍地撒网、漫天要价式的申报，特别是在不清楚资金性质、使用要求、申报程序时就盲目地去申请。这里尤其要引起注意的是，不要上级机关一来人，无论什么工作性质和什么人，一张嘴就要项目、要钱。在强调科学决

策、依法行政、按规定和程序办事的大形势下，即使是中央首长，也不可能轻易许诺项目和资金，部门领导要代表本部门安排政府投资项目也必须按程序和规定办事。而且，一见面就要项目和资金的地方，主管部门在项目安排上一定会更谨慎，在项目审查上一定更严格，因为在这些地区领导和部门负责同志的眼中只看到钱的重要，至于项目可行性、市场前景、投资效益等都是次要的。对于连资金来源、性质、使用条件等都不清楚就敢张嘴要的，则更会考虑其项目组织、建设管理和资金安全等问题。

（二）国际组织和外国政府合作和援助性资金申请

这类资金申请和使用更要照章办事，甚至要考虑到主管机构和人员的背景情况。很多地区为了表示对合作和援助项目的重视，在洽谈、考察安排上竭尽浓重、奢华之能事，唯恐对方觉得不满意而不给钱，搞高标准甚至超标准宴请、住宿安排、娱乐活动，甚至全地区、全市像举办节庆活动一般，鼓乐迎送，披红挂彩，不惜重金赠送贵重礼品。这样做，只会使那些以投资为诱饵行骗的不良、不法之徒满意、高兴，真正负责任的投资商和项目官员都会心中打鼓，会想到其资金来后会不会被当地这样去花费。即使不是如此，也会考虑到此地投资经营环境一般，将来的公关协调难度肯定小不了、费用成本低不了。结果要么是被骗子骗了，要么就是项目被搁置甚至立即免谈了。

（三）市场和社会投资的引进

市场和社会资金引进，也要从性质认识入手来解决问题。要科学地认识招商活动，首先就要充分地理解“商”的含义和特性。“商”通常是指商业、商务、商人，在招商活动中的“投资商”就是以投资为手段实现其赢利目的的商人。说白了，投资商的主要目标是赚钱——也不排除很多投资商以赚钱为唯一目的，这与道德、伦理、政治、牺牲、奉献等没有什么矛盾，投资只不过是实现目的的手段。因此，对于投资商来说，能否赢利是决定其是否投资、预期利润即投资回报的多少是决定其投资量多少和速度快慢的最关键因素。但能否赢利和投资回报大小，并不像一般商业贸易那样一目了然、立竿见影或经过分析计算就基本清楚的，而必须对市场供求关系及其变动趋势、资源基础、技术条件、投资经营环境等进行比较全面、客观、准确的分析研究，才能大致判断。而市场供求关系是始终处于变化之中的，包括观念、认识、政策、制度、经济社会发展、自然等各种因素在内的投资经营环境，更不是一般人用一般方法在短期内就可以认识清楚的，对资源禀赋、技术条件等的认识也需要时间。这就不难理解，为什么有很多投资商签订投资协议后，在很长时间内没有资金跟进，多少年不进行实质性投资建设，其真实原因就是在分析研究以上问题，或者在等待有利市场机会出现。也不排除一部分投资商经过分析研究后，对投资项目能否成功和取得应有回报产生了疑问甚至是基本否定的结论，但限于各种因素，包括协议、法规、舆论、道义、人情世故等，一时又不能或不便宣布取消投资计划。认识到招商的性质和投资商的目的后，就能看出一些地区特别是相对贫困落后地区在招商活动中的不当举措。第一，从开门迎客的传统习俗观念出发，给投资商戴高帽子，像接待贵宾、首长那样礼遇有加，在节庆等活动中地方领导全围着投资商转，进行超标准接待乃至举行盛大欢迎活动。第二，也有一些看明白的地方政府部门及其负责人将错就错，为了取得政绩而搞假项目、假引资。第三，为了吸引外来投资，竞相出台优惠政策，往往超出了本级政府的法定权限，其承诺并签订的投资合作协议，为日后投资计划的实施和协议的兑现留下了隐患。

对于宣城特别是一些县和一些旅游项目的招商引资，需要专门强调一点，是要充分利用自身独特优势，首先是搞好政府投资项目的申请，要由主要领导出面做汇报、协调、申请等工作。为此，项目的前期准备工作必须科学、扎实、到位，不能只是为了申报项目、申请资金去搞规划设计、可行性研究等。

四、重视旅游及重点项目的策划、研讨、交流和宣传工作

目前，我国各地的旅游热还表现在旅游规划热上。任何一个地区、城市要发展旅游，任何一个旅游项目要建设，首先都要做规划设计。从科学决策的需要看，如果是比较全面地理解规划工作，这种做法是可取的和有意义的。但实际情形是，很多地区、城市、项目的规划流于形式，质量不高，指导性和可操作性不强，这甚至已经成为旅游规划的通病，仓促应付、照猫画虎、东拼西凑的规划也不少见。实际上，对于一个地区、城市的旅游发展和旅游项目建设来说，最重要的前期工作是要深入全面地分析市场需求及供求关系状况及其变动趋势，客观公正地分析研究自身的资源、条件状况及其优势，然后搞好目标和主题定位，最后制订实施方案和明确政策措施并组织实施。这样来看，很多工作可以放在规划及其编制工作中去做，但也可以在规划之外、之前、之后去做，而规划及其编制就变成制订方案实现预定目标的工作环节。因此，目前旅游规划中存在的问题，与对规划的期望值过高、赋予规划的任务过多有密切关系。作者一直主张，一个地区、城市在发展旅游时，一个旅游项目在选择确定前，必须进行深入广泛的调查

研究和讨论交流，在深化、统一认识的基础上，再去搞规划设计。规划设计方案也要几上几下，反复讨论，完成后有些研究、交流的工作还没有完成的，应该继续做。旅游投资项目的准备也是如此，在市场状况、资源条件、项目主题、功能作用、性质特征等不明确、意见不一致时，不要仓促做规划并付诸实施。

总之，宣城旅游潜力很大，资源基础深厚，区位和配套条件优越，机遇和环境很好，主观认识也迅速到位，发展前景非常好。

第二节　四川巴中市

四川旅游发展水平及工作水平在全国名列前茅，就自身看也分几个层级梯次发展，第一个层级是成都（包括三星堆）、乐山大佛、峨眉山历史人文旅游兴起；第二个层级是以九寨沟、碧峰峡等为代表的自然旅游板块和区域崛起；第三个层级是以广安为代表的红色旅游的发展；目前应该是第四个层级，包括川东北在内的四川全境旅游都发展起来了。

一、巴中加快发展旅游的工作思路正确

巴中是古巴国的核心区域，位于四川东北部，属秦巴片区，这几年交通发生了很大变化，生态资源优势就凸显出来了，市场需求也很有利。像巴中这一类的城市，对旅游有很好的想法，决心好好做做，是件大好事。找国家旅游局联系，看国家层面对秦巴山区旅游的规划设想，以便对巴中旅游进行定位和规划，这样上下交流、共谋发展，是很有必要的。其实巴中已有比较深入的研究思考，基本思路很清晰，整合各方面要素资源和信息的能力也没有问题，高起点、长谋划和大视野、大思路，总的来说方向正确，目标明确，措施科学有效。

直观判断，四川旅游持续一二十年高度重视和持续快速发展，已经进入全境谋划和实施全域旅游资源开发、产业布局和发展的阶段。巴中可能处在四川旅游第三、第四层级，起步相对比较晚。对于旅游来说，起步晚不一定是坏事，可以一步就达到别人用了几十年、进行很多探索才达到的水平，高位起步，品质和品位可以一步到位，少走很多路。巴中一开始就与国家旅游局联系，提出要全面谋划巴中旅游，要求交通、城建、环境、扶贫等围绕旅游来布局，这是四川的经验，在全国至今仍然是领先的，用好了，就可以取得很好的效果。总之，巴中这时来谋划旅游发展，软硬件支撑、整体环境问题都不大，基础配套的投入也不会

有大问题，好好谋划未来五年、十年，乃至二十年、三十年的巴中旅游，就会取得好效果。工作思路方面，不是急于为了做规划而做规划，不是为完成任务去做规划，而是确定巴中旅游发展的方向和目标，明确五年、十年的基本工作思路，符合中央关于不折腾、钉钉子、求真务实等要求。

二、巴中旅游定位

（一）产品线路定位

川渝旅游线和三峡旅游线，可以通过巴中和汉中的快速通道连通，让巴中成为丝绸之路旅游线和长江三峡旅游线的一条重要连接线，当然可能不仅仅限于旅游。从成都经九寨沟到甘南和天水、兰州这条旅游线，自身资源品位很高，开发建设条件具备，可以将长江旅游和丝绸之路旅游这两大国线连接贯通起来，可以彻底改变九寨沟旅游“死胡同”“口袋底”状况，对甘南旅游业会产生很大带动作用。同样，如果能将成渝过巴中、汉中到西安这条线打通，让这条路成为两大旅游国线的又一条重要连接线，沿途的旅游就都做活了。三峡始终是中国旅游的一条热线，丝绸之路的地位和影响也不断增强，尤其是在入境旅游方面——国家实施“一带一路”大战略的决心和力度非常明确。而且，这条连接线与古蜀道和三国旅游线路高度重合，自然和历史文化、人文社会资源基础和交通、城建、市政、旅游接待等条件也更好。如果把丝绸之路和长江三峡的南北连接线从巴中那里率先打通，总书记提的丝绸之路经济带战略和总理提出的长江经济带战略在空间和旅游上的联系和作用就更好了。丝绸之路高速铁路线很快就会全面连通，巴中正好在连接线中间，这个机会对巴中来说太好了。因此，巴中旅游大的产品线路规划定位首先考虑好这一点。

（二）旅游功能定位

巴中旅游功能定位，除了考虑在两条国线旅游上所要发挥的作用外，还要考虑在四川及川东北旅游目的地、川陕及秦巴山区旅游目的地中的功能，要重点研究重庆旅游、成都旅游包括汉中旅游甚至西安旅游的功能定位，从竞争—合作关系来研究确定巴中的旅游功能定位。先必须搞清楚，巴中在这个区域到底发挥什么作用和在这条旅游线路上发挥什么作用。

初步判断，可以把巴中建成这个区域的旅游集散中心和综合支撑配套服务中心，建设成为四川旅游、川渝旅游、川陕旅游以及两大国线旅游的次级集散中心和综合服务中心（成都、重庆、西安为第一级），让南来北往的游客都能在巴中停留一下。此外，自驾游兴起并快速发展，如果抓得及时，重点是线路规划、项目组合和营地建设，巴中也可能在这方面占得先机，成为四川和西南重要的自驾游目的地，也一定会取得不错的效果。

做旅游规划考虑得最多的是景区，主要是让游客看什么、玩什么。实际上，这些由市场机构做就可以了，政府不需要考虑这么细，而把功能定位做好是政府在旅游方面的重要职责。如光雾山5A级景区和恩阳古镇开发，都应以市场和投资商为主去做，不是旅游局直接去做，旅游局直接去做也做不好。旅游局主要是搞清楚，围绕什么上项目，哪些项目能上和先上，哪些不能上和后上，必须考虑清楚，重在定位、功能和板块谋划。要建成旅游目的地是必然的，但至于建成哪个层级的旅游目的地，要先搞清楚。在川东北旅游目的地、四川旅游目的地、秦巴旅游目的地、川陕渝旅游目的地、全国旅游目的地（对国际入境游客）中，巴中的位置何在？这方面定位的关键是要切合实际，有资源项目支撑，能一步一步推进，能逐步见到效果，而不要简单化，更不能跟风闹笑话。定位清楚后，就要对交通、城建、环保、产业等提出具体要求，成龙配套，扎实推进。

（三）目标市场定位

很多旅游开发，喜欢从资源方面去重点考虑，很少从市场需求考虑。巴中一定会说光雾山多好，恩阳古镇多好，这个也好，那个也好。但自认为好未必就是好，只有游客认为好、别人认为好才是真的好。所以，谋划旅游，进行旅游规划，首先要明确景区到底要给谁看，所有的旅游产品、服务和项目是提供给谁消费的。这个靠什么完成呢？靠连续若干年的市场调查分析。现在做旅游规划，要么是搞地理的，要么是搞城市建设的，要么是搞园林设计的，要么是搞文化历史的，很少是搞经济和管理的，这些人大多从资源调查评价入手，告诉你应该怎么开发建设，但市场调查比较弱，旅游需求没搞清楚和透彻。国家有旅游统计制度，搞全国性的抽样调查，省级也基本都做，到了市县一级则就比较弱了。所以，巴中要做的事情，应该通过主要旅游企业、单位、景区酒店、旅行社等，每年做少则三五千份、多则一两万份的游客意见抽样调查，并委托专业机构进行认真分析，一定搞清楚游客到底从哪儿来，是一些什么样的人，是如何知道巴中并被什么吸引来的，是怎么来的，到巴中来主要做什么，什么是他们满意的，什么是他们不满意的，对巴中旅游有什么新要求和意见建议，等等。虽然这些东西官方也在发布，规划团队也会提供，但准不准很难说。近两年国家旅游局信息中心进行了景区游客量监测系统的开发和试点，可以适时了解并累积景区、城市、目的地游客的来源地、停留时间等数据信息，对于城市了解、分析旅游需求有价值，巴中可以考虑安装使用。

旅游中研究游客从居住地到目的地的距离有三个维度，分别称为空间距离、时间距离、经济距离，做规划时也一定要研究清楚。在传统的交通条件下，200公里以内是近程市场，200 公里到 400 公里是中近程市场，400 公里到 800 公里是中远市场，800 公里以上是远程市场。现在高速铁路和高速公路使得这种划分发生了很大变化，从时间距离看，近程市场扩大到原来的中近程，中远程变成了中近程，远程市场扩展到 1000 公里甚至更远了。经济距离主要是交通费用，航空和高速铁路大大缩短了时间距离，但经济距离则相应增加，影响了大众游客的目的地选择。初期旅游主要是观光，以中长线为主，目的就是要开眼界，哪个地方好，哪个地方名气大，大家就往哪儿去，至于实际好不好大多也不管，反正到此一游就是目的。现在不一样了，大家不仅仅是观光，主要是休闲、度假、放松、享乐，交通不好不会去，谁会长途奔波到一个地方去休闲度假呢？太累，与休闲度假的目的背道而驰。

巴中旅游目前要以中近程为主要目标市场，大致以成都、重庆、西安三个点来画圈。随着知名度、管理服务水平提升和吸引力、竞争力增强，巴中旅游的市场空间范围会逐步扩大。中近程旅游主要是以健康、休闲、度假、快乐等为主要目的，不再是以求新、求奇为主。四川人、重庆人都喜欢玩，喜欢追求一种跟家里生活不一样的新鲜生活，同时也是健康、绿色、环保、科学、文明的生活。因此，从市场需求和资源条件判断，巴中旅游的主题和主要支撑项目应该围绕中近程市场考虑，中近程市场喜欢这个地方，更远市场的人也会逐步认可并来乐你之乐。

三、旅游规划的几个具体建议

现在的规划工作思路很对，最怕一些地方搞旅游积极性很高，但是自己不认真研究，从决策层到执行层和各方面，全部听专家的。找一个专业机构，价钱一讲，要求别人半年、一年把规划拿出来，而且要求从概念性规划一直到修建性详规乃至施工图都要有，要拿到就知道怎么干。这怎么可能呢？绝对不现实，是不懂旅游规划的表现。规划分为几个层次类型，分别是概念性规划、总体规划、实施性规划、修建性详规，每一个层次的规划一般主要只解决一个问题。但是怎么解决这个问题，规划文本必须说清楚，让内行外行都能看懂，不能用概念、模型、理论和几大本厚厚的规划资料来忽悠人，让人看不了、看不全、看不懂。巴中对规划的认识和要求说明中国旅游和旅游规划真的进入了一个新阶段。

（一）规划前要搞清楚目标方向

在确定编规划之后，先要搞几次研讨会、座谈会或者论坛，找各方面专家，人不在多，请三五个人，最多十来个人。最好先看，进行实地考察和看材料，然后坐下来谈，有半天时间就够了，少数人敞开说，其他人补充，整体上可以形成一个材料，主要是大致确定规划的目标方向，提出规划委托书或者建议书。提出规划建议书仅靠旅游局的人闭门造车不行，得找相关方面的专家来出思路、提建议。旅游真的是“外来的和尚会念经”，因为当地人对资源很熟，往往就是资源导向的思路，外地人——对巴中来说如上海人、北京人、西安人，往往代表了市场需求，因为既是外地人又是专家，就可以突出市场导向。一定要找各个方面、各个层次的专家，哪怕是利用周末、节假日。这种座谈、研讨一两次不少，三五次也不多，根据需要和条件决定。

（二）必须明确规划组专家结构要求

规划编制一般是一家机构中标去做，但是对规划专家组必须要有明确要求，不限于中标承担机构自身的专家，而必须强调区域的代表性和专业领域的广泛性，即必须强调要有哪些方面、哪些区域的专家。

（三）科学把握规划编制时间

地级市的规划编制时间原则不能少于一年，一年半到两年都是合理的。还要明确进场实地考察调研作业不得少于多长时间（一般是一个月），包括收集有关资料；考察完了就是研究编制大纲，大纲出来后必须有一次评审论证（规划大纲论证会），找一些专家评阅大纲，看大纲是否科学合理和可行。大纲论证并调整修改后，才进入规划初稿编制，一般要三个月左右才能完成。初稿出来后，也必须找专家评阅讨论，进行规划的中期评审，并根据讨论意见修改完善。中期评审不要听规划团队的，要先把规划印送找的专家，一人一本，给点专家费，让他们细细地看，提出具体意见，修改后再开会。中期论证会开完了，规划方必须再修改，然后还得找专家再看再提书面意见，由专家组认真研究吸引意见并修改规划文本后，向委托单位做出系统、全面的报告，获得认可后组织召开规划终期评审。总之，每一次评审都必须让专家能够说实话，且保证编制组认真听取并严肃对待专家所提出的意见。一旦规划评审通过了，编制组就完成任务，剩下所有的事情都是规划委托方的了。把握好规划程序，将每个环节的工作做实做细，是保证规划质量效果的需要。过程很重要，程序对了，结果才可能好。忽略程序过程，结果肯定好不了。所以，一个规划，原则上不少于一年到一年半，甚至两年都有可能。

（四）规划成果要科学合理

规划成果不强调要求太多，如果要求多了，规划编制人员用于研究定位、定性、定向的积极性和时间就少了。旅游规划有 20 年的总体规划，有 5 年的实施性规划，也有 1 ~ 3 年的行动计划。总体规划要明确哪些是近期要做的，哪些是中期要做的，哪些是远期要做的，这些必须要有充足的时间才能研究透。曾经有过一个西部旅游投资规划，规划成果有几十本，十天半个月也看不完，怎么实施？建议总体规划文本一般不超过 5 万字，最好 2 万字。此外，规划方必须写出一个两三千字，最多不超过 5000 字的文字材料，把规划中的核心内容和主要意见表达出来，让人用很短时间就能看完，而且让所有领导和各个方面的人一看就明白。

（五）规划发布后如何实施最重要

规划成果出来后，要考虑以什么形式发布。政府办公会议审议可以考虑，这是发布的需要，其他层面的审议建议少搞，因为仁者见仁，智者见智。如果发话的领导多了，就会无所适从。规划在发布之前，建议按规定报上级旅游局审查批复，有利于保证规划的科学性和权威性。因为对旅游而言，公说公有理，婆说婆有理，如果没有一定的权威性，规划就发挥不了作用，往往就成为一本参考书。旅游规划一般 5 年修编一次，8 ~ 10 年修编一次也可以。一定要做一些中期的、短期的评估，看看实施效果怎么样？如果没有达到预期目标，一定要搞清楚，是规划本身的问题，还是实施的问题。建议每年给政府汇报一次实施情况，每三年做一次评估，给党委、政府报告。如果不这样，再好的规划也会搁置在一边。规划实施情况评估，光旅游局说不行，要找一些专家来做，专家说的也容易被接受。

另外，建议巴中一定要办好旅游网。在省和国家这一级，政务外网比较重要，到市县一级，因为需要发布的旅游政务信息不多，也不是游客关注的重点，应以发布旅游资讯、提供旅游信息服务为主。现在人们要到什么地方去，首先要到网上搜一搜。巴中每个县区至少要落实一个专人搞旅游网站信息内容维护，市里要有一个专门的机构，有三五个人专门组织协调和维护，市县资源要整合，信息更新要及时，要有互动栏目，这样才能吸引公众和游客的关注与兴趣。

第三节　兵团农一师阿拉尔市

一、阿拉尔至和田的沙漠公路建成通车为阿拉尔市和农一师旅游业实现战略性突破提供了重要契机

（1）从一般意义上说，交通、旅行是旅游目的得以实现的基础、前提和途径，没有“旅”就没有“游”，且交通、旅行的质量、水平直接影响旅游的质量和水平。

（2）阿和以及阿图（至图木舒克）、阿苏（至阿克苏）、阿沙（至沙雅）等公路相继建成通车，使得阿拉尔市成为南疆重要的公路交通枢纽，阿和公路和阿苏公路加上机场、铁路，还使得农一师师部所在地的阿克苏作为南疆旅游重要节点、入出境口岸、集散中心的地位进一步提升，并将使得两市快速向旅游接待服务基地发展。

（3）阿和公路是纵向穿越塔克拉玛干大沙漠的第二条沙漠公路，也是南疆第二条纵贯南北的干线公路，而交通干线会对沿线经济、社会发展和居民生活发挥重要影响，得风气之先的是两端和沿线的城市、城镇。作为新建城市、快速发展城市和公路运输枢纽城市，阿拉尔受到的积极影响最大、最直接。

（4）阿和公路是一条非常有特色、吸引力和开发潜力的旅游公路。它穿越的是世界第二大流动沙漠和中国最大的沙漠——塔克拉玛干，其名称的含义“进去出不来”就是很形象的概括，也被公认为是世界上最美丽的沙漠，景色极其壮观、瑰丽。与第一条沙漠公路比，其在旅游上的优势有四个，一是距离短100公里，更适宜普通旅游者旅游观光，因而更有利于旅游产品、线路组合编排；二是基本沿着和田河谷穿行，途中随时可以看到沙山与胡杨等美丽景观；三是有当年为了制止叛乱，人民解放军将士徒步穿越的壮美革命历史故事可以挖掘利用；四是端点城市和田、阿拉尔、阿克苏三市，与民丰、轮台、轮南三县（镇）相比，城市化及整体发展水平更高，旅游吸引力和基础配套、经济社会支撑能力更强。

（5）阿和公路等干线交通的发展，为南疆旅游线路、产品的定型、成熟完善提供了新的机遇和更便利的条件。它是连接南疆大漠风光旅游环线南北两条主线的又一条重要线路，同时也是国家正在编制规划、将要重点开发的丝绸之路旅游国线南道和中道（北道）的重要连接线，将会成为大漠风光旅游环线中的东中部中环线和西部小环线的重要一环，有可能很快要取代第一条沙漠公路，石

油、天然气开采及其封闭管理将可能成为加快这种转移变化的另一个重要因素（塔中、轮南已经比较典型）。

（6）南疆沙漠旅游在国内旅游市场快速升温，马上将会与民族文化和丝路历史旅游并驾齐驱，而且很快要脱颖而出、独占鳌头，这是阿拉尔和农一师旅游实现战略性突破的市场机遇和产品结构变化机遇。

（7）阿拉尔作为军垦新城，规划、建设起步早，近年来发展很快。20 世纪 50 年代兵团和王震同志等就提出“北有石河子，南有阿拉尔”的建设发展目标，开始进行阿拉尔市的规划建设；目前在城市化水平和区域经济影响力方面快速提升，产业积聚、综合功能也快速推进；有塔里木大学做基础和支撑，文化、科技、教育将可以与石河子相提并论。由于南疆整体发展水平比北疆低，阿拉尔和塔里木大学在南疆的影响力、辐射功能远远大于石河子和石河子大学在北疆的影响、作用。

（8）阿拉尔和农一师及阿克苏地区旅游业发展速度快，旅游项目、接待服务设施、基础配套水平都快速提升，特别是干部群众对发展旅游业的重要性、紧迫性认识迅速提高，积极性和热情高涨，阿拉尔和农一师旅游业实现战略性突破的产业基础和主观条件成熟。

（9）南疆整体上旅游干线交通和城建等基础配套条件大为改善，制约因素不断减少，有利因素逐渐增多。例如，库尔勒新机场通航，从乌鲁木齐经吐鲁番到库尔勒和阿图什至喀什的高速公路建成通车，连接青海格尔木的 314 国道以及区域内 315、216 国道和相关省道改造升级，以及吐鲁番到库尔勒铁路二线、喀什至和田铁路开工建设，连接天山南坡的高速公路正从库尔勒继续向西延伸至阿喀高速公路等。

（10）整体上看，南疆旅游开发建设、经营管理和服务等水平，即使与北疆比都还比较低，提升和发展的空间很大，阿拉尔等旅游发展新起步城市实现后来居上的难度比较小，可以脱颖而出，跨越发展。

二、主要工作建议

根据上述条件和机遇分析，建议农一师和阿拉尔市抓住有利时机，使旅游业实现战略突破，为阿拉尔市二三产业发展和城市化水平特别是城市知名度快速提升，为带动所在区域十团二处的农业产业化和干部职工收入水平、生活水平快速提高，为农一师经济社会各项事业持续健康发展，发挥比较独特且重要的作用。

（1）以阿和沙漠公路和阿拉尔市旅游为重点，筹措经费，委托专业机构，研究编制农一师阿拉尔市旅游业发展总体规划。

（2）利用王震同志诞辰100周年和三五九旅纪念馆开馆等有利时机，策划、实施提升阿拉尔市城市知名度的重大宣传方案，兵团旅游局、兵团旅游协会可以通过在阿拉尔组织召开南疆旅游座谈会、会员企业考察采购等方式予以配合支持。

（3）沙漠公路和阿拉尔市旅游的项目内容要突出特色，体现崇尚自然、人与自然和谐等精神，形式、风格多样；接待设施规划建设、经营管理和服务水平起点要高，以便利化、人性化、标准化、规范化、市场化为目标；宣传和市场开发工作常态化与战略性结合，自主举办与积极参与结合，请进来与走出去结合。

（4）抓住未来3～5年时间，结合城市和二、三产业发展，加快建设和发展阿拉尔市的旅游住宿、餐饮、娱乐、健身、购物、休闲等接待服务体系，将旅游项目立项、审批、招商、建设及规划、设计、用地、水电气暖电信供应、道路交通和排污治污管网设施配套以及城区绿化、亮化、美化等，作为师市工作的重点之一，力争尽快成为南疆水平领先的旅游接待服务基地，三年与喀什、库尔勒、阿克苏旗鼓相当，五年超过这三市。

（5）更好地贯彻兵地融合战略，积极主动地与阿克苏地区、阿克苏市等共同开发旅游资源和客源市场，搞好师市旅游规划与阿克苏地区、阿克苏市旅游规划的衔接配套，认真落实自治区和兵团旅游业发展的总体规划和“十一五”规划，加强日常工作联系，兵地共建，兵地双赢。

（6）进一步加强师市内部的旅游宣传、教育培训、研讨交流、组织管理等工作，更好地贯彻落实兵团区域带动、重点师市突破战略，与八师石河子市、六师五家渠市成为带动兵团旅游业加快发展和工作水平不断提高的“三驾马车”，包括加强旅游行业组织协调机制和行政管理工作力量，尽快实现旅游工作的专门化、日常化；将旅游工作纳入师市经济社会发展工作计划，在全委会上一起布置、落实；采用以会带训、短训班等方式，开展重点团场领导、师市党政机关负责人的旅游教育、培训和交流活动，进一步统一和深化认识，探讨交流旅游工作经验。

第四节　兵团农六师五家渠市

一、对农六师旅游的基本评价

（1）积极性高，认识到位，措施有力。

（2）区位优势明显，交通条件良好，资源基础不错。

（3）目标定位和市场定位明确。

（4）投资开发势头强劲，产业体系雏形初现。

二、工作思路和方法

（一）基本工作思路

1. 运用大视野发展大产业。

2. 实施大手笔解决大问题。

3. 进行大布局实现大配套。

4. 服务大城市取得大效益。

5. 瞄准大市场建设大项目。

（二）具体工作方法

1. 开发建设与宣传推广并重。

2. 硬件建设与软件强化并重。

3. 新建开发与包装利用并重。

4. 理论教育与技能培训并重。

5. 整体形象宣传与产品项目推广并重。

6. 请进来与走出去并重。

7. 常规手段与战略举措并重。

三、具体项目意见

（一）对几个主要项目的评价意见

1. 青格达湖：亲水休闲游乐，水上游乐、餐饮、垂钓为基本内容，主要满足区域内近程休闲度假旅游需求，水质是关键，便利化、人性化是目标。

2. 一万泉：山区草原休闲康体度假，餐饮、住宿、户外活动为基本内容，依托丝路新北道吸引区内外的国内游客，标准化、规范化、舒适性是目标。

3. 大三台沟：山区草原休闲康体度假，餐饮、住宿、户外活动为基本内容，依托北疆环线吸引区内外的国内游客，标准化、规范化、舒适性是目标。

4. 城郊农家乐：休闲农业与乡村旅游，餐饮、娱乐、观赏、采摘为基本内容，满足乌鲁木齐、五家渠城市居民休闲旅游需求，安全、卫生、自然是基本目标。

5. 沙漠旅游：体验观光，以沙漠观光、运动和机动车、自行车、骆驼、徒步穿越为主要内容，以区内外国内中青年游客为主，以活动策划组织为主、设施设备购置建设为辅，保障安全、突出参与体验等特色是基本目标，可以组建专门从事沙漠旅游的旅行社，初期以学校、家庭为宣传推广重点目标，通过网络等长年组织、推广沙漠旅游，注意在青少年学生中培养忠诚游客。

（二）具体项目建议

1. 钓鱼池项目：分散停车与集中停车相结合，以分散为主；卫生间数量和位置要方便垂钓者就近使用，大部分无须规模大；休憩、娱乐、游路、绿化、美化要人性化，考虑儿童、妇女、老人等特殊人群的需要；绿化树种要注意特色和美观，尽可能多样化；注意与城区的交通连接，增加通达公交车线路和班次，开通观光巴士和旅游专线车；将城市公园与旅游景区有机结合起来。

2. 吉瑞祥项目：加强可行性研究和规划设计的论证，制订分步分期建设方案。

3. 农家乐项目：提高道路、停车场、指示牌等交通服务设施建设水平，注意周围环境的净化、美化，从根本上改变餐厅的卫生间状况，从市场需要出发突出特色。

4. 达坂城酒业工业旅游：按照旅游进行车间、生产线的游览线路、设施建设。

5. 103 团沙漠旅游：以策划、组织沙漠徒步穿越、探险、考察、骑自行车和摩托车、自驾小汽车等旅游活动为主，多利用，少开发。

6. 黄家岩水库项目：需要进一步考察论证，可能适合开发适应附近团场、连队休闲、娱乐需求的近程市场旅游项目。

7. 105 团破城子胡杨景区：值得开发，低起点投资，稳步推进。

8. 枣园宾馆：一星起步，二星目标。

四、对农六师五家渠市旅游的几条具体建议

（1）利用乌昌一体化良机，按照建设乌鲁木齐卫星城的需要，积极争取五加渠率先实现在通信和交通管理方面与乌市的统一，如电话变市话、车辆纳入乌市管理和免收过路费、进城费。

（2）作为乌鲁木齐卫星城，五家渠要按照大城市的水准来实施城市规划、建设与管理。

（3）高标准、高起点规划建设饭店、景观房地产、会议、度假等设施。

（4）在宣传促销上请进来与走出去相结合，进一步重视面向主要目标市场如乌鲁木齐公众和旅行社的宣传。

第五节　广西桂林市

市场和产品转型是中国旅游业面临的基本趋势，传统旅游城市和目的地必须及时应对，主要任务和目标就是要根据市场需求的变化来逐步调整产品及目的地性质和形象，其中创新是基本途径。

一、我国旅游发展方针发生重大转变

进入21世纪，我国的旅游发展方针从“大力发展入境旅游，积极发展国内旅游，适度发展出境旅游”，调整为“大力发展入境旅游，全面提升国内旅游，规范发展出境旅游”，再到“大力发展国内旅游，积极发展入境旅游，规范发展出境旅游”。原来所谓的“适度发展出境旅游”，就是要通过“有组织有计划”，来控制出境旅游的规模，更好地实现“大力发展入境旅游”，多创汇，少用汇，为国家增加外汇收入和储备多做贡献。新世纪、新阶段旅游发展方针的调整，出发点是国家的外经贸环境、外汇收支和储备状况，特别是整个经济增长主要依靠内需的市场拉动等基本态势。加入世界贸易组织以后，我国国际贸易的关税壁垒不断减弱，非关税壁垒明显增强，国家经济增长依靠国际市场、国际贸易的状况不得不做出调整，中央及时将扩大内需作为拉动经济持续快速增长的主要着力点。同时，我国外汇储备快速大幅度增加，外贸出超比较明显，居民收入和储蓄持续快速增长，全面建设小康社会和建设和谐社会需要更好、更全面地满足人民群众不断增长的物质文化生活需要，作为物质与精神相结合、文化含量高的享受型、发展型消费，国民旅游的大众化、日常生活化势头强劲。进入新世纪，中国公民旅游市场的战略地位迅速提升，成为国际国内高度重视的终端市场，旅游也成为国家扩大内需非常重要的手段和渠道，中国形成了世界最大的国内旅游市场，已经成为亚洲最大的出境旅游客源国和世界最大的出境旅游消费国。因此，国内旅游从“积极发展”转变为“全面提升”进而“大力发展”，不仅是在规模上要持续快速扩张，内容、结构上也要迅速深化、优化、强化；出境旅游从“适度发展”转变为“规范发展”，主要目标和任务不再是控制规模，而转向规范秩序，提高质量，维护权益，提升形象；入境旅游从“大力发展”调整为“积极

发展”，不仅是国家旅游业平衡稳定健康快速发展的需要，更是旅游为国家外交、外事、外经贸等大政方针服务的需要。

二、我国旅游产品结构正在发生重大变化

面对发展方针和市场需求状况的调整变化，中国旅游产品结构正面临重大转型，从以观光为主体向观光、度假和专项旅游“三足鼎立”发展。

第一，观光产品不断深化，向深度观光发展。20 世纪 80 年代初，京、西、沪、桂、广大长线的观光，基本上是满足于国外旅游者到中国来“到此一游”的目标诉求，把中国最早推出、最值得看的地方一次看完，满足的是一种猎奇或者求新、求异的心理目标。10 多年后，以入境旅游者为主要代表的广大旅游者，对中国观光旅游的目标诉求逐渐向满足感受、体验、求知、交流、参与、互动等方面深化。

第二，度假旅游快速兴起。20 世纪 90 年代初，应国家旅游局等部门的建议，国务院批准以国家级开发区的政策试办 12 个国家旅游度假区，目的是吸引外国人到我国来度假。实践结果是，12 个度假区取得了可喜的成绩，但真正形成比较完备、具有很强吸引力的度假旅游产品的很少。与此同时，各省市规划建设的旅游度假区快速发展，省和地市级的旅游度假区达到 300 多个，大中城市周边的度假旅游圈、旅游带和以“农家乐”为主要代表的乡村旅游休闲度假项目、设施更是数不胜数。在这一过程中，对度假旅游的认识也不断深入，度假产品开发、设施建设、管理服务有非常明显的进步。在度假旅游发展方面，最值得关注的是休闲概念。

第三，专项旅游全面发展。中国刚发展旅游就有专项产品，如自驾车旅游，但发展历程很缓慢。国民旅游兴起后，我国专项旅游才有了广阔的发展空间。专项旅游成为适应国家旅游特色化、个性化和专业化浪潮兴起的表现形式，像自驾车、徒步、钓鱼、狩猎、野营、登山、探险、观鸟、摄影、野外生存、拓展训练、潜水、跳伞等快速全面兴起和发展。

这样，观光、度假、专项“三足鼎立”，彼此交叉融合，往往难分彼此，且容易相互转化。

三、传统旅游城市和目的地转型势在必行

我国传统的旅游城市和目的地基本都是以观光为主打产品，它的历史原因是中国旅游是从入境旅游开始起步的，入境游客要满足的心理需求是求新求异。适

应国家旅游发展方针和市场战略调整，传统和重点旅游城市、旅游目的地必须在稳定深化观光产品、发展深度观光的同时，高度重视产品和目标市场的转型，突出抓好度假产品和专项产品的开发建设，还必须从市场和产品性质实际出发，重新审视、检讨、调整旅游主题及其宣传口号、市场营销方式和策略等一系列问题。

度假旅游和观光旅游有差别，度假要选择最便捷、最经济、最舒适的目的地，而不是最新最奇的。因此，区位是最主要的因素。其次就是以环境为主的资源因素，在度假旅游中，景观的奇特性、唯一性、垄断性退居次要地位，度假要求的主要是舒适的环境，包括自然、气候、人文社会等。度假旅游对环境氛围、基础配套、设施服务、活动策划组织要求都远远高于观光，多以近中程市场为主体，重游率极高——度假游客可以重复甚至每年定期前往所选择和喜爱的同一个度假地，度假产品、项目的内容和形式更加多样化等。比较形象的说法是："老是居家过日子，太乏味，就是想外出过日子，但要在身心放松的同时有所收获，有新鲜感。"

四、桂林旅游市场和产品转型的目标是观光度假

桂林要发挥毗邻珠三角经济圈，其中还有港澳两个特别行政区和西南以休闲文化为基础的中近程市场优势。整个西南休闲意识在中国是得天独厚的，西北人和东北人是被动、消极的休闲比较多，西南是追求文化、娱乐休闲的多。同时，桂林要以山水风光、乡村风貌、亚热带气候等为资源基础，发展观光休闲度假旅游。这里有一个概念需要弄清楚，即所谓观光度假，既是观光又是度假，是以观光为主要内容和形式的度假方式，是以一个度假基地为中心，组合周边一定范围内的中短程观光项目，游客基本是早出晚归，这也说明"三足鼎立"本身是密不可分、相互交叉的。观光是桂林最好的旅游品牌，桂林是最佳观光旅游城市，这是产品转型的基础和最大优势，观光度假应该伴以休闲。云南发展高原运动度假，广西和贵州发展山水风光与民族风情观光度假，并将观光、娱乐、体验、运动等作为特色要素结合进去。

资料1

巴中市旅游业发展战略策划意见

《巴中市旅游业发展战略策划（初稿）》质量比较高，有很多创新，在有关

问题的调查研究上也比较深入全面，提出了不少有价值的意见和建议，说明编制机构是认真负责的。现就该策划初稿提出一些问题和意见，供参考。

1. 从总体思路看，编制单位注意到度假因素，但在资源条件分析、目标市场选择、主题定位、项目选择等各个方面，仍然没有离开观光这个主题。例如，在资源分析研究方面，景观、文化篇幅很多而环境、气候等篇幅和深度有限，目标市场的三个层次和形象主题主要也不是从度假而是观光来考虑的，项目选择、空间布局、线路规划也突出的是游览观光、文化体验等。巴中旅游到底是要以度假为主，还是继续像其他地区一样以观光为主，需要认真、全面、深入、系统地考虑，本人还是倾向于突出度假，以下很多问题和意见均与此有关。

2. 资源条件分析研究上，以秦巴山脉和大巴山区为主要对象，对巴中自身的分析很有限，也缺少对巴中与周边相近城市和地区的比较分析以及竞合关系的研究描述，可能是缺少基础材料的不得已选择。本人以为所欠缺的这些对巴中旅游的主题性质和目标市场定位都是很关键的，即使所能够获得的材料有限，也应该设法尽力弥补。

3. 在旅游发展战略方针上，提出传统工业与旅游双轮驱动，没有顾及农业和乡村，是不是符合巴中的实际且不论，与在资源条件、项目策划选择、空间布局和旅游功能作用方面以乡村、“三农”、扶贫的内容为重点也不太一致。

4. 尽管有创新性，但巴中要建设成为“中国中央山地核心旅游目的地”“中国原朴乡村旅游目的地”和用分拆法将形象定位表述为“巴山胜境，中国乡情”是否合适稳妥，需要认真研究。其中，“中国”通常是对国际上使用的，“中央山地”“原朴”是很少见到的用词，后者应是“原生”和“朴实”的合成；主题形象中的“胜境”“乡情”都是虚指，鲜明、生动、特色都显不足。此外，它们都是用于观光旅游的，与度假旅游的关系不够密切。

5. 国家公园的目标和战略尽管比较好地抓住了国家政策机遇，但是从国内外有关国家公园体制建设的主要目的来看，其与旅游资源开发利用和旅游业发展并不完全一致。国家公园是以资源环境保护以及相关的科研、科普为主，严格限制设施、道路和参观游乐项目的数量、规模以及进入人数、停留时间、活动内容和方式，以尽可能减少人类对自然状态的影响。因此，即使巴中要建设和利用国家公园这块牌子，其选址、范围、规模等也要尽可能使之对旅游开发建设和产业发展的限制减少，要吸取各地稀里糊涂申报国家级风景名胜区、自然保护区、特殊生态功能区等而对旅游业产生很多限制的教训。

6. 关于自驾车旅游的项目很好，但用“秦巴山区自驾中心”名称不是很理想。实际内容是要在巴中的秦巴山区建设我国有很大吸引力和竞争力的自驾车旅游目的地，所用名称没能表达这种含义。如果没有更理想的名称，建议就用“米仓山（光雾山或巴中）自驾游目的地”，其特色和品质通过描述和将来的等级评定等途径来解决。

7. 如果巴中要将发展度假旅游作为重点目标，是否能够规划建设一批度假项目和设施，类型包括度假小镇、度假中心、度假村、度假营地、度假酒店、度假别墅、乡村旅社、农家客房等，在方式上可以是招商引资统一建设和经营管理，也可以规划并提供土地资源和基础配套，让大型企业、专业机构、研究机构、高等院校、权威医疗机构去建设度假疗养基地、研究工作分支机构，也可以让个人、家庭、机构去建设、购买、租住度假小屋、度假别墅、家庭客栈。

8. 市场定位方面，将川、渝、陕三省市作为近期重点市场是可行的，但将云、贵和京津冀、长三角、珠三角三大城市群作为中期拓展市场是否可行值得考虑，因为这不太符合度假旅游就近、便捷、经济、舒适等特性需求——云贵同类山岳度假旅游目的地很多，东部城市居民也很少会舍近求远去度假——似乎还是从观光旅游来考虑的。

9. 发展目标设定上，整体规模性指标主要是接待人数和旅游收入，其中接待人数规模及其增长也仍然是以观光旅游为主来预测的，如果以度假旅游为主规模未必如此大和如此快速增长。

10. 关于旅游推广营销，主要说了比较常用的渠道，应该增加巴中针对不同的产品、线路和不同的目标客源，选择何种方式来开展旅游宣传营销的内容。

总之，现在的项目是策划，从报告内容看像总规，应该是兼有可行性研究报告和总体规划性质的。具体如何评判其质量效果，应该让你们自己人和四川省内的专家参与，外人对巴中、秦巴山区和四川了解得毕竟有限。

资料2

盐城旅游定位概要

一、对应理念：走出水泥森林，告别市井喧嚣。

二、主打产品：生态休闲。

三、发展目标：滨海乡村湿地生态休闲度假地。

四、主题特色：绿色、自然、舒缓、清幽。

五、主题口号：鹤舞鹿鸣，清悠盐城。

六、直观标识：鹤舞鹿顶（卡通化）。

七、目标市场

主体市场：上海、苏南。

潜力市场：长江三角洲。

机会市场：华东及国内其他地区和日韩等洲内市场。

八、宣传口号

感受真正的乡村风物，体验地道的农家日月。

远离尘嚣，近在咫尺——盐城生态休闲之旅。

九、形象宣传

坚持每年定期举办高水准的“中国盐城湿地生态暨旅游国际论坛”，最好每届集中突出一个主题，争取以联合国相关组织机构（如环境规划署、世界旅游组织）和中央政府有关部门（如国家环保总局、国家旅游局、国家林业局）名义主办，地区性、区域性的旅游交易会可以借用，不做主要内容。

十、景区点和旅游接待服务设施：高档化、生态化、特色化。

十一、旅游环境：污水集中处理、达标排放、循环利用，污染土壤、水、大气及对环境、景观有不良影响的加工工业项目避开主要旅游区、旅游项目和旅游线路，旅游区周围、主要旅游线路、旅游节点城镇环境整治和绿化、美化、亮化。

十二、旅游氛围：轻松、舒缓、悠闲、适意。

十三、旅游餐饮产品及其原材料：天然、绿色、无污染、鲜活。

十四、旅游商品、客用设施物品及其原材料：天然、环保、适用、品质、特色。

第七章　省域旅游发展

省、自治区、直辖市是我国最高级别、最大规模的地方行政区域。从旅游建设发展看，直辖市与其他城市任务、性质基本相同，只不过规模大、层次高和水平相应也比较高。重庆在很多方面不同于其他三个老直辖市，更像一个省。省和自治区在旅游建设发展方面，既有区域内部城市、地州之间统筹协调任务，也有目的地建设发展的性质和任务。新疆生产建设兵团更是一个非常特殊的系统，空间上与新疆维吾尔自治区相互交叉，行政管理上又实行计划单列和分类实施，作者有幸在那里工作三年，并对其旅游发展进行了一些探索。

第一节　新疆维吾尔自治区

从一般意义上说，旅游活动中“旅”不仅是“游”的依托，而且没有“旅”就没有“游”，即只有通过旅行到居住地以外开展的参观、游览、娱乐、休闲、度假等活动才能称为“旅游”，在家里和居住地开展的这类活动只能称作业余文化生活和娱乐、休闲、体育活动等。对于不同地区的旅游来说，由于客源地、目的地的时空关系、内涵差异等因素，决定了交通对旅游的决定、促进、制约等作用的大小、强弱也有很大差异。新疆旅游就是受大交通影响非常大的地区旅游。

一、新疆旅游受大交通的影响大，具体表现在三个方面

（一）从旅游客源地与目的地对应关系看，新疆是主要依赖外部特别是中远程客源市场的旅游目的地

作为我国最边远的边疆地区、面积最大的民族自治区和自古以来局势复杂多变的地区，新疆地域广博，人口稀疏，经济社会发展水平相对较低，居民的旅游消费需求数量较小，档次水准相对比较低，因此，新疆旅游的区域内基础市场比较薄弱。新疆所在的西部特别是西北地区与其相邻的甘肃、青海、内蒙古西部和西南的西藏等，都是我国发展水平相对比较低的欠发达地区，西部与其接壤的中

亚、南亚八个邻国也是经济社会发展水平不太高、正在面临转型甚至社会动乱比较多的国家，因此，新疆周边中近程旅游市场也是容量有限、短期内成长性不强的市场。所以，新疆旅游在相当长的时期还必须依托其他中远程客源市场的支撑。

（二）新疆远离我国的主体客源市场

由于新疆处于我国西北边陲，远离我国人口稠密、发展水平高的东中部特别是东南沿海地区，而这些区域是我国国民旅游的主要客源地。同时，我国入境旅游的主体市场也是远离新疆的东亚、东南亚，而欧美旅游市场又由于客运航线、入出口岸都以东部为主，也使得其与新疆的时间和空间距离遥远。在一定程度上说，由于区位、交通等因素，新疆旅游也很难受到出国境旅游的间接带动，而我国东南部由于既是出国境旅游的主要客源地，又是主要的出入境口岸和集散中心所在地区。出国境旅游就可以对所在地旅行社、旅游综合信息服务、住宿接待、旅游交通、旅游商贸等发展发挥重要促进作用。新疆需要依赖外部中远程客源市场而又远离这些市场，就决定了交通特别是中远程客运的大交通对新疆旅游的决定和影响作用尤其突出。

（三）新疆区域内大交通也非常重要

作为占全国国土面积1/6的全国最大的省级行政区，新疆面积辽阔，旅游景区之间、城市之间、集散中心和入出境口岸与重点旅游区之间的距离以及区域内部的旅游线路都很长。可是，由于新疆经济技术发展水平和交通建设相对滞后，包括机场、铁路和高等级公路数量相对较少，规划设计、建设管理、经营服务等软硬件档次水准不高，航线和铁路线密度低、布局不够合理，运能低，客运班次少，途中时间长（主要指地面交通），抗风险能力弱（主要是天气变化和灾害性天气对航空和铁路的影响大），使得其旅游呈现出点多、线长、面广和“旅长游短”状况，旅游的时间、费用分布很不合理，旅游的舒适性、便捷性、安全性和吸引力、竞争力都直接受到影响。这也是制约新疆旅游业快速发展、跨越式发展的重要因素。

二、大交通制约新疆旅游发展的主要表现

（一）承担长途旅游客运主要任务的民航票价过高，直接制约新疆旅游客源规模的扩张

目前，北京、上海、广州三大航空枢纽，同时也是我国入出境旅游集散中心

和国内旅游三大客源地即环渤海经济圈、长江三角洲、珠江三角洲地区的中心城市，到新疆的全价机票在2500～3000元（含必须支付的机场建设费和燃油附加费），往返为5000～6000元，旺季时折扣很少，淡季时约保持在五折上下。这样，这些地区居民到新疆旅游，仅仅机票费用就相当于去泰国和东南亚的出国旅游报价。如果再考虑到新疆内部距离在500公里以上的旅游区（城市）之间仍然需要使用空中交通，则交通费用及其导致的旅游报价就更高，一周游每人最低5000元，相对舒适的就必须万元以上，与东南部地区到澳大利亚、新西兰和欧美的旅游价格不相上下。因此，旅游者和旅行社往往说："到新疆旅游比出国旅游还贵。"在目前我国绝大部分旅游者还是初次出游和以一般观光为主要内容的"穷旅游"，而新疆旅游也仍然是以中远程观光游客为主的情况下，旅游费用是游客决定旅游线路选择的主要因素，交通费用高对新疆旅游的不利影响就非常突出。

（二）机票价格高的叠加、放大效应明显

机票价格高限制了到新疆旅游的游客数量，又直接影响到对航空机位、航班数量的需求，直接影响到航空公司、航线、航班的收入、效益，进而又必然制约新疆连通外部航线、航班、机位的增长，最终阻碍了新疆旅游发展与航空发展进入良性循环。新疆有民航机场13个，其中开通国际航线的航空口岸机场3个。乌鲁木齐机场为对外开放的门户机场，2006年日均起降航班约134架次，年旅客吞吐量514万人次，国外通航城市12个（主要是中亚和俄罗斯），国内通航城市37个，与天津、河北、黑龙江、吉林、广西、海南、贵州、西藏8省市区无直达航线和定期航班。当年，乌鲁木齐国际机场的起降航班数和旅客吞吐量，仅相当于北京首都国际机场、上海浦东国际机场和广州白云国际机场三大航空枢纽机场平均水平的1/6左右，通航城市和航空公司为2/5左右（详情请参见本节后附表）。2007年4月，投资28亿元的乌鲁木齐机场第三期改扩建工程开工，目前已经完工，是按照国家民航发展规划建设成为重要门户机场，将会对缓解民航对新疆旅游业发展的制约发挥积极作用。

（三）新疆内部的交通也不能很好地满足旅游发展的需要

由于长期以来新疆以维护稳定、反对分裂为第一要务，空中和地面交通布局主要考虑国防、战备需要，兼顾经济社会发展和人民生活，如很多铁路车站不在城镇及其附近，有的距离城镇中心数十公里，对于改革开放以后快速发展起来的旅游需要的适应与满足则起步更晚，效率和效果很不理想。

首先，新疆曾经是全国机场最多的省级行政区，但早年的机场布局不可能考虑旅游发展需要。后来通过军民合用、升级改造、迁建新建、旧机场复航等，状况有了明显改善，如乌鲁木齐、库尔勒等机场都进行了升级改造，新建了那拉提、喀纳斯旅游机场。但总体上看，新疆机场起降机型、适应天气变化、候机及机场服务等水平差距明显。例如，从布局上看，作为新疆面向我国主要旅游客源地和入出境口岸东大门的哈密机场，长期没有通航，是否能够尽快发挥连接新疆与东中部地区的东大门作用，现在判断情况不是很乐观。

其次，新疆内部航线布局不合理。一段时间中，为了支持乌鲁木齐机场和新疆本地航空公司发展，学习一些省市的做法，在限制其他航空公司开辟新疆航线的同时，新疆内部航线实行以乌鲁木齐机场为核心向其他机场放射状布局的方式，其他机场相互之间不允许开通航线飞行。最典型的是，从同为伊犁州的伊犁那拉提景区到阿勒泰地区的喀纳斯景区旅游，空中直线距离约600公里，但很长时间必须从那拉提飞回乌鲁木齐然后再飞阿勒泰机场，还得乘坐三四个小时的汽车方能够到达，空间距离拉长到1200公里以上，时间距离从约1小时延长到数小时，交通费用从500～1000元增长到1500～2500元。这既造成旅游费用支出和时间耗费的大量增加，使游客多花钱和疲于奔命，也使游客产生不好的心理感受。线路之间往返，因为去程已经完成了对沿线项目的旅游消费，返程通常给旅游者的感觉就是时间、费用的无效耗费，只是在万不得已的情况下才这样做。因此，国内外在旅游交通线路和景区内游览线路的布局中，都尽可能减少、避免往返，以形成环线为目标。在近年来的旅游旺季，伊宁到塔城、阿勒泰之间开通了航班。如果这些城市与和田、阿克苏、库尔勒、哈密等新疆重点旅游城市和入出境口岸相互之间都有直通航线，且航班数量、时间能够较好地满足旅游需要，无疑将对新疆旅游在减少费用、时间耗费的基础上，增强舒适性、便捷性和吸引力、竞争力，发挥重要作用。

再次，铁路特别是连接新疆与内地和内部南北西疆的干线铁路及其规划建设速度也需要加快，以便在新疆和内地之间建立起顺畅、便捷、快速、舒适的铁路交通联系。从网上公布的铁路旅客列车时刻表查询，2006年新疆仅有乌鲁木齐和库尔勒、奎屯3个城市有通往疆外的客运列车11趟，终点分别为北京、上海、济南、成都、重庆、汉口、郑州、商丘、西安、兰州10个城市，其中特快6趟、普快5趟，直接连接区域为华北（北京）、华东（上海和济南）、华中（武汉和郑州）、西南（成都和重庆）、西北（西安和兰州），华南和东北没有直达客运列车。疆内除兰新铁路连接乌鲁木齐、吐鲁番、哈密外，有乌鲁木齐—石河子—奎屯—博乐—阿拉山口（第二大陆桥）、吐鲁番—库尔勒—阿克苏—喀什（南疆铁路）2 条铁路，精河—伊宁—霍尔果斯铁路正在建设中，奎屯—北屯的北疆铁路和乌鲁木齐—石河子—精河、吐鲁番—库尔勒铁路二线 2007 年 4 月开工建设，喀什—和田铁路 2008 年开工。如果能够尽快开工建设规划中的从库尔勒至青海格尔木和哈密至内蒙古临河等铁路，并将喀什至和田铁路延伸至若羌与库尔勒至格尔木铁路接轨，将乌鲁木齐至吉木萨尔的铁路东延至奇台、巴里坤和哈密与兰新铁路接轨，改造升级青藏铁路一期（格尔木至西宁路段），形成分别贯穿昆仑山北麓（南疆南部）和天山北麓（北疆）的第二、第三铁路出疆大通道，同时进行既有铁路的改造和提速，逐步增加新疆主要城市与内地各大区域的旅客列车、旅游列车班次，则新疆铁路旅游运输的快捷、便利、舒适和经济性都将大为改观。其中，库尔勒至格尔木的第二铁路通道可以将新疆与西藏两大自治区即我国非常有吸引力的两大旅游目的地更紧密、更便捷地连接起来，从北疆至哈密、内蒙古临河的第三铁路大通道对缩短新疆与首都北京及华北、东北地区交通运输的空间和时间距离，将发挥重大作用（据了解乌鲁木齐到北京最快列车运行时间 30 小时 43 分钟）。

最后，新疆的高等级公路及其规划建设速度也需要进一步加快，以建立通畅、快捷、舒适的公路旅游交通网络。2008 年，新疆东行出区的高速公路仍没有贯通（接甘肃河西走廊的高速公路仍在建设中），已竣工通车的高速公路和高等级公路是吐鲁番—乌鲁木齐—大黄山、乌鲁木齐—石河子—奎屯—赛里木湖、吐鲁番—库尔勒，乌鲁木齐—富蕴—北屯的 216 国道、奎屯—克拉玛依—阿勒泰的 217 国道、乌鲁木齐—博乐—霍尔果斯的 312 国道、库尔勒—阿克苏—喀什的 314 国道和哈密—巴里坤—奇台、库尔勒—若羌—和田—喀什等省道以及库车—轮台—民丰、阿拉尔—和田沙漠公路均改造或新建竣工，赛里木湖—伊宁—那拉提、赛里木湖—阿拉山口、赛里木湖—博乐高速公路、库尔勒—阿克苏高速公路等已开工建设。景区公路连接线的建设也需要进一步加快速度，提升等级。其中，对于除连接沙漠等特色线路的公路外，要以骨干、王牌观光、度假景区和旅游区为重点和先导，改造、建设高等级的快速公路连接线，像乌鲁木齐到五彩湾、那拉提机场到景区、喀纳斯机场到景区等都必须建设全天候安全、顺畅、快速通行的公路连接线，其他景区的断头路、搓板路也必须尽快建设、改造和升级。

此外，与交通密切相关的口岸、出国旅游目的地和边境旅游目的地开放格局也不利于新疆旅游业的发展。至今新疆还没有正式批准开通的边境旅游口岸和线路，没有形成跨国旅游线路，中亚邻国也没有开放为我国公民出国旅游目的地。如果国家批准开放新疆与哈萨克斯坦等邻国的边境旅游和出国旅游，将新疆由单纯的国内旅游目的地变成国内旅游目的地、边境旅游目的地和出国旅游过境地"三位一体"的综合旅游区，无疑对增强新疆旅游的吸引力、竞争力和综合发展能力，都将发挥重大促进作用，如目前游客与旅行社将其与出国旅游相比的前提就不存在了。

三、解决大交通对新疆旅游制约的主要对策

（一）高度重视旅游在促进新疆繁荣稳定发展、巩固祖国大家庭团结和维护国家统一方面的重要作用

加快发展国内旅游，大幅度增加国内其他地区来新疆旅游的人数、频率和新疆居民去国内其他地区旅游的数量，可以聚集新疆的人气，强化全国人民与新疆人民在情感、经济、社会、文化方面的纽带关系。具体政策措施主要是以下两项：

1. 国家通过财政补贴、税收减免等政策，大幅度降低新疆航线的机票价格，鼓励各航空公司开辟和增加飞新疆的航线，加强内地各主要区域与新疆主要城市的航空交通联系，让全国各地人民能够经济、快捷、舒适地来新疆旅游。

2. 通过增加基本建设投资或设立专项，进一步加大新疆内部机场、铁路、公路、车站和城镇、生态、供水等基础建设，同时支持、引导、资助新疆加快建设旅游景区项目、线路和酒店、娱乐健身等接待服务设施，不断提高新疆旅游的舒适度、便捷度、美誉度，大大增强其吸引力和竞争力。

（二）高度重视旅游在加强我国与周边国家战略合作方面的独特作用

尽快批准开放新疆与周边邻国的边境旅游口岸、线路，并将周边国家全部开放为中国公民出国旅游目的地。中亚、南亚是我国的西部近邻，是我国能源进口的陆路大通道，是我国反对国际恐怖势力、民族分裂势力、宗教极端势力的主要合作伙伴，加强上海合作组织国家间的反恐和全面经济技术合作是我国国际战略的重要内容。旅游是加强双边和多边交往、促进睦邻友好的先导和重要渠道，具备加强合作和加快发展的条件。具体政策措施有以下四项：

1. 国家加快规划建设乌鲁木齐国际航空港，使其成为继北京、上海、广州之后的第四大国际航空枢纽，增加其通往中亚、西亚、南亚、俄罗斯、欧洲、北非的国际航线、航班，使我国的国际枢纽机场和国际航线布局更加合理，构建东

进西出、西进东出的国际客货航空运输格局。

2. 通过加强双边、多边协调洽谈，国家逐步将中亚国家开放为中国公民出国旅游目的地，同时在新疆的主要边境地区开放口岸、线路开展边境旅游，使新疆的国内旅游直接与边境旅游和出国旅游结合起来，大大增强新疆旅游在内地市场的吸引力。

3. 加强与中亚等国家的外交合作，争取各主要国家在乌鲁木齐、喀什、伊宁等城市设立或加强领事机构，同时我国在周边国家的主要城市设立领事馆，并简化签证、出入境等手续，提高便利化水平，加快构建中亚跨境国际旅游区。

4. 按照“一带一路”战略，国家进一步重视第二亚欧大陆桥沿线国家的经济技术合作和丝绸之路沿线国家的旅游合作，采取更加有力的举措将大陆桥建设成为立体桥、综合桥、友谊桥。

（三）充分认识到旅游在促进新疆经济社会发展方面的独特作用

解决大交通以加快新疆旅游业发展，关键因素还是要统一和深化认识。进一步加快新疆旅游业发展，不仅能够对新疆自身的发展发挥非常重要的关联带动作用，更重要的是对实施国家宏观战略有重要意义。同时，新疆旅游的资源基础优良，区位优势凸显，基础配套较好，宏观环境有利，各方面的积极性不断高涨，面临难得的发展机遇，加快发展的条件完全具备。中央高度重视新疆旅游业的发展，在近年来有关新疆的政策文件和指示中就可以看出发展新疆旅游的重要性。当年朱镕基同志在总理任上视察新疆时，专门为其设计了一条旅游线路，还解决了其旅游用车进口问题；胡锦涛总书记在视察新疆时，提出要将其建设成为西部旅游胜地；温家宝总理在视察新疆时，明确提出要加强天池、吐鲁番、喀纳斯、那拉提、喀什五大旅游区建设。

首先，加快发展是新疆的必然选择。新疆与西藏两大自治区比较，新疆人口是西藏的约 10 倍（近 2000 万人与 200 多万人），生存和发展条件大大好于西藏（除高山外不存在高寒缺氧的先天不足）；新疆的主要少数民族都信仰伊斯兰教，周边国家也以信仰伊斯兰教为主，伊斯兰世界联系紧密是客观存在的，而西藏藏族同胞多信仰佛教，佛教在世界上的影响则温和得多。因此，如果说，因为高寒缺氧生存发展条件客观上限制很多，200 多万人口的西藏可以由中央和全国来承担维持、提高其生产生活水平等任务的话，对 2000 万人口的新疆这样做负担就太重了；更重要的，只有生活和经济社会发展水平才是最有说服力的，要加强民族团结、反对民族分裂，最终必须用实力和水平来说话。所以，加快发展不仅是新疆的第一要务，更是国家实现新疆繁荣稳定、加强民族团结和维护祖国统一、反对民族分裂的重大战略选择。

其次，旅游是新疆的优势产业和支柱产业。新疆深居亚欧大陆中心，经济社会、教育科技等发展水平相对较低，发展第二产业特别是高新技术产业受到远离市场、经济技术支撑能力较弱等制约，发展农牧业也受到干旱少雨、自然生态脆弱等制约。但新疆以沙漠、戈壁、雪山、草原为主的自然景观，以古西域和丝绸之路为主的历史文化，以维吾尔、哈萨克等少数民族为代表的民族文化，以及新疆生产建设兵团创造的军垦文化和建设成就等，都是国内外罕见的旅游资源，有很强的吸引力。旅游又是对自然生态消极影响最小、积极影响很大和消耗不可再生资源少的环境友好型与资源节约型产业，特别适合干旱少雨的新疆。因此，新疆已将旅游作为重要的支柱产业来培育。

最后，旅游可以成为新疆对外宣传的窗口。通过加快发展新疆的出入境旅游和国内旅游，加强新疆与全国和国际上的联系交往，展示新疆自然、社会、经济、文化风貌，宣传社会主义制度和党的民族宗教政策在新疆取得的辉煌成就，用新疆各族人民幸福生活和经济社会欣欣向荣的事实，来有力地回击国际社会出现的有关污蔑不实之词。旅游还可为建设秀美新疆、和谐新疆发挥重要作用，发展旅游能够促进新疆的国土绿化、美化，有利于促进内外交往、和平友谊和民族团结。

附表 2006年乌鲁木齐机场与我国三大枢纽机场情况比较表

机场	日起降航班数	年旅客吞吐量	国外通航城市（个）	国内通航城市（个）	通航航空公司（个）	说明
北京首都机场	1032	4865	172	127	78	1. 乌鲁木齐机场的国内通航城市不包括自治区内的； 2. 均为从网上搜索的2006年数
上海浦东机场	635	2666	73	62	48	
广州白云机场	669	2709	37	86	37	
三大机场平均	778	3413	94	92	54	
乌鲁木齐机场	134	514	42	37	21	
乌市机场相当于三大机场百分比	17%	15%	45%	40%	39%	

第二节 新疆生产建设兵团

新疆生产建设兵团是我国根据边疆建设、发展、安全等重大战略需要建立起来的一种党、政、军、企合一的独特体系，这套体系及其所具有的自然、社会、历史、文化等，在中国和世界上都很有特色，因而具有比较强的旅游吸引力。依托这种独特的优势，在兵团党委和兵团的组织领导下，经过干部职工的不懈努力，尽管起步比较晚，但兵团旅游业已经成为我国旅游的一支重要力量。国家实施“一带一路”、西部大开发和全方位开放战略，加强上海合作组织国家和第二亚欧大陆桥沿线国家国际合作，都为兵团旅游发展创造了非常好的条件和机遇。

一、兵团旅游的资源基础比较好

兵团旅游资源奇特丰富，种类多，品位高。兵团旅游最独特、最有吸引力的资源，就是为了国家需要扎根边疆、无私奉献、艰苦奋斗、艰难创业的兵团精神及其所形成的建设成就和兵团文化，这些不仅博大精深，而且丰富多彩，很有吸引力。兵团是20世纪50年代初新中国成立伊始，根据新疆、黑龙江、海南岛等边疆地区建设、发展和安全稳定的需要，借鉴历史上屯垦戍边的制度，军民结合，平战结合，开发建设与保卫边疆结合，而先后建立起来的。随着形势的发展变化，其他地区的兵团逐步撤销，新疆生产建设兵团被撤销后很快又恢复了。因此，对于全国来说，新疆兵团无可争议是独一无二的，目前在世界上也没有。独特的事物就是有价值的旅游资源，且是最有吸引力的资源。当然，兵团精神和文化要成为旅游项目和产品，还必须物化、外化为可欣赏、品味、体验、感受的事物，还必须与其他方面结合起来才更具吸引力和竞争力。兵团旅游资源基础好，优势明显，具体表现在以下几个方面：

（1）经过200多万兵团人半个多世纪的艰苦创业，兵团精神和兵团文化已经在一片片绿洲、一个个城镇、一座座工厂、一群群牛羊和广阔无垠的草原、麦浪翻滚的田野、一望无际的森林、宽阔平坦的马路等得到了充分而极为生动的体现。这些鲜活的建设成就在广袤无边的戈壁、巍峨挺拔的群山反衬下，显得尤其壮丽、秀美、亲切、诱人。

（2）兵团人时时、处处表现出来的质朴、豪爽、乐观、豁达、热情、坚韧等品质和精神，是兵团精神和文化最活灵活现的无形而有声的表现形式。这些经年累月在漫天风沙、酷暑严寒、超负荷劳作和单调枯燥生活砥砺下形成的品质、性格、精神，是今天生活在中原内地、世界各地的城市化、工业化、现代化环境中人所普遍缺少而又非常需要、羡慕的，对青少年尤其具有学习、感受、体验的价值。

（3）兵团文化与边疆、自然、民族等旅游资源密切结合，巧夺天工。通过歌曲、影视、诗词和书籍、报刊宣传，边疆总是给内地人以无穷的遐想和诱惑，“扬鞭策马守边疆”“边疆的泉水清又纯”“大丈夫当马革裹尸、边关效命”等，其豪气、其美景跃然眼前。天山、昆仑的雄伟，准噶尔、塔里木的广阔，塔克拉玛干的壮美，天池、喀纳斯的秀丽，炎炎夏日下冰清玉洁的雪山，与兵团连队的农舍炊烟、团场迎风飘扬的红旗、师部热闹繁华的市井相映衬，其美妙神奇难以言表。兵团就是一个民族团结的大家庭，兵团的团场、师部甚至连队又与地方政府和维吾尔、哈萨克、塔吉克、克尔克孜、蒙古、回等民族村寨犬牙交错。

（4）还需要特别强调的是，兵团旅游资源与目前国内外旅游消费需求的切合度非常高。兵团精神、兵团文化是目前我国蓬勃发展的“红色旅游”的独特资源，在热爱祖国、热爱边疆的爱国主义教育，在艰苦奋斗、甘于牺牲、默默奉献的革命传统教育，在忠诚事业、爱岗敬业的道德品质教育等方面，都是非常生动贴切的活教材。以机械化、现代化为技术基础，以绿洲为自然载体和施展空间的兵团农业，是发展农业观光、农业和草原生态旅游、乡村旅游的独特资源。结合边疆风貌、自然景观等开展自驾车旅游、探险旅游、体验旅游、民族文化旅游等，也是深受国内外旅游者普遍欢迎的参与性、趣味性、挑战性都比较强的旅游活动。

二、兵团旅游开发条件已经具备

兵团旅游的基础配套条件迅速改善，其发展面临着非常难得的机遇。由于地理、历史、体制等原因，兵团旅游与新疆旅游一样，长期受远离市场、交通不便的制约，不仅是在入境旅游方面，在国内旅游方面也是全国各地区中受区位、交通制约最大的。但是，国家实施西部大开发战略和全方位开放战略，使得兵团旅游与新疆旅游一样，迅速缓解了交通和区位制约，兵团和新疆旅游业面临非常有利的发展机遇。

（一）从大交通配套来看，经过自治区党委、政府和兵团及各有关方面的积极努力，新疆航空市场的开放迅速展开

2004 年 8 月，国内机制最为灵活、发展最为迅速、最为社会关注的地方航空公司——海南航空公司，在新疆正式挂牌成立分公司，这意味着海南航空公司将大举进军新疆内部航空市场，也意味着新疆连接内地和国外的航线开放将进入历史新阶段。这样，目前制约兵团和新疆旅游的主要问题——与内地主要城市、口岸、客源地和国外主要客源国之间航线、航班不足，内部各主要地区、城市之间及其与内地缺少空中连接线等将很快得到根本解决，新疆在国内省级行政区内机场最多的潜在优势将迅速显示出来。此外，自治区、兵团正在积极争取乌鲁木齐机场办理口岸签证、建设我国西部地区国际和国内航空枢纽港等政策，将继续从根本上改变交通制约状况。

（二）兵团和新疆旅游的区位条件正在并将继续迅速而根本改善

连接太平洋与大西洋、纵贯亚欧大陆、串联起几十个国家和几百座城市的第二亚欧大陆桥，正在我国和中亚及日本、韩国、俄罗斯等国家以及沿线国内外城市的共同努力下，向着建设立体交通桥、信息桥、合作桥方向前进。与航空条件的变化结合起来，新疆与中东部和东亚、东南亚国家的时间距离将大为缩短，从几十个、十几个小时变成几个小时，与紧邻的中亚、南亚、俄罗斯的空中和地面空间和时间距离更短。根据我国向东、向南、向西、向北全方位开放和加强与中亚、俄罗斯国际反恐及全面合作的需要，新疆正在与有关国家洽谈建设中亚自由贸易区、中哈边境贸易区、在乌鲁木齐和有关国家选择城市互设领事馆、增加国际航线和航班等问题。这些都必将直接缩短新疆与有关国家的时间距离，并为国际旅游提供便利快捷的政策、制度条件。国家向西、向南、向北开放，都会使新疆成为开放的前沿和桥头堡，经过新疆和第二大陆桥，使得中亚、西亚、南亚、欧洲、非洲与中国的交通联系、人员往来、货物流通更为方便、快捷，在我国境内真正形成东进西出、西进东出的旅游和客运交通格局。时间距离的缩短，结合以现代通信的发展，在使得新疆远离内地、交通不便的客观状况迅速改变的同时，必然会使内地和有关国家居民对新疆的区位认识、观念发生根本变化，“到新疆很快、很容易”的印象会逐渐普遍形成。

（三）兵团旅游区域内部的交通和基础配套条件也出人意料地好

经过兵团和自治区的长期共同建设，特别是国家实施西部大开发战略，兵团旅游的交通和基础配套情况根本改善，实地调研的塔城农九师和一、三、六、

八、十二、十四师及其连接城市、团场、边境口岸和哨所、连队的交通情况也都很好。如九师与乌鲁木齐集散中心和口岸联系有航空和高等级公路，飞机舒适安全，机型先进，2004 年每天有往返 4 个航班，空中飞行仅 1 小时，塔成机场跑道、停机坪、候机楼等设施完全能够满足继续发展的需要；公路需 5~6 小时车程，基本为二级以上公路。各师师部与团场及团场相互之间的公路基本为三级公路，通连队、口岸、哨所的公路多为柏油路，边境线通连公路正在改造，未改造的沙石路也都比较宽阔，路面平坦，坡度和弯度大的路段少见。所看九师 4 个团场中，有 2 个都已经成为规划科学、建设规范、环境优美、秩序优良、功能比较齐全并具有一定规模的小城镇，1 个团部在县城，其 1 个营和一些连队的建设和旅游及旅游服务项目开发也已经粗具规模；1 个团部很有农村城镇特色，在农田包围之中，招待所完全具备开发成青年旅社的基础。各团场、连队供水、供电及其质量和稳定性都有保证，并已开通程控和移动电话、广播电视等。总之，各师的交通和基础配套条件比较好，且具备了比较好的住宿、餐饮等旅游接待服务条件，完全能够满足观光游览、参观考察、自驾车等旅游需要，但购物、娱乐、导游等服务需要加强。

（四）兵团旅游发展的机遇非常好

国家实施西部大开发和全方位开放战略，加强大陆桥建设和中亚合作，使得全国和全世界都关注西部，在迅速根本改善交通基础状况和内外政策环境的同时，大大提高了西部地区的知名度，这是发展旅游的重要条件——旅游就是知名度经济。旅游是西部地区的特色优势产业，因此，结合市场需求、资源开发和全面建设，加快发展兵团旅游业，是西部大开发的战略重点，更是西部地区进行深度开发、培育接续产业、实现可持续发展的必然选择，时机有利，机会难得。

三、兵团旅游开发的目标和原则

旅游的战略定位是为国家、地区或系统旅游业确定总体目标、基本原则和主导方向的重要工作。兵团旅游的总体战略定位有四个方面：

（一）兵团旅游是中国旅游的一个重要集团军，是新疆旅游的主要方面军

旅游需要形成区域整体，而条块分割是影响中国和很多地区经济发展的重要因素。兵团作为处于新疆维吾尔自治区内的一个特殊系统，从一般道理上看，似乎应该完全与新疆旅游形成一个单一的整体，共同构成中国旅游 31 个省级单元。但是，兵团旅游实际上能够和需要成为一个相对独立的单元，成为与 31 个省级

行政区并列的中国旅游的一个重要集团军，就在于兵团的独特性和兵团旅游的特殊性。兵团不同于地方，但又不同于军队，亦军亦民、非军非民，在总体上必须成为独立的特殊社会经济系统，因此，旅游业也必须成为相对独立的系统。从资源看，以兵团精神、兵团历史文化、兵团社会经济为主的兵团旅游与自治区以民族文化、边疆文化、边疆风貌为主的新疆旅游既有联系也有区别。从旅游开发建设和经营管理组织看，兵团与地方有很大不同，组织化程度比较高，要更多地发挥政府、兵团、师、团的主导作用，市场化运作在一定时期内难度要比其他省市区单元大。兵团旅游的形象、产品品牌和组织接待也相应地可以形成不同于一般地区甚至包括新疆自治区在内的特色。然而，兵团毕竟处于新疆维吾尔自治区空间范围内，在民族旅游和兵团精神、文化旅游方面，兵团和自治区要相互倚重，在边疆旅游、自然旅游等方面更是一体两面。因此，在规划、开发建设、宣传推广、经营管理等方面必须相互配合，兵团旅游工作要接受自治区旅游局的指导，当然自治区政府、旅游局和有关方面也不会将兵团简单地完全等同于新疆其他地州市。所以，兵团旅游是中国旅游的一个重要集团军，是新疆旅游的主要方面军。

（二）兵团旅游要以宣传、展示、光大兵团精神、文化为主要任务

宣传展示精神文化，促进不同国家、民族、地区居民的交流，是旅游最本质的功能。兵团精神、兵团文化的重要、宝贵无须多言，从旅游市场需要和充分形成产品品牌特色与增强吸引力、竞争力等需要考虑，也必须以此为目标。兵团精神、文化及其物化、外化表现形式是唯我独有的稀缺资源，只有以其作为核心、灵魂，兵团旅游才能独树一帜，且大旗一举游者云集。

（三）兵团旅游要突出特色旅游目的地建设和特色产品开发

从产品看，一般性的观光游览、休闲娱乐和乡村旅游、草原旅游、民族旅游都可以开发，但很难做出特色去大量、长期吸引内地、国外旅游者。所以，兵团旅游要从主题形象、主题品牌确立入手，构建特色产品体系，建设特色旅游目的地。兵团旅游的总体品牌可以选择“中国屯垦旅游”，其含义一是屯垦戍边的兵团精神学习考察、文化体验，这是军旅、国防方面的含义；二是作为新疆边疆旅游的主要内容，边塞、边境是边疆的最前沿和国门，屯垦戍边是兵团的神圣使命。屯垦旅游的直观形象可以是哨所、哨兵，也可以是最有代表性的边境景观，宣传口号可以考虑“边塞风光兵团人”“兵团精神边塞情”“千里边境风光好、百万儿女壮志高”“自然与人类共同谱写的壮丽诗篇——兵团旅游”等。

屯垦旅游的特色产品有以下五大类型：

1. 兵团精神和文化感受、学习、考察、体验旅游，以屯垦戍边、保卫和建设边疆为主题，形式主要是博物馆和陈列室参观、农场和牧场游览、连队生活体验等，要根据国内青少年和中老年以及国外不同旅游者，分层分类设计具体线路、选择具体项目。

2. 边境览胜，主要是沿边境线观光、参观哨所、听边境和国防斗争故事，宣传兵团与边防军、地方各族人民共同保卫边疆、建设边疆、团结协作的精神和业绩。

3. 边境旅游和出国旅游，目前主要是边境旅游，组织国内居民到对方国家边境地区旅游和接待对方国家居民到我国边境地区旅游，以观光游览为主，结合边境贸易、边民往来和双边其他交往。

4. 农业旅游，特色是结合兵团精神、兵团文化宣传展示兵团的旱作农业和现代化大农业。

5. 自驾车旅游、探险旅游、青少年野外生存和拓展训练等专项旅游，面对特定客源市场，与有关方面、地区结合，进行开发、宣传和组织、接待，可以与边境旅游、边境览胜结合起来。

（四）兵团旅游的市场定位

兵团旅游市场定位应该是，近期吸引内地、中亚、南亚旅游者，将来成为吸引东亚、东南亚、西亚、欧洲旅游者的重要旅游品牌和旅游目的地。这一点兵团旅游与新疆旅游是相同的。由于地理位置和区域经济社会发展的原因，兵团和新疆旅游的区域内近程市场规模小，因新疆人口总量仅2000余万人，中程的西北市场人口总量也不大，无法与内地的其他地区相比，且经济社会发展水平在我国总体上是最低的，旅游需求规模和消费水平都比较低，有限的跨境出游能力还主要被内地和国外所吸引。所以，兵团旅游和新疆旅游都不能像其他省市区那样以中近程市场为基础，而不得不以国内中远程市场为主要目标市场。从近期看，中亚市场、南亚市场也由于发展水平、支付能力原因，加上出入境和双边关系制约，成为新疆和兵团主体目标市场还有较大的难度。但毕竟是近邻，在空间距离上比到内地的很多省市区短，加上上海合作组织、大陆桥国际经济合作、中亚自由贸易区（中哈边境贸易区）建设的推动，交通、出入境和双边关系等制约因素会逐步缓解。所以，不久的将来，中亚、南亚就会成为与内地同样重要的兵团旅游和新疆旅游客源地。有关因素的变化，特别是乌鲁木齐国际航空枢纽港和入出境口岸建设以及国际航线、航班的增加，俄罗斯、西亚、东亚、东南亚、欧洲、北非等依次逐步成为兵团旅游和新疆旅游的重点客源地。因此，兵团要与自治区密切配合，将建设在内地和中亚等有很强吸引力的特色旅游目的地作为主要战略目标。

四、兵团旅游开发需要注意的主要问题

围绕以上战略定位，从长期持续健康发展的需要出发，兵团旅游应该注意以下几个问题：

（一）密切配合自治区旅游发展战略布局，在旅游区和旅游项目开发、形象宣传方面采取统一化和差异化并举的举措

兵团旅游只是相对独立的系统和体系，在空间布局上要与全新疆的旅游相互配合、相互呼应，自行其是的效果不会好，重复建设、雷同项目在同一个区域及其附近要尽可能避免，彼此之间以协调配合为主，竞争必须控制在一定的范围和程度内，否则可能是两败俱伤、一损俱损，一荣俱荣的局面只能靠分工协作、密切配合来实现。为了搞好配合，在项目、重点区域开发和线路、产品组合上，兵团旅游就要有特色。所以，在总体上是服从统一战略布局，在具体内容上要通过分工做出特色，统一化与差异化并举。

（二）充分发挥兵团亦兵亦民、组织化程度高的优势，走政府主导之路

兵团最大的特色和优势是不同于地方，兵团、师、团、连组织系统严密，人口整体素质高。但由于是平战结合、亦兵亦民，在发挥市场机制作用方面受到的限制也比地方多。所以，要扬长避短，充分发挥组织化程度高的优势，实行政府主导。很多地区的旅游都是靠政府主导起步、起飞的，原因在于旅游综合性强、涉及面广、关联带动作用大，也即外部性强等特点，在初期没有政府强有力的组织、引导，很难起步和快速发展。兵团旅游更要充分注意学习这一经验。为此，加强兵团和重点师团旅游领导与组织管理力量，力所能及地增加旅游宣传、培训、规划等费用支出是必要和比较紧迫的。

（三）高度重视资源到产品、产品到市场的转化

旅游资源必须经过开发配套才能成为可以供人们享用或供人们方便享用的产品，开发配套的主要内容就是接待服务设施、基础配套设施、交通服务设施、游憩服务设施、信息服务设施、卫生服务设施、综合服务设施建设，以及提供相应的服务项目，简单地说就是要有路、车、厕所、休息椅凳、观景亭台、指示和说

明牌、景点项目介绍材料、游览路线图、停车场，在大的旅游区和综合接待中心还要有游客中心、导游和解说员、餐馆、宾馆、旅行社等。兵团旅游在这些配套开发建设方面刚刚起步，除宾馆和社会餐馆设施外，其他方面的力量还非常薄弱。有了配套形成产品后，还必须组织和策划包装，塑造旅游区、旅游线的品牌和主题形象，通过媒体广告、互联网，组织旅游推介会、说明会和参加旅游交易会、博览会，邀请、接待旅游记者考察宣传和旅行社实地考察线路等，进行宣传推介，才能使产品进入市场，实现供给与需求结合，完成生产到消费、产品到效益转化。旅游宣传促销也必须由政府主导，因为旅游不是有形的物质产品，是生产与消费同步、销售先于生产的综合性服务产品，在销售阶段不能看货、验货，更无法试用，易于产生欺诈，必须由权威可信的组织来主导才能增加购买对象的安全感和产品的可信度，也才能产生实际的旅游产品销售和消费行为。

（四）按照科学方法切实做好兵团旅游发展和开发建设规划

旅游要发展，规划要先行；规划要科学，方法是保证。目前，我国的旅游规划已经迈过了以宣传动员、统一和提高认识为主的阶段，发挥实际指导、规范作用是规划的主要功能目标。要使规划能够切实发挥指导作用，就必须切实保证规划的科学性。仅由规划编制组织单位提出要求，选择专业机构组织专家组进行调查研究和编写规划文本，然后组织专家评审和政府进行审批并发布执行的方法和程序，基本不能满足保证规划的科学性和可操作性、可实施落地的需要。在决定编制或修编规划后，规划组织单位应该进行反复讨论和征求意见，包括举行专题研讨会，明确规划编制的目的、任务、要求，特别是规划区域旅游业发展的目标、环境、市场、任务、政策、措施等。以此为基础制订规划编制的项目计划书，通过公开招标等方式选择规划编制专业机构和专家组。专家组在分工基础上，要加强共同研究和讨论交流，要进行深入、全面的实地调研考察，广泛听取各方面的意见。规划文本出来后，要印发区域内各有关方面的专家并讨论和征求意见，对目标定位、主题形象、直观标识、宣传口号等，可以通过公开征集方案、开展讨论等方式集思广益，务求符合实际和发展需要。重要的规划要几上几下，反复讨论和征求意见，形成成熟的文本后，再组织专家评审，通过评审后进行修改报批，必要时通过人代会、党代会、政协会讨论，然后由政府或由党委与政府联合印发实施。兵团旅游规划正在编制中，希望按此程序进行，不要急于求成，当然费用可能要相应增加。

第三节 四川旅游目的地建设

旅游目的地建设，不仅对四川，目前对全国来说，都还是个比较新的课题。为此，需要费很多笔墨来分析说明其背景、出发点、目标任务、对策措施等一般性问题，最后与四川的实际结合起来提意见和建议反而不用长篇大论了。

一、基本概念界定

（一）旅游项目、景区、线路、产品

旅游项目是能够满足旅游者某一项或某一方面需求的事物，是旅游生产服务的最基本单元，可以是一个独立的企业，也可以是一个企业的内部组成单元，自身也是可大可小的。例如，对于一次旅游活动来说，酒店的住宿服务是一个服务项目，但它自身又可以分解为住宿、餐饮、娱乐、健身、商务等服务项目。

旅游景区是能够满足旅游者观光、游览、考察、休闲等需求的旅游地，通常有明确的区域范围、管理机构和独立进行经营管理服务活动，本身又可以分为面积比较大的景区和以一座建筑物、构筑物为主的景点，前者如各种公园、风景区、旅游区，后者如博物馆、展览馆、纪念馆和主题公园。一个景区内的旅游及其服务项目可能更多，包括游览、卫生服务、休憩、娱乐、交通等项目。

旅游线路直观上看是将旅游者居住地与若干个目的地连接起来的线状旅游项目组合，通常有主题、特色、项目内容，如成都—九寨沟—黄龙自然风光旅游线。一条旅游线路往往包括若干个景区和项目。

旅游产品是旅行社组合包装的能够供旅游者一次旅游活动所需消费的各种项目的有机结合，包括从旅游者离开居住地去旅游到再返回居住地结束旅游的所有旅游服务，内容通常包括行、游、住、食、购、娱各大要素，形式一般表现为包括各种旅游活动内容、服务项目和时间表示出来的旅游线路，如欧洲五国十五日豪华游、日韩连线七日邮轮游。

（二）旅游目的地

旅游目的地是能够对旅游者产生吸引力并能够满足旅游者需求的空间区域。由于旅游客源市场不同，目的地的空间范围大小和内容差异很大。通常按客源市场半径，将目的地划分为包括一个或数个国家的国际旅游目的地、包括一个或数个地区的全国性旅游目的地、包括一个或数个旅游景区点的区域性和地区性旅游

目的地。

目的地内涵的基本点就是足够的吸引力和全面合理的功能，吸引力是目的地存在的前提，没有吸引力目的地就不存在。通过开发建设形成全面合理的设施和服务功能，是目的地存在和发展的必要条件。

二、全国性旅游目的地建设背景

（一）宏观背景

中国的全国性旅游目的地建设的宏观背景是多方面的，但最重要的是建设全面小康社会与和谐社会。全面小康社会意味着中国人民的生活水平全面提高，消费结构根本改变，享受型、发展型消费成为生活消费的主要内容。旅游目的地建设不仅要数量充足，更要在项目内容、设施档次、服务水平等各个方面有质的飞跃。和谐社会包括贯彻全面协调可持续的科学发展观、建设资源节约型社会和环境友好型社会。实际上，我国从孔老夫子开始，就提倡节约资源，珍惜劳动产品，珍惜自然所赐予的东西，不要暴殄天物。我们在旅游区开发和形象塑造方面，还存在“八荣八耻”这个问题，如崇尚科学、提倡文明，很多的旅游区在宣传解说的内容方面包括旅游区的软包装方面，都存在很多问题，业内人士甚至是普通游客一看便知，这个后面结合具体的案例进一步说明。

（二）产业背景

1. 目标与任务。产业背景就是在 2000 年全国旅游工作会议上，国家旅游局正式提出，在今后 20 年时间里，把中国从世界旅游大国变成世界旅游强国。在考虑“十五”规划的时候，这个事情还没有提升到这么重要的地位，而在考虑“十一五”规划的时候，国家旅游局专门组织过多次讨论。旅游强国到底意味着什么，它肯定不是喊一句口号就完的事。旅游大国从简单的旅游排位就能看出，如量化到进入前十名称为旅游大国或者进入前五名称为旅游大国，把各指标排序就能得出结论。而旅游强国没有哪个国家敢轻易自称，“强”是一种素质要求，是一种质量要求，而“大”仅仅是一种规模、数量要求。正好在这一时期，国家提出要转变经济增长方式，由外延粗放式向集约内涵式转变。结合保持先进性教育活动，国家旅游局提出了很多课题，其中有一个题目就交给了规划发展与财务司，题目为《旅游强国的目标体系和指标体系》，这是包括四川在内的很多地区都要关心和解决的课题。例如，宁波市在“非典”结束后，围绕全市旅游规划修编，组织了几个大课题，其中一个最重要的就是旅游强市到底有哪些目标，具体包括哪些指标。在全国旅游业发展“十一五”规划中，对此要有所体现。将我国建成公认的旅游强国任重而道远，旅游强国在旅游项目、旅游产业队伍素质、旅游宣传、旅游教育培训、旅游企业的素质等方面都要有目标和指标。要将文明、科学、先进的理念引入旅游，倡导生态旅游、资源节约型旅游、环境友好型旅游。现今，很多景区和酒店，很多项目都缺乏自身的色彩和特点，停留在简单满足游客一般性、大众化需要的水平上，没有创新意识和先进理念。总之，“强”首要强调的是素质。

2. 地位与功能。1998 年中央经济工作会议，将旅游业作为我国国民经济新的增长点。2002 年在“十六大”和 2003 年的人代会上，中央明确要将旅游业建设成为重要的服务性产业。2002 年，中共中央、国务院召开的全国就业工作会议上，时任总书记江泽民同志在讲话中指出：我国的旅游资源很丰富，在切实搞好保护的基础上，要加快开发，为扩大就业和解决下岗工人再就业提供新的渠道。这样，就把旅游从经济层面提高到民生层面甚至政治层面——把旅游业提高到关系国计民生的位置上，成为为国分忧、为民解难的产业。2004 年年底，经党中央、国务院批准，中共中央办公厅、国务院办公厅印发《2004—2010 年全国红色旅游发展规划纲要》，这更是划时代的。此前旅游作为一项经济工作，都是由政府来负责，而现在已经提升到党中央来部署的层次。其时代背景是，中央开了两次重要会议，印发了两个重要文件，一个是关于加强未成年人思想道德建设方面的，另一个是关于大学生思想政治教育方面的，这两个会议和文件是党中央从关系国家长治久安、社会主义事业后继有人、培养社会主义事业合格接班人的角度和背景下决定召开和下发的。因此，中央领导同志专门责成中宣部和国家旅游局认真研究，如何利用我们国家的红色历史文化遗产来加强和改进对青少年包括大学生在内的革命传统教育。随着时代的发展和进步，传统的、说教式的、灌输式的教育方式明显不足，在信息化时代，如何用最新式、科学的传播方式来进行教育，是各级各部门所关注的重点之一。红色旅游正是在此背景下被重点提出。因此，2004 年中宣部提出要发展红色旅游，旅游部门很快将其作为一项重点工作。大多数国家，包括很多发达国家都将旅游作为一种经济手段，而旅游最本质的功能是文化与社会方面的。

（三）市场背景

市场背景需要结合宏观背景和产业背景来看。第一个就是中国旅游市场的战略性转型。这是 2005 年在西安举行的全国旅游工作座谈会上提出，在 2006 年的全国旅游工作会上进一步强调的。经过改革开放十多年的持续快速发展，到 20 世纪 90 年代中期，我国形成了旅游业发展的基本方针，就是“大力发展入境旅游、积极发展国内旅游、适度发展出境旅游”。随着中国旅游市场的战略性转型，2005 年提出了“大力发展入境旅游、全面提升国内旅游、规范发展出境旅游”，这是中国在“十一五”时期旅游发展工作方向的重大调整。2008 年，国家旅游局进一步将这一方针调整为“大力发展国内旅游、积极发展入境旅游、规范发展出境旅游”，2009 年《国务院关于加快发展旅游业的意见》予以肯定。旅游业要更好地服务于国家的大政方针，国内旅游的发展有利于扩大内需，而内需的扩大会推动整个国民经济发展。“十一五”时期我国全面建设小康社会，扩大就业，加强国民综合素质，使国民经济得到飞速发展，旅游业在这方面发挥了重要作用。全面提升和大力发展国内旅游，对旅游目的地建设的意义极其重大，要全面提升旅游的生产和服务质量；规范发展出境旅游，是从全面建设小康社会，提高国民素质，提高国家威望，扩大我国在国际上的影响力角度考虑的。

第二个是旅游目的多元化和深化问题。旅游目的最初仅为观光，是浅层次的心理满足，直观的感官刺激。学习、了解也是很多旅游者旅游目的之一，如很多游客对故宫等景区的旅游，大部分是想了解古代皇家的建筑、生活和工作。体验和参与是当今旅游的主要目的，而互动则是旅游的最高层次，就是旅游者直接融合到旅游事物中间去，如“农家乐”这种旅游形式，游客参与到农民生活中，而农民因此也受益匪浅。

第三个是产品与市场的转型。成熟的旅游地，旅游产品丰富，旅游文化内涵深入，旅游市场巨大，而且观光、度假和各种专项旅游三大类型产品“三足鼎立”。观光、度假和专项旅游主要是理论上的划分，实际上观光旅游和度假旅游存在交叉，度假旅游和专项旅游也存在交叉。中国要成为旅游强国，观光旅游要进一步深化，专项旅游要进一步强化，而度假旅游要突出发展。

（四）地区和区域性旅游目的地地位的历史变迁

第一阶段，在国家大力发展入境旅游的初期，各个地区和区域只是国际旅游目的地的一个构成要素。比如，20 世纪 80 年代刚开始发展旅游业的时候，四川的乐山大佛和重庆的大足石刻是作为长江三峡旅游的重要构成部分。

第二阶段，大部分地区成为专业性的旅游目的地。四川旅游资源丰富，综合性强。以陕西为代表的一些省份，专业性则相当强，要看秦汉风格的古迹，就得到陕西去，北京则是元、明、清古迹集中的地区。要观赏近、现代的景点，可以选择天津、上海、广州等城市。热带海岛度假，选择海南。体验冰天雪地，到黑龙江。草原旅游，去内蒙古、新疆等地。这一阶段，旅游目的地都是比较专业性的。

第三阶段，也是比较高级的阶段，是多样性和多元化的旅游目的地。比如，黑龙江可以在主打冰雪观光旅游的同时，发展度假旅游、大兴安岭生态旅游、黑龙江漂流等多种旅游形式。四川是天府之国、熊猫故乡，从旅游目的地角度，更应该是多样性和多元化的。三大产品和消费形态方面，可能是观光度假旅游最突出，而专项旅游则应该视情况选择性地发展。

（五）资源观的深化

旅游区质量等级划分和评定、旅游资源分类评价两个国家标准是大家比较熟悉的，但从内容看，它们一是主要就有形资源做出划分和评价，二是主要就观光旅游提出的。在发展度假旅游的时候，最大的优势应该是区位，最主要的资源是环境。在观光旅游为主时，旅游资源观基本上是考虑自然资源和人文资源的外部特征，而休闲度假旅游和专项旅游的资源观考虑更多的是环境、区位因素。

三、目的地建设内容

（一）确定主题

对于旅游目的地建设，首先应该按照资源特性和市场需求来确定主题。在旅游项目方面，现在很多地区有很多工作可以做。简单说，如建一个四星级酒店，作为服务性旅游项目，要利用简约和回归自然等新理念，考虑地区文化、风土习俗等因素，从酒店选址角度入手，考虑酒店的容量、功能等，然后确定酒店装修和设计风格。现在很多省市还没有旅游主题宣传口号，按照真正的旅游强国要求去打造旅游目的地，首先就要告诉别人，我的旅游叫什么名字，为什么叫这个名字，和别人的有什么不一样，让来参观过的游客觉得这些名字都名副其实，都很美，都很有特色。从旅游者所追求的目的和人类社会发展的基本趋势角度入手，探求游客所向往的东西是什么，什么样的东西是大家都崇尚和共同追求的，然后再挖掘这种时尚和追求的深层理念，要通过以人为本、以人为中心、张扬人的个性、追求人的权利等新理念和自然、生态、环保、健康等新观念来吸引游人，利用人们猎奇、求知、交往、探索、休闲、康体、快乐、幸福等不同目的，多渠道地吸引游人前来旅游。将这些外在、浅层次的因素弄清楚之后，再从内在、深层次角度来看待和考虑不同旅游区的资源特点及内涵。这样，旅游主题就很容易挖掘出来。

（二）围绕主题塑造品牌

主题设计好之后，接下来的工作内容就是怎样围绕主题来塑造好品牌。品牌最重要的是主打品牌，如四川旅游，在国际市场不同区域主打的是哪些品牌，在国内市场不同区域主打哪些品牌，重点区域又主打哪些品牌。围绕着主打品牌，在一定时期内，形成主题品牌和主要品牌以及分级分类旅游品牌体系。

（三）根据品牌策划建设龙头和骨干项目

作为一个旅游目的地，有了主题，如何去反映该主题；有了一些品牌，围绕主题如何打造这些品牌，这些都是值得深入探讨的。一个成功的旅游目的地，要有龙头、骨干项目做支撑。之所以强调根据品牌系列来策划建设项目，是因为现在很多旅游项目开发过程中都存在一般普遍性问题，就是不知道该依托哪些品牌来开发打造，没找到归宿和位置。

（四）设施和服务的人性化

设施和服务要全面、规范、标准，这些都是最基本的要求。在建设旅游强国过程中，光有这些是不够的，在这些的基础上，更要突出体现人性化。比如，现在全国各地建设的广场都是按天安门广场的模式设计的，座位、遮阳、避雨设施严重不足，人性化设计方面非常欠缺。又比如，很多旅游区都存在旅游厕所严重不足的问题，给游客造成很大困扰甚至痛苦，这也是人性化不足的表现。

（五）包装和宣传的科学化

作为一个名牌的旅游目的地，包装和宣传不能粗制滥造。前面所讲的，确定主题、打造品牌都可以纳入包装和宣传。旅游之所以要有品牌、要有理念、要有主题，就是因为表面上的、浅层次的东西不能充分吸引游客。旅游产品是一种未来的产品，它的购买、销售是先于生产，而它的生产和消费又是同步的，是在相同的时空下进行的。所以，之前引起游客旅游欲望和兴趣，就靠包装和宣传，旅游其实就是卖品牌，即所谓的知名度经济。

（六）教育、培训的制度化

旅游发展同样要靠旅游工作者去深入探索，要建立成熟的旅游目的地，很多工作要从自发状态转入自觉状态，而教育和培训的制度化在这一过程中发挥重要作用。

四、目的地建设原则

（一）资源基础，市场导向

对于旅游业来说，很多资源是可以创造的，可以“无中生有”，而资源的创造是以市场需求为基础的。旅游是天生的“市场派”，旅游项目的建设目的不是为了自娱自乐，所有旅游项目的建设都是为了满足他人需求，是为市场提供的。

因此，要深入研究市场，要用市场化的手段，利用市场上的资源，来生产适应某一个区域、某一个层面、某一类型市场所需要的产品。

（二）扬长避短，主题鲜明

一个旅游区不同于其他旅游区的特点是什么，如国家地质公园、国家森林公园、国家生态保护区的数量很多，但是要打造出自己的品牌，要在众多竞争者中脱颖而出，就要扬长避短，突出自己的特色，形成自己鲜明的主题。

（三）环顾左右，准确定位

对于旅游目的地建设来说，一定要看一看“左邻右舍”，看它们在打造什么，突出什么重点，然后再思考自己比它们更有特色、更有吸引力和优势的是什么。比如，某一个项目的开发，规划编制过程基本上是先对这一项目的资源进行“拉网式”考察，在这一基础上编制文本，制作图表，往往忽略了对周边地区、与自身具有相关性的其他项目的考察和了解，都存在“就事论事”问题，没有从更大的区域范围来给自己定位和谋划自己的项目。

（四）配套成龙，逐步完善

旅游目的地建设，配套设施的打造要根据自身特点确定，不了解自身的特点，不掌握游客来此旅游的意图，盲目建设配套设施，打造旅游区，结果事倍功半。另外，打造旅游目的地，建设配套设施要量力而行、逐步完善，急功近利、忽视地方实际情况的盲目建设，会造成很严重的后果。

（五）软硬兼施，全面开发

很多旅游区和旅游目的地在开发建设过程中，往往重视硬件的开发建设而忽视软件建设的重要性，在策划、包装、导游解说、从业人员素质培训、制度建设、机制选择等问题上，没有投入人力、财力和物力，或者投入严重不足。旅游发展到现在，已经由“招商引资”发展到“招商引智”“招商引制”和“招商引市”，要引进资金，引进高素质人才，引进先进的机制，引进市场观念和价值观，旅游硬件和软件要进行全面建设，旅游区要综合开发。

（六）滚动发展，不断完善

很多景区在开发建设时都想“毕其功于一役”，想一蹴而就，初步建成后就很少考虑继续发展，不继续深入地开发旅游项目和继续丰富内涵，导致某些景区几十年都是一个“面孔”，因而也就造成了很多景区江河日下、人气低落的状况。景区发展是一个长期连续不断的过程，在这一过程中除了不断开发新的旅游产品、建设新的旅游项目外，还要不断地进行摸索，乃至转型——如从观光型转变到休闲型，从休闲型转变到商务会议型等。只有不断地自我创新、完善和调整转变，才能使景区获得可持续发展的动力。

五、旅游目的地形象策划

（一）客观、准确、全面地表现旅游目的地的性质特征

要“名实相符”，如浙江的“诗画江南，山水浙江”，自古江南多才子，浙江拥有很多名山胜水和较长的海岸线，这些都使得这一形象定位生动而准确。另外，贵州的“文化千岛，生态贵州”和江西的“红色摇篮，绿色家园”等，也比较准确地表现出两省的旅游性质和特征。

（二）充分考虑目标市场状况及其需求偏好

孤芳自赏、自我中心和我行我素是旅游发展的大忌，也是主题策划的弊端。不考虑市场需求，封闭起来搞旅游，结果可想而知。要抓住旅游者，就要“投其所好”，以市场为导向，以游客为中心。

（三）要被广泛认同和接受

一个成功的旅游目的地，要使本地游客和外来游客包括海外游客在内的所有人都认同和接受。比如，“中国第一”“天下第一”和“世界第一”等，就要慎重使用，每一个民族和地区的人可能都有自己心目中的“天下第一”，如黔东南的苗族同胞就把本地区一座海拔不高、不很出名的山视为神山，称作“天下第一山”。而“天下第一”等定位，没有客观的标准，往往被某位名人随意提出，所以不太容易让广大游客认同和接受。

（四）有特色和新意，不简单比附、套用

“东方威尼斯”“中国曼哈顿”“塞上江南”“小巴黎”“小上海”“小北京”等称谓，没有特色和新意，甚至有“自我轻视”之嫌。例如，河北嶂石岩风景区，最初的定位为“北方的张家界”，不但没有新意，而且自己对自身的定位就很低，后经专家建议，改为“南有张家界，北有嶂石岩”，自然而然就提高了自己的定位和档次。

（五）要简练、易懂、易记，不晦涩、不深奥

某城市在规划中准备用“雄关漫道真如铁，而今迈步从头越”的毛主席长征诗词做景区形象宣传，就非常不形象，很难引起游客的共鸣。形象宣传不能靠做解释、讲故事和说典故来吸引人，不能靠故设悬念然后去抖包袱。

（六）文字表述有美感，并让人能产生美好联想

“天堂”“仙境”“人间天堂”“人间仙境”“桃花源”“伊甸园”和“梦幻

世界”等，有可能让人引起误解，尤其是外国游客，如天堂对于他们来说是死后才可能去的世界，所以，这种定位需要仔细斟酌。不同国家、不同民族和不同人群的思维方式和角度不同，要从多角度考虑旅游形象策划和定位问题。

（七）不庸俗、粗俗和媚俗

“毛公山”“伟人山”“卧佛山”“美人山”“爷爷山”“奶奶谷”“生命之门”“生命之根”“幸运之地”“转运之城”等，过于简单和庸俗，根本毫无新意，甚至粗俗和媚俗。旅游是引导人们文明、进步的事业，是欣赏美、体验美、感受美和创造美的行业，因此，不能庸俗、粗俗与媚俗。

（八）相对稳定、适时调整

很多旅游目的地，主题、宣传口号变化太快，对旅游持续健康发展未必能起到推动作用。自从中国旅游实行滚动宣传以来，宣传主题每年都发生变化，后经国家旅游局调整，宣传主题和口号相对稳定下来，如2005～2008年旅游宣传的主题都是奥运。当然，旅游主题和口号也要适时地进行调整，不能长期不变，更不能连目标客源市场和自身产品内容性质都发生根本变化了也不调整。

六、目的地形象定位

（一）旅游目的地主题形象及其宣传策划是专业性、创造性的活动

现在，专门从事旅游规划的很多，但是专业从事旅游主题形象及宣传策划的还很少，很多景区及旅游目的地还不重视主题形象及其宣传策划，对其重要性认识不足。

（二）旅游目的地形象定位切入点

要进行市场需求状况和供给状况分析以及自身资源产品性质与优势研究。要全面调查，反复论证，公开征集和讨论，并接受实践的检验和适时做出必要的调整，这样才能使得这项工作更加深入和成功。

七、目的地规划

（一）到底是谁在编规划

这涉及对规划专业服务机构的功能定位问题。按照规划编制通则，成立规划编制委员会、领导小组，规划的真正操刀者是规划编制专家组。实际上，他们的任务是把规划对象包括其管理、占用和使用、消费主体的客观情况、主观愿望及其要求，用文字和图表比较科学、准确地表达出来。规划编制要综合和汲取各方

面的意见，认真考察和系统分析之后才能完成，而现在很多旅游规划都程序化、模式化，没有考虑实际因素，脱离实际，缺乏新意，没有实施价值。

（二）规划的功能作用

根据旅游区不同性质和不同功能，编制不同的规划。所谓的“名不同，实不同，功用不同”，不能企求毕其功于一役。规划不是从委托编制开始起编的，而是与规划对象发展同步，在着手开始前要积累收集一些基础资料，如市场调查、资源调查等，要实时地开会分析和研究情况、问题，到各方面意见基本一致和成熟的时候，才开始委托编制组。这样，规划的项目计划书才真正能给编制组提供有价值的指导和有效的约束。

（三）规划编制方式

规划编制工作起点应该是什么，终点到底在哪里，值得每一个旅游目的地和规划编制人员思考。规划评审完之后不是规划的终点，因为规划里有些内容是建议性的，规划发布之后可以继续开展讨论、征集和修改。

八、四川旅游目的地建设意见

（一）主题

“天府之国”“熊猫故乡”，这两个主题都非常适合四川的实际。

（二）主体品牌

四川旅游目的地应该是国际性的，四川省正在努力开拓国际市场，而熊猫不管是在华人文化圈还是在欧美文化圈里都有相当高的知名度和认可度。所以，“熊猫之旅”可以进行深入打造，作为四川的主体旅游品牌。

（三）性质定位

四川在未来十年旅游的性质定位，应该是深度观光加休闲度假，这是由四川的目标市场定位和资源特色决定的。

（四）主要产品系列

自然、历史文化、民族社会观光，休闲与康体度假，生态体验，会展商务旅游。

（五）主要品牌塑造

四川旅游资源极其丰富，知名景区众多，但是景区品牌的内涵还比较单一，还是单一景区，没有成为系列化、内涵丰富、国内外知名和彼此呼应支持的品牌。比如，我们一想到峨眉山，就只知道它是一处宗教性的旅游景观。峨眉山旅游股份上市以后，要考虑使这块牌子的内涵更加深化，成为四川乃至全国旅游的知名品牌，而非旅游景区的知名品牌。

（六）品牌宣传

中国在建设世界旅游强国的过程中，现有的一些知名品牌要继续扩大内涵，提升知名度和影响力。要进行旅游目的地主体品牌与企业品牌的形象宣传，这是扩大影响力和知名度的最有效手段。

资料1

开展调查研究推动新疆边境旅游发展的建议（节录）

一、推动新疆边境旅游发展意义重大

一是能够更好地贯彻实施“一带一路”、国家加强和扩大上海合作组织合作、加快向西开放、加强新亚欧大陆桥国际合作、睦邻友好等战略部署，旅游是双边和多边合作的先导和重要内容。

二是落实国家部署和中央领导指示，将新疆建设成为中国西部重要的旅游目的地。发展边境旅游，能够弥补新疆作为国内旅游目的地远离国内旅游主要客源地的先天缺陷。靠边境出入境旅游来增强旅游目的地的吸引力和竞争力，是黑龙江、云南、广西等边境地区的成功经验。以边境旅游为先导发展出境旅游，将新疆从单纯的距离最远的国内旅游目的地，发展成为边境出入境旅游和国内旅游密切结合的目的地。

三是对维稳兴疆有独特作用。边境出入境旅游是按照法律法规由旅行社组织开展的有组织活动，边防、海关、检验检疫等管理法律制度健全，“三股势力”要利用此渠道难度非常大。相反，加强边民和其他地区人民的友好往来，对宣传国家的建设成就、民族宗教政策，对加强新疆与内地人民的交流、了解、感情特别是民族认同感，对促进新疆经济社会各项事业发展等，都能够发挥重要作用。

二、新疆发展边境旅游条件好

新疆毗邻八国，有5600多公里陆地边境线和17个开放口岸，且口岸设施及连接的铁路、公路、航空交通等基础配套比较好，边境线内外的旅游资源丰富奇特，以丝绸之路为典型代表的国际民间交往历史悠久。此外，新疆经济社会持续快速发展，民族团结，社会稳定，国家高度重视和大力支持，发展的宏观战略机遇难得。

三、组织开展新疆边境旅游专题调查研究

2005年以来，东北和西南开展的边境旅游因故暂停，国家旅游局于2006年组织开展了边境旅游的专项调查研究，以便形成工作意见报国务院批准后实施。国家旅游局将新疆纳入调研范围。为争取主动，建议由自治区旅游局牵头，兵团旅游局配合，新疆军区及自治区公安、外事、口岸、海关等部门参与，组织力量，从实地调查入手，进行专题研究，全面分析以边境旅游为突破口、加强双边和多边旅游合作的重要性、必要性和可行性，形成有分量、有说服力的调研报告上报。

四、围绕发展边境旅游进行双边、多边磋商交流

先以哈萨克斯坦为重点，兼顾俄罗斯、吉尔吉斯斯坦、塔吉克斯坦、巴基斯坦等国家，进行外交协调。可以从各国利益关系密切、积极性比较高的边境地区地方政府层次入手。按照先易后难的方式，先结合友好交流进行一般性接触，然后组织对双方边境地区的旅游资源联合考察，逐步接近制定旅游及相关政策意向。在双边、多边交流中，强调开展边境旅游、加强旅游交往合作对对方国家特别是其边境地区发展所能够产生的积极影响。

五、报请国务院、中央军委批准新疆开展边境旅游

以专题研究和双边协调为基础，自治区人民政府、新疆军区和兵团共同请示国务院，请求批准新疆开辟边境口岸、线路，开展边境旅游。特别要注意说明，新疆发展有组织的边境旅游，不会对边疆稳定、反对“三股势力”等产生大的不利影响，而且长远看会加强我国与周边国家的友好交往和互信互惠，对中亚自由贸易区的建设发挥积极作用，对国家外交和国际战略都将发挥独特作用。

资料2

兵团旅游工作建议（节录）

在兵团旅游局工作的三年时间中，结合业务工作，从新时期屯垦戍边事业发展的路线方针、战略目标出发，本人一直在思考兵团旅游工作的一些基本、基础问题。现三年援疆工作届满，特以个人名义，就兵团旅游工作提出以下几点建议：

一、从新时期科学处理三大关系、更好发挥三大作用、建设屯垦戍边新型团场的需要出发，进一步明确兵团旅游业和旅游工作的基本定位

在屯垦与戍边关系方面，旅游作为服务业的龙头和综合带动功能强的朝阳产业，不仅能够对新时期兵团经济社会各项事业发展发挥重要的促进作用，而且能够促进兵团改进生产生活面貌，美化居住环境，提高生活质量，提升形象声誉，因而对拴心留人，对建设一支稳定可靠和高素质的屯垦戍边队伍，对增强屯垦戍边力量，发挥重要作用。

在特殊体制与市场经济关系上，旅游是个高度市场化的产业，具有产品市场化程度高、投资和生产经营要素与方式高度市场化、接触市场面宽广等特点，因而受兵团特殊体制制约相对比较少，对屯垦戍边队伍稳定和特殊体制巩固不仅无害，而且有利，是一条兵团面对市场、融入全国、走向世界的重要渠道，是加强兵团内外交往的纽带，是宣传展示兵团的窗口，是促进和加快兵团市场化的重要力量。

在兵团与地方关系上，旅游与其他产业有明显区别，是资源和市场共享、兵地双赢、互相促进、共同发展的融合型经济，除资源外，其对客源、产品线路、旅游项目的占用一般不具有垄断性、独占性和排他性。对于市场和游客来说，新疆是一个统一的旅游目的地，兵团和地方必须统一规划、统一宣传推广，以塑造并不断提升新疆旅游的整体形象。在旅游教育培训、质量监督、行业管理等各个方面，兵地也必须密切配合，形成合力。新疆内部兵团与地方旅游者交流的扩大还直接对融洽兵地关系发挥润滑、促进作用。

总之，在新的历史时期，旅游是宣传展示兵团的窗口，是沟通兵团内外的桥梁，是加强兵团与全国、全世界联系的纽带，是拴心留人的有效措施，是促进屯垦戍边新型团场与和谐兵团建设的一支重要力量。

二、组织开展各级领导干部的旅游理论知识培训和加强旅游宣传是当前加快兵团旅游业发展的两项重要举措

正确路线确定以后，干部就是决定因素。将兵团各级领导干部的思想认识统一到兵团党委、兵团关于旅游业发展和旅游工作定位上来，让他们从兵团在新时期、新的历史条件下长期稳定发展的客观需要，以及旅游业对兵团及各师、团经济社会发展的重要作用，来充分认识到加快发展旅游业的必要性、重要性、紧迫性和可行性。具体方式应该灵活多样，如将旅游理论作为兵团和师级党校党政干部培训的一项内容，专门举办师团党政干部旅游理论培训班，以会带训在有关工作会议上搞旅游专题讲座等。

兵团在继续积极开展面向外部和市场的旅游产品宣传的同时，由兵团党委宣传部牵头、兵团旅游局配合，组织《兵团日报》、兵团电视台等主流媒体，开辟专栏、组织材料，面向系统内部广大干部职工，开展旅游知识、旅游发展情况的集中、连续宣传，为加快兵团旅游业发展营造氛围、奠定基础、创造条件。

三、争取土地政策加快兵团的旅游资源开发和项目建设

旅游景区点开发建设和经营管理已经被国家列为西部大开发产业政策的优先类，新疆很多自然景观、历史景观等旅游资源，在没有开发利用之前都处于国有荒地中。一旦要进行开发利用，往往就按照行政区划当然成为所在州地县的地方资源，兵团或其他方要去开发利用就会因国土资源权属而产生纠纷、阻力，而地方往往又一时没有能力开发，这对国家和新疆旅游持续快速发展很不利。

通过招商引资，利用外部资金、技术、机制来加快资源开发和经济发展，是国家特别是中西部地区的成功经验，自治区党委、政府和各部门、各地市州县都非常重视招商引资，兵团作为自治区的一个组成部分，在新疆旅游资源开发利用方面还占有地利优势，完全能够和应当更好地发挥作用，以加快新疆旅游资源的开发利用和旅游产业的发展。

因此，建议兵团正式呈文请示国务院，按照农牧业、水利、矿产等用地确权划拨的政策和方式，根据兵团的建议和要求，将一些旅游资源开发项目的国有土地使用权划拨并确权给兵团及其所在师、团，核发国有土地使用证。

四、适应兵团旅游业发展的实际需要，加强旅游工作力量

（一）兵团目前的外事、侨务、侨联、旅游合一的行政管理机构，已经不适应兵团对旅游产业和旅游工作的新定位，很难满足兵团旅游业发展和旅游工作的需要

1. 现行机构设置是在上一轮机构改革中，根据当时对旅游业作为一个服务性和发挥促进国内外交往功能作用的定位，与外事、侨务合在一起，以便密切配合、形成合力。兵团各级通过这种模式来理解兵团旅游工作定位，将其作为一般性的接待服务和事务性工作，由此产生的师级旅游行政管理机构设置格局为，一个师（六师）将旅游局作为事业机构单设，两个师（一师、十二师）归入经济和产业口（与商务、招商）合设旅游局，一个师（八师）参照兵团模式（与外事、侨务）合设旅游局，一个师（建工师）没有设，其他九个师都是在办公室挂个牌子。这样的机构状况必然产生的工作状况是，有旅游方面的工作就当作办公室的事务，临时组织布置和应付一下，旅游工作基本没有正常化。

2. 这种模式还直接影响到兵团旅游运行机制从接待型向产业型转变，导致一些旅游发展条件比较好、积极性比较高的师团，其旅游发展得越快越好接待负担就越重的恶性循环，使得很多同志，特别是师团领导，在疲于应付接待、费用

捉襟见肘的情况下，对旅游的功能特性和作用产生了疑问，直接影响到《关于加快兵团旅游业发展的意见》等方针政策的贯彻落实。

3. 就全国来看，各省级旅游局、大部分地市州级和一半以上的县市旅游局不仅早就单独设立，而且在最近几次机构改革中，多通过加强职能、增加内设机构和人员编制、从事业单位转为行政机构乃至进入政府组成序列等，力量不断增强，地位得到提升。兵团旅游局作为省级旅游局的工作职能基本全面到位，应该尽快采取措施予以强化，师级旅游局也要尽快采取措施实现工作的正常化。

4. 进入新世纪后，兵团旅游组织领导和行政管理工作一直在不断加强。在原来仅一块牌子一个处四个行政编制的基础上，2002 年批准设立全额拨款事业单位的兵团旅游质量监督管理所（5 个事业编制，2008 年年初被批准参照公务员管理），2003 年批准设立自收自支事业单位的兵团旅游教育培训中心（5 个事业编制）。2004 年机构改革中，在机构升格的同时，内设处级单位增加为 2 个，行政编制增加为 6 人。2006 年还成立了兵团旅游协会，其秘书处聘用了 3 名工作人员。2007 年兵团正式成立了旅游产业发展协调领导小组，主管副司令员和副秘书长分别任组长和副组长，兵团机关 13 个部门为成员单位。

5. 加强兵团旅游行政管理工作的产业基础条件基本具备。进入新世纪，兵团旅游产业规模持续快速扩大，作为省级旅游单元的形象初步形成，目前有旅行社 120 家，旅游星级饭店 50 家，各类旅游景区景点 120 个，与西藏、青海、宁夏等不相上下，在新疆基本是四分天下有其一。通过出台《关于加快兵团旅游业发展的意见》和《兵团旅游业发展总体规划》，兵团对旅游业的定位做出了调整，旅游被作为兵团的重要服务性产业，旅游行政管理不再是简单的服务性工作，而要承担起旅游产业组织促进和生产力培育等重任。所以，单独设立兵团旅游局的基础和条件已经成熟。

（二）单设兵团旅游局的具体方式

旅游局保持正师级行政机构规格不变，内设机构在现有 2 个处和办公室的基础上再增加 2 个处，分别为教育培训处、资源规划处、行业管理处、市场促进处 4 个处和 1 个办公室（加挂政策法规处牌子），每个处 4 个编制，其中处长（主任）、副处长（副主任）各 1 名；公务员编制增加到 25 名，其中局长 1 名、副局长 2 名、党组成员兼纪检组组长 1 名，办公室增加 1 名处级干部职数专门负责党务和工、青、妇工作；外加旅游质量监督管理所、旅游教育培训中心 2 个处级事业单位和兵团旅游协会秘书处，工作人员队伍可达到近 40 人。

五、将旅游宣传促销和项目规划费用列入兵团年度财务预算

由于旅游活动、产品、效益的综合性特征，旅游宣传营销一直是各国、各地区政府旅游行政管理的一项主要职责，而加强旅游资源项目开发建设规划、科研、论证等前期工作和支持基础配套是促进旅游资源开发和产业发展的成功做法。因此，国家用建立旅游发展基金、各省市采取建立旅游发展基金、在预算中安排年度旅游宣传促销经费和旅游资源项目补助费等方式，来给旅游业发展以资金支持。其中，省市的资金数额多在每年千万到数千万元不等，四川、山东等大省则在数亿元，自治区和乌鲁木齐市为一两千万，大体与宁夏、青海、甘肃、内蒙古、贵州、西藏等西部落后省区相当。

考虑到目前的实际需要和兵团财务负担重等因素，建议“十一五”期间每年安排年度旅游宣传促销经费200万元和旅游资源项目补助费300万元，到“十二五”分别增加到400万元和600万元。具体使用时，由旅游局按年度预算，逐项报请兵团主管领导批准，由财务局拨付并监督使用。

六、建设兵团旅游大厦

按照旅游行政管理工作面向企业、产业、消费者和各师、团等特点，同时更好地塑造宣传兵团旅游形象，建议建设兵团旅游大厦，将兵团旅游的行政管理、质量监督、教育培训、信息咨询等集中到一起。还可以采取出租等方式，让兵团的骨干旅行社集中到大厦里，或者在其内设立门市部、营业部，请重点景区、重点师团、外地的中高星级酒店在大厦设立联络处、办事处，作为宣传展示和联络服务的窗口。

资料3

兵团和新疆旅游品位高、垄断性强、前景广阔

——访兵团旅游局副局长蔡家成

本刊记者吴懿萧 秋风送爽，阳光和煦。10月20日，记者踏着轻松的脚步，走访了国家旅游局援疆干部、兵团旅游局副局长蔡家成博士。蔡博士戴副眼镜，南方口音，显得非常干练。礼貌地倒了杯茶水，让我落座，便侃侃而谈起来。他来疆工作仅一年多的时间，但说起兵团和新疆的旅游却了如指掌，如数家珍。

他说，新疆的旅游资源非常丰富，从国家最近公布的资料来看，最美的沙漠，新疆占了两个——塔克拉玛干大沙漠和古尔班通古特大沙漠，最美的草原新

疆占了一个——伊犁草原，最美的冰川新疆占了两个——托木尔和特拉木坎力，最美的湖泊新疆占了一个——喀纳斯湖，最美的雅丹地貌新疆占了三个——乌尔禾、白龙堆和三垄沙，如此美轮美奂的自然景观是国内任何省份都不可比拟的，再加上新疆地域辽阔、边境线长、周边国家多，处于和中亚及西欧的中转地带，蕴含着很大的旅游潜力。

对于新疆旅游资源，蔡局长进一步分析说："就其特点来说，新疆的自然旅游资源存在着'大''奇''特''美'几个特点。国内凡到过新疆的人都会惊叹新疆之大，占全国面积的1/6。人们常说，不到新疆不知中国之大，由于面积的宽大，又与8个国家接壤，有着全国最长的边境线，所谓'大'，就不仅指地域辽阔，更在于其雄伟的高山雪峰和壮美的沙漠戈壁，新疆有世界第二、中国第一的大沙漠，有大冰川、大草原、大湖泊，形成了旅游者的宏大视野。

"'奇'是新疆旅游业的又一特点。新疆有古老的雅丹地貌，有库车大峡谷，有世界第二高峰的慕士塔格峰，有三千年一轮回的胡杨树——活着不死一千年，死去不倒一千年，倒下不朽一千年；还有神话《西游记》中的火焰山、流沙河、女儿国……以及班超、张骞、林则徐、徐松、左宗棠等历史名人足迹所至的地方，这些都给旅游者带来憧憬与向往。这个'奇'既是历史的，又是自然和人文社会的。

"'特'，人们的感觉恐怕更为直接，全国56个民族，新疆占了13个，其中维吾尔族的歌舞，哈萨克族的刁羊、赛马、姑娘追，蒙古族的摔跤，锡伯族的射箭，都是最富有特色的人文旅游项目。清真寺、蒙古包、鹰笛、冬不拉、热瓦莆，还有刀郎人、阿肯——哈萨克弹唱诗人、'十二木卡姆'等，都构成了极富特色的民族风情及异国情调。新疆还有全国最大的自治州（巴音郭楞蒙古自治州），有十几个民族自治县，每个自治区域都是一幅最具特色的民俗画。

"谈到'美'，它更是新疆旅游业的强项了，新疆景物的雄伟、大气、恢宏，是在其他省市区很难看到的。有着遥远地平线的大漠，天水一色的赛里木湖，高山出平湖的天池，还有苍凉古老的高昌交河故城，给人以浑厚、雄奇的沧桑之感。

"此外，新疆除了阳刚之美外，同样也具备阴柔之美，如号称塞外江南的伊犁河谷，乌什燕子山，则表现出小桥流水的江南风光。阳刚之美与阴柔之美在新疆兼而有之，以阳刚为主，以阴柔为辅，这是在全国旅游景点中所不常见到的。"

阐述了新疆的自然资源和旅游业的特点后，蔡博士指出，中央对新疆的旅游业十分重视，2004年全国旅游工作座谈会在新疆召开，有力地推动了新疆旅游业的发展，加速了新疆和长江三角洲、珠江三角洲等东南沿海旅游业比较发达地区的协调合作。

在人力和物力上，中央对新疆也做了倾斜。1999 年中央首次派出大批干部援疆，国家旅游局就派人到自治区旅游局任职。2002 年第二批干部援疆，专门增加新疆生产建设兵团及其有关师团单位作为受援对象，其中国家旅游局有两名干部分别到兵团和吐鲁番工作。2005 年第三批干部援疆时，国家旅游局继续派出两名干部分别到兵团和阿勒泰地区任职。此外，2001 年国家实行西部大开发战略之初，国家旅游局就在乌鲁木齐举行了全国性的中国国内旅游交易会。

蔡博士说："旅游业被作为新疆六大支柱产业之一来培育发展，2006 年的旅游工作会议更提出要将旅游业作为新疆重要的支柱产业。国家旅游局也将一如既往地支持新疆把旅游业做大做强。"

话题回到了新疆兵团旅游业上，蔡博士回顾了兵团旅游事业的发展过程。他说："1995 年至 2004 年，兵团旅游业属兵团外事局侨务办公室管辖，其级别与地位都较低。到了 2004 年，兵团开始把更多的注意力放在了旅游上，在机构和人员上都有大幅度增加，处级机构由 1 个增加到 4 个，行政事业编制人员由 4 人增加到 17 人。这就说明兵团旅游业得到了更多的重视、更大的支持，地位进一步提高。2006 年下半年，兵团批准由办公厅发布实施《兵团旅游业发展总体规划》，兵团旅游业发展'十一五'规划也由兵团旅游局和发改委共同印发实施。《兵团加快发展旅游业的意见》即将出台，兵团旅游工作会议将于 1 月下旬召开，计划邀请国家旅游局领导出席指导。这样，兵团未来 5 年到 15 年旅游业发展和旅游工作的政策方针、目标任务、战略原则、对策措施都明确了。"例如，在旅游业发展的任务方面，兵团将围绕"中国屯垦旅游"主体品牌，重点建设五大旅游区、五条重点线路、五大口岸集散中心、五个依托城市、四大旅游基地、二十个重点景区和二十个旅游小城镇。其中，五条重点线路分别是丝绸之路旅游国线，西部边境旅游金线，乌鲁木齐—伊宁旅游干线和南疆沙漠、北疆旅游两条环线。

兵团旅游业的独特之处是什么呢？蔡博士认为，兵团是承担屯垦戍边神圣使命的特殊组织系统，有着高度的组织性。50 多年前，王震将军和他的 22 兵团接受中央和毛泽东主席的命令，担负起"屯垦戍边"的伟大历史使命，铸剑为犁，以身作盾，用生命和汗水创造出戈壁变绿洲、荒原起新城的壮举。新城石河子、五家渠、阿拉尔、北屯、图木舒克等，便是艰苦创业白手起家的典范。石河子有"军垦博物馆""军垦第一连"、王震纪念碑等传统教育基地，它将和瑞金、延安、井冈山、孟良崮一样，成为人民缅怀革命先烈、重温峥嵘岁月的红色旅游经典。

兵团旅游业的另一个定位便是“边境旅游”。兵团 14 个师、170 多个团场，有 54 个在边境线上，这些团场和连队与蒙古、哈萨克斯坦、俄罗斯、塔吉克斯坦、吉尔吉斯斯坦、巴基斯坦、阿富汗和印度等 8 国接壤。第二欧亚大陆桥是连接中国与中亚、西亚、欧洲各国的纽带，边境旅游有着非常深远的发展潜力。我国旅游将要形成“东进西出”的战略格局，而兵团边境团场便是连接内陆和中亚、西亚、欧洲各国的桥头堡、中转站。

最后，蔡博士对兵团旅游业的未来前景做了展望。他说，兵团旅游业还是一个新兴产业，目前要加强内部的培训交流和外部的宣传造势。对内要建立旅游专业院系和培训中心，培养旅游专业人才。对外充分利用资源优势，大打红色旅游、特种旅游、边境旅游之牌。现在兵团有 80 家旅行社和 29 家星级宾馆，这是兵团旅游业的基本队伍。兵团将更快地扩展旅游产业规模，使它形成集约化、产业化，使旅游业成为促进兵团经济社会发展的重要力量。

告别了蔡博士，走出兵团旅游局办公室，外面一片灿烂的阳光。在我的眼前，似乎辉映出新疆和兵团旅游业的辉煌蓝图。

资料 4

旅游与新时期的屯垦戍边事业（讲座提纲）

一、屯垦戍边事业进入了全新的历史发展阶段

（一）大背景

从自然经济、计划经济到商品经济、市场经济。

（二）新定位

三大作用：兵团是推动改革发展、促进社会进步的建设大军，是增进民族团结、确保社会稳定的中流砥柱，是巩固西北边防、维护祖国统一的铜墙铁壁。

（三）新课题

如何处理好屯垦与戍边、特殊体制与市场经济、兵团与地方三大关系。

（四）新目标

发展壮大兵团，致富职工群众。

（五）新任务

新型工业化、城镇化、农业产业化“三化”和建设屯垦戍边新型团场。

（六）新选择

市场化条件下的屯垦戍边事业——屯城戍边、兴业戍边。

（七）新道路

融入全国，走向世界。

二、旅游在新时期屯垦戍边事业发展中的作用

（一）旅游业的主要功能特性

1. 旅游是和平的使者、友谊的桥梁——加强内外交往，促进兵团融入全国、走向世界。

2. 旅游是服务业的龙头和国民经济的重要产业——促进兵团的“三化”和屯垦戍边新型团场建设。

3. 旅游是文化社会功能强的事业——促进就业，平衡收入差距，改善、提高居民生活质量，拴心留人，促进人的全面发展和自由解放。

（二）旅游业与干部职工生产、生活、未来的关系

1. 促进兵团农副土特产品和轻工业产品的宣传销售——旅游是特色产品最有效的宣传、直销渠道。

2. 为兵团职工及其子弟就业和再就业提供岗位——旅游是劳动密集和就业容量大、成本低、层次多、覆盖面广的行业。

3. 增加职工创收增收渠道——提高职工群众的收入和生活水平。

4. 促进兵团团场城镇服务业和城镇经济发展——改善职工的生活条件，优化职工的生活环境。

5. 促进职工群众与外部世界的交流交往——对其提高生产生活水平和文明素质、塑造崭新的精神风貌发挥积极促进作用。

6. 边境团场、偏远贫困团场——通过开发边境旅游、农牧业旅游、乡村旅游等，可以加快脱贫致富步伐。

7. 加强兵团在国内外的宣传交流和促进兵团经济社会事业发展——为兵团职工及其子弟物质文化生活水平持续不断提高奠定坚实基础，为其创造美好的未来创造条件。

（三）旅游业与兵团各项工作、各行各业的关系

与旅游直接相关的部门33个，直接和间接相关的部门109个。

1. 与交通、城建、环保、文化、教育、卫生、人口等事业的依托和促进关系。

2. 与农业、牧业、林业、轻工业、商业、服务业、劳动就业、民政、宣传等部门的相互促进关系。

3. 与财政税收、发展改革、公安、工商、质监、安全生产等综合部门的相互制约关系。

三、新疆和兵团旅游发展的良好机遇

（一）中国旅游业持续快速发展

1. 紧紧抓住有利时机：改革开放、全球第三产业和服务业快速崛起、国民经济战略性调整、人民物质文化生活水平快速提高、建设小康社会与和谐社会、实行科学发展观——旅游消费需求巨大，加快发展要求强烈。

2. 各级党委政府和社会各方面重视支持——成功实施政府主导型发展战略。

3. 科学选择了超常规发展道路——非均衡发展理论和反顺序成长规律的成功实践。

（二）新疆和兵团加快发展旅游业的机遇和条件有利

1. 国家实行全方位开放战略——从口袋底变成前沿阵地和桥头堡。

2. 上海合作组织和大陆桥国家加强全面合作——弥补新疆和兵团旅游区域内基础市场规模和支撑能力不足的严重缺陷。

3. 西部大开发与支持边疆民族地区发展——“马无夜草不肥、人无偏财不发、业非殊遇不兴”，党中央、国务院越来越重视新疆和兵团的发展与繁荣稳定。

（三）兵团发展旅游具有可行性和必要性

1. 资源条件——转变资源观与自身拥有的和可以依托借用的资源很多很好。

2. 交通和基础配套——加快发展接续产业对交通基础建设的重要性和紧迫性。

3. 产业结构调整优化与发展旅游——市场、区位、交通运输与经济技术条件迅速并将继续优化。

四、兵团旅游定位

（一）我国和各地区关于旅游产业的定位——第三产业龙头、新经济增长点、扩大就业的重要途径、思想政治教育的创新性手段、国民经济的重要产业与支柱产业、先导产业、重点产业、优势产业、特色产业。

（二）旅游成为兵团支柱产业是将来的事。

（三）兵团旅游的行业、产业、地区、国家定位——窗口、龙头、方面军与集团军。

五、兵团旅游业发展的基本方针——大力发展边境旅游，积极发展国内旅游，巩固提升疆内旅游

（一）边境旅游是兵团和新疆旅游的战略突破口——兵团和新疆发展边境旅游条件和机遇优良，边境旅游对增强兵团和新疆旅游吸引力、竞争力作用重大，可以形成“一样的国内旅游不一样的感受”“一样的边境旅游出国旅游的全新感受”等具有吸引力的主题品牌。在出国旅游发展仍然受到制约阶段，加快边境旅游发展对新疆和兵团尤为重要。

（二）以三大经济圈为重点的国内旅游是兵团和新疆空间很大的目标市场，需要加大力度培育开发。

（三）并不稳固的基础市场——疆内和周边省区人口和经济规模小，居民收入和消费水平比较低，旅游消费需求不大且短期内难以改变“一江春水向东流”的态势。

（四）发达国家和其他国家是兵团和新疆需要高度关注的潜力和导向市场——旅游开发建设、管理服务的起点和目标要高。

六、兵团旅游的主要战略

（一）品牌创新战略

“中国屯垦旅游”是兵团旅游的主体品牌。兵团要围绕这个主体品牌开展推广营销并进行产品品牌、企业品牌等专业品牌、专项品牌的塑造，兵团以“绿洲”、“军垦”等专有资源创立专业专项旅游品牌的条件和基础比较好。

（二）融合发展战略

依托性和资源共享是兵团旅游业的一个主要特点。因此，兵团加快培育旅游产业的基本工作方针就是依托自治区等各方、各地的资源项目，加快建设发展旅行社和旅游住宿、餐饮、娱乐、购物等产业，兵地融合，互利双赢。

（三）精品建设战略

出精品、名品、绝品是各地发展旅游追求的共同目标。兵团旅游要本着党政组织的品牌策划宣传“少而精”和师、团、景区、企业组织开展的宣传推广活动“多多益善”的原则来加快品牌塑造提升。在资源开发与项目建设上要多练软功，突出策划、包装、挖掘、利用，现有的五彩湾、军垦博物馆、怪石峪、彩棉基地等项目要发挥带头示范作用。

（四）区域带动战略

经济社会发展是均衡与非均衡并行。因此，兵团在发展旅游方面要走“实施重点师市突破、带动整体发展”的路子，从区域平衡、经济实力、城市化水平、资源基础和产业发展条件等因素来选择确定重点，同时贯彻“突出重点、兼顾一般”的工作原则。

七、兵团旅游的空间布局——一个电话号码：5555422

（一）五区

乌鲁木齐—石河子核心旅游区、塔克拉玛干大漠风光旅游区、西部边境旅游区、南疆民族文化边境旅游区、哈密丝路旅游区。

（二）五线

丝绸之路旅游国线、乌鲁木齐—伊宁旅游干线、西部边境旅游金线、南疆旅游环线、北疆旅游环线。

（三）五口岸

乌鲁木齐、哈密、喀什、伊宁、阿勒泰。

（四）五城

石河子、五家渠、阿拉尔、图木舒克、北屯。

（五）四大基地

军垦文化旅游、现代农业旅游、西部边境旅游、绿洲生态旅游。

（六）二十景

二十个重点旅游景区。

（七）二十镇

二十个旅游小城镇。

入选条件：资源品位高、基础配套好、区位组合好、软环境优越。

八、对六师五家渠市旅游的基本评价和初步意见（见正文 P141）

结束语

——旅游是新时期屯垦戍边事业发展的重要促进方式，在“发展壮大兵团、致富职工群众”上的作用独特，是宣传、展示、光大兵团事业、兵团精神、兵团文化的美丽窗口。

——旅游是改善、美化兵团人生活，改变兵团人精神风貌的重要力量。

——旅游与兵团干部职工的昨天、今天和明天关系密切，与城市建设、经营、管理高度相关，既拴心留人，又着眼长期全面发展。

——人人都是旅游人，事事皆关旅游情，处处都念旅游经。

第八章　跨区域旅游发展

旅游活动大多是跨区域的，旅游资源开发和目的地建设往往也就是跨行政区的。作者在分析研究旅游发展问题时，很关注跨区域旅游目的地建设和发展。本章就跨省级行政区的长三角、大别山、丝绸之路和西部地区四个区域旅游开发、发展和规划，从不同角度进行一些分析说明。

第一节　长江三角洲

区域旅游发展趋势与区域经济社会发展水平密切相关。长江三角洲地区是我国经济社会发展和工业化、城市化、现代化水平最高的区域之一，其旅游发展趋势和特征对我国旅游在新世纪的发展具有重要的先导、示范效应。由经济社会发展水平所决定，当前长江三角洲地区的旅游发展，在功能作用、开发建设目标和基本形式等方面，都会呈现出与全国大部分区域，特别是与尚处于大开发中的西部地区完全不同的趋势。其中最主要的趋势有：在客源市场定位方面将以区域内市场为主，同时兼顾区域外市场；在旅游发展目标方面，将以社会效益和环境效益为主，兼顾经济效益；在产品开发建设方面，是休闲度假、商务会展和游览观光并重；在开发建设和发展的组织形式方面，是区域内的合作、联合和协调将不断加强。

一、以区域内市场为主，兼顾区域外市场

长江三角洲是目前阶段我国规模最大、人口最多、实力最强的经济区，将率先全面建设成为小康社会和实现现代化。其经济社会发展和居民生活水平的提高，其中特别是城乡建设、环境保护、消费需求、产业优化、影响扩大、形象塑造、声誉提升等，使得区域内各省、市、区、县加快旅游业开发建设和发展的要求普遍增强。与全国大部分地区，特别是中西部相对贫困、经济社会发展水平比较低的地区比，长江三角洲地区各省、市、区、县发展旅游的主要目的有本质性

不同。中西部地区发展旅游业主要是要吸引外部游客去旅游，以增加旅游收入和劳动就业机会，兼顾区域内居民的旅游需求。长江三角洲地区发展旅游，则首先将是满足区域内居民的旅游需求，以提高居民生活质量，同时吸引区域外游客和组织区域内居民外出旅游。

决定旅游者出游的因素主要有三个，即旅游欲望或需求、支付能力和可自由支配时间。对于经济社会发展水平比较高的地区的居民来说，收入水平和生活质量的提高，以及不断提高自身素质的要求，决定了其旅游消费的欲望、需求旺盛，且会不断增强，旅游消费支付能力也比较强。经济社会发展水平高，人们的工作和生活节奏都比较快，很多人在工作和生活中的压力也比较大，需要经常性地改变生活方式，外出旅游成为最主要的选择。因此，在这些区域可自由支配时间的影响增强。目前，对于我国大部分居民来说，只能选择周末、假期外出旅游，我国居民可以利用的长假期只有春节和“十一”，而“小长假”和大周末加起来每年却有 50 多个，此期间在区域内及周边进行近距离旅游将是大部分人的必然选择。所以，长江三角洲在率先实现全面小康和现代化的同时，旅游消费也将普遍化、大众化，区域内近程旅游将成为该地区最主要的客源市场。与长江三角洲地区居民旅游选择问题道理相同，区域外（包括国内其他地区和国外）居民到长江三角洲地区旅游，因属于中远程旅游，受时间和费用影响，数量不可能与区域内相比。

二、以社会效益和环境效益为主，兼顾经济效益

功能和市场定位决定了旅游发展的目标定位。从区域整体看，长江三角洲地区旅游发展的总体目标将以社会效益和环境效益为主，同时兼顾经济效益。如上所述，长江三角洲地区各省、市、区、县发展旅游的主要目的，是以满足本地区居民不断增长的旅游消费需要为主，就整体看以区域内市场为主。这样，通过旅游业从区域外部获取的净收入有限，旅游产业总收入和企业经营收入当然会不断增长，因此，增加区域经济利益不会成为主要目标，旅游再怎么发展，主要还是收入在地区内部流动，到其他地区旅游的发展还是净收入的溢出。

长江三角洲地区以区域内市场为主、同时兼顾出入区域市场来发展旅游业，具有重大的现实意义和深远的历史意义。第一，这种方式将提高区域内居民的生活质量和综合素质，能够更好地实现满足人民不断增长的物质文化生活需要这一社会主义生产的根本目的，并与促进人的自由解放的人类进步目标趋于一致。第

二，这种方式能够促进人的素质特别是综合素质的不断提高，为区域生产力发展提供高素质的劳动力。第三，这种方式能够美化城乡环境，加强生态建设和环境保护，进一步改进区域内生活和生产环境、条件，促进可持续发展。第四，能够扩大地区影响，提高地区声誉，为区域经济社会进一步发展创造更好的外部环境。第五，加强人员往来和信息交流，增进了解和友好感情，促进民族团结和进步。

旅游最本源、最主要的目的是促进交往、加深理解和感情、满足人的精神文化生活需要，其经济功能只是在一定发展阶段所具有的特性，因此，旅游所承担的经济功能、所发挥的增加收入等作用也是具有相应的历史阶段性的。实际上，美国、日本、德国等发达国家都是以出境旅游为主，其旅游业的主要功能和作用都不是直接获取旅游收入，主要目标不是实现经济效益，而在于扩大国家在国际上的影响，增加国民阅历和提高国民素质，促进国际交往等，以社会效益为主要目标。随着经济社会发展水平的不断提高，我国旅游业的总体目标也会相应调整。因此，作为发展水平最高的区域，长江三角洲地区率先在旅游发展总体目标上做出调整是必然的，是其先导性的重要体现。

三、休闲度假、商务会展与观光游览并重

旅游发展目标、旅游功能和市场定位决定了旅游产品开发建设的目标。长江三角洲地区以区域内市场为主以及区域经济社会发展的状况及其需要等因素，决定了其旅游产品在总体上必然是休闲度假、商务会展和观光游览共同发展。

以区域内近程旅游为主，意味着旅游需求以休闲度假、康体娱乐为主，回头客重复消费比重高，而其中的大部分不可能一而再、再而三地去观赏同一景观。中远程市场则以观光游览为主要旅游目的，回头客重复消费比例比较低，且会随旅游距离拉长而不断降低。同时，长江三角洲地区的资源、气候条件也比较适宜发展休闲度假旅游，青山绿水俯拾皆是，空气清新、气候宜人之地遍布城乡，加上在度假区、度假设施建设和管理、服务方面有比较强的经济技术支撑能力，决定了其开发建设高水平、高质量的度假型产品也具备比较优越的条件。长江三角洲地区各项经济社会事业繁荣，规模大，水平高，区域内外和国内外商务往来、经济交流频繁，国际、国内各种类型的会议、展览活动众多，商务、会议、展览设施、条件国内一流，有关的组织、管理和服务规范高效。需求与供给结合，软件与硬件配套，决定了商务会展旅游必然成为长江三角洲地区主要的旅游活动和

旅游产品。但是，度假和商务会展旅游本身就包含游览观光，区域外中远程入区旅游仍将以观光游览为主，所以，观光型产品也将相应不断得到发展。

从开发建设和发展看，观光、度假（含休闲和娱乐）、商务三大主流类型旅游产品和康体、运动等专项性产品在长江三角洲的地位会发生阶段性变化。近期，商务会展和以娱乐为主的度假产品快速发展，但观光仍居举足轻重的地位，休闲度假快速发展，专项产品仅占有一定地位，旅游产品结构顺序为观光、商务和度假以及专项产品；中期在休闲、娱乐和短期度假迅速增长和商务会展地位继续上升的同时，观光型产品仍占有重要地位，康体、运动等专项性产品地位也逐步上升，旅游产品类型结构顺序将逐步变化为商务、度假、观光加专项；最终，随着商务会展、度假休闲产品的进一步发展，长江三角洲旅游产品的结构将形成度假、商务、专项加观光的崭新格局。

四、区域内合作、联合和协调将不断加强

在全球经济一体化和国际、国内区域性合作不断增强的大背景下，作为自身就具有很强分工协作和协调合作特性的旅游业，在我国经济社会发展和现代化水平最高的长江三角洲地区发展，必然会形成区域内不断加强合作、联合和协调发展的趋势。

进入20世纪中叶以来，国际间的经济技术合作不断增强，区域性经济、技术、政治和战略合作组织的作用越来越重要。欧洲煤钢共同体发展成欧洲经济共同体，进而发展成欧洲联盟，石油输出国组织、亚太经济合作组织和阿拉伯国家联盟、东南亚国家联盟的产生和发展，亚洲东部的大湄公河区域合作开发和图们江区域开发，都表明国际间的合作和联合的趋势日渐增强。旅游活动本身就是以促进人们跨区域交往为主要任务，其生产与消费的时空统一性需要生产者与消费者协调配合，旅游生产活动本身也需要规划、设计、投资、建设施工、咨询论证、策划包装、组织接待、宣传销售、信息服务等各环节、各方面的协调配合，旅游产品作为组合性产品更需要各要素成龙配套、有机结合。

长江三角洲地区已经形成了很好的经济技术合作基础，旅游合作也不断增强。长江三角洲是我国最主要的旅游客源地和目的地，是我国旅游生产力发展水平高、市场机制比较成熟的区域，上海、杭州、苏州等城市一直是我国重要的旅游城市，城市之间的旅游合作做得更好。从区域整体看，长江三角洲旅游的资源、产品具有很强的相关性和互补性，历史文化与现代文明相结合，山水景色与

古典园林相结合，人民生活的富足欢乐与宗教世界的肃穆庄严相结合，古运河与高速公路、电气化铁路交错穿行，高楼大厦毗邻水乡古镇等，相互之间虽具有竞争关系，更主要的是互补。产品和产业结构雷同一直是旅游业所要避免的，要在长江三角洲地区建设高水平的成熟旅游区，使之在新世纪的中国旅游发展中起示范带动作用，就必须通过区域内各省、市、区、县的协调配合，以编制区域旅游开发建设和发展规划等方式，来搞好内部的区域分工，增强旅游产品、项目的协调互补性及整体功能。

五、长三角旅游将对全国旅游发挥重要示范带动作用

历史上，长江三角洲地区一直是我国经济发展的核心区域。从封建王朝时代的“苏湖熟、天下足”到“上有天堂、下有苏杭”的妙喻，从中国早期的资本主义萌芽到近现代工业的诞生地，其所创造的物质文明和精神文明成果，沿长江黄金水道和京杭大运河，向西向北传向中原内地和全国。从旅游业来看，我国第一家旅行社就诞生在上海。今天，以上海为龙头的长江三角洲地区在经济社会发展方面对全国的示范、带动作用更为突出。因此，其在旅游开发建设和发展方面也将发挥更为重要的示范带动作用。为了发挥好示范带动作用，长江三角洲地区在旅游资源和产品开发，旅游区和旅游设施建设，旅游规划及旅游项目设计，旅游活动策划包装和产品宣传销售，旅游组织接待和服务，旅游行业管理和制度建设等各个方面，均需加强探索、创新。其中，在旅游产品开发方面，度假、休闲娱乐、会展奖励等产品在我国现阶段就具有很强的创新性，度假区规划、设计和开发建设，主题公园、展览中心、会议中心的规划、建设和管理，会展商务旅游、度假休闲旅游、康体娱乐旅游的组织、接待和服务等，也都需要摸索经验，形成规范和制度。这些都将成为全国其他地区借鉴、学习的对象。

第二节 大别山区

一、大别山旅游的性质定位

大别山旅游的定位是“四山”，即“大别山是神奇的山、秀美的山、革命的山、英雄的山”，所有的旅游资源开发、项目建设、线路设计、形象塑造、市场宣传，都围绕“四山”展开。如开发面向周边和国内旅游市场的自然旅游、生

态旅游、农业旅游、森林旅游、娱乐度假旅游，就是突出“秀美的山”这个主题；开发文化观光、历史考察、革命传统教育、青少年爱国主义教育旅游项目、线路，就是要突出“革命的山、英雄的山”这个主题；这二者共同突出“神奇的山”这个主题。在硬件开发建设的同时，高度重视对大别山各种历史文化资源的挖掘整理，特别要注意在导游词、宣传材料中突出大别山战争年代在战略上的险要地位与在和平建设时期优越的区位条件，即处于华东与华中、北进中原京师、南下长江和珠江的战略要冲之地，四周被数十座全国性和区域性中心城市环抱，区域经济繁荣，市场需求旺盛，交通立体成网。据初步了解，仅大别山的民间文化习俗和传说故事就非常丰富和美丽诱人。大别山的“四山”，比之黄山通过开发建设所形成的“四山”（即安全山、文明山、生态山等）更为宝贵。

二、大别山旅游开发和发展的基本思路

大别山旅游开发与发展，必须采取“政府主导、市场运作、区域联动、统一规划、整体推进、分步开发、内外并重、软硬兼施”的基本思路，以实现大手笔、高起点、高标准、高效率的目标。

政府主导，就是要省、市、县、乡政府牵头组织，承担规划、协调、服务、监督、保障等职责。政府主导是中国旅游业发展的一条成功经验，在大规模旅游开发中更要注意发挥政府的主导作用。这里的政府是包括各级党委、人大、政协等领导、权力、参政议政机关的，不仅仅指各级人民政府。

市场运作是关键，政府主导不能变成政府主办，更不等于政府包办，要运用市场机制、市场化手段、市场性资源来搞开发建设，在开发建设资金筹措、人力资源组织、生产要素配置、项目策划和规划论证、设施设备采购、建设施工、经营管理和服务等各个方面、各个环节，都要力争实现市场化。

区域联动即皖、鄂、豫三省采取协调一致的行动，大别山区所有的市县也都要树立整体开发的观念，单打独斗都避免不了小打小闹和破坏性开发、低水平重复建设的弊端，都会步很多旅游区开发的后尘，都会走弯路。

统一规划是要先联合制定一个大别山旅游开发发展的整体规划，并在实现高质量的前提下，让有关的省市人大审查批准，取得相应的法律基础，并以党委、政府的名义联合发布，政协要组织专家，就规划的编制、论证、实施进行广泛而深入细致的考察、研讨、交流，确保规划的科学性、权威性、指导性和可操作性。

整体推进是在各主要区域开发按规划和计划进行的同时，为旅游和旅游投资、开发建设、经营管理服务的各领域、各环节的开发建设，必须按形成整体旅游生产力和接待服务体系的要求，在时间和空间上协调配合。

分步开发则是针对不同性质、不同内容的项目，在不影响形成现实生产力和接待能力的前提下，可以分出轻重缓急，逐步推开。旅游是可以不断深化内涵、增加类型、提高档次的生产建设活动，很多旅游区、旅游线和旅游项目都是从单一内容逐渐丰富并不断提高档次水准的。

内外并重是指在市场定位上，大别山旅游应该是国内旅游市场和入境旅游市场一并开发，在产品、项目、设施、服务方面要以国内市场为基础、入境旅游为导向，力争标准化、规范化和现代化。

软硬兼施是指在开发建设内容方面既要重视硬件、有形设施、项目的开发建设，更要重视旅游项目的文化内涵、科学原理的开发展示和宣传解释，以及开发建设、经营管理、宣传促销等各方面制度、规范、标准的建设，避免出现“硬件不硬、软件过软”或“硬件硬、软件软”的现象。

三、抢占先机，积极主动地做好大别山旅游开发的有关工作

旅游实际上卖的是牌子，是形象，项目和产品往往成了所依托的手段。因此，抢占先机非常重要，“一招先，招招鲜”。由于大别山旅游的牌子三个省的几十个市县都可以用，就要看谁先做和先做好。目前，国家旅游局应湖北、重庆和四川、贵州四省市要求组织编制的新三峡旅游区域发展规划已完成，正在考虑应四川、云南和西藏的要求组织编制大香格里拉区域旅游开发规划，应西藏和青海要求编制青藏铁路旅游开发规划，应上海、江苏和浙江要求编制长江三角洲旅游区域开发与发展规划。因此，建议立即以安徽省委、省政府的名义，致函湖北、河南省委、省政府，然后三省政府联合致函国家旅游局，请求组织编制大别山及其周边地区旅游区域发展规划。这样，安徽就抢得了先机，可望将战争年代的“鄂豫皖革命根据地”，变成和平建设时期的“皖鄂豫（大别山）自然与人文生态旅游区”，并实现高品质、高水准和在国内外享有盛誉的目标。

出现从“鄂豫皖”到“皖鄂豫”变化的原因，不仅仅在于工作起步早迟，更在于大别山旅游区自身的区位及其与客源市场的关系。我国旅游是从入境旅游起步的，长期以大力发展入境旅游、为国家创收外汇和平衡外汇收支为一项主要任务，入境旅游者的主要入出境口岸是在东部地区，其中上海是区位最优越的入

境旅游口岸。从上海入境的旅游者进入大别山旅游，最便捷的入口就应该是东南部的安徽省。就国内旅游看，华东市场是国内旅游客源规模最大、消费需求最旺盛、支付能力最强、距离最短的客源地，南部的珠江三角洲和北部的环渤海地区均居华东之后，且来大别山旅游的距离相对比较远，西部的中南、西南和西北市场更弱。大别山旅游目前阶段的主要国内旅游市场是在长江三角洲及华东地区，安徽无疑也是最便捷的入出口岸。更不用说同属华东地区所具有的亲和力影响，以及六省一市的经济、社会交往和联系都越来越密切，旅游合作也是水到渠成的事。

更为重要的是，根据中央指示，从2004年年初开始，国家旅游局与中央宣传部、国家发改委牵头，会同财政部、民政部、交通部、铁道部、建设部、文化部、国家文物局等，编制了《2004～2010年全国红色旅游发展规划纲要》（以下简称《规划纲要》），经中共中央、国务院批准后，由中共中央办公厅、国务院办公厅联合向各地各部门印发该《规划纲要》，提出通过规划开发8大主题、12个重点红色旅游区、30条红色旅游精品线路和100个左右红色旅游经典景区，以及设立全国和重点地区的红色旅游协调机构等，来全面推动全国红色旅游的发展，以发挥红色旅游在爱国主义、革命传统、青少年思想品德教育和促进革命老区发展、扶贫开发、生态建设、劳动就业等方面的重要作用。安徽的大别山区、皖南山区是重要的革命根据地和相对贫困落后的革命老区，皖中、皖北、皖东等地的红色旅游资源也非常丰富，是发展红色旅游的重点省份。在该《规划纲要》中，有2个重点红色旅游区、3条红色旅游精品线路与安徽有密切关系，安徽有6个项目被列为全国红色旅游经典景区。其中，在大别山红色旅游区和皖南苏北鲁西南红色旅游区中，安徽都是主要组成部分。大别山红色旅游的开发更具有战略意义，难度相应也更大，需要集中有关方面的力量来全力推动。大别山区3省若干市县的旅游开发与发展势头很好，国家大力推进红色旅游发展，无疑给加快大别山旅游和经济社会的全面发展提供了很好的机遇。因此，建议安徽省以开发和加快发展红色旅游为先导，组织力量、制定政策、采取切实有效的措施，强力推进大别山旅游和经济社会加快发展，使大别山革命老区的面貌进一步发生根本性的变化，以使数百万为中国革命做出重大牺牲、为新中国建设做出巨大贡献的大别山人民快速、全面脱贫致富，使长眠地下的数十万大别山革命英烈含笑九泉。

四、几条具体工作建议

（1）由安徽省旅游局会同有关部门组织、指导，请省内六安、安庆及有关市县抓紧进行安徽大别山区红色旅游及旅游的资源调查、基础资料准备和项目策划、选择、论证等，为开展大别山红色旅游及旅游和整体开发战略研究与编制规划奠定基础。

（2）请安徽省政府安排专项经费，由政府办公厅牵头，协调、组织省委政策研究室、文献研究室、省政府发展研究中心、省社科院、省社科联、安徽大学等科研机构和高等院校的专家，开展大别山红色旅游、旅游及经济社会发展的战略研究。

（3）请安徽省发改委、旅游局共同牵头，会同湖北、河南2省和省内的国土资源厅、交通厅、建设厅、文化厅、教育厅、环保局、老区办和六安、安庆2市及其有关市县等，在战略研究的基础上，研究编制《2006～2020年大别山红色旅游及经济社会发展总体规划》及《三年行动计划》。此项工作可以皖、鄂、豫3省共同请国家旅游局进行组织、协调、指导。

（4）抓紧研究设立"大别山大学"和"大别山战略研究中心"。考虑到六安市将成为大别山下重要的城市、进出大别山的重要交通枢纽、大别山旅游的主要集散中心和综合服务基地，可以以皖西学院等为基础，整合有关教育资源，在六安市建设"大别山大学"，"大别山战略研究中心（或大别山战略研究院）"可以单设，也可以在大别山大学中设立。

第三节　丝绸之路沿线

国家旅游局正在组织编制的丝绸之路旅游规划，将对丝绸之路旅游产品的提升及其沿线区域旅游发展发挥重要指导和促进作用。从性质上看，丝绸之路旅游规划应该是产品和线路规划，以此为出发点来确定规划任务和目标。

一、丝绸之路旅游规划的性质

丝绸之路旅游规划是以线路、产品规划为主，兼顾区域协作和项目的空间布局。作为跨区域、大尺度的区域旅游总体规划，丝绸之路旅游规划如果以开发建设为主，由于缺乏合适的实施主体，其实施就会存在很多问题和困难。如果以地方政府为实施主体，丝绸之路涵盖的"六省（自治区）七方"都是独立和地位相同的行政实体，各自从本地区、本系统的实际和利益考虑是必然的，协调工作量和难度就会很大。如果以中央政府或其主管部门如国家旅游局为实施主体，由于在社会主义市场经济条件下，我国的旅游投资开发建设和经营管理已经高度市场化，在投资、项目审批、建设施工管理等方面缺乏手段，也不可能直接组建企业、企业集团开展主要项目的经营管理，因而也基本是不可能的。如果让国家旅游局和地方政府共同作为实施主体，会因为在职责划分等方面存在的问题而不利于实施。丝绸之路旅游规划如果以线路、产品的开发、建设、包装、提升为主，并以此为目标对基础配套、项目布点、区域协作等提出指导性意见，就比较容易实施并取得理想效果。目前，由于其性质还不是非常明确，很多人认为是旅游区开发建设规划，不少地方同志就将注意力集中到争项目上，以为国家旅游局组织编制这个规划，就一定会安排资金来进行项目建设以实施规划。实际上，丝绸之路旅游存在的主要问题，不是资源、项目不够丰富，而是由认识和机制导致的对线路、产品的组合、提炼、包装、宣传及主题策划没有很好地跟上，大的交通和城建等基础配套落后也是制约其发展的重要因素。

二、丝绸之路旅游的产品目标

从资源禀赋和对应的市场需求状况看，丝绸之路旅游产品的发展目标，是建设可以大众化和覆盖各层次旅游消费需求的综合性、复合型产品。与同时确定的长江三峡旅游国线比，丝绸之路旅游国线差距明显，主要原因就在于产品内容及其市场覆盖面上。长江三峡是自然风光与历史文化相结合的线路，特别是其峡谷风光和内河游船水上旅游方式，加上举世瞩目的三峡工程等，吸引了国内外各层次的旅游者，特别是普通大众纷纷前往旅游。而丝绸之路长期以历史文化旅游为主，沿途自然风光相对单调，干旱缺水，植被稀疏，荒山秃岭，戈壁沙漠，即使是黄土高原和华北平原西部，其自然景色，特别是人的感官的舒适度，也都无法与长江中下游比。此外，丝绸之路旅游还存在距国际国内主体客源市场距离相对较远、区域及其周边的中近程市场容量有限和经济技术、社会支撑配套能力弱等先天性不足。要从根本上改变目前的状况，就必须从产品性质、功能等方面着手。在建设完善丝绸之路旅游产品方面，要根据旅游消费需求大众化、特色化、个性化、生态化等基本趋势，从产品内涵入手，将历史文化与自然景观、民族风情、社会风貌等有机结合起来，让内地特别是东南沿海和亚洲东南部的旅游者，到西北去领略大漠戈壁、高山雪峰、草原湖泊的雄浑壮丽，去感受西北各民族特别是各少数民族文化生活的多姿多彩，去学习丝绸之路沿线从古代到今天积累的灿烂文化，去了解西北地区改革开放和社会主义建设的辉煌成就，去借鉴交流西北地区人民群众创造的精神财富。在产品线路建设方面的重点，除了内涵、主题定位调整外，就是要高度重视大交通等基础配套，规划要就丝绸之路沿线机场、航线、口岸、铁路、公路、城市建设以及相关内政外交政策、体制、机制等，提出建议，目标是形成选择性、自主性、便利性、舒适性和特色性强，可以多点入出、多地停留和形成不同主题风格专项产品的成熟线路。

三、丝绸之路旅游规划的主要目标

从产品和规划性质出发，丝绸之路旅游规划的任务就是实现“三升”，即产品升华、营销升档、产业升级，目标就是“三协（谐）”，即地区协作、产品协调、和谐发展。具体表现如下：

（1）要使丝绸之路旅游产品从以历史文化旅游为主、以中高端文化旅游市场为主，升华为包括历史文化、自然风光、民族风情、人文社会等丰富内涵，观光、休闲、专项旅游并举，能够比较全面良好地适应包括普通大众在内的各类旅游者旅游消费需求的综合性、复合型和高度便利化的特色精品旅游线路。

（2）要使丝绸之路旅游产品主题明确、特色鲜明，形象宣传有声有色，产品销售红红火火。

（3）使各项目、节点组合协调好，分工合作明确有效，相互连接顺畅，形成无障碍旅游区和旅游线。

（4）使沿线旅游交通、城建、环境、社会等综合配套能力增强，旅行社和旅游住宿、餐饮、娱乐、交通、购物等组织接待服务水平提高，快速扩大市场容量和接待规模，旅游产业体系在规模稳步扩张的同时持续快速地提升质量档次。

（5）使沿线各级政府及其旅游行业行政管理和政府服务到位，并且相互之间协调配合。

（6）使旅游活动整体上对所在区域的经济社会发展和资源节约型社会、环境友好型社会、全面小康社会、和谐社会的建设等做出突出贡献，全面落实科学发展观。

总之，丝绸之路是一条历史之路、文化之路、友谊之路，更是一条发展之路。作为旅游产品和线路，丝绸之路旅游也必须顺应国家旅游发展方针、国内外旅游消费需求和资源性质特点，来进行产品性质、主题内涵的转型调整，要认真贯彻落实“全面提升国内旅游”“大力发展国内旅游”的方针，更加突出国内旅游和大众旅游需求，要突出综合性、多元性资源和产品的性质特点。而研究编制规划的任务和目标，也完全应该根据产品及其发展的需要来确定。

第四节 西部地区

21 世纪之初，中国开始了一项令世界瞩目的重大区域经济开发工程，这就是西部大开发。西部大开发的重点之一是发展特色经济和特色产业，发展特色旅游业是其中明确提出的，因为在西部地区蕴藏的各种资源中，旅游资源最丰富，体量大、品位高、垄断性强和易于开发。发展旅游能够促进西部地区的环境保护和生态建设，有效地解决西部的贫困问题，加快西部产业结构的调整和扩大就业、提高居民收入和生活水平、缩小西部与东中部地区的差距等。西部旅游发展面临着国家实施西部大开发战略、中国旅游产业地位提高、旅游市场需求旺盛等良好机遇。因此，"西部大开发、旅游要先行"成为西部和全国的共识。

一、西部大开发之初西部地区旅游业的基本状况

与全国和东中部地区比，我国西部地区旅游业发展水平比较低，横向比差距非常明显。但国家实施西部大开发以后，西部地区旅游发展速度明显加快，纵向比成效十分显著。

表 1 2000 ~ 2002 年西部地区旅游创汇数及其与全国及东部地区的比较

单位：亿美元

年份 区域	2000	2001	2002
全国	162. 24	177. 92	203. 85
东部	118. 05	130. 88	151. 82
西部	15. 87	17. 13	19. 55
西部/全国	9. 78%	9. 63%	9. 59%
西部/东部	13. 44%	13. 09%	12. 88%

资料来源：中国国家旅游局《中国旅游统计年鉴》2001 年卷、2002 年卷和《中国旅游统计》2003 年第 9 期。其中东部地区包括北京、天津、河北、辽宁、上海、江苏、浙江、福建、山东、广东、海南 11 个省市，西部包括西南、西北 10 个省区市和内蒙古、广西，不包括湖北恩施、湖南湘西和吉林延边 3 个自治州。以下各表同此。

由表 1 可以看出，跨世纪后的 3 年，西部 12 个省区市旅游创汇数接近全国的 1/10，相当于东部 11 个省市的 13% 左右，且两项比重均呈连续下降趋势。但

从旅游外汇收入增长速度看，2000 年全国为 15.1%，西部有 7 个省区市超过全国平均增速，全国 6 个旅游外汇收入增速超过 40% 的省区市都在西部，依次为青海（86.6%）、宁夏（56.1%）、广西（51.6%）、甘肃（46.3%）、西藏（44.0%）、重庆（42.3%）；同年全国国内旅游增速为 12.1%，西部有 9 个省区市超过全国平均增速，其中内蒙古、青海、宁夏、陕西、贵州、重庆 6 个省区市增长幅度超过 30%。2001 年全国旅游外汇收入增长 9.7%，西部地区增速也有所回落，且省区市之间差距明显，但仍有 5 个省市超过全国平均增速，依次为四川（36.0%）、青海（25.3%）、重庆（18.1%）、贵州（12.8%）、陕西（10.2%）。2002 年全国旅游外汇收入增速回升至 14.6%，重庆（33.4%）、甘肃（21.2%）、四川（20.8%）、贵州（15.7%）4 个省市继续超过全国平均水平，云南（14.2%）和陕西（13.7%）2 个西部旅游强省则接近全国平均水平。但从 3 年平均递增速度看，西部地区总体上低于全国水平，说明西部各省区市的旅游增长不稳定，相互之间的差距也很大，详情见表 2。

表 2 西部地区 2000～2002 年旅游外汇收入增长及其与全国平均水平比较

单位：%

年份 区域	2000	2001	2002	三年平均
全国平均	15.1	9.7	14.6	13.08
西部平均	16.7	9.0	14.1	12.56
其中				
重庆	42.3	18.1	33.4	30.87
四川	25.4	36.0	20.8	27.18
贵州	10.7	12.8	15.7	13.29
云南	-3.2	8.3	14.2	5.98
西藏	44.0	-11.3	11.4	12.74
广西	51.6	-2.0	6.9	16.64
陕西	3.1	10.2	13.7	8.87
甘肃	46.3	-18.0	21.2	13.08
青海	86.6	25.3	10.7	36.64

续表

区域 \ 年份	2000	2001	2002	三年平均
宁夏	56.1	0.5	—41.0	4.76
新疆	10.6	3.8	0.9	4.88
内蒙古	5.6	8.7	8.7	7.55

资料来源：根据中国国家旅游局《中国旅游统计年鉴》2001 年卷、2002 年卷和《中国旅游统计》2003 年第 9 期推算。

表 3　西部地区 2002 年国内旅游收入和接待人数及其与全国和东部地区比较

项目	单位	西部 12 省区市	全国	东部 11 省市	西部/全国（%）	西部/东部（%）
收入合计	亿元	1496	3878	6457	38.58	23.17
接待人数	万人次	31720	87800	76810	36.13	41.30

说明：根据中国国家旅游局《中国旅游统计》2003 年第 9 期整理。其中，各省区市国内旅游收入和接待人次为自行抽查统计测算数，在收入数据测算上口径范围不尽相同，中长线旅游省区市间分别计算，因此，各省区市接待人次数之和就远远大于全国数。

另外，据调查和测算，西部地区得到不同程度开发利用的旅游资源仅占其可开发总量的 1/7，旅行社和旅游饭店数约占全国总数的 1/6，旅游业总收入和旅游直接就业人数占全国总数的 1/5 ~ 1/4，国民人均旅游创汇约为全国的 4/5。从国土资源与旅游发展水平的比较看差距更明显，西部地区国土面积占全国的 2/3 以上，旅游外汇收入不到全国的 1/10，仅相当于广东的 1/3、北京的 1/2 强，略少于上海市。若以旅游外汇收入数排位，2000 年西部 12 个省区市，云南居全国第 8 位，陕西居第 11 位，处于第一集团；重庆、内蒙古、四川分别居第 17、18 和 20 位，处于第二集团；其余 7 个均处于第三集团，且末位 7 个省区市中 6 个是西部的。除少数大中城市和重点旅游线路外，西部旅游产品开发总体处于起步阶段，酒店的档次、旅行社等旅游接待服务、旅游交通和文化娱乐活动等与东部和中部地区都有明显差距。

二、西部加快旅游发展的有利条件

西部地区旅游发展的资源、环境和条件优势主要包括以下 6 个方面：

（一）西部民族文化和历史文化瑰丽深厚，具有很强的旅游吸引力

按照西部大开发战略所划定的范围，西部包括中国绝大部分民族自治区和自治州。西部地区是中华民族的主要发祥地，是我国各少数民族的聚居地，历史悠久，民族众多，文化灿烂，有非常丰富、深厚和品位极高的民族文化旅游资源，其中藏族文化、藏传佛教、伊斯兰教和西北民族文化、昆仑与天山的神话传说、西北花儿、西安兵马俑、敦煌莫高窟等，都是早就蜚声海内外的旅游极品、名品，西南壮、苗、侗等各民族的风俗习惯、服饰建筑、歌舞绘画、节日庆典等，也已成为具有强大吸引力的旅游项目，正放射出越来越灿烂夺目的光芒。

（二）西部自然景观奇特美丽，很多是国所罕见、世所少有的

西部地区雪峰耸立，山岭起伏，高原绵延，江河奔流，大漠戈壁莽莽，草原牧场茵茵，雪山冰川映日，湖泊瀑布挂月，地下洞府神奇，深山峡谷幽静，有青海湖鸟岛之奇，西岳华山之险，珠穆朗玛之高，雅鲁藏布之峻。我国西部地区很多自然景观，不仅在国内其他地区罕见，在全世界也是独一无二的，如被称为地球第三极的青藏高原和世界最高峰珠穆朗玛峰，西北的荒漠戈壁、雅丹地貌和西南的喀斯特地貌，一望无际的大草原和沙丘沙梁绵延不断的大沙漠，三江源的秀美和黄果树大瀑布的壮观，雅鲁藏布江大峡谷和长江三峡的神韵等。

（三）人文与自然有机和谐统一是西部地区旅游资源的突出优势

西部地区人文社会旅游资源与自然旅游资源很多是有机结合在一起的，特别是一些精品、极品资源和项目，如西藏就被欧洲人认为是除人文和自然旅游之外的第三大类旅游，藏族的文化艺术、宗教意识、哲学观念、生产方式、生活习俗、建筑装饰、节日庆典等人文历史旅游资源，与青藏高原的浑朴天地、蓝天白云、雪域戈壁、冰川高峰、草原森林、河流湖泊、峡谷峭壁等融为一体，是世界十大返璞归真、回归自然的旅游目的地中最令人神往的地方；此外，昆仑、天山、日月山、华山、敦煌、嘉峪关、峨眉山、长江三峡、昆明滇池、大理苍山洱海、黄果树瀑布等许多著名的西部旅游区点，也无不是自然与人文密切结合在一起。

（四）西部特别是西南地区的生态环境也非常好

与东中部地区比，西部大部分地区近现代工业水平较低，规模有限，人口密度比较低，因此，社会生产和居民生活对自然生态环境的影响、破坏比较少。而绝大多数旅游活动需要在景色优美、气候宜人、空气清新、水流清澈和没有污染的环境中开展，这些更是现代旅游所追求的首要目标，因此，也是旅游发展的资

源和环境基础。从旅游发展看，西部地区工业化水平不高反而成为有利因素。

（五）淳朴健康的人文社会环境

西部地区各民族在长期生产、生活过程中，与自然和谐相处，加上长期以来经济社会发展水平比较低，交通、通信落后，内外交往稀少，很多地区人口密度低，比较普遍地形成了淳朴自然、热情奔放、善良好客的民风。今天，随着物质文明、精神文明和政治文明建设的不断深入，西部地区社会稳定，经济繁荣，人民生活水平迅速提高，精神风貌优良。淳朴善良的传统与科学文明的时代精神相结合，产生了西部地区稳定优良的社会秩序和欣欣向荣的事业面貌，成为有利于旅游发展的优良人文社会环境。

（六）西部地区发展旅游的交通和区位条件正在根本改进

交通和通信业落后是长期以来制约西部地区社会经济和各项事业发展的瓶颈。现代交通和通信业的迅速发展，不仅优化了旅游业发展的基础配套条件，而且使得西部发展旅游业的区位状况发生根本性改观。国家实施西部大开发战略和积极的财政政策，运用国债和国际贷款，以西部地区为重点，展开大规模的机场、铁路、高等级公路建设。现代交通大大缩短了西部与周边地区城市和全国大中城市的时间距离。以程控电话、移动电话和互联网为代表的现代数字通信技术迅速发展和普及，使得西部各省市区县与全国、全世界的距离进一步拉近。

三、旅游性质特征是西部地区加快旅游业发展的重要因素

导致西部旅游开发与发展加速另一方面的主要原因，在于旅游业所具有的以下三个方面特性和优势。

（一）旅游业开发建设投资和技术弹性大，功能作用多

旅游活动范围比较广阔，类型很多，因此，旅游资源和产品的数量、种类也非常丰富，从而决定了旅游资源和旅游项目开发的层次多，在投资、技术和人力投入方面弹性大、层次多、覆盖面广，而其作用又是多方面的。因此，不同投资能力、不同知识和技术水平的投资者、劳动者，不同经济社会发展水平和不同开发、发展目标的地区，都可以进行、参与旅游开发建设和经营服务。

（二）旅游业是经济效益、社会效益与生态效益高度统一的产业

第一，旅游业不仅自身的直接经济效益高，而且作为第三产业的龙头和关联度高的产业，带动相关产业发展、实现间接经济效益的能力非常强。据有人测算，旅游直接效益与间接效益之比是1∶5～1∶7。

第二，旅游具有非常明显的环境效益。旅游被世界上称为“无烟工业”，不仅对生态环境的负面影响小，还具有保护和净化、美化环境的天然特性、功能与要求——旅游必须在空气清新、环境优美的条件下进行，污染和破坏环境就等于自毁根基、自掘坟墓。无论何地要开发旅游，首先就必须保护和美化环境。发展旅游业与作为西部大开发重点之一的生态建设、环境治理可以相互促进，比能源矿产开发和其他产业发展对环境的不良影响小得多。

第三，旅游具有很强的社会效益。西部很多地区通过发展旅游，使得居民快速、稳定地脱贫致富，并带动交通、商业、服务业、城乡建设发展和增加财政收入、劳动就业等，都表明旅游业不仅具有很高的经济效益，而且能够取得非常好的社会效益。因此，旅游业是能够将经济效益、社会效益与生态效益密切结合起来的朝阳产业、优势产业。

（三）旅游在市场与收入方面所具有的特性对西部地区更有吸引力

与商业、服务业及农业、轻工业比，西部欠发达地区旅游业的市场主要是外向型的，收入主要来自区域外。西部地区开发和发展旅游，主要目的是吸引区域外的旅游者，包括国外入境旅游者，因此，旅游业能够为西部地区经济收入及外汇的净增加发挥非常独特的作用。由于区位、交通、技术和经营管理等方面存在的差距，当前西部绝大部分地区商业、服务业及农业、轻工业等产业的主要市场在本区域内，收入流、利润流与物流、商流、资金流、信息流等主要是在区域内的内循环，通俗地说，就是钱从这个口袋进入了另一个口袋，对区域内收入的净增加的直接作用相对有限。限于人力、技术等原因，西部地区通过发展加工工业和高科技产业，通过其产品外销增加从其他地区和国家所获取收入的能力也大多不强。旅游业发展起来后，区域外的旅游消费支出流入西部地区，变成旅游收入和企业利润、政府财政收入，则是向西部地区“输血”“输水”，增加区域收入和利润总量。所以，发展旅游业，等于是为西部地区建立起重要的收入、利润“输水管道”。而且，旅游业也同时提高了商业、服务业、交通、电信、农业、轻工业等产业产品的外销比重，为西部地区增加从区域外获取的经济收入。

四、西部地区加快旅游业发展面临千载难逢的机遇

（一）西部大开发的战略机遇

西部开发的重点，是交通、能源、通信、生态建设和教育、文化、科技事业发展，这些都直接为西部地区旅游开发建设创造良好条件，使长期制约西部旅游

发展的投资不足、交通通信不畅、水电等基础产品供应水平低、接待服务跟不上等因素迅速发生根本性改观。

（二）国家持续实行积极财政政策和稳健货币政策对西部旅游开发与发展作用很关键

投资不足决定了基础设施建设、基础产业发展滞后，成为制约发展的主要因素，我国西部地区的主要问题就在于此。所以，国家在实施西部大开发的同时，持续实行积极的财政政策和稳健的货币政策，用举借国债等方式大量增加对西部地区的开发建设资金投入，同时银行信贷资金供应充足，东部地区需要寻找新的投资项目的社会游资也很多，为西部地区开发建设创造了比较全面、比较优良的资金供给条件——基础和配套投资有国家投入，大型项目开发可以通过银行贷款和市场融资，其他经营性项目开发可使用社会资金。

（三）我国居民旅游消费需求快速增长

改革开放使得我国经济持续快速增长，城乡居民收入和生活水平也不断迅速提高。伴随着生活水平提高，我国人民的消费结构也发生了巨大变化，到世纪之交我国在总体上实现了小康社会、小康生活的目标，国民的国内旅游和出境旅游在20世纪80年代中期至90年代初期逐步兴起并快速增长。到20世纪结束之际，国内旅游的游客数、旅游花费均成为我国旅游业的绝对主体和坚实基础，其中，国内旅游者人数是国际入出境旅游人数的8倍，国内旅游收入占我国旅游总收入的70%。巨大的国民旅游市场不仅受到我国各级政府的高度重视，也令世界各国羡慕不已，世界旅游组织就非常看好中国的旅游市场。规模巨大、持续快速成长的国内旅游市场，为西部地区开发和发展旅游业提供了非常广阔的市场空间。

五、西部地区旅游发展的道路与措施

（一）采取政府主导型旅游发展战略

政府主导型旅游发展战略，是指政府在旅游发展的初期和一定阶段，组织、调动各方面的要素和积极性，通过制度创新、政策创新和方式、手段创新，推动旅游业发展。

需要注意的是：第一，政府主导不意味着党委、人大、政协等机关在旅游发展中的任务就少一些，责任就轻一些，这里的政府应该是大政府的概念，是承担区域经济、社会、行政、司法的组织、领导、管理、监督等各项事务的机关、机构的统称，包括党委、人大、政协等各级领导机关、权力机关、参政议政机关及其工作机构。第二，政府主导不等于政府主办，更不是政府包办，不是忽视市场机制的决定性作用，政府承担的主要是组织、协调、动员、引导、规范等任务，政府主导与市场运作、社会参与必须统一起来。第三，政府主导和旅游业的特性决定，政府必须进行基础性、配套性、先导性投入，政府必须始终在旅游宣传促销、规划、培训等方面承担组织、协调等主要任务，其中对经营性旅游项目进行先导、示范性投入也非常重要，具有“四两拨千斤”的倍增功效。

实行政府主导型战略是旅游业及旅游工作的性质特征决定的。首先，旅游业具有综合性特征，开发、发展与管理中涉及很多方面、领域、环节，需要组织、协调的事项多，主要靠旅游行政管理部门工作难度比较大，特别是在条块分割、区域封锁比较严重的情况下，必须借助政府等机关的权威。其次，旅游业的很多项目具有多领域、多方面的共享性，在为旅游者、旅游企业提供产品和服务的同时，也为社区居民、其他经营者提供产品和服务。这在经济学上称为经济的外部性，具有外部性的产业、产品，应由政府和社会提供。再次，旅游还具有很强的社会性功能，旅游对人的素质提高和地区、城市形象提升、影响扩大等都有重要作用，承担社会功能的产业必须由政府来主导。此外，如前所述，旅游产业的基础性、配套性投入具有共享性，必须以政府投入为主，政府还必须进行旅游项目开发建设导向性、示范性投入，在旅游市场开发特别是形象宣传方面也要以政府组织为主。最后，我国当前仍然是行政主导型的社会经济运行机制，党和政府在经济运行和发展中承担着重要的组织、领导、管理、引导、规范职能，对旅游业也不例外。

（二）走跨越式旅游发展道路

首先，从旅游业的特性和西部地区旅游发展的资源、条件、机遇看，西部地区可以利用后发优势实现旅游业的跨越式发展。我国和很多国家旅游发展实践表明，旅游业具有顺序成长与反顺序成长并存的特性——服务于不同目标，可以按近距离旅游、国内旅游到出国旅游和入境旅游等顺序来发展旅游业，如大部分发达国家，也可以率先发展入境旅游，然后再逐步发展国内旅游和出国旅游，如我国和一些以旅游为主要外贸、外汇收入来源和支柱产业的国家。率先发展入境旅游，投资、开发建设、经营服务、宣传促销的起点就很高。对于西部地区来说，可以借鉴中东部地区和国外的经验、资金、市场，利用丰富的旅游资源和有利的机遇、配套条件，来实现高标准、高起点的开发建设和管理服务，不必走别人走过的路，特别是避免走别人走过的弯路。另外，国内旅游迅速发展的市场条件，也为西部地区旅游跨越式发展奠定了基础。只要政策到位、措施有力、方式科学，西部地区的很多地方可以在比较短的时期内达到并超过中东部地区的旅游发展水平——所谓“一张白纸能画更新更美的图画”，就看画画的人如何去画和能够利用什么样的画笔、颜料（即旅游发展条件）去画——而中东部地区的一些地方要改变旅游业的项目布局、产品结构，难度就比较大，包袱相对也比较重。

其次，西部旅游必须跨越式发展。如上所述，西部地区旅游发展具有很强的紧迫性，跟在中东部地区后面亦步亦趋是不能满足人民、环境、形势等需要的。从消费来看，西部旅游要吸引大量的且是越来越多的旅游者，也必须在借鉴、参考中东部经验的基础上，进行改进和创新，生产出越来越多品位更高、配套更好、服务更优的旅游产品和项目。现代旅游者多不会满足于在西部地区消费与其他地区基本相同、已经享受过的旅游产品，他们的旅游消费质量需求水平也是不断提高的。因此，西部地区现在开发和发展旅游业，如果仍基本沿袭中东部地区以前的做法是不行的，与中东部地区现在的水平一致也会影响其竞争力和吸引力。所以，旅游消费和市场需要决定了西部旅游必须走跨越式发展道路。

最后，跨越式发展是超常规发展，必须要实行超常规政策和措施。所谓跨越式发展，就是要同时跨过别人走过的几个台阶，意味着速度要快、水平要高、力度要大。因此，跨越式发展就是超常规发展，而超常规发展需要超常规的政策措施。对于西部地区来说，要加快旅游业发展、将旅游培育成支柱产业，就必须有资金、人力、物资方面的强力投入与切实保障，必须思想到位、政策到位、组织到位、政策到位、措施到位。否则，跨越式发展就可能是空中楼阁、镜花水月。这方面，西部各省区市的情形是鲜明的例证。

（三）科学对待资源利用与保护的关系

资源是旅游业发展的基础和依托，没有资源发展旅游业就会非常困难，因此，资源保护是与资源开发利用同等重要的大事，破坏资源就是破坏旅游业自身。环境是最重要、最宝贵的旅游资源，因此，生态环境保护极为重要。但是，现在对此的提法和认识仍存在问题，包括在处理旅游资源开发利用与保护关系的原则上，习惯和大家都接受的提法是“严格保护、合理开发、永续利用”，但如果提“积极开发、有效保护、永续利用”更为科学和准确。

资源就是可资利用的事物，换句话说，有利用价值的才能称为资源，不进行开发利用就很难判断事物有无价值和价值大小，因此，可开发利用是资源最本质的特性，进行开发利用是资源存在的基础和内在要求。但资源的功能作用往往是多方面的，某个方面的开发利用不应影响其他方面的开发利用，最重要的方法就是基本保持资源自身的功能特性不发生变化。“严格保护”的提法所表达的意思，与“有效保护”的表达方式是相同的，但是字面含义不够准确，伸缩性很大，何为“严格”不太好界定。实践中往往成为一些部门干预和一些专家反对开发利用的武器，因为保护到什么程度为严格，可能连做出此规定、倡导此提法者本人也难以说清楚。不好界定往往还会影响保护工作自身，可以用制度是严格的、态度是严肃的、措施是严厉的等来辩解、搪塞。所以，先提“积极开发”，是切中了资源的本意——可资利用之事物，也只有通过积极开发体现资源价值，才能产生保护的动力。没有价值就不是资源，谁也不会去保护；不开发利用就体现不出资源价值，对于普通民众来说等于无用之物，保护工作的群众基础和环境就将大受影响，这方面的例子不胜枚举。“有效保护”是从保护的效果提出的——无论在开发和保护中是如何做的，最终以结果论，否则态度再端正、制度再健全、措施再多都是没有意义的。“永续利用”是目标。

（四）注意解决思想观念和机制等深层次问题

解放思想、更新观念和创新机制是西部地区加快旅游开发与发展必须着力解决的深层次问题。对于西部很多地区来说，制约旅游发展的瓶颈是交通等基础配套设施落后，其主要原因是投资不足。但在不同时期和不同条件下，政府、金融机构和民间投资都没有停顿过，当前各种资金更是非常充裕——市场上存在大量游资需要寻求投资机会。实现资金、其他要素与项目开发建设有机结合的关键，在旅游运行和发展机制，四川、湖南等省利用出让景区开发经营权等机制创新就取得了骄人的成就。解决问题的最终关键因素是解放思想，更新观念，提高和统一认识。思想解放推动机制创新，机制创新带动资金投入，资金投入改变落后条件，最终导致旅游业的快速发展。在旅游发展的初期，各级党政领导干部等决策者和各部门、各方面的负责人等管理者，是决定发展状况、速度和效率的关键因素，实施政府主导型旅游发展战略又是我国旅游发展的一条成功经验，而旅游业的发展涉及很多方面，需要各方面和广大社会公众的参与、支持。所以，要通过教育、宣传等方式，首先争取决策者、管理者的重视、支持，提高他们对旅游的认识，引导他们改变一些观念，同时让各方面和全社会关注、支持、参与旅游开发和发展。

此外，西部在旅游开发和发展过程中，还要注意适时适度地规范市场，确保质量、声誉和形象。对于西部大部分地区的旅游业来说，当前第一位的任务是开发和发展，但及时进行规范管理，避免出现大的质量、秩序、安全方面的问题，也是少走弯路、加快发展的客观需要。对于新开发的旅游区来说，树立良好的形象和声誉是至关重要的，一旦形象被污损，扭转和改进就非简单容易的事。

资料

用有效方式研究和传播大别山文化

——在大别山文化研究院成立大会上的演说

作为大别山人，参加安徽省大别山文化研究院成立大会和论坛，肯定是有一些问题需要请教在座的各位专家和学者。

第一个问题，大家知道安徽是古安庆府和徽州府的合一。徽学，曾经成了显学；徽商，走遍中国华夏大地，包括世界一些地方。而“安学”安在？从今天大别山文化研究院的成立，我们是不是看到了一点曙光？这是第一个问题。我涉猎过所谓的皖河文化或者皖江文化，但发现只是在一定范围内提一下，它没有成为显学。所以，想请大家考虑考虑这个问题。

第二个问题，在座的都是文化人，什么叫文化？受过教育的是不是文化人？通常讲你是文化人，因为你有知识、受过教育。如果这样理解，可能我们现在所说的和一些专家所展示的都是文化。有知识、会读书写字的是否就是文化人？好像是文化人，但也不一定。在北京，年轻人骂人最常用的一句话就是“你没文化”。这个文化不是指那些没有受过教育、不会读书写字的人，而是另外的意思。所以，文化最精髓的含义是体现人的素质。大别山文化是什么文化？大别山的红色文化、宗教文化、历史文化、地域文化、饮食文化、建筑文化，甚至包括自然文化（山川名胜、河流），等等，不错，这些都是文化，但我觉得离文化的精义有点远。我现在就问大别山文化研究院的专家、院长，大别山文化是一个什么文化，就是禅宗文化、红色文化、戏曲文化，等等？比如说，问起山东文化最核心的是什么，他们说孔子、孟子，还说到“好客文化”。一想还真是这么回事，山东人好客，好客是不是人的一种精神风貌，一种独特的东西？希望大别山文化研究院从现有的资源分门别类研究大别山文化，很快整合出大别山文化的精义，用一个词、几个字，或者最多几句话把它概括出来。

第三个问题，文化与旅游是什么关系？文化是一个热词，谁都说，就害怕不说显得自己没文化，以至于什么都要加上“文化”二字，从而显得有文化。这实际上反映了什么问题呢？我们做旅游的总结了两句话："文化是旅游的灵魂，旅游是文化的载体。"因为旅游是人与人的交往，尤其是跨地域、跨阶层、跨国界的交往。文化是通过人来发展、表现、创造的，旅游首先是一种文化的交流，文化在旅游中被理解、认可，然后得到弘扬、传播，以至得到创新。这已成为全世界、全人类的共识。所以，我想如果要让国人、世人知道、了解大别山和理解、认识大别山，最后关心、支持大别山的话，旅游应该是先导、桥梁、纽带。做旅游文化研究，难度很大，只能分门别类。既然文化的传播最容易见效，那么文化旅游节可以办，文化旅游论坛也可以继续搞，今天的文化旅游产业论坛就很好。

第四个问题，我们用什么方式来研究文化、传播文化？作为大别山人，在这里来个"自我解剖"：大别山人的眼光往往不会很宽，往往只看到自己脚下的一亩三分地，看到别人来了，就害怕人家来收租子、种谷子、摘桃子。在革命战争时期，鄂豫皖根据地为什么要联合起来而不分割呢？那是战争的需要。同样，在建设年代，大别山真的要向国人和世人开放！首先大别山人自己要联合起来，不要为了一首歌到底诞生在哪里打得不可开交，也不要为了主峰在哪里争吵不休。我在国家旅游局计划处当处长，进行整个旅游开发策划的时候，就曾给安徽省委、省政府写过建议，希望他们高风亮节，率先起来牵头，成立专门的研究机构，挂一块大别山战略研究院的牌子。这个事三省谁来做都没关系，放在哪里也没关系，关键是大家一起来做。现在我发现，大别山文化研究院前头加了一个"安徽省"，因为是我们安徽人搞的。我想，什么时候能出现不带地名头的机构呢？成立不带地名头的机构民政厅不批是吧？这个肯定是国家层面的事情，可以继续协调，由国家层面上来做这个事，我觉得现在机会成熟了。因为新时期扶贫开发，国家确定了11个重点片区，基本上都是老、少、边、穷地区，而且是以山区为主，大别山是其中之一。国家要对11个片区分别编制开发和发展规划，实现可持续发展。国家旅游局已经明确表示，要根据条件的成熟程度依次编制这11个片区的旅游开发和发展规划。我想，如果三个省各搞自己的一块，争抢大别山的牌子，这个省想贴这个标签，那个省想贴那个标签，那么大别山扶贫开发就难以做畅通，给人的感觉不大气。大别山文化研究院尽管是在安徽省成立的，在座的有志之士能不能尽快把地名头的"三个字"去掉呢？

总之，成立大别山文化研究院是大事、好事、喜事，相信研究院一定会为大别山文化发展发挥很好的促进作用，也希望以此平台为加强大别山旅游和经济社会事业发展凝聚力量、共谋发展。

第三篇

旅游发展促进

旅游发展需要投资、市场、规划和技术来推动。其中,投资是直接推动力量,市场需求是原动力和拉动力量,规划从工作层面产生推动力,科学技术则如邓小平同志所说是“第一生产力”——信息化对旅游业发展无疑会产生重大推动作用。因此,本篇依次就旅游投资促进、旅游市场促进、旅游规划、旅游信息化四个方面展开论述。

第九章　旅游投资促进

投资是推动发展的直接和主要力量。进入 21 世纪，中国旅游业转型升级，从主要依靠既有资源项目并进行一些配套包装，向深度开发资源和新建旅游项目转变。深度观光和休闲度假以及各种专项旅游的快速兴起与发展，还使得旅游基础配套、接待服务、质量和安全保障、组织管理和公共服务等水平不断提高，这些都决定了旅游开发和发展所需要投入的资金以及人力、技术、智慧都数量大为增加、质量大幅度上升，投资对旅游发展的推动、支撑作用越来越突出。

第一节　中国旅游投资前景

中国迅速崛起为世界旅游大国是 20 世纪最后 20 年世界旅游界的一件大事，进入 21 世纪中国提出到 2020 年建设成为世界旅游强国更是史无前例的，国家确立了将旅游业培育成为国民经济的战略性支柱产业和人民群众更加满意的现代服务业两大战略目标。中国旅游业 30 多年来持续快速发展，不断迈上一个又一个新台阶，得益于改革开放的总方针，其基础是得天独厚的资源优势和良好机遇。

一、我国旅游投资的基本态势

投资是 21 世纪我国实现建设世界旅游强国和两大战略目标的关键因素，是产业组织、协调和促进的主要任务。从现实情况看，一方面，投资不足是制约我国旅游业发展，特别是广大中西部地区旅游业发展和旅游深化开发、产品结构调整、产业升级的主要问题。但另一方面，我国境内外生产性资金供给充裕，年利用外资规模从 2002 年就跃居世界首位，银行储蓄存款长期居高不下，民间投资欲望很强。因此，旅游投资不足的主要症结不在需求和供给不足，而在于供给与需求的衔接不够顺畅和旅游投融资机制、渠道存在问题。

经过 30 多年持续快速发展，中国已经成为世界最大的国内旅游市场和最大的出境旅游消费国。从产品状况看，中国旅游业已经形成了观光、度假和专项旅游“三足鼎立”的结构体系，形成了一批在国外有很高知名度和较强吸引力的旅游项目、线路和目的地。客观分析中国旅游业发展及其产品状况，特别是从成为国民经济的支柱产业和中国要建设成为世界旅游强国的目标来看，中国旅游业面临的挑战也很大，存在的问题不容忽视。第一，成为旅游大国固然值得骄傲，建设旅游强国目标也非常宏伟，但大国强调的主要是规模，强国强调的是在规模基础上的素质、质量、结构，这在中国目前阶段的经济、社会、技术支撑条件下是有难度的，仅就投资能力和人的综合素质看就很不容易。第二，依托发展中大国、文明古国等资源基础，靠以观光为主的产品体系，加上初开放效应的作用，中国成为世界旅游大国，这些因素在建设支柱产业和旅游强国中依然会发挥重要作用，但其作用减弱的趋势不可逆转，新的因素已经或正在生成中，仅产品结构中观光、度假和专项旅游“三足鼎立”状态的稳固和优化所需要花费的资金、人力、技术和管理要素投入就是以前所不能比拟的。第三，世界旅游市场是高度开放的，国家之间的竞争日趋激烈，各国特别是周边国家在与我国争夺客源，包括国际入境旅游和我国的国民旅游，而且旅游消费需求日益多样化和对经营服务水平要求不断提高，它们对中国旅游的影响也将是十分巨大和直接的。

21 世纪初期20 年，中国旅游业持续快速发展和实现建设世界旅游强国目标，所面临的任务主要包括：第一，调整产品结构，继续巩固和优化观光、度假和专项旅游“三足鼎立”的结构体系；第二，提高基础配套和支撑体系水平，满足更大规模、更长时间、更高水平、更多样化旅游活动对安全、质量、便利以及舒适、特色的需要，迎接大众旅游新时代；第三，提高旅游策划、规划、建设、包装、组织、接待、宣传、教育等水平，更好地满足国内外旅游者不断增长和日趋多样化、深层化的旅游消费需求；第四，调整市场结构，在大幅度调整入境旅游市场结构、增加度假和专项等深度旅游份额、保持客源持续增长的同时，更加突出国民旅游特别是国内旅游，为建设全面小康社会与和谐社会，为人民物质文化生活水平和国民素质的不断提高贡献力量，同时也是为与出国境旅游即国外争夺我国的公民旅游市场份额。

按照市场经济基本原则，这些要求最终都转化为对增加投资的要求。产品结构调整、基础配套和旅游支撑体系建设、旅游生产服务水平提高，固然都要依靠增加投资；调整市场结构也要依托增加资金投入来研究、开发市场。旅游发展的这些要求在总体上还将要求旅游全行业和社会各有关方面深化认识，统一思想，客观分析，全面总结，理性应对，科学决策，自觉行动，统筹协调，整合资源，同心协力。

二、中国旅游投资机遇

30 多年来中国旅游业迅速发展的经验之一，是实行了成功的投资政策，21 世纪要实现培育支柱产业、建设世界旅游强国的目标，更需要投资的大幅度增长来作为最重要的战略举措，这同时也就意味着中国旅游业将为广大投资商创造非常广阔的舞台。

中国旅游业在全面发展之初，就实行了高度市场化的政策，在投资方面从利用外资起步，实行国家、集体、私人、个体、外资“五个一起上”。20 世纪 90 年代中期国内旅游兴起后，在社会资金投入旅游业迅速增长的同时，国家从扩大内需、繁荣市场、增加就业、满足人民物质文化生活需要出发，政府对旅游业的直接和间接投资也迅速增加，开始是以大交通等基础配套为主，进入 21 世纪发展成为直接的旅游区和旅游项目基础配套建设。据测算，到 20 世纪末（2000 年），我国旅游业吸引投资总额约 8600 亿元，其中外资 500 亿美元，这些投资主要集中在酒店以及旅游交通等接待服务设施建设方面。在所测算的旅游投资中，不包括以政府投资为主、兼有旅游服务功能的机场、铁路、公路、港口、航道等交通基础设施建设投资，更不包括城建、贸易、生态、文化等相关领域的投资。目前，旅游投资的规模更大，范围更广，渠道更多，环境也越来越好，在投资理念、操作方式等各个方面正在与国际接轨。一是旅游的产业地位普遍提高，各级政府和社会各方面重视、支持、参与旅游的积极性将继续不断提高，因此，中国旅游投资的软环境将进一步改善。二是基础和配套条件不断完善，为旅游投资开发和经营创造出更好的硬件支撑。三是社会主义市场经济体制日趋完善，机制趋于成熟，作为改革开放前沿和外向型产业的旅游业必然会得风气之先，体制和机制效应将发挥重要作用。四是政府和社会为旅游业发展和旅游投资服务的水平，包括项目策划、规划设计、咨询论证和融资渠道、信息服务等，都将进一步提高。

中国旅游投资的效益前景也很光明。首先，旅游投资数量较多的项目，如酒店、旅游区、旅游点等，多与土地和自然资源开发紧密结合，无论投资经营的直接效益如何，综合效益和长期经济效益都是基本有保证的；不与土地开发密切结合的旅游服务项目，如旅行社、旅游网站、旅游信息服务、旅游文化娱乐、旅游商品购物等，又都是投资和资金占用比较少、回收期短、收益比较高、转移投资比较容易的领域，通常不会造成大量资金的凝滞沉淀。其次，中国旅游业处于持续快速发展阶段，最终产品需求旺盛且将持续快速上升，新投资开发项目比较多，加上旅游是国家和各地区重点发展的产业，国家和各级地方政府为了加快开发、抢占先机和市场，纷纷实行鼓励投资的优惠支持政策，从总体上保证了旅游业投资的效益。此外，旅游投资弹性很强，资金投入是大、中、小项目都有，投资回收期是长、中、短项目俱备，技术应用是高、中、低齐全。这些特点决定了旅游投资对应投资商选择的覆盖面极广，大、中、小投资商，着眼短效、中效、长效的投资商，具备不同技术水平的投资商等，都有用武之地。

总之，中国旅游业投资需求持续增长，量大面广，投资条件优越，投资效益可靠，投资前景非常广阔和美好。

三、制约中国旅游投资的因素

中国旅游投资及其在促进中国旅游业发展方面取得的成就巨大，同时，在现实中“投资饥饿症”又表现得很突出，如全国特别是广大中西部地区在发展旅游时反映最多的是缺投资，很多资源品位高、市场潜力大的旅游项目因缺少投资而没有得到及时开发，招商引资工作的难度和压力也很大。那么，中国旅游投资问题的症结何在？

认真分析起来，首先，中国旅游投资问题的症结不在于投资供给不足。一是从总体上看，改革开放以来，我国国民经济持续快速发展，全社会的积累和投资能力不断增强，投资瓶颈基本消除，经济发展的投资制约基本消失。从20世纪90年代开始，我国先后出现了两次比较集中的投资过热现象。持续到21世纪初的投资过热，甚至到了国务院要连续几年采取宏观调控措施的地步，房地产、冶金（钢铁和电解铝）、重化工领域是最典型代表。二是改革开放以来，我国城乡居民的收入水平持续提高，与中国人传统的储蓄偏好相结合，导致从20世纪80年代中期开始，我国银行的城乡居民存款余额持续增加，以至于有专家对此忧心忡忡，担心发生集中性挤提导致金融崩溃等，纷纷提出减少存款余额的计策，如提倡“消费爱国”、开放个人和家庭低线投资、改革住房分配制度等。在20世纪90年代初我国城乡居民储蓄存款余额超过10万亿元时，这种观点最为突出，目前已经超过30万亿元了。社会上流传着“银行求着别人去贷款”的很多笑料，也能从一个侧面反映银行资金供给充裕。三是证券、房地产、家庭汽车等投资和居民大宗消费品市场火爆，也在一定程度上反映了社会和市场资金供给比较充裕。四是随着我国加入世界贸易组织和改革开放不断深入，我国吸引外资条件、能力和实际成效也都与以前大为不同，2002 年中国超过美国首次成为世界上利用外资最多的国家，越来越多的国家、国际组织和投资机构看好并正在大举进入中国投资市场。

其次，中国旅游投资问题的症结不在于项目的资源品位和市场潜力不足及由此产生的投资商兴趣、动力不足。第一，作为文明古国、幅员辽阔的大国和多民族的发展中国家，加上地理位置和独特的自然地理运动，中国自然、历史、民族、社会等各类旅游资源品种齐全，类型多样，结构合理，分布广泛，高品位的世界绝品、极品、名品、精品资源众多。中国旅游资源极其丰富是举世公认的，以至于世界旅游组织等国际权威机构和绝大部分国家都为中国旅游的光明前景而深深鼓舞、吸引。第二，从国内来看，每个地区在通过资源普查或调查后编制出的旅游规划，有关资源的内容都非常突出。在日常工作中，从党政机关的领导同志，到各有关方面和社会公众，在说到本地区旅游时，对资源都是如数家珍，自豪、自信之情溢于言表。第三，从旅游投资开发实践看，很多成功的旅游项目所依托的资源条件并不是最好的，但其不仅吸引到了所需要的资金，而且实现了投资目的，取得了很好效果。第四，旅游成为我国持续快速发展的行业和重要投资热点本身，就说明了我国旅游投资资源基础优越，环境条件良好，市场前景光明，对投资商的吸引力很强。因此，从实践看，旅游资源及其对投资商的吸引力也不存在问题。

最后，中国旅游投资问题的症结主要也不在于其他有关各方的积极性不足。除了资源项目单位作为旅游投资需求方和各类投资商作为投资供给方以外，对旅游投资具有重要影响作用的还包括政府、资源占用和管理机构、社区居民、社会舆论等。第一，各级党政机关高度重视发展旅游。国务院在 1998 年将旅游业确定为国民经济新的增长点，社会公认旅游是第三产业的龙头。2002 年国务院召开全国旅游发展工作会议和印发《关于进一步加快旅游业发展的通知》，同年党中央和国务院将加快发展旅游业作为扩大就业和解决再就业问题的重要渠道。2004 年党中央和国务院做出加快发展红色旅游的重要决定。全国各省、自治区、直辖市都将旅游业作为支柱产业、优先产业、重点产业或加快发展产业。第二，各级党政机关高度重视招商引资工作，旅游项目是招商的重点。不分工作职能、向党政机关各部门分配年度招商引资任务指标，并与单位的工作绩效考核和负责人的工资收入挂起钩来，作为吸引投资的一个重要工作措施，被越来越多的地方政府运用。以吸引外来投资为主要目标的各类开发区遍地开花，以至于国务院从2003年开始着手清理，则突出说明了各级地方党政机关对吸引投资的重视程度和工作力度。第三，资源占用和管理机构都非常重视开发旅游。近年来，旅游工作中出现了限制、反对一些种类旅游资源市场化开发利用的现象，但认真分析起来，所有的旅游资源占用和管理机构都是欢迎并积极谋求进行开发利用的，限制、阻止的真实原因是利益分配格局变动可能导致既得利益者的利益受到损害，反对的只是别人去开发利用。第四，社区居民非常欢迎和积极拥护旅游开发，原因在于社区居民基本都是旅游开发、发展的最大、最直接受益者。不仅城市和东部发展水平比较高的地区居民积极拥护与支持、参与旅游开发建设和发展，欠发达的中西部地区和广大乡村居民尤其欢迎开发和发展旅游，以至出现像盛大节日一样和黎民百姓箪食壶浆隆重迎接投资商的奇特场景。我国很多旅游项目都是在社区居民积极拥护、支持甚至力争下开发出来的，似乎尚未有过社区居民在旅游开发之初进行反对、阻止的，后来出现类似现象的主要目的也都不是反对开发和发展旅游，而是寻求利益分配合理化。第五，社会舆论是反映社会实际和人民呼声的，对政府和人民都积极支持的旅游业，我国所有的新闻媒体都非常关注，积极开展舆论宣传，为旅游业持续快速健康发展摇旗呐喊。

中国旅游投资问题的主要症结就在于供给与需求各方、各环节之间缺少便捷、高效的联系、沟通渠道。实践中，旅游资源项目单位与旅游投资商已经建立有联系、沟通、合作渠道，包括政府的招商引资活动、投资考察交流活动、新闻媒体广告宣传、网络信息服务、主管部门推荐等，它们在吸引旅游投资方面发挥了重要作用并将继续发挥重要作用，问题在于其效率、效益、效果方面存在明显不足。第一，这类方式的权威性、可靠性不足。资源项目所在地组织的招商引资活动，更多地要考虑自身利益和目标的实现，对于投资商来说肯定存在目标不一致的地方。新闻广告宣传和网络信息也存在类似问题。第二，集中统一性不足。这些方式多为分散的单线联系，对于双方来说效率不高，花费多、效益低，与权威性、可靠性方面的问题结合，效果也难以保证。第三，没有做到资源共享和难以货比三家做取舍。分别进行的这些活动所获得的信息、经验不能及时交流和分享，对于投资需求方和供给方来说，要进行比较分析与优选也很困难。如果建立集中、统一、权威可信的旅游投资洽谈平台，将这几个方面结合起来，有针对性地解决目前在效率、效益、效果方面存在的问题，就能够实现促进旅游投资和推动旅游产业发展的目的。

四、促进中国旅游投资的对策措施

根据我国旅游投资实践中存在的需求与供给及有关各方、各环节沟通联系不够密切、畅通、快捷的状况，有效促进旅游投资的对策措施，主要是搭建统一、权威、专业、高效的现代化旅游投资服务平台，同时针对各环节、各方面存在的主要问题加强引导、规范工作。

（一）需要建设的旅游投资服务平台应该是全国集中统一的

与区域性和地区性的旅游招商引资活动，资源项目单位、旅游投资商分别寻求合作实现资源项目与资金的结合，以及旅游策划、规划、设计、建设和设备、技术、信息、人力供给组织分散地单线联系等方式比，全国统一的旅游投资服务平台可以发挥集聚效应，便于信息资源共享和实时交流探讨，可以提高投资洽谈的效率，可以节省投资洽谈、对接的费用、时间，因而可以取得更理想的效果。特别是可以将分散在各个单位的信息资源集中起来，实现资源共享。同时，不仅信息积聚能够成倍放大其功能效应，而且在同一时空下的集中交流还将成倍扩大投资供给和需求主体比较选择的范围，合作成功的概率也会相应成倍提高。举办全国集中统一的旅游投资洽谈活动，将一对一地单线交流探讨工作情况、意向、经验，转变成很多人在一起共同探讨交流，结合专门组织的主题论坛、研讨活动，对于共同分析研究旅游投资中存在的问题并探讨解决问题的思路、途径、措施，都将发挥非常独到的作用。

（二）需要建设的旅游投资服务平台应该具有权威性

要切实保证投资洽谈的效果，需要建设的旅游投资服务平台应该由权威、可信的组织、机构来举办。目前，由地方和社会组织举办的投资洽谈活动，除了在目标项目空间范围方面有很大限制外，由于举办者设定的功能目标主要是为本地区、本城市、本项目寻求资金、技术等支持，对于参展客商客观、科学地选择投资发展机会有局限，因此，使得其效果受到一定影响。由全国性权威组织、机构来举办旅游投资洽谈活动，功能目标定位于为全国范围内的旅游投资供给和需求各方提供洽谈、交流、合作平台，在空间范围和信息的客观性、公正性、科学性和可靠性方面大大优于地区性、区域性的投资洽谈和招商会，可以实现双向、公平、自由的洽谈、交流。在这种情形下，没有一般意义上的主客之分，大家都是来自全国各地的旅游投资洽谈主体，地主之谊和为客之道都不用考虑。目前，在长期实行行政主导社会经济运行机制的中国，由国家级旅游行政主管部门、统管全国旅游工作的国家旅游局，来作为中国旅游投资洽谈会的主办者，是最具有权威性的方式。

（三）需要建设的旅游投资服务平台应该是专业性的

目前，我国全国性和区域性的投资洽谈会很多，如由商务部等定期在厦门举办的中国投资贸易洽谈会，以及中央政府有关部门和全国性组织主办或参与主办的哈洽会（哈尔滨）、乌洽会（乌鲁木齐）、兰洽会（兰州）、青洽会（青海西宁）等，还有数不清的以投资洽谈、招商引资为主要目的的洽谈会、招商会、推介会、博览会，都是综合性的。其优势是可以实现众多领域的交叉交流、洽谈、研讨和寻求合作，规模更大，范围更广，可选择性更强。其不足就是针对性不强，不仅表现在洽谈合作的选择难度增加和效果相应减弱，寻找对路的洽谈伙伴所需要的时间、费用增加，而且突出表现在交流、探讨题目难以集中，因而对合作意向、经验和问题的研究难以展开和深入，其结果也是导致洽谈效果减弱。专业性的旅游投资洽谈会，参展者都是从事旅游及其投资开发或者对此有意向者，主题一致，思路、经历、目的等相同或相通，可以大大减少寻找洽谈伙伴的时间和费用，很容易就某个或某类问题开展交流、探讨，形成合作意向、达成合作协议的可能性大为增加。这种情形有点类似商业贸易中的大百货商店、大超市、大集市与专业市场、专业商店、专卖店的区别，人们去前者往往要花费很多时间去寻找目标商品，往往最终还没有找到，而去后者则非常容易找到目标商品，既节省时间、体力，也更容易实现购物目的。当然，正如百货商店与专卖店各有长短一样，综合性和专业性的投资洽谈会也各有千秋。但是，就目前中国旅游发展及投资的需求看，应该举办专门的投资洽谈会。

（四）需要建设的旅游投资服务平台应该依托互联网这个现代化技术

互联网产生和发展到今天，已经深入到人类生产和生活的各个方面，几乎事情无论大小都可以借助互联网这个技术手段。建设旅游投资服务平台，除了常规的定期举行洽谈会及其本身的筹备、组织、宣传要充分利用互联网以外，必须搭建网上平台，开发运用旅游投资信息网，将网上随时、实时交流与网下定时、集中交流结合起来。使用互联网旅游投资服务平台，可以随时为旅游投资相关主体提供单向、双向和互动的信息、交流服务，包括发布、查询有关旅游投资的信息，交流、探讨旅游投资问题、经验，联络、组织、开展旅游投资考察、交流活动等。它不受时间、空间方面的限制，还可以随时调整、增补内容和改换形式。

（五）要针对旅游投资各环节存在的主要问题，采取措施加强引导和规范

1. 加快旅游投资体制改革和机制创新，更新观念，拓展思路，增加手段，

运用市场方式来进行旅游投融资活动。

2. 引导项目资源单位认真做好旅游投资项目的前期准备，包括项目的策划、论证、可行性研究和环境评价、规划设计、用地、基础配套、建设许可等。

3. 引导投资商全面、客观、科学地认识旅游投资特性、状况，减少不公正、不科学、不全面观点的不良影响，如继续坚持旅游投资周期短、见效快、回报高等观点就要具体分析，科学合理地进行旅游投资和项目选择。

4. 加快引导、建设一支专业的旅游投资商、开发商队伍，使之成为策划、组织、实施旅游投资的专业力量，在促进、规范旅游投资方面发挥重要作用。

5. 引导、促进旅游投资的专业服务体系建设，形成一支类型齐全、结构合理、技术精湛、服务一流的旅游策划、规划、设计、咨询、论证、信息服务等专业队伍。

6. 积极利用社会和市场资源，加快旅游建设、施工及装备生产、维修专业队伍建设，为旅游投资开发提供物质技术支持。

7. 加强旅游教育培训和人力资源开发，为旅游投资开发和生产建设造就一支数量充足、结构合理、知识技能全面、专业素养好、综合素质高的人才队伍，目前特别是有关旅游投资和项目开发的专业技术人才。

第二节　我国旅游投资政策

一、中国旅游投资政策的确立

改革开放伊始，邓小平同志就利用外资建设饭店问题做出明确指示。1978年10月9日他指出："利用外资建旅馆可以干嘛！应该多搞一点。昆明、桂林、成都都可以搞，一个地方设一两千个床位。"1979年1月6日又他指出："搞旅游要把旅馆盖起来。下决心要快，第一批可以找侨资、外资，然后自己发展。"此后，很少题词的他，专门为北京的兆龙饭店和广州的花园饭店2家外资饭店题词，表示对旅游业利用外资的大力支持。按照他的指示，中国旅游业发展遇到的第一个瓶颈——旅游住宿设施严重不足问题迅速缓解，并成为中国旅游接待服务与国际接轨的良好开端。按照国家改革开放的总体部署，从20世纪80年代开始，我国逐步放开了对旅游饭店、旅行社、旅游交通、旅游景区等领域的投资限制。1993年国务院批准的《关于积极发展国内旅游业的意见》，明确提出旅游投资要实行国家、集体、个体、私营、外资“五个一起上”的方针。以此为政策依据，我国逐步确立了市场化、社会化程度比较高的旅游投资体制。

二、旅行社投资政策发展

改革开放之初，我国只有中国国际旅行社和中国旅行社两大系统；20 世纪 80 年代初，中国青年旅行社诞生，形成了“国、中、青”三大系统；1985 年国务院发布《旅行社管理暂行条例》，规定第一、二类旅行社必须是全民所有制即国有的，第三类旅行社必须是集体所有制或全民所有制的，标志着我国旅行社投资市场对国内全民所有制和集体所有制投资分类全面开放；1992 年国务院批准试办国家旅游度假区，规定在每个度假区内可以有条件地开办一家中方控股的中外合资第一类旅行社，标志着中国旅行社投资市场对境外投资的开放；1996 年国务院发布《旅行社管理条例》，取消了对旅行社投资的所有制限制，表明国内外所有的组织、个人都可以按照我国法律法规的规定在我国投资经营旅行社业务；1998 年，国务院批准发布了《中外合资旅行社试点暂行办法》，将外商投资旅行社的空间范围从国家旅游度假区扩大到全国；2003 年国家旅游局和商务部发布《设立外商控股外商独资旅行社暂行规定》，提前兑现中国政府加入世界贸易组织承诺，进一步向境外扩大了中国旅行社投资市场。正是这一系列投资开放政策的实施，使得作为旅游行业龙头的中国旅行社业队伍和实力迅速壮大，从不足百家增加到 3 万多家。

三、投资体制改革决定为旅游投资创造更为宽松有利环境

《国务院关于投资体制改革的决定》是我国投资体制由计划经济向社会主义市场经济转变的纲领性文件，其发布实施表明在投资领域我国从政府主导转变为投资人主导，实行“谁投资、谁决策、谁收益、谁承担风险”的基本原则，政府只对投资进行政策引导和就关系国民经济全局、社会、生态方面的影响进行审核，其主要表现在将各类投资项目的政府审批，改为事关全局的限额以上重大投资项目政府核准，政府只对自己作为投资人的政府投资进行审批，同时明确要充分发挥项目咨询、评估、论证等在投资决策中的重要作用，变政府行政决策为科学决策，要提高投资决策的科学化、民主化水平，加强政府的宏观调控和监督。旅游业是高度市场化的竞争性、服务性产业，在投资方面主要依靠社会和市场，政府只对基础配套等非经营性项目进行有限投资，投资机制市场化、投资决策民

主化的要求非常迫切。因此，《国务院关于投资体制改革的决定》发布实施为旅游业创造了更为宽松有利的投资环境。

核准与审批有本质区别。审批不仅要对审批事项是否具备规定的条件和是否符合国家、社会利益需要等进行审核、做出判断，还要对外部环境、机遇、可行性、前景或效果等做出分析判断，以此为基础做出批准或不予批准的决定。核准是事先规定并明示项目所必须得到的条件，然后对申请人申请核准的项目是否达到规定的条件做出判断和决定，有关是否符合国家、社会利益需要是通过事先规定的具体条件和土地、环境、规划等部门去审核，对外部环境、机遇和项目的可行性、前景、效果等分析判断则成为申请人自身的事。对于投资和建设项目来说，审批制下项目设立的主要方面都要报经投资主管机关审核，包括项目建议书、可行性研究报告、环境评价报告、土地利用计划及其合法性、项目规划设计、建设许可、企业章程、合作项目协议等，都要报经投资主管部门审批，决策不仅是投资人自身的事，而且更主要是政府投资主管部门的事，因为是否得到通过、何时通过、在什么条件下通过都是政府说了算。在核准制下，政府投资主管部门只对项目是否具备规定条件进行判断并做出决定，用地、环保、建设、规划等由各主管等部门负责把握，其他由投资人自己负责。

项目投资管理改审批制为核准制，意义非常重大。首先，大大简化了项目设立的程序，核准是一次性进行，只需向负责核准的政府机关提交项目申请报告；审批则根据项目设立的不同阶段，要分别审批项目建议书、可行性研究报告、开工报告等。其次，各部门、各方面按照职责分工各负其责，更有利于保证项目的合理性、科学性。更主要的是，投资人能够根据自己对市场、环境、时机等的分析判断，来自主决定项目投资的规模、时间、方式等。以我国的旅行社审批为例，《旅行社管理条例》曾经明确规定，国务院和省、自治区、直辖市人民政府旅游行政管理部门根据旅游业发展规划、旅游市场需要和申请人是否具备《旅行社管理条例》所规定的设立条件，批准或不予批准设立旅行社。如果改为核准制，旅游行政管理部门审核的标准就只是是否符合《旅行社管理条例》规定的设立条件，是否符合旅游业规划如果要作为设立条件，就必须具体化到设立条件规定中去，不是只做出原则要求而由审批机关去判断和解释，是否符合旅游市场需要则完全由申请人去分析判断。因此，从程序和表面看，审批和核准都是申请人报经政府研究决定，但实质不同。简单地说，核准制是政府只就是否符合条件回答“是”或“不是”，审批制则是项目行与不行最终由政府说了算。当然，在一定阶段不排除以核准为名继续行审批之实的事，那样这种改革就是换汤不换药。

从《国务院关于投资体制改革的决定》及其所附的《政府核准的投资项目目录（2004 年本）》看，对实行核准的投资项目做出了严格限定，除使用政府性资金、法律法规和国务院专门规定要审批与核准的项目外，只限于重大项目和国家产业政策规定的限制类固定资产投资项目，其他投资项目实行备案制。其中，对于旅游投资来说，将核准的项目范围严格限定在“国家重点风景名胜区、国家自然保护区、国家重点文物保护单位区域内总投资 5000 万元及以上旅游开发和资源保护设施，世界自然、文化遗产保护区内总投资 3000 万元及以上项目由国务院投资主管部门核准”。需要特别提请注意的是，所有使用了政府性资金的投资项目都必须报经主管的政府投资行政管理部门审批。

第三节 中国旅游投资洽谈会

根据 21 世纪建设世界旅游强国和我国旅游业持续、快速、健康发展的需要，我国各级旅游行政管理部门从 20 世纪末期开始加强对旅游产业组织协调与促进发展工作，促进旅游投资增长和加强对旅游生产、建设的协调、组织、引导和服务是其中主要的工作内容和方式。其中，组织全国集中统一的专业性旅游投资洽谈会，是促进旅游投资和产业发展的主要工作措施，中国旅游投资洽谈会是服务于旅游投资各方的高效平台。本节是作者当年为首届中国旅游投资洽谈会所做的系列策划宣传材料，曾通过《中国旅游报》分专题连续刊发。

一、功能目标

中国旅游投资洽谈会的总体目标是促进旅游投资进一步快速增长，为此要为旅游投资各方提供统一、集中、高效、面对面的洽谈合作、选择合作伙伴、交流投资合作信息的平台，同时展示、宣传中国旅游投资及其各有关方面的成就、形象、风采。围绕功能作用定位，首届中国旅游投资洽谈会确定了六大板块和五大论坛研讨活动及若干信息发布等丰富内容。

首届中国投资洽谈会分为展览洽谈、论坛研讨两大板块。展览洽谈是旅游投资洽谈会的重点，按照“展示形象、创新方式、拓展空间”的要求，实行双向互动，完善服务功能，加强项目对接，确保投资洽谈效果。整个展会计划设展位 1000 个，邀请 10000 名参展、参观者。其中，旅游项目展馆将分为序厅、投资商展区、资源项目展区、旅游专业服务机构展区、旅游纪念品设计制作展区和独立展区等 6 个展区。序厅由国家旅游局负责布置，集中展示中国旅游投资成就和美好前景；投资商展区由中外投资商、管理集团、旅游企业、金融机构等为参展单位，展示投资商形象、企业实力、成功案例和投资合作意向等，重点是与项目资源单位对接洽谈；资源项目展区组织各地区项目参展，主要通过图片、文字、音像、模型、实物等形式，展示资源特色、开发利用成果、旅游建设项目，目的在于为旅游投资商提供选择洽谈项目和商机，展示内容体现可成长性、可洽谈性，展位布置具有可欣赏性，突出项目特色、优势和建设条件；旅游专业服务机构展区由中外旅游策划、规划、设计、咨询、论证、教育、培训、研究、宣传等机构为参展单位，旨在展示形象、宣传成绩、洽谈服务合作项目等；旅游纪念品设计制作展区由中外旅游纪念品设计、制作单位为参展单位，展示富有创意和特色的纪念品，突出设计理念、制作工艺、开发前景，但不做展销；独立展区将邀请水疗协会、温泉协会、房车协会、邮轮公司、车船公司等单独设立展区。同时，将举行若干场项目集体签约和各参展团重大项目签约仪式。

论坛活动板块以集中进行交流探讨、权威信息发布、深入专题研究为主要内容，目的在于为探讨、研究、引导中国旅游投资提供智慧、信息支持。在首届中国旅游投资洽谈会期间，国家旅游局邀请国内外著名旅游专家学者、旅游行业权威人士、有关政府官员、产业界资深专家，举办中国旅游投资高层论坛、中国旅游业可持续发展高层论坛、中国旅游景区管理研讨会和红色旅游发展研讨会，同时，组委会还邀请专家组织中国商务会展旅游论坛，专题研讨商务会展旅游的现状及发展趋势。此外，还由相关参展单位举办旅游招商说明会和投资项目发布会，组委会还举办“美丽的中国”全国风光旅游摄影展和全国地方特色旅游文化活动展演，进一步丰富活动内容，烘托展会热烈气氛。

首届中国旅游投资洽谈会由国家旅游局、宁波市人民政府联合主办，浙江省旅游局、宁波市旅游局等联合承办。由于是由负责全国旅游行业行政管理的国家旅游局主办，因而将是一次具有集中性、权威性、专业性的全国性旅游投资洽谈活动，在功能作用上与区域性、地区性、商业性的投资洽谈会和招商宣传推介活动有明显区别。权威性还表现在旅游投资洽谈会上由中央有关部门发布旅游投资政策等权威信息，由权威专家参加论坛、研讨和提供权威的旅游投资意见。由于举办地宁波市是我国最早和最成功的沿海开放城市，依托长江三角洲这个目前中国最具投资能力和规模最大、水平最高的经济区，特别是其所在的浙江省是目前中国最具民间投资能力、旅游投资和发展势头强劲、市场化程度高的地区，因而保证有足够的投资商和投资供给来适应资源项目单位洽谈投资、招商引资的需要。专业性不仅体现在其是专业性的旅游投资洽谈活动，不是综合性的投资贸易洽谈会，而且有策划、规划、设计、咨询、论证等投资服务机构提供专业服务的洽谈、交流。此外，港澳台地区和国外的旅游投资主体和一些国际金融、专业服务组织也参加，进一步提高了投资洽谈的水平和质量。

二、特色

由于是第一次举办专业性的旅游投资洽谈会，很多人在没有深入了解情况下，往往从名称的大同小异上简单地认为，所有的旅游会展都是进行旅游产品展示、宣传、促销的，具体名称的不同只不过是举办者吸引人们眼球的小伎俩。实际上，都是旅游会展活动，但中国旅游投资洽谈会在内容、性质、功能、目标上完全不同于各类旅游交易会和博览会，与其他类型的投资博览会比，中国旅游投资洽谈会也有很大不同。

（一）中国旅游投资洽谈会与各种类型的旅游交易会、博览会最大的差别，在于其宣传、展示、洽谈的内容不同

各种类型的旅游交易会、博览会、推介会、说明会，宣传、展示、推介、促销的都是供旅游者消费的旅游产品、项目，是已经完成生产、进入流通阶段、目标是进入消费阶段的最终产品的宣传、促销活动。因此，无论参展商是否相同，如旅行社、旅游企业、旅游景区、旅游集团等同样可能参加投资洽谈会的企业组织，其参加旅游交易会等会展活动的主要目的，是向潜在旅游者及其服务代理组织推销自己的旅游产品。而旅游投资洽谈会宣传、展示、推介的，主要是旅游资源和拟建项目、旅游投资供给和各种旅游投资开发专业服务，是各种生产要素，是各生产要素主体相互之间为生产开发旅游产品、项目在寻求合作，以实现各种要素在生产过程中的结合。因此，从生产和再生产的过程看，旅游交易会是旅游产品流通和交换宣传活动，而旅游投资洽谈会是旅游产品的生产性活动，是生产过程中的宣传、组织、交流活动。因此，旅游交易会属于各种消费品交易会、订货会、博览会，投资洽谈会就相当于原来的生产资料展览订货会，是各种旅游生产要素的交易会和博览会。

（二）中国旅游投资洽谈会的功能目标不同于旅游交易会

从内容不难看出，旅游交易会的功能目标就是向旅游者及其代理服务组织和

社会公众宣传、展示、推介旅游产品，完成旅游产品由生产经营者到旅游消费者的转移，最终实现旅游生产目的，即满足人们的旅游消费需求，同时将旅游产品的使用价值转化为价值，使旅游资金实现价值增值和旅游再生产过程持续进行下去。旅游投资洽谈会的功能目标则是为旅游产品、项目的生产寻求合作，是要将各种生产要素组织、结合到生产过程中去，最终实现生产出能够满足人们旅游消费需求的旅游产品、项目，即服务于旅游产品生产是投资洽谈会的主要目的。

（三）由于功能目标和内容不同，所以投资洽谈会的方式也不同于交易会、博览会

旅游交易会、博览会多以旅游区、旅游目的地、旅游项目的展示、宣传、推介为主，参展方之间的合作洽谈为辅；旅游投资洽谈会则以旅游投资合作洽谈为主，展示、宣传、推介为辅。因此，前者多为参展商单方面宣传展示、参观者被动接受、单向信息交流为主，后者则以参展各方洽谈、交流、双向互动为主。

（四）与综合性、地区性、商业性的投资博览会比，旅游投资洽谈会也有很大不同

1. 与全国性的投资贸易洽谈会如“中国厦门投资贸易洽谈会”“哈洽会”“兰洽会”“青洽会”“乌洽会”比，中国旅游投资洽谈会是专业性的旅游投资洽谈会，既不涉及其他领域的投资洽谈，也没有商品贸易洽谈展示的内容。

2. 与地区自行举办的投资洽谈会、招商会、推介会比，除了有综合性与专业性的区别外，中国旅游投资洽谈会还有全国集中统一性、合作洽谈的自主性等特点。

3. 与商业性的投资洽谈会和招商会比，中国旅游投资洽谈会不仅具有权威性，而且还具有政府与民间的双向互动和交流内容，内容更丰富，主题更深入，服务性也更明确，而商业意味相对比较淡。

三、政府服务与服务政府

举办旅游投资洽谈会，是中国旅游业在新的历史时期发展的需要，因而也是旅游全行业多年来的要求。国家旅游局在 20 世纪 90 年代中后期，就开始探索突破旅游交易会、博览会、推介会单纯向旅游者和社会公众宣传推介旅游产品的格局限制，全国性和地区性的旅游交易会逐步扩展为包括旅游服务、生产各个要素、环节的综合性博览会，并于 2000 年与大连市联合举办了以宣传、展示、交流旅游景区建设成就为主的中国旅游区风景区博览会。此后，国家旅游局一直在

研究举办全国性、专业性旅游投资洽谈会、博览会问题，将此举作为引导、服务、促进中国旅游投资增长和产业发展的重要工作措施。因此，举办中国旅游投资洽谈会，对于各级旅游行政管理部门促进旅游投资增长和产业发展工作会产生重要推动作用。

（一）能够有力地推动全国和各个地区的旅游投资和发展，使得各级旅游行政管理部门更好地承担起产业组织和发展促进的工作职能

在国家旅游局确定的促进旅游投资和产业发展的工作思路中，举办中国旅游投资洽谈会和建设中国旅游投资信息网是最主要的举措，是旅游行政管理部门为旅游投资服务的主要手段，旅游投资情况调研、指导规范地区性旅游投资博览会和推介会、组织开展旅游投资问题研究交流活动、促进旅游投资机制变革等，都是由这二者派生出来或为二者服务的。因此，对于各级旅游行政管理部门来说，利用中国旅游投资洽谈会这个平台，组织旅游投资商、资源项目单位和专业服务机构参展、交流，无疑是其为促进旅游投资服务和产业发展的重要而有效的手段。

（二）为全国和各地区面向国内外全面展示旅游投资开发和产业发展成就提供舞台

洽谈会在建设旅游投资合作洽谈平台的同时，也为各级各地各方面全面展示旅游投资成就和形象创造了很好的条件。当时，国家旅游局决定，利用中国旅游投资洽谈会这个有利机会，拿出百万元专款，设计、布置位于展馆入口中心位置的 30 个展位的序馆，来全面展示、宣传中国旅游投资的状况、成就和美好前景，并将此举与组织举办几个论坛和研讨会，作为该次洽谈会筹备工作中由国家旅游局直接负责的两项最主要的工作。有一多半省级旅游局不仅组团参展，而且设专馆和举办专场说明会，综合宣传展示本地区旅游投资的状况、成就、环境、前景，为塑造本地区鲜明、突出、美好的旅游投资形象和吸引旅游投资造势。

（三）为各级旅游行政管理部门交流、探讨促进旅游投资和产业发展的对策、思路、经验提供舞台

对于各级旅游行政管理部门来说，旅游投资和产业发展促进都是新的工作，在思想认识上还有不少空白、疏漏、困惑、疑虑，在工作方式、手段、措施等方面不明确、不具体、不科学、不实用之处很多，大部分旅游局还没有建立起相应的工作机制，大家也都缺乏这方面的工作经验。中国旅游投资洽谈会将全国旅游投资各方集中到同一时空开展洽谈，同时就为各方面——首先是承担旅游投资促

进、引导、组织、服务任务的各级旅游行政管理部门的人员，了解、沟通情况信息，研讨、交流工作意见和经验，探讨改进和加强工作的思路、对策、措施等，创造非常难得的机会。考虑是首次举办，各地、各方面缺乏经验，国家旅游局会同组委会有关方面，专门组织5个论坛和研讨会，围绕与旅游投资和产业发展关系重大、各方普遍关注的旅游投资、可持续发展、红色旅游、旅游区管理体制、商务会展旅游等主题，开展研讨交流活动。

（四）成为全面开展旅游投资促进工作的崭新起点

举办洽谈会只是旅游部门促进、引导、服务旅游投资的一项举措，但却是首先落实和影响最大的。以此为基础和开端，国家旅游局和各级地方旅游行政管理部门逐步推出促进旅游投资和产业发展的一系列工作措施。因此，各级旅游行政管理部门是从这个角度和高度来认识和对待中国旅游投资洽谈会，将其作为开展旅游投资促进和产业发展政府服务工作的重要举措和崭新形式。

四、投资商

当今社会，好像没有比投资商，也就是俗称的老板更风光和让很多人闻之、见之而肃然起敬的人了。影视剧、小说等文艺作品中投资商出场时那种被大大小小官员前呼后拥、被黎民百姓夹道欢迎的场面，在现实中也极容易见到。在各种类型的会议、展览、节庆活动中，特别是招商引资、投资洽谈等活动中，甚至在联谊会、茶话会、乡友会等以联络交流感情为主要目的的活动中，老板们都会被奉若上宾。究其原因，就是在商品经济和市场经济中，各种价值都可以用货币来表示，人、物和事的价值大小都可以用钱的多少来衡量。见到能够为别人理想和目标实现提供资金支持的人，即那些有钱而又可能出钱者，对于需要资金而又难以筹集到的人，虽不是久旱遇甘霖，至少也是久旱见乌云。在这种情况下，投资商为什么要去参加中国旅游投资洽谈会，就不仅仅是洽谈会组委会和旅游投资商所关心的问题，而是各方面都普遍关心的事。

投资商的生命和价值是通过投资来延续与体现的。投资活动开始投资商诞生，投资活动结束投资商消失；投资规模越大、效益越高，投资商的价值越大，反之则相反。而对于投资商来说，以最少的费用和时间寻找到最好和最合适的投资项目，是其生命质量保证和价值增值的关键。投资商参与各种投资洽谈活动、运用各种手段，最终和最主要的目的——也可以说是唯一的目的，就是获得理想的投资项目，与此相比，其所受到的礼遇规格、生活待遇都只是非常次要的。中国旅游投资洽谈会是由国家旅游局主办的全国性旅游投资洽谈活动，是投资商在中国寻找旅游投资项目、掌握旅游投资动态、寻求旅游投资专业服务、开展投资问题交流探讨，最终提高其作为投资商的生命质量和更好实现其价值的最好途径。

（一）集中统一性和洽谈合作的公正性和自由平等性

在这个洽谈会上，投资商可以在全国范围内寻找旅游投资机会、洽谈合作，而其他地区性的投资洽谈会一般只能或主要是在举办地所在区域内寻找项目、洽谈合作。由于不是举办地单方举办洽谈会并盛情邀请、迎接、款待投资商，而是由中央政府主管部门主办，举办地只是一般性地展览组织、接待和服务，大大减少了地主之谊和为客之道等因素的影响，投资商和资源项目单位、各种专业服务机构等，都是地位相同的参展商，都与举办方没有直接关系，即使举办方礼遇有加也与投资洽谈没有直接关系。因此，投资商和参展各方可以平等、自由地洽谈合作。在地区性的招商引资活动中，主人一方在盛情款待的背后是巨大的引资压力，投资商在接受盛情款待时要考虑按照身份、对方的期望甚至惯例必须有所表示。参加中国旅游投资洽谈会，就好像大家都是按照约定俗成同时来到一个定期举办的集市买卖商品，生意不成不仅是仁义在，而且真正是无所谓。

（二）专业性和针对性、目的性、方向性都非常明确

中国旅游投资洽谈会上，大家都是来自旅游行业，或者是对在旅游行业投资兴业有兴趣的人，动机和目的一致，背景情况也基本相同。而全国综合性和地区性的投资洽谈会，与这种专业性的投资洽谈会相比，对于寻找洽谈伙伴、开展合作洽谈和形成合作意向，难度就要大得多，所需时间会增加，效率和效果相应地下降。因此，参加中国旅游投资洽谈会，将无疑是投资商选择旅游投资合作机会和寻求各种服务与要素的最专业、最集中、最便捷的渠道。

（三）权威发布和高层交流

由中央政府主管部门举办的投资洽谈活动，不仅发布有关中国旅游投资的权威信息，而且邀请、组织资深专家开展旅游投资的专题研讨、交流活动。首届中国旅游投资洽谈会上，国家旅游局首次发布中国旅游投资报告，全面阐述中国政府旅游投资及发展政策取向，分析中国旅游投资市场需求和供给状况及其变动趋势，公布目前阶段中国旅游投资优选项目等。同时，投资洽谈会上举办的中国旅游投资高层论坛、中国旅游业可持续发展高层论坛、中国旅游景区管理研讨会、全国红色旅游研讨会、中国商务会展旅游论坛，围绕中国旅游投资和发展的热

点、难点、焦点问题，开展专题交流活动。这是投资商了解中国旅游投资动态信息、研究旅游投资问题、展示投资商成就和风采的最佳选择。

五、开发商

目前，专业的旅游开发商在中国还没有形成气候，但开发商、投资商、经营商融为一体的组织不少，因此，举办和参加中国旅游投资洽谈会，对于中国旅游开发商有非常重要的开创性意义。

举办投资洽谈会可以加快我国专业旅游开发商队伍建设。开发商是专门组织项目开发建设的企业组织，其功能和运作方式是将资源、资金、技术、人力、设备和建设、施工、策划、规划、设计、咨询、论证等各方面要素有机结合到一起，开发出可以生产、经营、服务或消费的项目。例如，房地产开发商就是利用土地、资金、建材、建筑施工和策划、规划、设计队伍等资源与要素，开发出可供居住、办公等使用的房屋。专业开发商自身无须有多少资金、技术和建设施工力量等，从理论上说其开发项目所需要的所有资源要素都可来自市场，其所承担的就是组织、组合功能作用。现实中的开发商多拥有自身的策划、规划、设计、咨询、建设施工等力量，有的也有很多自有资金。建设专业化的开发商队伍，是商品经济和市场经济中交换、分工和专业化的需要，分工和专业化能够极大地提高生产力。此外，在现实中，项目开发所涉及的要素是分属数量庞大、性质各异的经济社会主体的，任何一方都要通过组织、组合才能发挥作用。

就我国旅游业来看，目前基本都是各大型企业、企业集团，运用自身的资金或融资渠道，开发建设旅游项目，在完成开发建设后很多就成为自己经营的项目或子公司，其开发旅游项目的目的是扩大自身的经营规模、领域，不是专门为他人的旅游生产经营提供开发服务。这种方式在任何一个产业的初期阶段都是客观存在过的，其适应的是要素市场发育相对不成熟、产业内和社会相关方面专业化分工与协作不充分的状况，这种状况迫使旅游投资商、经营商自行开发旅游项目。其优势，一是可以依托自身所具有的资金、技术、资源等来从事项目开发；二是由于是为自身开发项目，能够节省相关的邀约、谈判、签约等交易费用和监督、指导、检查、验收等方面的费用、时间；三是能够直接按照自身生产经营的需要和意图来开发项目。这种方式的劣势也很明显，最主要的有两点。第一，它是自然经济的方式在商品经济和市场经济中的自然延伸，不符合商品经济和市场经济交换、分工、专业化的基本原则，因此，它在提高效率、效益和保证效果方面有先天不足。第二，大部分资金、资源、技术、设备、建设、施工、规划、设计等要素所有者和占有者自身很难具备从事项目开发的能力，在市场上又找不到专业化的旅游开发商来为他们提供专门的开发服务，因而不利于旅游投资开发和产业发展。

促进、引导专业旅游开发商队伍建设与组织旅游投资洽谈会一样，也是目前促进中国旅游投资发展的重要措施，且二者之间有很密切的关系。从举办和参加旅游投资洽谈会对旅游开发商的影响看，在洽谈会筹备、宣传中，组委会将联系、邀请和组织兼具投资、经营功能的开发商作为重点工作，目标是先与一批重点和具备发展成为专业旅游开发商的组织建立联系，逐步形成资源关系网络，也为其相互之间建立联系和交流网络渠道提供引导、服务，以便使我国旅游开发商队伍雏形初具，以此为起点逐步扩张队伍、提高水平，特别是提高专业化水平，实现建设专业队伍的目标。在旅游投资洽谈会上，在有关论坛、研讨会和其他交流活动，如旅游投资高层论坛、中国旅游业可持续发展高层论坛、旅游景区管理研讨会和旅游投资商俱乐部成立仪式与倡议中，融入建设旅游开发商队伍和促进其产生、发展的机制等题目内容。

当然，专业旅游开发商队伍的建设非一日之功，旅游投资洽谈会只是为此拉开序幕。投资洽谈会结束后，国家旅游局还继续采取对策措施，来予以促进、引导和规范。一是加强与旅游开发商的联系和相关的组织、协调、服务工作，依托中国旅游投资信息网、《中国旅游报》等平台，继续组织旅游开发信息、技术、经验的交流、研讨活动和旅游开发商的联系、联谊、交往、考察活动，如组织召开专门的旅游开发论坛、研讨会，组织赴重点地区进行项目考察，在《中国旅游报》、中国旅游网和中国旅游投资信息网上开辟栏目开展旅游开发问题的讨论交流等。二是有计划、有重点地支持一批具备基础、条件的旅游投资商和规划、论证等专业服务机构向专业旅游开发商发展，通过信息提供、项目介绍等使其获得更多、更好组织旅游开发的机会，同时，引导其通过市场渠道解决投资资金来源、其他要素供给和完工项目交易。三是探讨分阶段建立专门的旅游开发商联谊会、俱乐部和协会组织，通过自律、自护、自主、自强的方式来促进专业旅游开发商队伍建设，初期可以是比较松散、不定期开展联系交流活动的联谊会，然后是固定场所和办事机构、定期组织活动的俱乐部，最终是有章程和组织机构、办事机构、管理制度的行业协会。四是在条件成熟时，通过制定政策意见、制度规范、技术标准等方式，加强对旅游开发和旅游开发商的引导、规范、服务，为其健康运行和发展创造良好的环境。

六、资源项目单位

从实际经济工作中如火如荼的招商引资活动就不难看出，资源项目单位参加中国旅游投资洽谈会的目的动机、积极性非常强，好像无须做任何说明和交流。事实恰恰相反，让资源项目单位及其所在地党政机关、有关部门充分认识到中国旅游投资洽谈会的功能特性，特别是与其自身组织的洽谈会、招商会、推介会的不同，是非常重要和必要的。

自行组织、举办区域性、地区性、综合性或专业性投资洽谈会、招商会、推介会，与参加别人组织的投资洽谈会、博览会相比，首要的不同就在于所花费的财力、人力、物力和时间方面。只要组织和参加过展会的人都明白，自行组织一个展会与准备参加他方组织的展会相比，在费用、人力、物力、时间等方面的差距真可以说是天壤之别。尤其是在目前我国会展组织专业化、市场化程度还不高的情况下，兴师动众、劳民伤财是常事，组织者筋疲力尽、参加者怨声载道、老百姓议论纷纷的事也不少见。从展场选择建设、展位分布、招展组织、宣传造势，到邀请、接待、交通、住宿、考察、研讨，再到安全、秩序、质量、效果、费用、人力，等等，事无巨细，都要面面俱到，缺一不可。而参加他方组织举办的展会，主要工作就是展位选择预订、展台设计布置、展品组织、展览宣传方案制订和执行等，难度大为不同，费用、人力、时间的花费相比之下也非常有限。

所费大小本身还不能说明优劣差别，必须将所费与所得结合起来，才能看出事情的优劣并做出取舍。如前所述，中国旅游投资洽谈会是由国家旅游局主办的，与地区性、商业性、综合性的投资博览会、洽谈会、推介会、招商会相比，具有集中统一性、专业性、权威性和公正自主性特征。对参展各方，包括资源项目单位来说，参加中国旅游投资洽谈会，一是能够在全国范围内选择投资商、开发商和各种专业投资服务机构，进行投资合作洽谈；二是作为专业的旅游投资洽谈会，投资商、开发商和其他参展方的目的、意向基本一致，找到对路的洽谈伙伴并开展合作洽谈的可能性大为增加，时间和费用成本相应大幅度下降，取得成功的可能性也将成倍增加；三是没有主客之分，大家都是作为完全自主平等的参展商进行无拘无束的自由洽谈，将为投资需求和供给等洽谈各方科学合理、实事求是地选择合作伙伴、达成合作协议创造宽松、轻松的环境。因此，资源项目单位以有限的人力、财力、物力和时间投入，就能够取得远比其他投资洽谈活动所能够取得的成效更大的成效，实乃事半而功倍。

资源项目单位及其所在地区旅游行政管理部门和党政机关，从自身利益和发展需要出发，是最关心国家旅游投资和产业发展的状况、政策、思路、措施等问题的。中国旅游投资洽谈会在组织投资洽谈的同时，还组织投资成就展览、展示、宣传并举办中国旅游投资发展重点、热点问题研讨交流活动。投资洽谈会上举办的中国旅游投资高层论坛、中国旅游业可持续发展高层论坛，是专门讨论、交流旅游投资问题、对策、观点、信息的；中国旅游区点管理研讨会、红色旅游研讨会和商务会展旅游论坛，则是目前旅游投资、发展的热点和重点。在这些论坛和研讨会上，不仅有资深专家、权威人士就中国旅游投资发展发表高见，还有重点单位、地区介绍、交流旅游投资发展工作经验、情况、信息，而且国家旅游局等中央政府部门还发布中国旅游投资报告、中国旅游投资优选项目等最新信息。这些对资源项目单位及其所在地区了解掌握中国旅游投资的状况和变动趋势，以此引导、选择、规范、促进本单位、本地区的旅游投资发展工作，都产生非常重要的借鉴、指导、启发作用。

此外，旅游投资及其管理服务体制也是资源项目单位和其所在地区十分关注的影响旅游业发展的重大问题。以筹备、宣传、组织中国旅游投资洽谈会为契机和基础，展开对此方面问题和改革完善对策的探讨，按照建立成熟完善的社会主义市场经济体制的总体目标要求，研究运用开发性金融投资的项目决策机制，来替代传统的建设项目策划、可研、论证、规划、建设、管理等方式，真正按照国务院关于投资体制改革的决定，建立起“谁投资、谁决策、谁受益、谁承担风险”的旅游投资新机制。这是中国旅游投资高层论坛讨论的核心问题。国家开发银行等权威、现代化金融投资机构提供有关的对策建议。对于很多的资源项目单位及其所在地区来说，只有解决了投资机制问题，包括认识、观念、体制、政策、方式、措施等，才能从根本上解决投资制约问题。

七、建筑商和设备供应商

与旅游投资商和金融机构一样，旅游建设施工和设施设备生产供给单位也是旅游投资开发的供给方，但不同的是，建设施工和设施设备供求关系上的买方市场早已形成，建设施工企业和设施设备生产供给单位寻求其产品和服务需求市场，与资源项目单位寻求投资一样急迫和困难，竞争甚至更为激烈。因此，通过参加中国旅游投资洽谈会来寻找市场需求和相关合作伙伴，以及了解市场需求状况和展示自身的形象、实力、成就，是旅游建设施工单位的理想选择。道理与对其他参展商一样，就是因为中国旅游投资洽谈会是由国家旅游局主办的全国集中的专业性投资洽谈会，具有集中统一性、权威性、专业性和合作洽谈、达成合作意向与协议的自主公正性，能够较好地保证效率、效益和效果。

举办中国旅游投资洽谈会的一个重要目的，在于为促进专门的旅游建设施工队伍和旅游设施设备生产、营销体系服务。从内容、方式、手段上看，旅游项目设施的建设施工与其他工业、民用、交通等项目设施建设没有本质区别。但由于旅游消费需求具有特殊性，旅游项目、设施的建设施工与其他项目还是有明显不同。第一，从消费层次类型看，旅游是享受型、发展型消费，因此，旅游消费对安全、质量、人性化、个性化方面的要求比生存型、温饱型消费的要求高得多，旅游中的饮食、住宿、购物、交通等比日常生活中的吃、住、购、行的要求要高得多。因此，旅游餐馆、饭店、商店、车站、车辆等硬件设施的设计和建设水准，普遍要大大高于普通的社会餐馆、旅社、商场、车站、车辆，需要专门的规划设计、建设施工和一些专用的设施设备。第二，旅游是以人的精神文化需求为主要满足对象的消费活动，这又与家庭轿车、高档住宅、更多和更高水平的教育等发展型消费有很大不同。因此，旅游项目、设施等硬件的设计、建设及其形状、结构、材料、装修装饰等，还必须注意体现文化内涵和各种特色，要注意营造文化氛围、展示文化内涵、体现文化特质。这也要求旅游项目、设施的设计、建设和设备、材料、物品的生产，都必须通过专业化来保证相关要求和功能目标的实现，因此，有必要建设专门的旅游建设施工队伍和设施设备生产营销体系。

从实际情况看，目前我国以有形资源开发、参观游览项目及其基础和配套服务设施建设为主要任务的旅游建设施工队伍已经初步形成，不足主要是专业化、特色化程度不高，大多只是按照设计图纸施工，与文物、古建、桥梁、隧道、工业厂房、水坝、铁道等专门项目、设施建设施工相比，在专业化、特色化方面的差距非常大。同时，在旅游项目、设施建设施工和旅游设施、设备设计与生产方面，如何较好地体现文化特色和满足人性化、个性化、生态化等需求，将硬件建设与软件建设、氛围营造、文化展示等结合起来，存在的不足更多。如果说，在以观光为主体的发展阶段，我国依托独特、丰富的自然、历史文化和民族社会资源，就基本较好地适应了旅游业发展的需要，那么在新世纪、新的历史阶段，要按照建设世界旅游强国的需要来调整旅游产品结构，通过深度开发来形成观光、度假和各种专项旅游“三分天下”的格局，并充分考虑到当今世界旅游追求个性化、人性化、生态化、特色化、多样化的基本趋势，就不得不高度重视对旅游项目、设施的规划设计、生产建设、市场营销环节的引导、规范和服务工作。

因此，进入21世纪，随着建设世界旅游强国目标的提出，结合政府机构改革、转变职能和工作方式，按照建设成熟完善的社会主义市场经济体制和“小政府、大社会”的社会经济运行模式要求，国家旅游局在精简机构、调整职能时，专门组建了中国旅游协会旅游商品与装备分会，将旅游行业管理和指导、规范、服务，从旅游商品的开发、生产、销售扩展到旅游生产、经营、服务设备的开发、生产、销售领域。对于旅游项目的建设施工，国家旅游局和越来越多的地区也正在通过深化、扩展、加强和规范旅游规划设计、咨询论证来侧面迂回，将很快接近主体目标。举办中国旅游投资洽谈会，将旅游建设施工和设施设备生产、销售单位，与旅游投资商和资源项目单位等共同作为参展主体，一起开展有关的宣传、招徕、组织、引导、服务，就是这方面的重要举措。

所以，参加中国旅游投资洽谈会，对于旅游建设施工和设施、设备生产、销售单位来说，除了能够比较好地进行合作洽谈和宣传、展示外，在研讨、交流、信息发布等方面，也与旅游投资商、资源项目单位、专业服务机构一样，会有很大的收获。

八、专业服务商

旅游策划、规划、设计和投资咨询、论证、可行性研究，以及旅游人力资源开发、教育培训、理论研究等，共同构成了旅游投资的专业服务体系。从我国目前的情况看，旅游规划和教育培训得到了普遍重视，但进一步根据实际需要提高水平、实现层次结构的专业化分工是主要任务；旅游策划、设计、论证和可行性研究正逐步受到重视，还存在策划的科学性和决策选择的全面性、公开性、参与性不足，设计思路不够开阔和缺乏创意、个性特色以及适应性不足，论证和可行性研究偏重形式和走过场、实际作用有待增强等问题；综合的旅游人力资源开发、旅游投资开发咨询、旅游理论和实际问题研究仍然是最薄弱的环节，简单地将人力资源开发等同于教育培训，而旅游教育培训又主要集中在应用人才方面，对高级专业人才培训重视不够，缺少专业的旅游投资开发咨询服务，旅游理论和实际问题研究不深入、不全面等。因此，举办和参加中国旅游投资洽谈会，一个重要的功能目标就是，通过为旅游专业服务机构创造合作洽谈、探讨交流和形象宣传展示平台，来加强对其专业化、系统化的引导和促进，使其尽快完善服务体系、扩大服务覆盖面、提高服务质量、改进服务方式。

就普遍受到重视因而大家都比较熟悉的旅游投资项目规划看，目前的主要任务是在改进旅游区开发建设规划和景观设计质量状况的基础上，通过与旅游人力资源开发和教育培训的密切配合，加快建设一支专业化的旅游投资开发项目规划设计队伍，使其不仅能够比较好地为旅游投资开发项目提供高质量、高水准、高效率的规划设计服务，同时能够承担市场前景、目标市场定位、项目融资方式、投资风险与回收、回报等相关方面的分析、咨询、论证服务。现行的旅游规划仍然偏重于地区、区域发展规划和比较大的旅游区的概念性规划，针对性、指导性、实用性和可操作性较弱；而现行的旅游景观设计和项目的修建性规划，又将目标和重点全部集中在项目本身，想精心设计、精雕细琢成为精品、极品、绝品，而对市场需求、适应性、投资风险和效益又关注不够。

由于我国旅游业全面发展时间还比较短，与交通、建设、水利等老的行业相比，目前在投资开发项目咨询、论证、可行性研究和相关信息服务等方面差距很大，基本上还没有形成专业化的队伍和体系。举办旅游投资洽谈会，加强旅游投资促进、引导、服务工作，必须就此采取对策措施。问题研究、经验交流和观念沟通是旅游投资洽谈会的重要内容，对于参展或采取其他方式参与的旅游投资开发专业服务机构，是提供全国集中统一的洽谈、交流、展示、宣传的平台，其中的中国旅游投资高层论坛、中国旅游业可持续发展高层论坛、中国商务会展旅游论坛等，也把吸引旅游投资专业服务机构参与和改进、提高旅游投资开发专业服务状况作为重点。

随着我国教育的产业化和科学研究面向市场与社会改革的不断深入，如何更好地服务产业发展需要和满足市场需求，是旅游教育培训、人力资源开发和研究机构最为关注的大事。多年来，我国旅游教育培训和理论与实际问题研究，在促进产业发展中做出了很大贡献。在新世纪建设世界旅游强国的过程中，旅游教育也必须进行分工和实现专业化，在继续做好实用人才培养的同时，加快培养旅游策划、规划、教学、研究等高级专业人才，其中重点大学的旅游学院、旅游系要以培养旅游理论、研究、教育、策划和高级管理人才为主要目标，不能与普通院校特别是职业技术学院、专科学校、中专学校、培训中心去争抢职业技术教育的饭吃，职业技术学院等也要在培养人才层次、方式方面进行分工，尽快形成分工明确、层次分明、结构合理的旅游教育培训服务体系。在加强教育培训的同时，还必须抓好综合的旅游人力资源开发，包括社会和市场上各级各类人力资源在旅游行业的利用、旅游就业指导服务等。旅游研究则要在高等院校、科研院所研究的基础上，加强综合性、权威性、专业性旅游研究机构、队伍的建设，全国和重点地区、城市都要有专门的旅游研究中心、室所，要尽快建立一支专业和兼业结合的旅游理论研究队伍，要主办全国统一和权威的旅游理论研究杂志，提供交流探讨阵地。对于这些工作来说，旅游投资洽谈会只是个序曲，旅游投资开发专业服务队伍和体系还必须按照产业发展的需要不断调整、更新、完善，因而此项建设是任重而道远。

九、举办地

会展业是第三产业重要的组成部分，其功能不仅在于其所具有的良好经济效益，更在于其所能够产生的重大宣传、展示、塑造举办地形象等综合社会效益。这是当前会展业蓬勃发展，不论发展水平和条件如何，各国、各地区争相申办、组织展会的根本动力和原因所在。中国旅游投资洽谈会从创意提出之时起，提出作为举办地要求、申请的地区、城市就一直没有间断过，有的甚至已经进入了实质性的方案准备、协议磋商阶段。作为中国旅游投资洽谈会的主办者，国家旅游局对举办地的选择非常认真。确定在浙江宁波市举办首次中国旅游投资洽谈会，并一直对宁波市有关将中国旅游投资洽谈会长期固定在该市举办的意见未做表态，考虑的因素是多方面的，但最主要的原因就是如何确保洽谈会的质量和效果。最终选择宁波市作为首届中国旅游投资洽谈会的举办地，主要是考虑到其所具有的独特社会经济基础、旅游投资和产业发展状况、旅游工作水平等，不仅能够较好地满足洽谈会组织、接待等工作的需要，而且对保证洽谈会取得预期效果有很好的作用。

（一）中国旅游投资洽谈会的首次举办地，必须是旅游投资发展水平比较高，特别是投资商投资旅游动力强劲，旅游投资尤其是社会性、市场性旅游投资活跃，以便为保持洽谈会上旅游投资需求与供给的基本均衡奠定基础

从一般情况看，目前我国投资包括旅游投资需求旺盛，而投资供给好像相对不足，体现为投资饥饿症，因此，大家都对洽谈会能否组织足够的旅游投资商、开发商参展和参加洽谈有疑虑。尽管从目前的情况看，这种考虑有些多余，各地包括境外投资商对举办中国旅游投资洽谈会反响强烈。在选择举办地之时，国家旅游局对这个因素的考虑也是很多的。长江三角洲是我国经济社会发展水平最高的区域，浙江又是个体、私营和各种混合所有制经济发展最充分和机制比较成熟

的地区。由于认识到位、基础雄厚、机制灵活、政策科学，长江三角洲包括浙江的旅游业也是目前我国发展水平很高、势头很强和深度开发比较好的地区，浙商在全国和世界各地投资兴业影响很大、实力很强，宁波是我国最早的沿海开放城市和计划单列市，在很多指标上位居全国大城市前列。因此，在此举办中国旅游投资洽谈会，在投资商组织、投资供给保证方面就有了比较好的基础。

（二）中国旅游投资洽谈会举办地必须具备比较好的展览洽谈条件和很强的组织、接待服务能力

从展览洽谈设施条件看，宁波国际会议展览中心目前在我国是一流的大型会展中心，设计科学，功能齐备，特别是展位、洽谈室、会议厅充足，设施设备比较先进。从交通配套看，航空方面不仅有航线、航班众多的宁波国际机场，杭州和上海机场也能够非常快捷、方便地提供服务；铁路方面，宁波有连接全国主要区域和城市的车次，同样还可利用杭州站、上海站；宁波的公路交通与海运交通也非常发达，邮电通信服务水平更无须多说。从展览组织和服务看，宁波每年举办的全国性、国际性大型会议展览活动众多，涉及领域广泛，经验丰富。作为发达地区的大型开放港口城市，宁波的饭店、旅行社、市内交通等接待服务也不会存在问题。

（三）中国旅游投资洽谈会的首次举办地必须具有代表性和典型性，要具备为后续旅游投资促进活动探索经验、树立样板的条件和能力。宁波市在旅游工作的各个方面不仅认识到位、机制灵活、对策科学、措施有力，而且有一些非常有创新意义的思路和做法，在全行业都具有探索、创新、借鉴、学习的价值

1. 宁波在全国比较早地提出了建设旅游强市的目标和任务，并进行了多个重点问题的专题研究，初步确定了建设旅游强市的目标、任务、途径，形成了比较全面的工作对策措施。

2. 宁波旅游规划工作抓得很及时、很实在，在充分调查研究和探讨交流的基础上，委托专业机构与各方面结合组成规划专家组，根据21世纪旅游发展的目标、任务需要，修编了宁波市旅游业发展总体规划和编制了重点市区、区域的开发建设规划。

3. 宁波比较好地突出了旅游品牌、形象策划宣传，宁波“东方商埠、时尚水都”的主题形象策划，几经论证和广泛征求专家、行业、市民、社会公众意见，得到普遍认可和高度赞赏；根据上海与宁波的历史渊源关系，在上海策划宣传的“东方商埠、时尚水都、阿拉宁波”主题也非常成功；还有其象山县由中

国旅游报社组织策划的“东方不老岛、海上仙子国”形象宣传等，也都很成功和很有韵味。在这方面更具有学习、借鉴作用的，是宁波旅游形象策划的方式，即专家、业内、市民、公众多方结合，广泛参与意见，针对不同目标市场选择不同题目等。

4. 结合经济社会发展进行旅游产品、项目的深度开发，最著名的是连接宁波和上海的杭州湾跨海大桥，在这个总投资136亿元、长达30多公里的巨型交通项目中，专门花几亿元投资建设观景平台和相关的旅游服务设施，目标是将此桥建设成为独特、雄伟、壮观的“旅游桥”。宁波在旅游工作中还有很多值得探讨、学习之处，对于参加中国旅游投资洽谈会的人都将发挥启发、启迪作用。

十、产业和旅游者

以投资洽谈和产业促进为主要功能目标的中国旅游投资洽谈会，与旅游业关系当然非常密切，但作为生产环节的组织、协调性活动而不是产品宣传促销的交易会展活动，与广大旅游者和社会公众似乎没有直接关系。然而，实际情况则有所不同。

考虑到21世纪初期的20年中国实现建设世界旅游强国宏伟目标，需要强有力的产业组织和促进，包括组织、协调各种旅游生产要素使其有机结合起来，形成现实高效能的旅游生产力，促进旅游产品结构、市场结构、区域结构、内部产业结构调整、优化和生产服务各个环节之间的协调，不断提高旅游生产供给水平、产业支撑保障水平、组织接待和服务水平、产出和效益水平等。在新的历史阶段旅游业面临的这些任务中，促进旅游生产要素合理配置、有机结合是促进旅游生产力发展最主要、最关键的措施。举办中国旅游投资洽谈会和采取其他手段，实现旅游生产开发中各要素有序流动和紧密结合，是旅游产业促进的主要任务和工作措施。因此，成功地定期举办中国旅游投资洽谈会，结合以中国旅游投资信息网等手段，对中国旅游业在21世纪初期持续、快速、健康发展将会产生巨大推动作用。在这方面需要注意的是，第一，不能将中国旅游投资洽谈会看成只是旅游投资需求和供给的见面、对接，只是旅游资源项目单位与旅游投资商的合作洽谈，而要看到它是所有旅游生产力要素的组织、协调、配置、结合活动，对旅游生产、供给各方面、各环节资源要素及其主体组织都有重要意义；第二，不能孤立地看待中国旅游投资洽谈会，而必须将其作为新的历史阶段旅游行业加强、改进旅游产业组织和产业促进的手段之一，它还必须与其他手段结合起来使用，这样才能形成综合效能。

旅游者和社会公众关注、参与中国旅游投资洽谈会，主要就是作为旅游产品的需求者、消费者来关心、参与产品设计、生产、营销和作为可能与潜在的生产要素主体来寻求参与合作、投资兴业的机会。在现代商品经济和市场经济中，商品生产与消费关系非常密切，生产者要按照消费者需要来组织生产，消费者要将自己的需要及时反映给生产者，并关心、了解这种需要通过生产活动得到满足的可能性及其满足程度。因此，广大旅游者和社会公众关注、参与中国旅游投资洽谈会，就是要了解旅游产品、项目生产组织、协调情况，从中发现旅游消费需求实现的可能性。

旅游者和社会公众中，绝大部分人同时也是生产要素的主体。首先，大家都是劳动力生产要素的主体；其次，很多人还是旅游投资开发专业服务技能的所有者；再次，还有很多人是数量不等的待投资资金的所有者；最后，不能排除一些人是待开发的观光、度假休闲、娱乐体验、考察交流等旅游资源的所有者或占用者，这在农业旅游、乡村旅游、民族民间旅游、历史文化旅游等方面的可能性最大。作为生产要素主体，社会公众包括旅游者可以通过关注、参与中国旅游投资洽谈会，来寻找自身投身旅游业谋求发展的机会，包括自身和家庭成员教育等人力资源开发、职业技能和专业技术人才造就、就业岗位选择、旅游及其接待服务项目开发建设、参与旅游投资等。

与一般的工业生产不同，旅游生产还是需要旅游者和社会各方面高度关注、积极参与的生产活动，很多旅游生产建设活动只是为旅游产品生产创造物质基础，真正供旅游者消费的最终产品必须是生产者与旅游者在同一时空来共同完成生产任务的。因此，消费者和社会公众对旅游生产开发的关注、参与程度也就更高。总之，由于旅游在我国是越来越大众化、日常生活化的时尚性消费活动，旅游活动与人民群众的关系越来越密切，几乎所有有关旅游的事物都会引起人民群众和社会各方面的关注、参与。中国旅游投资洽谈会是关系到当前旅游发展的大型洽谈、展览活动，理所当然地会吸引旅游者和广大社会公众的关注、参与。

资料

中国旅游投资调研方案

根据当前旅游发展的实际需要，加强对旅游投资的促进、引导、规范和服务将成为各级旅游行政管理部门的一项主要任务，而进行深入全面的调查研究、了解和掌握旅游投资的实际情况是基础。中国旅游投资调研的主要任务是以“十五”期间旅游投资开发成绩、效果的调查评价和“十一五”旅游投资开发基本思路的分析研究为总题目，重点是对旅游投资项目和旅游投资市场的调查研究，具体分为旅游投资商及投资市场调研、旅游投资项目调研、旅游投资基本情况调研和旅游投资环境调研。

调研总体上采取选点突破、由点到面、由专项到综合、逐步扩展、直至全国和全行业的方式，依次形成典型报告、专项报告、地区和区域性综合报告、全国总报告。

一、旅游投资商及投资市场状况调研

（一）目的：调查了解国内外旅游投资商的基本信息以及旅游投资的来源、投向结构，逐步掌握旅游投资供给状况，为引导、促进旅游投资提供依据。

（二）对象与内容

1. 各大国有、股份制商业银行、地区和区域发展银行、投资公司投资政策及其投资旅游业的情况、意向、计划、要求、建议；

2. 主要的全国和地区性行业、民营企业集团、上市公司投资旅游业的数额、结构、意向、意见、要求；

3. 外资投资我国旅游业的状况、趋势及意见要求；

4. 全国和地区主要旅游集团、旅游上市公司投资状况及其变动趋势、意见和要求；

5. 个人和中小企业投资旅游业的情况、意见和要求。

（三）调研方式：第 1、2、3 项采取实地典型调查、问卷调查、调查表调查与重点走访、资料收集相结合的方式，其中，第 1 项以国家旅游局为主，重点省市旅游局配合；第 2、3 项国家旅游局负责组织，各地方旅游局负责落实和汇总；第 4、5 项主要采取问卷、调查表调查，结合以收集有关资料，由国家旅游局布置，省市旅游局落实。各项均从重点地区、行业的调研开始，逐步推向其他地区和全国。专业性、技术性强的调查研究可以委托专业机构、协会承担，国家旅游

局进行组织协调和指导督促。

（四）成果及其用途：分阶段先后形成旅游投资商及投资状况的典型材料、分地区报告、分类专项报告和总报告。

二、旅游投资项目调研

（一）目的：了解、掌握全国旅游投资开发项目和资金需求状况，为引导、促进各类资金与各类旅游项目的对接奠定基础。

（二）内容：调查掌握全国及重点地区的重要旅游开发建设、技术改造项目的策划、规划设计、可行性研究和环境评价、投资规模与计划方案、性质内容、配套和优惠条件等主要情况，兼顾在建全国重大旅游投资项目的进展和已竣工全国重大旅游投资项目的经营管理与效益情况。

1. 全国旅游投资项目的基本情况；

2. 国家重点旅游投资项目情况；

3. 交通、环境、文化文物、历史宗教等旅游相关投资建设项目情况；

4. 分省和区域旅游投资项目情况；

5. 分产业和项目建设性质的旅游投资项目情况。

（三）方式：采取调查表、信息网、统计资料收集等方式，与相关部门、地区、组织共同实施，同时进行重点地区、领域、项目的实地调查分析。

（四）成果：综合报告和专项报告相结合。

三、旅游投资基本状况调研

（一）目的：了解基本情况，为旅游投资工作提供依据，发布有关调查成果信息供旅游投资参考。

（二）内容

1. 旅游投资的数量规模、效益及其变动情况、趋势；

2. 旅游投资的地区结构状况及其变动趋势；

3. 旅游投资分行业领域的状况及其变动趋势；

4. 旅游投资分资金性质的状况及其变动趋势；

5. 旅游投资规模（单个项目投资量）结构状况及其变动趋势。

（三）方式：采用与省市区旅游局联合的方式，主要使用调查表和典型抽查座谈、资料收集分析等手段，从选点进行省市区的典型调查入手，总结完善调查方案后布置在全国全面展开。

（四）成果：按调研进度依次形成典型报告、专题报告、区域性综合报告、专项总体报告和全国总报告，形成制度后逐年更新发布全国旅游投资报告。

四、旅游投资环境调研

（一）目的：比较全面地了解、掌握全国和各省市有关旅游投资的政策、基础配套、技术和人力资源等状况，为促进旅游投资环境优化、引导和增加旅游投资提供依据。

（二）对象与内容：重点是全国和各地区旅游招商引资和财政、税收、土地、配套等优惠政策，同时兼顾基础、配套设施、技术和人力资源状况。

1. 国家发改委、财政部、商务部、税务总局等政府投资及相关管理部门投资政策导向和近期旅游投资规模、结构状况及其变动趋势；

2. 国家开发银行、中国人民银行、银监会等政策性银行和金融监督管理部门有关金融投资政策及其对旅游业投资的政策趋势和意向；

3. 各省区市有关旅游投资的政策、措施和落实中央政府及其有关部门旅游投资政策的情况；

4. 各地旅游投资的基础和配套条件、技术和人力资源状况。

（三）方式：第 1、2 项以走访、召开小型座谈会和研讨会为主，同时收集有关政策文件、法规规范和统计调查资料，由国家旅游局为主，具体由计财司（现为规划财务司）及计划处（现为规划发展处）负责；第 3、4 项由国家旅游局制订方案并布置实施。点面结合，重点突破，地区旅游投资环境的调查先选点试行，方案和时机成熟后在全国展开。

（四）成果：按调研进度逐步形成专项报告、地区报告和总报告。

五、旅游投资状况调查表

（一）旅游投资项目调查表（拟建项目类）

1. 项目基本情况

名称：________________________________

住址：________________________________

联系人：________________　联系电话：________________

2. 项目性质

（1）建设性质：□新建项目　□改造项目

（2）管理性质：□国家重点项目　□地区重点项目　□其他

（3）功能性质：□基础配套项目　□经营服务项目　□其他

（4）组织性质：□企业　□事业单位　□行政和行业服务组织

3. 投资规模与结构

计划或规划投资总额：__________万元人民币

主要项目内容及其投资额：

（1）名称____________________　投资额__________万元人民币

（2）名称____________________　投资额__________万元人民币

（3）名称____________________　投资额__________万元人民币

（4）名称____________________　投资额__________万元人民币

（5）名称____________________　投资额__________万元人民币

4. 主要融资渠道

□ 国家投资：__________万元人民币，占总投资比例__________%

□ 招商引资：__________万元人民币，占总投资比例__________%

□ 公开募集：__________万元人民币，占总投资比例__________%

□ 自筹资金：__________万元人民币，占总投资比例__________%

其中：□ 自有资金：__________万元，占总投资比例__________%

□ 银行贷款：__________万元，占总投资比例__________%

□ 定向募集：__________万元，占总投资比例__________%

5. 建设时间：__________个月，规划建成时间：__________年__________月

6. 规划接待规模：__________万人/日，预期收入：__________万元/年

7. 规划提供就业岗位：__________人，其中普通劳工：__________人

8. 项目运行状态（可选择多项）

□ 完成项目策划和编制项目建议书

□ 完成基础勘测

□ 完成可行性研究

□ 完成规划设计

□ 完成环境影响评价

□ 批准立项

□ 解决用地和水、电、热、排污等基础配套问题

□ 部分资金已落实，准备开工

□ 已经开工，并投入__________万元人民币

9. 项目类别

(1) 旅游基础设施类

□ 旅游交通

□ 旅游通信

□ 旅游区点水、电、汽供应

□ 旅游区点排污、治污及环境整治和绿化

□ 其他旅游基础建设

(2) 旅游经营类

□ 自然旅游区的开发建设与经营

□ 历史和宗教文化旅游区（项目）的开发建设与经营

□ 民族民间民俗旅游项目的开发建设与组织经营

□ 主题公园、游乐场的建设与经营

□ 其他旅游文化娱乐项目的开发建设与组织经营

□ 旅游度假村（区）的开发建设与经营

□ 体育运动、医疗保健旅游项目的开发建设与经营

□ 其他专项旅游项目的设施建设与组织经营

□ 其他旅游项目的开发建设与组织经营

(3) 旅游接待服务类

□ 旅游饭店和住宿设施建设与经营

□ 旅游餐饮设施建设与经营

□ 旅游车船公司、车队及水上旅游、漂流船只购置与经营

□ 旅行社及旅游咨询、旅游网站系统、信息服务设施、单位建设与经营

□ 旅游商店、门面、摊点建设与经营及旅游商品生产、开发

□ 旅游娱乐、宣传活动的组织

□ 旅游教育培训设施、单位建设及活动组织

□ 旅游行政管理及行业协会、中介组织建设

□ 其他旅游服务设施、单位建设与经营

10. 对项目投资政策与环境的评价和意见

(1) 好，主要表现在：□用地政策 □税收和金融支持

□政府服务 □硬件配套 □其他软环境 □市场需求

(2) 尚可，存在的主要问题：________________________________

____

(3) 较差，存在的突出问题：________________________________

____

11. 需要补充说明的情况：

____

____

____

____

____

(二) 旅游投资项目调查表（完工项目类）

1. 项目基本情况

名称：____

住址：____

联系人：____________________ 联系电话：____________________

竣工开业时间：__________年__________月

2. 投资规模与结构

投资总额：__________万元人民币

主要项目内容及其投资数额：

(1) 名称：____________________投资额：__________万元人民币

(2) 名称：____________________投资额：__________万元人民币

(3) 名称：____________________投资额：__________万元人民币

(4) 名称：____________________投资额：__________万元人民币

(5) 名称：____________________投资额：__________万元人民币

3. 资金来源及结构

☐ 国家投资：__________万元人民币，占总投资比例：__________%

☐ 招商引资：__________万元人民币，占总投资比例：__________%

☐ 公开募集：__________万元人民币，占总投资比例：__________%

☐ 自筹资金：__________万元人民币，占总投资比例：__________%

其中：☐ 自有资金：__________万元，占总投资比例：__________%

☐ 银行贷款：__________万元，占总投资比例：__________%

☐ 定向募集：__________万元，占总投资比例：__________%

4. 近三年经营情况

______年：接待______万人次，总收入______万元，利润______万元

______年：接待______万人次，总收入______万元，利润______万元

______年：接待______万人次，总收入______万元，利润______万元

5. 近三年提供就业情况

______年：支付薪金6个月以上员工______人，其中普通劳工______人

______年：支付薪金6个月以上员工______人，其中普通劳工______人

______年：支付薪金6个月以上员工______人，其中普通劳工______人

6. 项目类别（只能选择一项）

(1) 旅游基础设施类

□ 旅游交通

□ 旅游通信

□ 旅游区点水、电、汽供应

□ 旅游区点排污治污及环境整治和绿化

□ 其他旅游基础建设

(2) 旅游类

□ 自然旅游区的开发建设与经营

□ 历史和宗教文化旅游区（项目）的开发建设与经营

□ 民族民间民俗旅游项目的开发建设与组织经营

□ 主题公园、游乐场的建设与经营

□ 其他旅游文化娱乐项目的开发建设与组织经营

□ 旅游度假村（区）的开发建设与经营

□ 体育运动、医疗保健旅游项目的开发建设与经营

□ 其他专项旅游项目的设施建设与组织经营

□ 其他旅游项目的开发建设与组织经营

(3) 旅游接待服务类

□ 旅游饭店和住宿设施建设与经营

□ 旅游餐饮设施建设与经营

□ 旅游车船公司、车队及水上旅游、漂流船只购置与经营

□ 旅行社及旅游咨询、旅游网站系统、信息服务设施、单位建设与经营

□ 旅游商店、门面、摊点建设与经营及旅游商品生产、开发

□ 旅游娱乐、宣传活动的组织

□ 旅游教育培训设施、单位建设及活动组织

□ 旅游行政管理及行业协会、中介组织建设

□ 其他旅游服务设施、单位建设与经营

7. 对投资与经营环境的评价和意见

（1）好，主要表现在：

□ 用地政策 □ 税收和金融支持 □ 政府服务

□ 硬件配套 □ 其他软环境 □ 市场需求

（2）尚可，存在的主要问题：________________________________

____

____

（3）较差，存在的突出问题：________________________________

____

____

8. 需要补充说明的情况：

____

____

____

____

____

（三）企业投资商调查表

1. 企业基本情况

名称：____

住址：____

联系人：____________________ 联系电话：____________________

成立时间：__________年__________月

2. 企业性质及主营业务

□旅游集团 □其他全国性、地区性集团

□旅游上市公司 □其他上市公司

□一般旅游企业 □其他企业

主营业务：____

3. 资产规模与结构

总资产：截至__________年__________月__________亿元

其中：□国有资产__________亿元人民币，占__________%

□集体资产__________亿元人民币，占__________%

□个人资产__________亿元人民币，占__________%

□民营企业资产__________亿元人民币，占__________%

□外资__________亿元人民币，占__________%

4. 旅游投资方式

□直接投资：__________亿元人民币（指投入旅游开发、经营）

□间接投资：__________亿元人民币（指投资旅游企业和购买旅游公司股票、债券、基金）

5. 投资周期结构

□长期投资（5年及以上）：__________亿元人民币

□中短期投资（5年以下）：__________亿元人民币

6. 近三年旅游投资效益情况

__________年：投资总收入__________亿元，资本收益率__________%

__________年：投资总收入__________亿元，资本收益率__________%

__________年：投资总收入__________亿元，资本收益率__________%

7. 旅游投资领域及其收益情况

（1）投资旅游集团：数额__________亿元，收益__________亿元

（2）投资旅游证券：数额__________亿元，收益__________亿元

（3）投资旅游区点：数额__________亿元，收益__________亿元

（4）投资旅游住宿：数额__________亿元，收益__________亿元

（5）投资旅游餐饮：数额__________亿元，收益__________亿元

（6）投资旅游商品与购物：数额__________亿元，收益__________亿元

（7）投资旅游娱乐：数额__________亿元，收益__________亿元

（8）投资旅游交通：数额__________亿元，收益__________亿元

（9）投资旅游装备：数额__________亿元，收益__________亿元

（10）投资旅行社：数额__________亿元，收益__________亿元

（11）投资旅游网站系统、咨询和信息服务：数额______亿元，收益______亿元

(12) 投资其他旅游项目：数额＿＿＿＿＿亿元，收益＿＿＿＿＿亿元

8. 投资专项旅游产品情况

(1) 投资高尔夫：数额＿＿＿＿＿亿元，收益＿＿＿＿＿亿元

(2) 投资滑雪旅游：数额＿＿＿＿＿亿元，收益＿＿＿＿＿亿元

(3) 投资温泉旅游：数额＿＿＿＿＿亿元，收益＿＿＿＿＿亿元

(4) 投资主题公园：数额＿＿＿＿＿亿元，收益＿＿＿＿＿亿元

(5) 投资旅游度假村：数额＿＿＿＿＿亿元，收益＿＿＿＿＿亿元

(6) 投资农业旅游：数额＿＿＿＿＿亿元，收益＿＿＿＿＿亿元

(7) 投资乡村旅游：数额＿＿＿＿＿亿元，收益＿＿＿＿＿亿元

(8) 投资工业旅游：数额＿＿＿＿＿亿元，收益＿＿＿＿＿亿元

(9) 投资汽车旅游：数额＿＿＿＿＿亿元，收益＿＿＿＿＿亿元

(10) 投资科教旅游：数额＿＿＿＿＿亿元，收益＿＿＿＿＿亿元

(11) 投资民俗民间旅游：数额＿＿＿＿＿亿元，收益＿＿＿＿＿亿元

(12) 投资＿＿＿＿＿旅游：数额＿＿＿＿＿亿元，收益＿＿＿＿＿亿元

9. 近期旅游投资计划

意向投资领域及项目：＿＿＿＿＿＿＿＿＿＿＿＿＿＿＿＿＿＿＿＿

意向投资额：＿＿＿＿＿亿元人民币

10. 投资旅游业的建议和要求：

＿＿＿＿＿＿＿＿＿＿＿＿＿＿＿＿＿＿＿＿＿＿＿＿＿＿＿＿＿＿＿＿

＿＿＿＿＿＿＿＿＿＿＿＿＿＿＿＿＿＿＿＿＿＿＿＿＿＿＿＿＿＿＿＿

＿＿＿＿＿＿＿＿＿＿＿＿＿＿＿＿＿＿＿＿＿＿＿＿＿＿＿＿＿＿＿＿

＿＿＿＿＿＿＿＿＿＿＿＿＿＿＿＿＿＿＿＿＿＿＿＿＿＿＿＿＿＿＿＿

＿＿＿＿＿＿＿＿＿＿＿＿＿＿＿＿＿＿＿＿＿＿＿＿＿＿＿＿＿＿＿＿

(四) 金融机构调查表

1. 基本情况

名称：＿＿＿＿＿＿＿＿＿＿＿＿＿＿＿＿＿＿＿＿＿＿＿＿＿＿＿＿＿

住址：＿＿＿＿＿＿＿＿＿＿＿＿＿＿＿＿＿＿＿＿＿＿＿＿＿＿＿＿＿

联系人：＿＿＿＿＿＿＿＿＿＿＿ 联系电话：＿＿＿＿＿＿＿＿＿＿＿

2. 类别：

□ 商业银行

□ 政策性银行

□ 信托投资公司

□ 资产管理公司

3. 资产规模：__________亿元人民币

4. 年信贷业务总量：__________亿元人民币

5. 累计投入旅游业资金总量：__________亿元人民币

其中上一年投入旅游业资金总量：__________亿元人民币

6. 旅游投资领域及其收益情况

（1）投资旅游集团：数额__________亿元，收益__________亿元

（2）投资旅游证券：数额__________亿元，收益__________亿元

（3）投资旅游区点：数额__________亿元，收益__________亿元

（4）投资旅游住宿：数额__________亿元，收益__________亿元

（5）投资旅游餐饮：数额__________亿元，收益__________亿元

（6）投资旅游商品与购物：数额__________亿元，收益__________亿元

（7）投资旅游娱乐：数额__________亿元，收益__________亿元

（8）投资旅游交通：数额__________亿元，收益__________亿元

（9）投资旅游装备：数额__________亿元，收益__________亿元

（10）投资旅行社：数额__________亿元，收益__________亿元

（11）投资旅游网站系统、咨询和信息服务：数额______亿元，收益______亿元

（12）其他旅游投资：数额__________亿元，收益__________亿元

7. 投入的地区结构

类别 地区	投资额（亿元人民币）	比例（%）	投资收益（亿元人民币）	近三年平均增长率（%）
东部地区				
中部地区				
西部地区				

8. 对旅游投资的信用评级

9. 旅游投资意向或计划

重点投资领域和区域：________________________________

近期拟投入旅游业的资金数量：__________亿元人民币

可能采取的投资方式：________________________________

10. 在旅游投资中遇到的问题和建议

____

____

____

____

____

（五）外商投资旅游业情况调查表

1. 基本情况

名称：________________________________

住址：________________________________

联系人：______________________ 联系电话：________________________

2. 类型

（1）按地域分：□港、澳、台商 □外国投资商

（2）按业务分：□投资公司 □金融机构 □旅游企业 □其他企业

□国际开发组织和国外基金组织 □其他组织

3. 在华旅游投资情况

数额：__________亿美元，占在华投资比重：__________%

主要项目：

（1）名称____________，地址____________，投资额________亿美元

（2）名称____________，地址____________，投资额________亿美元

（3）名称____________，地址____________，投资额________亿美元

（4）名称____________，地址____________，投资额________亿美元

（5）名称____________，地址____________，投资额________亿美元

4. 近期在华旅游投资计划

拟投入资金：__________亿美元

意向投资领域和地区：________________________________

5. 来华投资旅游业优先考虑的因素

☐ 优惠政策和投资环境

☐ 中国旅游投资回报高

☐ 中国经济繁荣和政治安定

☐ 其他：________________

6. 对中国吸引境外旅游投资的建议

☐ 优化法律、制度环境

☐ 改进政府服务

☐ 提供投资信息和咨询服务

☐ 其他：________________

（六）旅游行业分类技术规范

1 旅游住宿设施

1.1 星级饭店

a）五星级饭店

b）四星级饭店

c）三星级饭店

d）二星级饭店

e）一星级饭店

1.2 社会旅馆（包括未评星饭店）

1.3 个体旅馆

2 旅行社

a）国际旅行社

b）国内旅行社

3 旅游景区（点）

a）5A 级旅游景区（点）

b）4A 级旅游景区（点）

c）3A 级旅游景区（点）

d）2A 级旅游景区（点）

e）1A 级旅游景区（点）

f）未评定旅游景区（点）

4 旅游车船公司

4.1 游船公司（包括沿江沿海大型游船公司、内湖及公园内的水上游览船、船队等）

4.2 旅游汽车公司（包括旅游专线车、观光巴士等）

5 旅游购物商店（包括旅游购物街区、景区景点内的商店等）

6 旅游餐馆（包括旅游餐饮集中的街区及景区景点内的餐馆等）

7 旅游信息类（包括旅游网站、旅游展示中心、咨询中心、展览公司等）

8 旅游基础设施

8.1 支线机场、旅游航线、旅游包机航班等

8.2 码头

8.3 旅游公路、加油站、汽车站

8.4 铁路、火车站、旅游列车

8.5 索道

9 旅游装备生产企业（包括酒店设备等）

10 旅游管理与科研教育机构

10.1 旅游行政管理部门

10.2 旅游协会

10.3 旅游培训机构、旅游院校（系）

10.4 旅游科研设计单位

（七）旅游产品分类技术规范

1 观光旅游

a）世界遗产

b）地质公园

c）森林公园

d）风景名胜区

e）文物保护单位

f）民俗旅游

g）工业旅游

2 度假旅游

a）国家级旅游度假区

b）省级旅游度假区

c）其他旅游度假区

d）旅游度假村

e）农家乐

f）温泉旅游

3 专项旅游

3.1 体育旅游

a）高尔夫旅游

b）滑雪旅游

c）汽车（包括自驾车）旅游

3.2 生态旅游（包括乡村旅游）

3.3 主题公园

（八）高尔夫球场旅游项目调查提纲

高尔夫球是一项在开放空间开展、非常有利于人们身心健康的体育活动，对吸引入境旅游者有重要作用，近年来我国及世界高尔夫旅游迅速发展，高尔夫球场建设和活动组织、接待服务逐步取代星级饭店而成为一个地区投资环境和旅游服务水平的典型代表。但是，目前在认识、政策等方面对高尔夫球运动都还存在比较突出的问题，不利于高尔夫运动和高尔夫旅游的健康发展。为了掌握情况、解决问题、加强服务、优化环境、促进发展，需要选择区域开展典型调查。

高尔夫球场旅游项目调查表

1. 项目基本情况

名称：____

地址：____

联系人：____________________　联系电话：____________________

竣工开业时间：__________年__________月

球场规模：球洞__________个，球道__________条

2. 投资情况

投资总额：__________万元人民币

主要项目内容及其投资数额

（1）球场与会所投资：__________万元人民币

（2）酒店投资：__________万元人民币

（3）__________投资：__________万元人民币

(4) ________投资：________万元人民币

主要投资商：____________，投资商国别或地区：____________

3. 用地情况

(1) 总用地面积：________亩

其中，耕地：________亩

林草地：________亩

荒山坡地：________亩

滩涂地：________亩

(2) 土地使用效果

单位面积创收：________万元/亩·年

单位面积税收：________万元/亩·年

单位面积安置就业：________人/亩

4. 环境影响情况

新增林地面积：________亩

新增草地面积：________亩

治理水土流失面积：________亩

年有机肥料使用量：________千克

年化学肥料使用量：________千克

年生物杀虫剂和除草剂使用量：________千克

年化学杀虫剂和除草剂使用量：________千克

对大气、地表水和地下水及水质、植被和水土保持等影响情况：

____

____

____

____

____

5. 提供就业情况

员工总数：________人，其中

安排再就业：________人

安置复转退伍军人：________人

安置当地居民和农村劳动力：________人

接收高校毕业生：__________人

6. 近三年接待和经营情况

_______年：接待_______万人次，总收入_______万元，利润_______万元

_______年：接待_______万人次，总收入_______万元，利润_______万元

_______年：接待_______万人次，总收入_______万元，利润_______万元

7. 对投资与经营环境的评价和意见

（1）好，主要表现在：

□ 用地政策　□ 税收和金融支持　□ 政府服务

□ 硬件配套　□ 其他软环境　□ 市场需求

（2）尚可，存在的主要问题：____

____

____

（3）较差，存在的突出问题：____

____

____

8. 需要补充说明的情况和建议：

____

____

____

____

____

第十章　旅游市场促进

市场需求是拉动产业发展的主要力量，也是原动力，这种力量是由消费需求和生产供给及其相互结合形成的。就旅游业发展看，要发挥市场推动作用，就必须进行市场开发，其中生产供给侧开发就表现为促进投资，已在上一章做了些研究分析，本章就是以消费需求为目标，来分析研究市场开发。旅游市场开发的主要途径和手段是旅游宣传推广，而如何根据市场需求和资源产品特点进行主题形象策划和宣传又是重点。因此，本章首先说明旅游主题形象策划的基本要求，然后分析存在的不足，最后用一些案例进行印证。

第一节　旅游主题形象策划

主题形象策划是旅游目的地、旅游区、旅游城市宣传推广及市场影响力和竞争力的关键，因为旅游宣传、销售的客体实质上是一种概念，而这种概念是通过主题形象表现出来的，是通过主题口号、直观标识让受众了解、认可和接受的。但目前在很多地方，这一点并没有引起足够重视，即使是一些专业的旅游规划、策划机构和专家，在对形象及其策划等重要性认识和实际行动方面也都还存在不少问题。与中国人“尚名”“慎名”的传统不同，我国很多旅游区在主题形象策划方面的重视程度和所选择确定的主题形象的科学性普遍存在不足，甚至很多旅游策划、规划的专家和专业机构对此也不是非常重视和内行。实际上，旅游区主题形象与实际开发建设、经营管理、对客服务等一样重要，甚至更重要，这是由旅游生产与消费时空统一但滞后于销售和购买，以及客源地销售而产地消费的“隔山买马”特征所决定的。结合一些旅游区、旅游目的地、旅游城市实例，对旅游主题形象策划提出以下八个方面的意见，由于是最基础和最本质的，故称为基本要求。

一、基本要求：客观、准确、全面地表现出旅游区性质特征

主题形象首先是旅游区的名字，但不能简单地认为就是一个区别于其他旅游区的文字符号，而必须要能够客观、准确、全面地概括出旅游区的主要性质特征，要达到"名如其区"、画龙点睛的境界。像浙江省的旅游主题形象策划"诗话江南、山水浙江"，贵州省的"文化千岛、生态贵州"等，对本旅游目的地主要性质特征的概括都比较客观、准确、全面。试想，在如诗如画的江南大地上，浙江以山水见长，山地面积广阔，名山有雁荡、普陀等，水不仅有钱塘江、富春江、楠溪江、千岛湖等内陆的无数奇秀景色，更有东海的浩瀚和海岸、海岛、近海海域的千般风光，它们都是大自然鬼斧神工创作出来的旖旎山水画卷，更有世代浙江儿女亲手绘出的江南气势恢宏的人文历史画卷，使得如诗如画的江南更出神入化，美不胜收——"上有天堂、下有苏杭"。贵州是我国少数民族聚居区域，民族文化丰富多彩，同时，贵州从远古沧海桑田到人类文明史发展至今天，自然和社会历史文化积淀丰富，这些民族和历史文化自身又千差万别、特色独具，与其他地区、国家和民族相比差异更大，"文化千岛"非贵州莫属；贵州又是工业化、现代化水平相对较低的西南省份，是珠江、长江两大水系的分水岭和我国南方的林业基地，雨热同季，植被茂密，物种多样，加上苗族、侗族、布依族、水族等各世居民族都非常崇尚自然和注重生态环境保护，自然生态非常好，至今还保留着古朴文化风俗的贵州各少数民族与汉族一起，创造了非常和谐自然的人文生态环境，这种自然和人文生态高度统一与和谐一致的环境状态，在全国和世界其他地区是很难见到的，因此，"生态贵州"恰如其分，毫不夸张。相比之下，某市选择的"中国凉都"和北方某省提出的打造"中国酷省"等主题形象定位，除了其在其他方面存在值得探讨的问题外，只是概括出了该市、该省的气候特征，而且只是夏季一个季节的气候特征，就显得不够全面、准确和客观。

二、出发点：目标市场状况及其需求偏好

主题形象是要吸引人前往旅游区、旅游目的地旅游的，因此，必须充分考虑主要目标市场状况及需求偏好。在这方面，孤芳自赏、自我中心、我行我素者不在少数，很多地区、城市、旅游区动辄打"天下第一""中国第一""世界第一"就是比较典型的例证。实际上，目标市场并不都会对自封或找其他组织、人员加封的"第一"感兴趣，往往还会产生歧义，越来越多的人是想去感受、体验、

考察、学习、交流旅游区的自然、社会、历史文化，或者是想远离尘嚣、回归自然、休闲娱乐、娱悦身心。简单地说，旅游目的地、旅游区主题形象及其宣传展示，对目标市场的潜在旅游者必须“投其所好”，但不能脱离实际地去胡吹乱侃，要符合实际和恰如其分。现在很多地区提出要建设某某地区的后花园和度假休闲基地，如江西确立的建设成为长江三角洲地区“后花园”，就是面对目标市场的主题形象策划，有的地区提出的“拥抱长三角”也是这个意思，只不过在提法上存在一些值得讨论的问题，而贵州某个国家级自然保护区提出要建设成为贵阳乃至更小的一个城市的“后花园”，似乎就没有能够全面考虑其对应的更大潜在目标市场，更不用说这些市场的需求偏好了。

三、基本标准：能够被广泛认同和接受，不能产生根本性歧义

首先，主题形象定位要能够被旅游区及其所在地的人民群众所认可。旅游区及其所在地的人对旅游区性质特征感受、认识最具体、直观、全面和深刻，因此，他们认可在很大程度上表示主题定位符合实际。主题形象定位必须考虑旅游区及其所在地区人在感情上能否接受，提出全新的形象定位也需要通过宣传、讨论来让他们认可。不要认为主题形象主要是对外宣传使用的，区域内及其周边的人们怎么认为和评价关系不大。例如，西南某省有一个非常奇特的高山石林景观，由于同时也是该省的最高峰，就有专家提出要建设成为该省人的精神家园。除了没有将现实很有价值的石林景观资源、气候和气象资源表示出来以外，这个定位建议能否被该省的一些少数民族同胞认可，就存在很大疑问，因为苗族、侗族、彝族、水族、布依族、瑶族等都可能有自己的圣山和精神家园，至少作者知道苗族是以苗岭的主峰雷公山为精神象征的，还有凯里的香炉山等。该省的汉族人能否接受，也需要调查和考虑。珠穆朗玛峰是世界最高峰，青藏高原是世界屋脊，如果也要在那里建设人类和亚洲人民的精神家园，显然是不可能的。其次，主题形象要被其他旅游区、其他地区的人认可。像前述的“天下第一”“中国第一”“神州第一”等常见主题形象宣传，就常常引起争论，甚至产生反感，因为这种第一没有统一标准，不是权威组织按照规定程序认定，只是某位专家、领导的看法、认识，甚至只是一次酒宴后的题词。最后，主题形象要能够被旅游者认可，这是最主要的。“春城”“夏都”“美食王国”“购物天堂”等主题形象宣传屡见不鲜甚至俯拾皆是，不能不说是策划和宣传方面的败笔，很多旅游者特别是比较成熟的旅游者实地感受后往往一笑了之，被嗤之以鼻的也不少见。

四、语言要求：有特色和新意，不可简单比附、套用

主题形象必须鲜明才能引起人们注意，进而也才可能产生吸引力，因此，在主题形象概括、表述上就必须有特色、有新意，要让人们听到、看到时有耳目一新的感觉。在这方面最忌讳的就是简单比附和愚蠢套用。前述别人称“第一”我也跟着称“第一”，“春城”和“天堂”到处可见就是如此，有很浓的东施效颦之嫌，还有“东方威尼斯”“中国曼哈顿”“塞上江南”等也只是在一定程度、一定范围内不得已而使用的主题概括，就像很多城市的牛肉拉面在冠以“兰州拉面”之后犹显不足而要加上“正宗”二字一样。至于“小巴黎”“小上海”“小北京”之类的城市形象定位，就更难说其在旅游宣传方面有什么可取之处了。不难想象，对于去过威尼斯等地和尝过兰州牛肉面的人，看到这种形象宣传会产生什么感受，实际去体验后又做何评价。对于没有去过的人，可能也会认为，要领略地道的，还得去威尼斯和兰州。有时候仅仅是区域空间不同，就会令人产生不好的联想，这在旅游形象定位和宣传方面有一个非常生动的例子——河北嶂石岩是一个峰林岩石地貌非常奇特的旅游区，完全可以与湖南的张家界相提并论。因此，在开发初期，就使用了“北方的张家界”这样一个比附性主题形象口号。可以想象，北方一般是干旱少雨，植被稀疏，黄土和岩石裸露，河流干涸，刮风时尘土飞扬等自然状况，如果将张家界那样的景观去掉茂密的森林植被、清澈见底的溪流和清新宜人的空气，换上北方常见的气候和自然状况，这还能称其为一个吸引人们去享受的旅游区吗？之后不久，嶂石岩在主题形象宣传时，借用可口可乐将饮料划分为不含酒精的软饮料和含酒精的硬饮料并声称自己是软饮料中的世界第一的经验，改为宣传“南有张家界、北有嶂石岩”，一下子就使人们的感受不同了，实际去看了这两个旅游区的人也感觉到确实都很美，而且各有特色，都值得去观赏。

五、词语要求：简练、易懂、易记，不能晦涩、深奥

这一点无须多说，既然是说给公众听并要吸引其前往旅游，就要好懂、好记，因此要简练和不晦涩，更不能故弄玄虚和故作深奥，在这方面玩深沉只能考虑其在思维方面是否正常，在一些规划中有这类问题，如使用比较深奥、含典故和比较生僻的诗词语句，让人猛一看不知就里、不知所云，非得由知道的人解释方能明白或恍然大悟。例如，某个历史文化名城在旅游规划中提出要用毛泽东著

名诗句“雄关漫道真如铁，而今迈步从头越”作为主题口号，这两句诗大多数人都知道，但其在表现该市旅游性质特征和主题内涵方面是什么意思，还得听专家做一番解释。形象宣传不能靠做解释、说故事、讲典故来吸引人，不能故设悬念然后去解扣抖包袱，因为很多时候是不具备这种条件和没有这种机会的。

六、文字要求：有美感并能产生美好联想，并注意字词感情色彩

这是由宣传目的及其实现所要求的。如果旅游区、旅游目的地主题口号让人一听就很美，并很容易对实际情景、可能获得感受和收获产生美好联想，就可能产生实际的旅游行动。相反，如果宣传用语平平淡淡，听了像没听一样，没有产生什么印象，更不要说会产生什么美好联想，这种宣传就没有效果。如果宣传用语使人产生不太好联想，这种宣传就只能是为竞争对手进行反宣传。但是，现实中由于考虑不周、不细、不深，没有什么效果的宣传比较常见，产生消极效果和负效用的宣传也不是不存在——如很多人爱用的“天堂”“仙境”，除了比喻极美景致外，也还指人们死后和升天成神仙后去的地方，即使是好人死后才能去的世界或极乐世界，也毕竟是死亡后的归宿，俗话说“好死不如赖活着”，绝大部分人对死的感觉还是比较无耐、悲痛、恐惧的。因此，“天堂”“仙境”也不一定都能令人产生美好联想。相比之下，叫“人间天堂”“人间仙境”就好多了，来自神话传说的“桃花源”“伊甸园”以及“梦幻世界”就非常好。此外，在不同民族、不同地区、不同国家的文化、语言中，相同的词或比喻、称谓相同事物的名称意境也有很大不同，甚至截然相反，例如，乌龟在中国有长寿和软弱、猥琐两种寓意，但在日本却没有后一种寓意，完全是健康长寿的寓意。同时，字词多有感情色彩，汉语的许多词汇分褒义、贬义和中性三大类，或者分为暖色调、冷色调和中色调，部分词语在不同场合感情色彩完全不同。如前述“凉都”中的“凉”字，就既有凉快、凉爽等令人感到舒适的褒义，又有冰凉、心凉、受凉等令人不舒服、不愉快的贬义。在旅游区主题形象及其宣传用词上，就必须全面考究其各种含义、寓意和感情色彩。

七、格调要求：不庸俗、粗俗、媚俗

在这方面的主要问题及其表现，一方面是一些旅游区、旅游目的地迎合部分旅游者的心理，老是宣传本山、本地或其中的某座寺庙等如何灵验，某某人来了回去就升官发财，或者治好了久治不愈的疾病，几乎与江湖术士相差无几。近年

来有越来越多的地方发现了“毛公山”“伟人山”“仙女山”“美人山”等，也是比较典型的。一些旅游目的地要定位为“幸运之地”“转运之城”等，实际上也有媚俗的嫌疑。将领袖和英雄人物及其故居、纪念地神化，就更是直接与科学和客观实际相背离的行为。另外是与黄色笑话相对应，一些地方过多宣传、引导旅游者去观赏、联想与性有关系的事物，像经常可以看到的“爷爷山”“奶奶谷”——一个山峰、岩石挺拔，就说成是男性生殖器，是雄性和阳刚之气的天然形象；一个沟谷稍微有些特别，就说成是女性生殖器，并编排出一系列故事。这些宣传给人的感受，至少是别扭、不自在和粗俗的。如果是包括老人、父母和子女特别是未成年人一同去的家庭旅游团，这种欠缺就更明显。旅游要以宣传科学为目标任务，也要宣传美、升华美、创造美，因此，旅游区、旅游目的地形象宣传就不能庸俗、粗俗和媚俗。

八、使用管理要求：相对稳定，适时调整

由于认识和策划宣传工作不到位，很多旅游区、旅游目的地频繁地变换主题形象及其宣传口号。往往一个形象和一句口号还没有为公众所知晓和接受，马上又有新的提法出来了，这实际上是不利于形象定位、宣传和吸引旅游者的。主题形象要根据市场需求及其变化和主体旅游产品、项目性质特征变化调整来进行必要调整，不是一成不变，也不是变化越快越好，要相对稳定，适时调整。中国在国际旅游市场宣传，从 1992 年“中国友好观光年”开始，每年一个主题，滚动进行，对于全面宣传展示中国旅游形象起了非常重要的作用，但前些年就有专家提出要相对固定主题，最好像香港、夏威夷、法国、西班牙、意大利等城市和国家一样，两三年或三五年集中推出一个主题，不要一年一换。因此，从 2005 年开始，我国集中宣传奥运旅游，围绕“新北京、新奥运”和“绿色奥运、人文奥运、科技奥运”为主题，连续四年不间断地进行中国旅游的奥运主题形象宣传，效果明显。旅游区和国内各旅游目的地形象宣传，就更应该这样做。

第二节　旅游宣传营销不足与对策

旅游是知名度经济，形象营销是提高旅游目的地知名度的主要手段。因此，各国都将旅游形象宣传推广作为政府及其旅游行政主管部门、旅游行业组织的主要任务，我国各级各地也都非常重视旅游形象宣传，并且取得了一定效果，然而

也存在明显不足。概括起来看，我国在旅游形象营销方面存在的不足有六个方面。

一、只见树木，不见森林

通常，我国大部分旅游目的地在国内外进行宣传推广时，主要内容是旅游线路、旅游景区、旅游项目、旅游企业，而没有根据目标市场需求去对自身各旅游要素和目的地性质特征进行分析提炼的总体形象概括。近年来，以旅游城市为主体，包括部分省、自治区、直辖市，通过旅游会展和公众媒体进行主题形象宣传营销的不断增加，但区域性旅游目的地、旅游景区进行整体形象策划宣传的还是少数。旅游目的地主题形象宣传不足，旅游宣传推广“只见树木，不见森林”，主要原因是规划、策划、经营、管理等工作中不重视主题形象及其宣传口号的策划、提炼、征集和运用。很多旅游目的地宣传了几十年，却始终不知道自己宣传的主题和要塑造的形象是什么，甚至一些5A级旅游景区的资深管理者在被问到景区主题形象是什么时张口结舌。究其深层原因，还是受自然经济时代形成的“酒香不怕巷子深”“真材实料是关键，形象、主题、理念不过是些忽悠人的文字游戏”等观念影响，是对旅游活动根本性质特征把握不准、认识不深刻的表现之一。主题形象对于旅游目的地，好比星级对于饭店一样——在没有评定星级时，饭店宣传、招徕、吸引顾客的，是客房、餐饮、娱乐、健身、服务等一项项服务的描述、展示、承诺；有了星级后，只需告诉顾客是几星级饭店即可。当然，旅游目的地的主题形象不是按照一个标准统一划分和评定产生的，而是各不相同的，评定了星级的主题饭店与其比较接近。实际上，旅游形象策划、营销是旅游目的地最主要的任务和最持久有效的举措，应该贯穿于目的地开发建设、经营管理始终和旅游工作各环节、各方面。

二、过眼烟云，千人一面

一些旅游目的地主题形象宣传营销变化太快，过于强调创新而稳定不足，如过眼烟云让受众目不暇接、眼花缭乱，往往是老的还没怎么熟悉、理解、接受，马上又换新的了。还有就是一些旅游目的地主题形象策划、宣传，不考虑不同目标市场、不同目的诉求，国内国外、远程近程、男女老少、穷人富人、闲人忙人，都是一句话、一种形象，千人一面。这一不足的主要原因，是对旅游心理学、旅游市场学等基本规律把握不准、认识不深，没有很好考虑旅游主题形象宣传和确立要有一个过程，而不同旅游者对同一目的地的心理诉求目标是不同的。旅游主题形象特别是其表现形式的宣传口号不是一成不变的，但一般要以3～5年为一个周期，还必须注意前后的衔接、呼应，最好是一脉相承。针对不同目标市场分别设计、使用主题宣传口号和方式是必要的，但也不是多多益善，不可能面面俱到，同时使用的主题宣传口号一般以3～5个为宜，太多也会让人目不暇接，对自身则是自乱阵脚。

三、孤芳自赏，自吹自擂

一些旅游目的地在策划、营销主题时，往往是自己满意就可以了，自我欣赏，甚至是自顾自地自吹自擂，而不太关注游客、公众、其他目的地同行的感受，效果不理想就在情理之中。这种不足的认识论根源是主观主义，大多数还是对旅游活动规律把握不准，做到了“敢吹、能吹、会吹”而忽视了“经得起吹”这最重要的一点。有极少数是妄自尊大，有“一览众山小”“老子天下第一”的豪气，而缺少科学、认真、负责的精神、态度。遍布神州大地的数不清自封、他封的“第一”就是比较典型的代表。弥补这一不足的对策，就是在旅游形象营销时要有严肃、认真、负责、虚心的科学精神和态度，我党从延安整风时倡导的“严肃认真、生动活泼”可以作为一条准则。

四、故作深沉，平淡无味

一些旅游目的地在主题形象营销时，运用一些普通大众不熟悉、难理解的历史、文学典故，必须认真听其解释说明一通才知道其意思，目的是为了表现出有历史厚重感和文学性。实际上，旅游主题形象宣传都是单方面和一闪而过的，绝大部分场合和绝大部分受众都不可能听宣传者解释、说明；即使是文字、图片、光盘资料，大部分人也是不看的。另有一些形象策划、宣传过于平淡，很难吸引人们眼球，难以让受众注意和记住，更不可能让其产生比较美好、丰富的想象、联想，旅游宣传效果有限。

五、雷声大，雨点小

很多目的地在进行旅游主题形象营销时，由政府投入大量人力、物力、财力，连年举办规模宏大、规格很高、声名赫赫的旅游会展活动。可是，对投入必要的财力、物力、人力，针对目标市场进行专门、专业的旅游宣传促销积极性却不高，特别是对旅游局组织宣传促销所需经费投入和政府补贴旅游企业进行整体形象宣传不感兴趣。这对于旅游宣传推广来说，是典型的“雷声大、雨点小”，政府计算在旅游宣传推广上的投入很多，实际效果则很有限。有少数政府举办的会展庆典活动，打着宣传旅游旗号，却很少邀请旅游企业、旅游媒体，而是花大气力邀请大官、大腕、大款，甚至不让旅游团队和游客进入主要活动场所参加活动。更有甚者，以政府举办大型会展庆典活动为由，取消旅游团队客房、餐饮、旅游车船和客票预订。整体形象宣传必须与行业、企业产品宣传促销有机结合起来，很好兼顾起来。

六、随波逐流，疏导乏力

目前，我国有相当一部分旅游目的地形象营销还跟着国家旅游宣传、地区和城市综合性会展活动的大溜消极被动进行，没有明确的计划、方案、目标，没有专门的手段、渠道、力量，没有特定的主题形象、口号。这种现象在一定程度上反映了政府及其主管部门对旅游主题形象营销指导、支持、投入、规范不够到位。此外，旅游会展和公众媒体宣传又与会展经济、文化产业化密切结合在一起，主办方和新闻媒体突出的往往是自身的经济效益，对宣传的必要性、科学性和实际效果关注不足。如果政府及其主管部门引导、规范不及时到位和科学有力，就很难全面提高旅游形象营销的整体水平。

第三节　重大事件营销

突发性、群体性、社会性的重大事件对旅游形象影响巨大，2003 年发生的“非典”重大疫情就是如此。“非典”在使旅游业遭受严重损失的同时，也必然引发旅游业界和有关方面人士就其对旅游经营服务可能产生的深远影响进行探究和思考。其中，对旅游者心理、旅游消费行为、旅游方式和旅游组织、服务所可能产生的影响就非常重要，与旅行社、旅游景区、饭店、餐馆、娱乐和购物等各环节、各方面的企业经营服务都有密切关系。旅游业在克服困难、尽量减少损失的同时，从疫情后经营和发展的需要考虑，必须关注这些影响。

一、“非典”及其应对影响广泛而深远

将“非典”的特征、危害性及其防治现状与旅游方式、特征结合起来考虑，

就会发现前者对后者可能产生的影响。“非典”是在人类中发生和传染的严重传染病，病毒通过直接接触、唾液和空气传播，在很短时间内就能对人体免疫功能造成严重损害，“非典”暴发以来患者死亡率比较高，具有传染性强、发病和传播速度快、对人体健康威胁大、目前防治困难等特征。对其致病原因、病毒和病原体、防治办法研究和认识都还在进行中，还没有消灭导致“非典”冠状病毒的药物，直接对症治疗方法正在研究中，对患者治疗使用的是支持疗法，也就是保持人体功能基本正常，增强患者抵抗“非典”病毒能力，靠人体自身抵抗力来与病毒斗争。因此，抵抗力比较差的老年人和有其他慢性疾病的“非典”患者发病时症状比较重，死亡率比较高。在抗“非典”疫苗和直接治疗药物研制、生产出来、直接治疗方法研究确定之前，在治疗上只能维持这种状况。从我国和世界上的防治情况看，世界卫生组织预测，研制出抗“非典”疫苗，至少需要3～4年时间，并称有研究表明，“非典”病毒在人的血液中可以存活几天至几个月，血液也是传播“非典”病毒的重要途径，因此，对献血、输血、血清治疗“非典”和血液制品使用予以告诫。我国防治“非典”指挥部、国家卫生部、中国疾病预防控制中心等最高政府主管机关和权威专业机构，以及《人民日报》、中央电视台等权威新闻机构，都一再公开强调防治“非典”是一项长期、复杂的工作，告诫全国人民不可麻痹松懈，不能因疫情一时舒缓而盲目乐观。中央向全国31个省、自治区、直辖市全部派出督察组，从中央到各级地方党政机关和卫生防疫部门、单位都有因防治“非典”工作不力而被撤职查办的官员，全国从城市到农村，无论是否发现病例或疑似病例，也无论是否疫区和重点疫区，全面动员和行动起来。中央和全国人民对香港特别行政区和台湾省的疫情也给予了高度关注和及时支持帮助。

二、“非典”对旅游业的影响全面而且直接

根据以上情况，在未来长达几年时间中，“非典恐惧症”将会在很多人群中存在，并对人与人之间直接和密切接触，团体性活动和人群集中、通风不畅场所，以及在工作、生活中使用某些物品、方式等，都会产生很大影响。旅游是享受型、发展型、精神型消费，不是人们维持生理需要所必须进行的消费活动，在享受与健康和生命安全选择上，人们无疑会更注重后者。因此，“非典”对旅游消费心理、需求、行为和旅游经营、服务的影响会更大。

（一）在出游方式上，散客旅游、家庭和单位团体旅游越来越重要

散客旅游在入境旅游中的比重继续快速、大量增加，在国内旅游中也将成为

一种重要形式，在出境旅游中由于受多种因素限制，近期不会成为主要形式，但来自旅游者的要求会不断增强；团队旅游将进一步受到挑战，在出游中的地位、比重下降速度加快，且平均单团规模将缩小，不同单位、不同阶层、不同身份、不同区域游客组合到一起的大拼团会受到旅游者的非议、反对，散客成团将因此受到很大影响，家庭团、亲友团、同事团、同学团等会大量增加。因为前者不仅会增加传染疾病的机会，而且因相互之间不了解生活、卫生等习惯，对传染疾病的担心等心理因素会发挥很大作用，而后者因为在日常生活、工作、学习中就密切接触，在旅游中接触不会比日常更多、更密切，加上相互之间生活、卫生习惯等相同、相近且熟悉，一同出游对健康可能产生的实际影响及在游客心理上所产生的影响都可以忽略不计。根据这些变化，旅行社在招徕旅游者、组织旅游团、开发旅游产品等方面就必须做出调整。

（二）在旅游目的地和项目选择上，自然旅游、生态旅游等在开放空间进行和旅游者相互之间接触比较少、不过于密切的项目会更受欢迎

尽可能减少直接接触和避免去人群密集场所，是世界卫生组织、“非典”研究与防治专家的建议。北京等疫情比较重的地区防“非典”的一个普遍措施，就是机关、企事业单位员工分散回家办公，并尽可能不会客、不出差、少开会；大、中、小学停课，让学生分散在宿舍、家中，通过互联网上课等。国家旅游局在布置防止旅游活动传播“非典”疾病工作时，首先是根据中央关于2003年“五一”暂不实行长假制度的决定，取消了对旅游发展和旅游企业经营非常重要、在社会上已经产生深入广泛影响、也是全年最大的一个黄金周——“五一”黄金周，并陆续采取措施暂停了旅行社所有的游客招徕、团队组织接待业务，明确提出为防止传播和扩散疾病，暂不组织人群大量聚集的旅游活动，特别是人群大量聚集的室内旅游活动，并提出多组织自然旅游、生态旅游、农业旅游、城市周边休闲度假旅游等要求。这些建议、措施、要求都强化了人们少与他人接触、少去人员密集场所、少参加人员聚集室内活动的意识，在疫情结束后，对人的影响将长期存在，对于旅游目的地和活动项目选择的影响也将是长期的。因此，可以预见，参观博物馆、展览馆等封闭场所旅游，去主题公园、游乐园等人群集中场所旅游，听室内音乐会、观看室内体育比赛，长时间地乘坐游船在内河、海上旅游，甚至都市旅游等，都会受到影响。而自然旅游和生态旅游目的地，农业旅游、乡村旅游和不需要长时间乘坐飞机、火车等公共交通工具、人群密度比较低的城市周边度假、休闲、娱乐旅游，在空旷野外和开放空间开展的旅游项目等，

将受到更多、更广泛的欢迎。旅行社在选择项目、编排线路和宣传招徕方面，都必须注意减少令旅游者担心、不太受欢迎的项目，突出令旅游者放心、普遍受欢迎的项目。这一变化对旅游区、旅游项目的开发建设也很重要。

（三）在住宿、交通、餐饮、娱乐、购物等项目选择上，旅游者会更注意减少相互间接触的时间、机会和距离，会更喜欢选择开放、通风的设施、场所活动

就饭店来说，离开繁华闹市、交通比较便利、空间开阔的饭店和庭院式饭店、不用乘电梯的低楼层饭店将受到更多旅游者的欢迎，旅游者对饭店客房通风换气和卫生消毒以及电梯等公用设施的消毒会更为关注，并希望减少在大堂等人流集中场所停留时间，入住饭店、离店结账在大堂等待时间越短越好。就旅游交通看，旅游者对空调旅行车的要求将不会像原先那样强烈，为了健康和生命安全忍受没有或不开空调、选择开窗透气的旅游者会增加，对空调列车和飞机空调是否对进出空气进行过滤消毒将受到越来越多旅游者、旅行社的关注，旅游者将更喜欢乘敞篷观光车、旅游船。对餐饮的影响，除更强调食品、餐具、餐厅卫生与杀菌消毒外，人群熙熙攘攘、食客满堂的大餐馆、餐厅将越来越多地受到旅游者抵制，规模适中、餐桌相对分割开、中小型包房和露天餐馆、咖啡座将更受旅游者欢迎，旅游者更喜欢吃自助餐和享受分餐服务，对为桌餐提供公筷的要求趋于强烈，对在餐饮场所高声喧哗、抽烟等不良习俗的反感增加。在娱乐项目选择和偏好上，露天项目越来越受到欢迎，室内项目则相反；分散、小规模项目越来越受欢迎，大规模、集中性项目则相反；集娱乐与健身于一身的项目将大受欢迎。对旅游购物的影响也基本相同。

（四）在获取旅游信息、旅游服务方面，会进一步倚重互联网等不直接接触、少去人员密集场所的间接、方便、快捷方式与手段

旅行社的门市服务、旅游信息发布、旅游宣传等要尽可能运用电子网络方式，对旅游交易会、展览会、推介会、说明会等的影响也会很大。

（五）“非典”对不同类型的旅游者旅游心理、需求、行为的影响也存在差异

总体看，一是对老年游客影响大，对中年和青少年影响比较小，因为老年人更关注健康，抵抗力也比较弱；二是对城市旅游者影响大于农村旅游者，因为城市人群密集，易传播疾病，又是“非典”发病和传播的重点社区，而城市居民对卫生、健康认识和要求也大大高于农村居民；三是在疫情比较严重地区的影响比在其他地区大，“非典”使重点疫区人民在思想观念上接受了一次洗礼，很多人将终生不忘，而很多没有发生“非典”疫情地区人民则还没有切身感受；四

是对收入和生活水平高、受教育程度高旅游者的影响大于中低收入、生活、教育水平的旅游者，因为前一类人更关注身体健康、生命安全，对“非典”等传染病危害性的认识也更高；五是对医护人员、卫生和疾病预防控制部门工作人员及其家人、亲友的影响大于其他人，在学校及教育部门等发病比较集中区域的影响也比较大，有亲人、同事、朋友、同学、老师感染“非典”，经受身体、心理和生活方面严峻考验，甚至是其中有人失去生命和经过生离死别过程，对人的影响就不仅仅是在旅游心理、需求、行为方式方面，使人对生命价值、生活方式与目标的认识都会发生很大变化；六是对长线旅游影响大于短线旅游，原因主要是长线旅游乘坐火车、飞机、轮船等公共交通工具时间长，受疾病感染可能性增加。

专论1

实施注册保护 促进科学发展

满足彼此区分和相互交流需要，人类对事物包括人自身命名。事物名称要满足事物识认需要，就必须各不相同，重名不能太多。通常情况下，一般人和事物名称很少与商业利益联系起来，但在商品经济和市场经济中，几乎一切都可能市场化和商业化，直接关系经济利益、容易被利用和仿冒的事物名称就需要采取措施予以保护与排他，因此，就诞生了商标和著名品牌、包括名人的注册保护制度。随着社会化、国际化以及市场化的不断深入，商标和著名品牌的价值越来越大，商标注册保护就越来越重要。我国随着社会主义商品经济发展和社会主义市场经济体制日臻完善，商标注册保护制度也越来越健全，在一般注册保护基础上建立了著名商标保护制度。

“马踏飞燕”是在甘肃武威出土的东汉时期青铜器，1985年国家旅游局将其作为代表中国旅游的图形标识并在国内外广泛使用，这是国内外都熟知的事情。但当21世纪初期国家旅游局根据保护、使用需要和有关方面建议申请商标注册保护时，却发现已被他方注册了，遂不得不通过部门协调，按照我国商标注册法律法规，在有关注册者商标注册保护期限届满时，国家旅游局立即委托专业机构开展“马踏飞燕”旅游图形标识的商标注册保护。由于在我国总共45类服务业商标中申请了24类，涉及面很广，从2008年申请，历时5年多，获得了18类注册保护。这一曲折艰难过程也反映出商标注册保护越来越受到各方面重视，围绕商标特别是广泛使用、具有很大商业和社会价值商标图形的争夺日趋激烈。

“马踏飞燕”图形标识成功进行18类服务业商标注册，无疑对我国旅游业是一件重要事情。旅游部门和行业经过努力争取实现其“物归原主”，首先表明认识得到了深化，也是旅游业发展实践的重要成果。改革开放初期，国家旅游局以中国传统文化元素为依托，根据中国旅游性质特点，通过广泛征求意见和委托专业设计，形成全国统一的中国旅游形象标识，反映旅游行业很早就认识到形象标识对旅游的重要性。随着国家改革开放不断深入和中国旅游业在国际国内地位不断提升、影响日益扩大，有关中国旅游各类事物越来越受到各方面关注，政府主管部门和行业加强对关系中国旅游整体利益和长期利益事物的保护和使用管理成为必然。这就是“马踏飞燕”旅游图形标识进行商标注册保护的实践和认识背景。其次，更为重要的是，中国旅游在持续30余年快速健康发展基础上，已经进入转型升级阶段，其中通过品牌化来提升旅游产品和服务质量以及经营服务者素质是主要目标和任务。品牌是品质消费和品质生产的产物，在消费者和生产者“唯价格马首是瞻”情形下，塑造和提升旅游产品、服务、企业品牌是无从谈起的。进入21世纪以后，随着旅游消费需求逐步重视实际感受、体验，旅游生产经营和服务逐步重视质量、效益，旅游企业、旅游景区、旅游城市、旅游目的地逐步重视形象、声誉，行业内各种类型的品牌塑造、品牌提升活动越来越多。国家旅游局开展“马踏飞燕”旅游图形标识的商标注册保护，就是在全国和行业最高层面重视和推动、引领品牌建设的重要举措。

进行注册保护，无疑是有利于“马踏飞燕”旅游标识使用管理以更好地发挥其作用的，但如何以此来进一步促进中国旅游业品牌化和转型升级、提质增效、科学发展，则是任重道远的。一是从旅游消费源头着手，引导广大旅游者“文明旅游，理性消费”，尽快摈弃“唯价格马首是瞻”的消费观念，更加重视旅游的实际感受、体验，在选择、决定旅游活动时注重旅游产品、服务品牌及其所代表的质量、信誉。二是在决定旅游产品、服务质量的关键环节，引导旅游企业和从业人员、旅游目的地进一步重视形象声誉和品牌塑造、宣传、提升，尽快摈弃以眼前利益为主、简单适应甚至迎合消费需求、以价格为主要竞争手段的经营方针和具体操作模式，实现品牌化经营发展战略。三是各级旅游行政管理部门要在旅游转型升级和转变旅游业发展方式中更加重视质量、效益、秩序，加大力度塑造提升旅游目的地、旅游产品和服务品牌及其保护、利用，形成靠品牌、品质来吸引游客、增加收入、提高效益的科学发展格局。四是社会各方面加强对旅游品牌的关注及有关旅游品牌塑造、宣传的支持、参与，加强对旅游产品和服务品质的监督。

市场经济是规则经济，现代化的市场经济更是信用经济和法治经济。旅游是知名度经济，品牌之于旅游，正如脸面之于人、王冠之于王，是形象、声誉、地位、质量、可靠性、权威性等的集中表现。旅游行业、企业、产品、服务、景区、城市、目的地等要具有知名度并不断扩大、强化其吸引力、影响力、竞争力，依法进行旅游品牌标识注册保护和使用管理，是值得全行业高度重视也很紧迫的工作。相信随着认识不断深化和对策措施不断优化、强化，以旅游品牌设计、使用、宣传、保护为基本措施，中国旅游品牌化、品质化、科学化发展会成为全行业的共同认识和统一行动，会不断取得新成就、迈上新台阶。

专论2

别把恶心当有趣

当有人建议一个名称里含有“春”字的城市用“一个叫春的城市”来进行旅游和城市形象宣传时，业内和社会上大致是一笑了之，觉得参与此项旅游形象宣传策划的大师们真的是黔驴技穷，或者像人们对某部国产影片就其名称所注解的那样是“无聊至极”。当一个著名旅游城市的一个重要景区对穿超短裙的女士实行门票半价优惠时，大家认为这只不过是无能无良商家用低级趣味所进行的不高明的宣传招徕。当一个靠近重庆的地方在重庆用“我靠重庆”来进行旅游宣传推广时，业内和社会上的非议之声高涨起来。当某地以凉爽气候来宣传招徕游客而要给前往旅游休闲者发放“凉民证”时，很多人认为是在揭国人的伤疤而愤怒了。

也许有人认为，无论别人如何批评、非议，或者说正是因为此类策划会引起批评、非议，被宣传的城市、地区、景区让人们知道和记住了，而这正是旅游形象宣传的目的之所在。作者以为，这正像郭美美因自曝其丑而在网络上获得相当知名度遂提出要进军影视圈一样，是在不顾道德和廉耻地把恶心当有趣，最终下场大致也不会好到哪里去。通过令人们感觉恶心来让人们知道、记住，在人们心目中所能够产生和留下的印象绝对与旅游所追求的目标南辕北辙、背道而驰。

旅游是引导人们欣赏美、享受美、展示美、创造美的活动。尽管旅游形象宣传策划往往是见仁见智的事，但必须遵循一些基本准则是公认的，如不能拿道德、公众感受来开玩笑，不能粗俗、庸俗和媚俗，不能饮鸩止渴。作者认为，前述那个景区的做法是三俗兼备，“我靠重庆”“一个叫春的城市”则更是将脏字、“少儿不宜”隐含其中，“凉民证”就完全是在拿国人的屈辱与痛苦做宣传——将游客前往享受清凉与20世纪30~40年代日本侵华时期沦陷区人民的屈辱生活历史联系起来。

原以为旅游形象宣传策划中出现问题，主要原因是缺乏指导和交流，是缺少具体、明确的规范。然而从上述几种情形看，似乎不是这样，因为这些做法所使用的文字、形式及其所可能产生的影响，所有参与的人都不可能不知道。明知而故犯，只能怀疑国人在传统体制向社会主义市场经济体制转轨变型阶段真的迷失了根本、迷失了方向——只要有效果、有好处，其他什么都不管不顾了，或者说得冠冕堂皇一些，就是为了自身和眼前的发展什么都可以牺牲。

在此，作者要大声提醒这些同行、城市和专家，真的不要把恶心当有趣，真的不要用遭人唾弃的方式来进行旅游形象宣传，除非你想让人看看你的道德、情操水准有多低，你的想象力、创造力有多贫乏，你宣传旅游、发展旅游的工作能力有多糟糕！

专论3

味道怪怪的“天堂”之誉

自从有了“上有天堂，下有苏杭”之谓，用“天堂”来赞誉、标榜、宣传旅游目的地、旅游城市、旅游景区、旅游项目的越来越多，诸如“人间天堂”“天堂美景”“某某天堂”，等等。联想到天堂的本来含义和古人使用时的方式，总觉得今天的套用味道很怪。

众所周知，天堂是与地狱相对应的神话传说和宗教描绘的、有别于现实世界的虚幻世界或场景。按照灵魂循环轮回理论，人及现实世界的所有生物甚至无生命的物体都是有灵魂的，即万物有灵，而灵魂不灭，每一个灵魂都是在不同的生物、物体上轮回转换。与现实世界相对应，存在着一个由神仙（上帝等）主宰着的世界即天堂或极乐世界和一个由妖魔鬼怪（阎王等）主宰着的世界即地狱或阎王殿。对于每一个灵魂来说就分别有过去世界、现在世界和未来世界，或者俗称为往生、今生和来生。灵魂附着在不同生物、物体上，不停地在三个世界上轮回往复：在过去世界或前生积德行善者，在现实世界或今生就托生在高等生物或高尚人家享受荣华富贵；现实世界上信仰宗教、尊奉神灵、积德行善、品德高尚的人死后，其灵魂将进入天堂，与神仙天使一起享受快乐无比的美好生活，而不信教、品德低下、作恶者死后，其灵魂将下地狱遭受妖魔鬼怪的千百种酷刑折磨。各民族的神话传说也大抵如此。

可见，天堂本来意思是指人死后所要去的美好世界，即所谓极乐世界。极乐也好，美好也罢，总之是人死后要去的地方。俗话说，“好死不如赖活着”，无论死后将去哪里和享受到何种美好生活，但绝大多数人还是想活着而不愿且惧怕死亡，更何况那种天堂、极乐世界描述对人类来说始终是虚幻的，谁也不能先去考察验证一番。包括教皇、牧师、修士、修女、和尚、尼姑、道士、道姑、喇嘛等所有神职人员，对于死亡，也多用上帝、神仙召唤，或者为上帝、神仙服务去了，或者因为行善积德而被上帝、神仙度入天堂、极乐世界，来掩饰其同辈们的无可奈何，他们也绝少是以欢欣鼓舞、喜笑颜开来与同道们永别的。

既如此，“上有天堂，下有苏杭”为什么广为传颂、历久不衰，让苏州、杭州成为老幼妇孺人人向往、想去的旅游胜地呢？原因就在于古人的手法之妙。“上有天堂，下有苏杭”中的“上”“下”，无疑是分别指“天上”和“天下”，“天堂”和“苏杭”之后分别省略了“美景”“美妙”等词。因此，这句话直译过来，就是“天上有天堂美景（之美妙），天下有苏杭美景（之美妙）”，“苏杭”美景或称苏州、杭州的美丽、美妙是与“天堂”相媲美的，而并不是指苏州、杭州就是天堂。古人的这种对仗比喻手法，在今天的旅游策划宣传中非常常见，“南有张家界，北有嶂石岩”就是非常典型的，2007 年春节晚会上赵本山与宋丹丹的小品中“下蛋公鸡，公鸡中的战斗机”用此方式就可以表述为“飞机中的战斗机，公鸡中的下蛋鸡”。套用此法，现在的一些旅游主题形象策划也可以商榷。例如，苏州的“东方威尼斯”，如果换成“西有威尼斯，东有苏州城”，意思与韵味如何；风行各地的“小巴黎”“小北京”“小上海”，如果认真研究策划后换成“法国巴黎，中国某某”“首都北京，边城（边陲）某某”“大都市上海，小城镇某某”等，会不会略胜一筹；还有“古有五岳，今有某某”“前有某某，后有某某”，似乎也可尝试。

那么，为什么会有很多人要简单地用“天堂”来标榜、形容、比喻自己美不胜收、美妙无比呢？本人揣测，就是没有仔细推敲古人“上有天堂，下有苏杭”的修辞手法及其表示出来的真实意思，想当然地以为古人就是直接用“天堂”来指代“苏杭”的，而不是采取对仗、比喻的手法用“天堂”来比拟“苏杭”之美丽、美妙、美好。“天堂”之誉的怪味，大抵来源于此。

资料1

盐城旅游主题宣传口号

一、主题口号：呦呦鹿鸣，鹤舞盐城，生活有我更有味

二、英文翻译：yancheng，the beautiful homeland of crane，deer，people and others

三、含义诠释

鹿，兽中天使，善良、温和、俊美。逐水草而居，与世无争，与人为善，自得其乐，自在悠闲。

鹤，禽类之仙，高洁、高雅、高贵。鹤立鸡群，出类拔萃之喻也；鹤发童颜，龟年鹤寿，健康长寿之谓也。

四、韵味和含义伸展

与此二仙为邻为伴，同沐阳光雨露，共享自然闲适，更觉人生之趣、生活之妙。

盐城，一个以百味之王为名的海滨城市，丹顶鹤和麋鹿的故乡。身临其境，伴鹤舞翩翩，和鹿鸣呦呦，品生活美味，悟生命价值，享自然生态，襄和谐盛举，天人合一，无我无他，飘飘然欲仙，陶陶然沉醉，自然和人类之美妙、欢乐、和谐、幸福满溢心头！

五、古韵今释

呦呦鹿鸣，食野之苹；我有嘉宾，鼓瑟吹笙。

鹤鸣于九皋，声闻于野；鱼潜在渊，或在于渚。

一群鹿儿呦呦叫，原野之上吃苹草；我有众多好宾客，弹琴吹笙兴致高。丹顶鹤鸣山冈上，声闻四野多悠扬；我们像鱼一般样，深渊浅滩皆海洋。

清悠休闲盐城游，生活有我更有味！

资料2

马鞍山旅游主题口号意见

马鞍山市正在策划旅游主题，说明旅游工作已经进入一个比较高的水平，因

为很多地区和城市在很长时间甚至至今都不太重视旅游主题定位。

旅游主题选择要综合考虑市场需求、资源禀赋和竞争合作关系，在此基础上力求奇特、新颖，既能让人在乍一听到和看到时耳目一新，又能够让人实际体验、感受后觉得名不虚传且恰如其分，并要老少咸宜；既有文学艺术性，又不能深奥、晦涩，要易懂、易记、易联想，忌简单搬抄、比附，不能粗俗、庸俗、媚俗。城市的旅游主题还要与地区、国家的主题有呼应。

马鞍山是古江东紧邻长江的一座新兴钢铁工业城市，用“江东新城”既是真实概括，又是新老对照，有历史韵味和文化厚度；字词简单，易于理解和记忆，也能够让人产生问题和引入话题、联想。如果是“江南新城”“江北新城”或“江西新城”，都不会有这个效果。

仅仅用“江东新城”，还不能算作旅游主题，因为很难让人们了解、联想到来马鞍山旅游能够享受到什么、实现什么目的、满足什么需求。因此，“中国浴都”尽管有争议、有曲解，但却是国内第一个城市这样提，能够让人耳目一新，更重要的是与马鞍山现阶段对应的市场需求高度吻合。马鞍山是长江下游城市，位于长三角的顶端，是中部的东部、东部的西部。长江自古以来是下江人溯江而上和东部人西进的黄金通道，对于率先实现工业化、城市化、现代化的长三角人来说，除了工作日下班后回家就近休息放松外，马鞍山是周末和短期休闲度假和放松身心最近、最方便，也是交通连接最好的城市之一。放松身心和休闲度假的内容很多，洗浴是源于日常生活、可高可低、总体上处于不断提高的日常消费，与身体健康、文明卫生和休息放松、享受快乐密切相关，我国人民群众的洗浴消费及其服务亟须提升档次水准。当此时节，有一个远离尘嚣、近在咫尺的“浴都”，对于长三角人来说肯定是耳目一新、一定要去感受体验一番的去处。进而中部人、西部人顺江而下和北方人、南方人慕名而来，也都是可以想象和预见的。

所以，建议马鞍山大胆使用“江东新城，中国浴都”的旅游主题，在国内外宣传时可以用“江东新城，中国浴都——安徽马鞍山”。至于有人曲解为“欲都”等，既是不可避免的，也是扩大影响的一个途径，只要自己在宣传时不要故意、主动去迎合、渲染，并注意引导人们准确理解，不应该有什么顾忌。很多汉语言文字、词语，由于同音等，都会如此，人名的别解、歪解大多数人都经历甚至从事过，难道都要去找绝对不会被曲解、歪解的字来取名字吗？

当然，作为“中国浴都”，马鞍山的资源条件并不独特，这就要靠设施、项目、产品特别是服务来支撑。目前马鞍山洗浴的大众化比较突出，层次性、高档化、特色化、人性化、个性化、科学化状况不太清楚，可以大做文章，要在博采众家之长的基础上创新，形成自身风格。

资料 3

合肥五联“南洋风尚”旅游产品品牌内涵和推广词

濒临并跨越中国南海，在西太平洋蔚蓝色的波涛中，星罗棋布着大大小小的岛屿，生生不息着同样是黄皮肤、黑眼睛的各族人民，这就是历来被中国人所称的南洋。

亿万年垂青地球赤道的太阳和世界第一大洋的亿兆顷海水，给这些海岛国家以无限生机和秀丽景色。大洋的汹涌波涛撞击海岸的峭壁礁石，雪浪飞溅，气势磅礴。晴天丽日下，海风徐徐送暖，海水碧波荡漾，海岛郁郁葱葱；珊瑚礁畔，色彩艳丽的热带鱼优游穿梭；海滨浴场，遮阳伞与比基尼相映成趣，目不暇接；海港内外，白帆点点，海鸟翻飞；滨海城镇，高大的棕榈树与鲜艳的郁金香，树影婆娑，花香袭人。醉人的南洋风尚，好不叫人神往！

想当年，祖国积贫积弱，灾祸频仍，人民闯关东、走西口、下南洋，既有悲壮、辛酸和泪水，更有执着、坚韧与豪迈，也会有些神往、诱人和传奇。看今天，神州繁荣昌盛，和谐安康，炎黄子孙南来北往，潇洒走世界，南洋风尚更难挡！

江淮大地，钟灵毓秀。历史上，徽商，徽学，徽文化，在大江南北演绎着光辉和灿烂。现如今，地球成村，徽人以世界为舞台，南洋成为徽人走向世界的桥头堡，愿南洋风尚成为你沐浴和谐世界春风的第一站！

第十一章　旅游规划

旅游发展，规划先行。我国旅游规划伴随旅游业发展走过了 30 多年历程，对产业发展发挥了重要指导和促进作用，但也存在不少问题，主要表现在规划成果的科学性、指导性和可操作、可落地性方面，根源则主要在于规划研究编制和评审发布的体制机制层面，深层原因是认识和定位不准确，都面临着变革调整。因此，本章先阐述对旅游规划的认识和主张，然后分别就省、市、县和景区四级规划进行案例意见分享。

第一节　旅游规划认识和定位

关于旅游规划的性质和功能定位，《中华人民共和国旅游法》等法律法规规章规范都有明确规定，但在认识和贯彻落实方面都还有不少问题值得探讨。

一、规划主体

通常认为，规划是接受委托的专业机构研究编制的，即接受委托专业机构是规划主体。实际工作中的具体情形为，一个国家、地区、城市为发展旅游需要研究编制规划，先由旅游局提出意见和建议，报请当地政府批准后，制订工作方案并申请经费，发展改革部门批准规划立项，财政部门批准并下达经费预算，旅游部门组织招投标或者通过询价确定接受委托的专业机构并与之签订协议或者下达委托书，其后的规划调查、研究、编写文本、咨询论证、评审等专业性工作，都由受托专业机构负责，旅游局等支持配合。由此，大家就认为规划编制主体是受托专业机构及其组建的规划编制项目组。

实际上，规划包括旅游规划，编制主体应该是当地政府，接受委托的专业机构只不过是具体执行的技术机构。首先，研究编制规划的决定是由当地政府做出的，包括为什么研究编制规划和规划工作的目标任务、方式及方案计划和任务分工都是由其决定和批准的，更不必说规划经费和其他支持保障条件也由其提供。

其次，更为重要的，规划所形成的意见和建议也由其主导和认可，规划研究编制专业机构只是按照规划标准和规范将这些意见和建议用文字、表格、图形等表达出来，其中有些意见和建议可能是研究编制规划的专家和机构提出的，但也必须是当地政府认可和需要的。简言之，专业机构及其具体工作专家承担的是技术性任务，就是将各方面的意见、意图收集起来，然后用规范、科学的方式汇总分析和提炼并表达出来。这些意见和建议可以来自各个方面，但都必须是被当地政府认可和采用或准备采用的。此外，规划咨询、论证、评审等技术性工作，不管是由专业机构来组织，还是当地政府及其旅游部门组织，所提出意见和建议的对象主体也是当地政府。最后，规划文本批准、发布和规划意见、建议采纳应用（即规划实施）无疑也是当地政府的事。

总之，各级各层政府在规划工作方面，首先必须明确自己是规划研究编制、批准发布和贯彻实施的主体，要切实承担起主体责任，而规划研究编制专业机构和专家承担的不过是具体专业性、技术性工作任务，只相当于建筑师、工程师在建筑设计和工业产品设计上的角色。当地政府一定不能立了项、给了钱就置身事外当甩手掌柜，这样是不可能编制出能够实施并有效发挥指导、促进作用的旅游规划的。

二、旅游规划类型和任务

旅游规划一般分为概念性规划、总体规划、实施性规划，在景区和目的地还有修建性详细规划，与此相关的还有规划编制前的可行性研究报告、咨询论证报告，规划实施的行动计划、行动方案和具体建筑设计方案与施工方案及施工图。规划的名称不同、性质不同，其目标、任务也就会不同，不能企求“毕其功于一役”——用一个规划解决旅游发展和工作中的所有问题。

（一）概念性规划

主要任务和功能是研究确定地区、城市、目的地、景区的旅游主题概念，工作内容是根据市场需求、供求关系和资源条件确定规划对象能够和需要做什么，至于具体怎么做、做什么、谁去做、什么时候做等都只一般性提及，不是所要解决的主要问题。简单说，概念性规划只解决主题概念是什么和是否、怎样立得住问题，大致与可行性研究报告相同，二者的区别主要在于后者是就既有主题、既定项目集中解决是否可行问题，前者首先是要回答主题和项目是什么、什么样的问题。

（二）总体规划

主要任务是根据主题进行谋篇布局，作用和功能目的是让主题得以实现，并就围绕主题所要选择的项目、开展的工作进行必要性、可行性研究，一般也会就如何实施提出一些总体上或原则性的意见和建议。因此，总体规划通常包括规划对象一定阶段的发展建设目标任务、方针原则，旅游发展和开发建设的重点任务和对策措施，产业、产品、项目的空间布局，旅游基础配套和保障条件，规划实施步骤和计划等。总体规划是战略性、指导性、规范性和约束性的，需要专项规划、实施性规划、修建性详规等来进一步明确怎么做、何时做、谁去做等问题。

（三）实施性规划（包括专项规划和修建性详规）

主要任务是就总体规划实施进行系统、全面谋划、部署、安排，重点回答怎么做问题，其中专项规划是在总体规划之下研究某一个方面或某一个领域如何建设发展，修建性详规则是就具体开发建设项目所进行的研究部署乃至具体安排，都是服务于总体规划实施的。实施性规划是介于总体规划与行动计划、工作方案、设计方案之间的规划，对于指导性规划来说，它们往往就是底层的工作指导文件，一般不会在其之下再研究编制系统全面的行动方案和工作计划。

（四）工作规划或行动计划、行动方案、设计方案

它们都是解决特定领域、方面和时段开展什么工作、通过什么途径、采取什么措施、完成什么任务、实现什么目标等问题，是对特定领域、方面和时间段旅游工作比较明确、具体的指导。与工作计划、工作方案的主要区别在于，它们是就某一个方面、某一个领域、某一个时间段的旅游工作进行比较系统全面的谋划部署，而工作计划和方案是就某一项工作、某一个较短时间（如年度、半年、季度、月度甚至每周）的工作进行安排，是时间表、路线图和施工图。

此外，国家、地区、城市旅游发展规划与旅游目的地、旅游景区、旅游项目开发建设规划也不同，前者多为指导性、原则性、建议性的，作为其他规划的依据，自身多不需要编制实施性规划，最多制订短期行动计划或近期实施工作意见和计划；后者即使是概念性和总体规划，也强调可实施、可落地。

三、旅游规划编制前期工作

旅游规划研究编制的前期准备工作很多，主要包括以下四个方面：

（一）旅游市场需求及供求状况的调查分析

主要目的是掌握目标市场需求状况，以便根据市场需求来确定旅游开发建设

和发展的方向、目标、任务以及主要工作措施。同时，还要分析相关国家、地区、城市旅游产品、服务、项目供给状况及其变动趋势，据以对自身产品、服务、项目、产业的市场供求关系做出判断，最终确定自身的优势、地位、目标、方向等。这方面的调查研究基本是“知彼”，之所以放在第一位，是因为现代市场经济中需求决定供给、市场决定生产供给者的命运。

（二）旅游资源调查分析（包括产业基本状况）

这是“知己”，即了解自身有什么、能做什么和能实现什么目标，调查研究的内容包括资源基础、产业基础、基础配套能力、内外环境等。如果说市场调研是回答需要做什么，资源调查分析则是在回答能够做什么。

（三）旅游发展主要问题的专题研究

这是在两方面调查研究的基础上，对规划对象存在的重点问题进行梳理和深入分析，解决这些问题是规划意见和建议的出发点，问题解决了，旅游业也就可以按照预期目标发展。问题及其原因分析研究透彻了，目标、任务、对策、措施也就明确了。如果没有很好地分析研究问题及其原因，规划内容就很难科学、准确、有用。专题研究的具体方式，可以是委托开展专项调研，也可以是立项开展课题研究。

（四）组织旅游专题论坛和研讨会

这是进行调查研究、分析研究问题、提出对策建议、明确目标任务的具体方式。只有举行专题论坛和研讨会，分专题、分层次、分类别、分时段深入广泛交流意见和建议，最后写入规划文本中的意见和建议才是统一、深入、客观、科学、有用的，任何一家之言、一孔之见都要经过讨论来过滤和印证，更要以此来避免“一言堂”。

四、旅游规划工作程序与步骤

一个完整、科学的规划研究编制过程，除上述四个方面的准备工作外，还应该包括以下11个步骤：

（一）建立组织领导机构和委托确定规划编制专业机构

组织领导机构是研究编制规划的决策组织和支持保障机制，一定要科学设置并且切实发挥作用，而不仅仅是个花架子和形式。规划编制专业机构从法律关系要求看，必须是一个具备资质的规划研究中心，但从实际工作看是组建规划编制项目组，项目组成员不能限于接受委托专业机构自身专家，而必须根据规划性质和任务，通过委托协议来明确其组成方案，通常必须有一定比例和数量的外部专家，专家成员必须涵盖资源、市场、消费、营销、投资、管理、经营等多个方面。大型规划可以委托多家机构共同承担编制任务，项目组更要实行“五湖四海”。

（二）研究编制和下达项目计划书或签订协议

包括规划工作方案、计划、任务、目标、要求的研究协商，这个阶段的重点是计划书或协议的内容，要力求合理、合法、合规和具体、明确、科学、系统、规范，下达或签订的程序也必须合法合规，免生后患，更不能因此影响任务完成和目标实现。

（三）收集资料、现场考察和实地调查

这主要由规划编制项目组承担，当地各有关部门、方面支持配合，组织领导机构督促指导。如果前期准备工作完成得好，这个环节的任务易于完成，效果也会有保证，否则工作量和难度会很大，效率、效果都很难保证，会直接影响规划质量。

（四）讨论确定规划编制大纲并进行初期评审

前者主要由规划项目组完成，必要时开展咨询和讨论交流。初期评审基本就是规划大纲评审，由规划编制领导机构组织，项目组组长汇报，项目组全体人员参加和接受现场质询，专家和参加人员由组织领导机构确定，目的是切实保证规划架构、工作思路等科学合理。

（五）讨论确定规划文本和中期评审

第一项任务也是项目组主导完成，可以进行必要的外部咨询、研讨、论证，但通常不能取代中期评审。中期评审的目的和任务是让文本内容及形式科学合理。中期评审也由组织领导机构组织，要求基本与初期评审相同，但规模和范围更大，要求更明确，因为这是决定规划质量的关键步骤。

（六）规划评审——最终评审

这个评审是法定的，也就成为程序性甚至走过场性的，往往会议规模更大和参加人员数量更多、范围更大、层次更高，常常是当地四大班子主要领导、各部门和各地区负责人、媒体记者都参加，并进行宣传报道，评审结论就得是通过，连原则通过都不行，评审专家和专家组发表意见也就不得不注意影响。评审通过和会议结束后，专家组和评审专家个人意见建议的吸收也主要由当地负责。

（七）规划论证——主要内容讨论

为了弥补最终评审的不足，作者力主进行规划论证，且主张最好在终期评审之前进行，具体是由组织领导机构在收到正式文本且项目组建议进行最终评审后，组织论证会，请专家就规划意见、建议和文本进行论证讨论并提出明确意见和建议。如果没有条件开会论证，也可以将规划文本印送有关专家，请他们进行评阅并出具书面意见。收到论证意见后，转交项目编制机构和工作组逐条研究，并就采纳情况和没有采纳的意见及理由提交详细书面报告，经过领导机构和有关方面、人员审阅并认可后，再组织最终评审。规划论证也有在最终评审后进行的，基本是作为一种补救办法，通过论证对规划进行修改补充。

（八）规划审批和发布

规划经过评审、论证后，要按照规定程序报请上级旅游部门或者主管部门审查批复，主要是为了保证规划有关内容意见与上一级规划和相关规划衔接协调，然后报请政府、人大、党委等审查批准。目的是取得必要的行政、法律、政策效力以便于组织实施，然后由政府或党委和政府发布实施。鉴于旅游发展规划尤其是发展规划很难用一个或一套明确统一的标准来评判，旅游发展规划可以经过人代会或其常委会审议，但不宜作为法案来投票表决通过，履行党政审批程序即可。

（九）规划培训和宣传

规划的价值在于实施，实施的前提是让相关人员了解、理解和认可规划，最理想状态是让大家自觉自愿地贯彻实施规划。为此，就必须开展规划内容的解读和面上宣传，更重要的是分层、分类、分批、分期组织规划培训班，让培训对象不仅掌握规划内容，而且掌握规划内容的精神实质，积极主动、自觉自愿、能动性、创造性地开展规划实施工作。

（十）规划实施及评估

规划实施是规划实现功能目标的唯一途径，是持续时间长且连续不断、范围广、涉及面很宽的工作，需要各部门、方面、层面组织发动和具体贯彻落实，需要多层级督促指导。为了及时掌握规划实施效果以及对规划质量进行事后验证，需要定期不定期地组织开展规划实施评估，具体方式可以是委托专业机构进行第三方评估，也可以由政府及其旅游部门组织评估，包括专项性、临时性和系统全面的评估。

（十一）规划修编

规划因性质不同而有不同的规划期，短则3年，长至30年甚至50年，但多为5年至20年。即使是三年期的规划，往往在实施一两年后就需要修编，长期规划更不是满期后才修编，而是根据实施情况和旅游业发展需要在实施几年后就进行修编，规划期相应调整。规划修编的必要性和合理性主要源自影响发展的主要因素发生变化。

第二节 省级旅游规划意见

根据对旅游规划及旅游发展的认识和意见，多年来作者陆续参加了一些规划的评审、论证以及编制、修订工作，本节及以后几节分层纳入所提出的意见。

一、《新疆生产建设兵团旅游发展“十一五”规划及中长期旅游发展总体规划（送审稿）》咨询意见

《新疆生产建设兵团旅游发展“十一五”规划及中长期旅游发展总体规划（送审稿）》（以下简称《兵团旅游规划》）是一个比较全面、具体和有一定针对性、指导性的规划，在资源调查评价、空间布局思路、产业体系培育、区位和配套建设建议等方面比较突出，说明编制组和有关方面做了大量工作，且工作比较扎实和有成效，也反映出编制组专家和兵团有关方面对旅游特别是兵团旅游有了比较高的认识水平。

就《兵团旅游规划》修改完善及兵团旅游发展提出以下意见：

（1）建议规划名称改为《新疆生产建设兵团“十一五”及中长期旅游发展总体规划》。

（2）规划领导小组建议增加兵团党委宣传部、兵团教育局等部门负责同志，这对规划及兵团旅游宣传和教育培训等非常重要。

（3）“‘十一五’期间行动计划”建议放在文本最后，或者另行研究编制。

（4）规划依据进行适当调整和删减（已改在文本上）。

（5）规划分期从按国家五年计划改为按党委和政府任期，既然以2003年为基期，2004年和2005年要纳入规划期。这样，由短到长，近期为4年（2004~2007年，实际执行仅有3年），中期5年（2008~2012年），长期8年（2013~2020年），有关的目标、任务相应调整。

（6）规划目标和产业定位建议不要直接提“支柱产业”，而是突出对兵团及兵团精神的宣传展示作用和作为兵团经济新增长点的带动功能，将支柱产业作为

远期目标，这样兵团领导和其他同志都容易接受。

（7）在空间布局和项目开发上注意与自治区的分工配合，不要雷同，建议以兵团精神、文化及其物化了的绿洲、农场、团场为目标资源和项目，同时将边塞、边境、边疆“三边”作为主体。

（8）目标市场定位应充分考虑区位、交通和市场潜力状况，以疆内和周边中亚国家的相邻区域作为一级市场，中亚、西亚、南亚、东亚和内地省区市作为二级市场，其他国家作为三级市场。

（9）市场分析要在现状的基础上研究预测其变动趋势。

（10）市场开发要在常规手段的同时，重点结合兵团及有关师团的重大纪念、庆典活动进行整体宣传推介，精心策划，认真组织。

（11）文本对优势、弱势的分析是比较好的，但区位优势不符合实际，交通不便、景区点少只是现状，且在迅速改进，不应该作为劣势，线路长不一定是不足。

（12）文本中的机遇分析没有涉及对兵团和新疆旅游极其重要的上海合作组织、中亚自由贸易区、新亚欧大陆桥等合作机制作用及趋势；与自治区旅游竞争—合作关系状况实际上是兵团旅游的重要机遇，处理不好会成为产品雷同、方式一样、市场同构的无序竞争、自相残杀威胁，但这既可以看作是对兵团旅游的外部潜在威胁，也可以看作是区域内的威胁，如果认识到位、处理得当就是重大机遇。

（13）发展战略中借势发展太单一，建议改为跨越式发展战略，将借势和后发优势全部涵盖进去。

（14）在新疆和全国的定位，建议使用“兵团旅游是中国旅游重要集团军，是新疆旅游主要方面军”的提法。

（15）旅游城市规划应该增加集散中心、入出境口岸的内容，城市也作为旅游的综合服务、展示中心来规划。这样，兵团旅游最主要的集散中心是乌鲁木齐，其开发建设服从自治区旅游规划，主要是航空枢纽、国际入出境口岸和最主要的综合服务中心；石河子应该是兵团旅游的集中展示中心，同时作为兵团专有的集散中心、服务中心。

二、《新疆生产建设兵团旅游发展“十一五”规划及中长期旅游发展总体规划》和红色旅游规划评审意见

《新疆生产建设兵团旅游发展“十一五”规划及中长期旅游发展总体规划》

（以下简称《兵团旅游规划》）是一个内容全面、结构合理和针对性、指导性都比较强的规划。其突出之点表现在，第一，克服资料、数据不足等困难，从兵团旅游市场分析和定位入手，比较好地把握了市场第一的原则；第二，以资源调查评价为基础，全面分析了兵团旅游的优势、机遇、不足和威胁，比较好地说明了加快发展的可能性、必要性和紧迫性；第三，对兵团旅游在“十一五”及之后15年的发展目标、空间布局、产品开发和服务体系建设提出了比较明确、具体的建议，对产业发展和投资建设等具有比较强的指导性；第四，有针对性地提出了兵团旅游的可持续发展、支持保障等方式、对策措施建议。这说明兵团领导和具体负责人员做了大量富有成效的工作，反映出编制组及其各位专家和兵团有关方面对旅游特别是兵团旅游有了比较高的认识水平。此外，按照国家旅游局统一部署，兵团在很短时间内研究编制出红色旅游规划，内容全面，很多建议比较实在，在全国是比较好、比较及时的。

（一）对《兵团旅游规划》的修改完善及兵团旅游发展的意见

1. 市场定位（文本第十条）“主导市场·疆外市场”中一级市场明确表述为“长三角地区、京津及环渤海地区、珠三角地区”，二级市场为“长江经济带和中部地区”。

2. 客源市场开发战略（文本第十一条）应该明确兵团旅游客源市场开发方式、途径和措施，现第二至第四点与客源开发没有直接关系，应该表述为“结合有关纪念、经贸等主题活动，策划组织大型旅游形象宣传活动，与参加、组织旅游博览会、交易会、说明会、推介会、发布会等常规宣传推介相结合；专业宣传促销与媒体公众宣传相结合；整体形象宣传与企业产品项目促销相结合；按照目标市场分层定位，选择重点、分步推进、不断扩展”。

3. 发展优势（文本第十四条）建议“政策优势”集中阐述国家对兵团实行的特殊支持政策，包括计划单列、赋予省级行政管理权限、行政体制建设、财政支持等。

4. 发展机遇（文本第十六条第二点）用“国家建立成熟完善的社会主义市场经济体制和西方国家纷纷承认我国的完全市场经济地位”，取代“加入世界贸易组织”，增加“国家高度重视红色旅游”因素。

5. 外部威胁（文本第十七条）改为“外部挑战”，“旅游人才供给不足”调整为“经济社会环境及其人力、技术、经济支撑能力和机制保障比较弱”，突出人文社会环境和投资、机制因素。

6. “旅游业区域定位”（文本第十八条）改为“总体定位”，“发展战略”在总体概括后最好具体列明需要实施的主要战略，在总体定位和社会目标中突出“宣传、展示、光大兵团精神和传承兵团文化”。

7. 在总体布局和产品、产业布局方面，要注意把握与自治区以及兵团内部的分工协作，力求突出特色。在与自治区旅游分工协作上，建议以兵团精神、文化及其物化的绿洲、农场、团场、工程等为目标资源和项目，同时将边塞、边境、边疆“三边”作为重要资源项目载体。

8. “旅游产品开发体系”（文本第二十七条）应为“旅游产品体系（开发建设）”，目前的分类标准不完全一致，7 大系列中存在交叉，应该按内容（军垦文化、自然风光、人文社会）和形式（观光、度假、专项）分别划分系列，每个系列中再列出主要产品类型。

9. “旅游服务体系”（文本第八章）改为“旅游产业体系”，与第七章的“旅游产品体系”相对应，条目中依次列出“旅游交通支撑系统”、“旅行社及旅游综合信息服务系统”“旅游住宿系统”“旅游餐饮系统”“旅游商品购物系统”“旅游文化娱乐系统”和“旅游景区系统”等，旅游景区系统可重点就接待的基础、配套、解说等软硬件水平提出要求。

10. 兵团旅游形象定位，“红色军垦、绿色兵团”（一级理念）等仍值得讨论，仍显得一般化，建议探讨以下提法：

一级理念：神奇军垦，多彩兵团

二级理念：戈壁荒漠营绿洲，屯垦文化展异彩
边疆边境边塞景，人类人生人间情
丝路古道美家园，草原风貌雄兵团
高山雪峰云中月，牛马羊群水底天
天山巍峨展英姿，大漠雄浑显精神

11. 建议探讨使用以下旅游宣传口号：

海外：自然与人类的神奇故事——新疆生产建设兵团旅游（WON DERFUL STORY MADE BY NATURE AND HUMAN——TOUR XINJIANG GROUP）

国内：边疆览胜，兵团探情
边境奇景，绿洲秀色
边关景致绝，兵团精神新
好儿女志在四方，真游人驰骋疆场

区内：携手兴家园，并肩品游趣

军民鱼水，天人共亲

戈壁美景娱神透，绿洲家园做客欢

12. 旅游业可持续发展规划（文本第十章）、规划实施的总体投资分析（第十一章）和规划实施保障措施（第十二章）合并为一章，标题为“旅游业支撑保障体系建设”，依次对环境保护及可持续发展和投资、政策、体制（机制）、人力与技术、安全保障等提出规划建议。

13. 旅游资源保护规划的理念和方针（保护第一、开发第二，严格保护、科学管理、合理开发、永续利用），建议参照一下国家旅游局和国家环保总局刚印发的文件。

14. 行动计划“旅游行业管理”中，突出对兵团和师级旅游组织管理体系、规划计划工作、宣传促销工作、政策法规工作等具体建议。

（二）对兵团红色旅游规划的意见

1. 作为旅游的专项规划，建议以红色旅游在兵团旅游中的定位和兵团红色旅游的主题与宣传促销、产品线路布局与开发建设时序、专门的保障措施四个方面内容为重点，其他方面内容可以简化甚至省略。

2. 在产品品牌定位上，红色旅游是兵团旅游最具特色和垄断性的产品品牌，是兵团旅游的主题和核心品牌。兵团红色旅游是以兵团精神、文化及其物化表现的各种事物为资源基础，以宣传、展示、感悟、体验兵团精神、文化为主要内容的特色旅游，其纪念展览项目和专门的旅游活动项目固然是感悟、体验兵团精神和文化的重要方式、途径，但兵团所创造的一切，包括城市、团场、连队、农场、道路、水利、绿洲、草原、工厂以及兴起兵团事业、精神、文化的自然环境、人文社会环境，都是兵团红色旅游的资源项目，兵团的红色旅游与其他旅游是真正的水乳交融、合众为一的。

3. 兵团红色旅游主题形象和宣传促销口号就是兵团旅游主题和宣传促销口号，不必也不能另起炉灶，以免混乱和影响兵团旅游市场形象塑造。支撑保障对策建议也是如此。

三、新疆旅游“十一五”规划纲要中期评审意见

（1）机遇应该重点分析新疆面临的机遇，如全方位开放战略、上海合作组织从反恐到全面经济技术合作、第二亚欧大陆桥国家合作、国家持续重视支持边

疆民族地区发展。

（2）挑战要以新疆为重点进行分析说明，如入境旅游竞争激烈在新疆不一定表现为国内发达省市区实力增强，调整市场定位后新疆可能有很大优势；新疆国内旅游低层次是与远离国内主要旅游目的地、疆内旅游水准较低密切相关的；法规制度建设滞后不能仅就全国情况来说，要看新疆的实际情况。实际上新疆旅游面临的最大挑战，是其他省市区快速超常规发展与新疆发展速度相对较慢，旅游适度超前、优先发展环境没有形成。

（3）指导思想中应突出加快发展、扩大规模。

（4）总体思路中，原则应该从“开发、利用、巩固、提高”调整为“巩固、利用、发展、提高”，“围绕丝绸之路文化”应该是“依托丝绸之路品牌”，“发挥行业协会职能”应该提“发挥各方面的积极性”，“打造世界品牌”改为“打造世界级旅游品牌”。

（5）总体布局中，一个品牌“丝绸之路”最好是“边疆民族旅游”，“两个精品”与“四个重点”都是旅游区，前者应该是景区概念，“三个体系”实际上只是三条线路。

（6）产品体系将“冬季冰雪游”作为首要产品要认真研究，“民俗风情游”“边境购物游”提法应该斟酌。

（7）建议纲要在第七章中增加“口岸、供电、供水、排污治污、内外宣传”等配合支持内容。

（8）第六章“产业结构优化”最好调整为第五章。

（9）个别地方表述不够清楚（第六章第三节、第五节、第六节）。

（10）建议考虑“一样的国内旅游，完全不一样的感受”“新疆边境旅游，出国旅游的全新感受”。

第三节　地市级旅游规划意见

一、《黔东南州旅游发展总体规划》咨询论证意见

《黔东南州旅游发展总体规划》编制组在比较短的时间内，不仅编制出了内容比较全面、有很多创意和建设性意见的规划文本，而且进行了资源评价和编制了旅游资源信息库，并提出了包括10多个点的《旅游重点项目策划》。可以想

见，编制组做了大量工作，其中特别是基础性调查研究，付出了艰苦劳动。讨论稿反映出编制组的工作是扎实和卓有成效的，现有成果完全具备进行讨论交流的基础。对讨论稿及下一步工作提出以下几点具体意见：

（1）从规划工作要为规划对象未来发展勾画出一幅蓝图的基本要求看，讨论稿提供的这幅图还不够清晰。这幅图不仅对从事旅游工作的人要易看好懂，也要力争使一般读者看得明白。建议现在的文本修订后作为规划说明书，以此为基础提炼出一份一两万字篇幅的新文本，以规划研究的结论和建议为主要内容，分析、说明、论证性文字和一般性理论知识尽可能不写。

（2）旅游精品项目规划和重点项目策划要进一步注意突出中心和主题，在文本中要说明其在实施规划、实现发展目标中的重要性，它们如城市规划中的典型项目、街区设计，必须具有代表性和示范性，不是选择几个重要项目进行策划、规划就可以了。精品和重点项目规划、策划在质不在量，数量过多就会做不深、做不细。

（3）讨论稿中有些分析在深度、广度和客观准确性方面仍有欠缺，一些意见和建议需要进一步研究论证。兹举几例：一是第三章第一节本州旅游产品类型划分的角度和依据标准不一致，有的是按旅游目的分类，有的是按旅游活动内容分类，有的是按时间分类；二是关于客源市场状况的分析仅用人次数一个指标，没有考虑收入指标，得出以省内近程休闲市场为主的结论，不利于目标市场定位，黔东南近期要高度重视国内中远程市场，休闲度假在规划期内也很难成为其主要产品，观光旅游主体地位不可动摇；三是对市场需求支撑保障的分析需深化，有的是现状和问题，有的是一般理论知识，有的是建议和任务目标，没有统一起来；四是举办生态旅游节和苗侗文化节的建议过于简单，缺乏必要的论证说明，没有认真考虑现有节庆项目和作用、目标定位，在文本中也不尽一致。

（4）总体形象和产品形象确定意见显得有些粗糙。

（5）发展指标预测中入境旅游人均花费随人数增加也不断增加的可能性需要认真论证说明。

（6）讨论稿交叉重复的内容比较多。如文本第七章“旅游精品项目规划”与“旅游重点项目策划”交叉重复，文本第三章第三节与第四节第（三）项有较多的交叉重复。

二、《遵义市旅游发展总体规划（2004～2020）》评审意见

《遵义市旅游发展总体规划（2004～2020）》是一个比较成熟、全面、具体

和有较强针对性、指导性的规划，在空间布局、市场分析、区位研究、交通配套建设和建议几个方面尤其突出，说明编制组和有关方面做了大量工作，且工作认真扎实和卓有成效，也反映出编制组专家和遵义市、贵州省旅游局等对遵义旅游的认识水平比较高。

对规划及遵义市旅游发展提出以下几点意见：

（一）从规划工作要为规划对象未来发展勾画出一幅蓝图的基本要求看，评审稿提供的这幅图还应该进一步简洁、清晰

这幅图不仅对从事旅游工作的人要易看好懂，也要力争使一般读者看得明白。建议在说明书基础上编制 10000～20000 字的文本，以规划研究的结论和建议为主要内容。此外，说明书中的一般性理论知识介绍也可以精简或删除。

（二）加强对旅游产业布局的分析研究并提出明确的对策建议，突出产业作为资源到市场和效益转化的转化器作用

要以发展大旅游、建设大产业为出发点，不仅要在产品项目上全面考虑观光、休闲、娱乐、度假、会议等直接满足旅游目的的内容，而且要考虑六要素的成龙配套，还要考虑为旅游产业提供支撑的产业的布局和发展。

（三）进一步认真研究、讨论、论证遵义旅游的主题形象、宣传口号，设计、确定遵义旅游的直观标识

在内容上，主题形象表达和宣传口号既要准确概括旅游目的地性质特点，使得人们觉得准确、贴切，又要有很强的市场针对性，能够产生比较强的吸引力，使得旅游者看到、听到后能够产生前往旅游的动机。在文字上，既不能太晦涩、深奥、抽象，又不能太俗气和过于直白，要有文学、美学意味，能够产生美好联想。在目标设定上，既不能过低和过于具体，又不能过高、过大。直观标识要通过公开征集、专家设计、广泛讨论、比较论证和政府审定方式来确定，不能等，但也不要太着急。基本要求是一看就懂，看完就忘不了，因此，要有特色，要能够直观表示出一地一区的旅游主题、性质、特色。

（四）增强规划约束力，抓好规划培训、研讨和交流，为实施规划奠定基础、创造条件

规划编制、评审、发布基本都是政府、主管部门和专家的工作，我国旅游规划工作已经度过了摸清资源家底、进行动员宣传、统一和提高认识、确定旅游发展目标阶段，进入发挥实际指导作用阶段。在前一阶段，编制和发布规划本身就可以基本实现目标，在当前阶段，除了规划要更具体、更科学和更具有针对性、

指导性外，编制和发布规划只是基础和序幕，主要目标和任务是规划实施。因此，必须使规划具有很强的约束力，建议再次认真修订后，将规划报经市委审批和市人大审议，请市政协组织讨论和提出意见，由市政府或市委、市政府联合发布实施。同时，要加强规划的宣传、培训、研讨、交流等工作，让尽可能多的人了解、熟悉、掌握规划。

三、《河南大别山红色旅游专项规划（评审稿）》意见

《河南大别山红色旅游专项规划（评审稿）》，是一个内容比较丰富全面、分析研究比较深入、对策建议比较具体和有比较强针对性、专业性、指导性的规划，突出了区位研究、市场分析、形象策划、空间布局、配套建设等，说明编制组和有关方面做了大量工作，且工作认真扎实和卓有成效，也反映出编制组专家和有关方面等对信阳市红色旅游认识水平高。

现应要求对该规划的进一步完善提出以下意见：

（一）从规划工作要为规划对象未来发展勾画出一幅蓝图和提供行动指南的基本要求看，评审稿提供的这幅图还应该进一步简洁、清晰

这幅图不仅对从事旅游工作的人要易看好懂，也要力争使一般读者看得明白。建议在现稿基础上编制5000~10000字的文本，以规划研究结论和建议为主要内容，简单、明确地告诉人们河南大别山红色旅游要做什么、怎么做和做好了会有什么效果。现稿进一步修改完善后可以作为规划说明书。

（二）在SWOT分析中

建议增加“中部崛起战略”实施作为机遇，将周边地区旅游休闲需求迅速上升和规划区域内经济、社会、技术发展需要及其形成的支撑保障条件作为优势。

（三）在空间布局上

建议从入出境口岸选择和利用入手，逐步到区域内的集散中心、重点景区、主要轴线和发展带等。河南大别山红色旅游的主要口岸，可否选择武汉、郑州、合肥（或阜阳），要从现实情况及几个城市的交通功能、到规划区域的空间和时间距离等来考虑。

（四）进一步认真研究、讨论、论证信阳红色旅游的主题形象、宣传口号

在内容上，主题形象表达和宣传口号既要准确概括旅游目的地性质特点，使得人们觉得准确、贴切，又要有很强的市场针对性，使得旅游者看到、听到后能够产生前往旅游的动机。河南大别山（信阳）红色旅游“千里跃进、将军故里”

的主题，仍显不够贴切和理想，能否改用“鄂豫皖心脏、红军摇篮”等，建议予以讨论研究。“千里跃进”如果作为河南红色旅游主题倒比较贴切，“将军故里”在中国比较多，而“鄂豫皖心脏”比较准确，也有些韵味，且独此一家；“红军摇篮”除井冈山、瑞金外，当数大别山了。

（五）规划分期与后面的旅游产品开发计划分期不一致，后者较前者更科学一些

前面的分期是 6 年、5 年、5 年，近期长于中期和远期，不太符合认识规律和行动规律，应该是越近越短越具体、越远越长越原则。后面的 2 年、4 年、10 年分期是基本符合这一要求的，但近期过短，规划开始实施可能就要结束了。可否考虑近期到 2007 年，长度为 3 年，与全国红色旅游发展规划纲要的近期建设计划基本一致；中期可以到 2012 年，长度为 5 年；远期从 2013 年开始，长度为 8 年。

第四节 县级旅游规划意见

一、贵州镇远县旅游发展规划意见

贵州镇远县就旅游深度开发，委托专业机构编制总体规划很有必要。从规划文本及有关附件材料看，规划编制单位花费了大量精力，进行了比较深入全面的调查研究，所提深度开发意见比较中肯，大多切合市场和资源及其开发状况实际，具有现实针对性和较强可操作性，但也还存在值得进一步研究、商榷之处，其中主要是客源市场定位、主题形象策划、开发目标和阶段划分等问题。

（一）对规划的基本评价

1. 规划对市场的分析，其中特别是对贵阳、上海、北京城市旅游需求市场特性的分析，非常细致、全面，并有针对性地提出了开发建议。抓住市场，以需求为出发点来编制旅游深度开发规划并提出意见，符合市场经济原则和旅游特性，使得规划具有比较坚实的基础。

2. 规划对资源及其开发利用状况的分析研究比较到位，其中特别是从周边相关旅游区、旅游项目（凤凰古城）的分析出发，来确定开发建设目标、任务和提出需要注意的问题，较好体现了区域协调、资源依托的规划原则，使得规划实施具有比较好的基础和效益前景。

3. 规划比较全面地对深度开发各个方面提出了建议，着眼于基础配套、项目建设、市场开发、宣传营销、支持和保障环境优化等完整旅游体系构建，避免

了仅以资源开发、项目建设为主等传统规划方法的缺陷，对成功建设旅游产业体系、旅游经济体系、旅游社会体系和旅游生态体系有重要指导作用，较好体现系统化、可持续发展和产业、经济、社会、环境协调发展的观念。

4. 规划专门就重点区域、重点项目开发编制了专项规划，并提供了大量的区位图、平面图、效果图等图件，使得规划意图、建议更为具体、直观，为理解、宣传、运用规划提供了比较好的条件。

（二）规划中需要研究探讨的几个问题

1. 镇远旅游性质和主题形象确定。从资源看，镇远拥有自然景观、历史文化和民族文化三大类，但从黔东南州、贵州省、周边地区和全国范围比较，以及对应于旅游需求状况及其趋势看，三类资源显然不能等量齐观，最主要的应该是历史文化，其次是自然景观，民族文化只是补充，“苗疆古城、㵲阳山水”就应该是比较贴切的主题形象。从产品性质看，镇远的度假只能是近程以娱乐、休闲、观光为主要内容的短期度假，不可能对国内中远程和入境旅游者形成比较强的吸引力。因此，主题形象中不应突出度假。“山水园林城市”和“中国仙都”等提法既很一般化，也不是很贴切。

2. 镇远旅游目标市场选择。以历史文化为主题，第一目标市场就应该是国内中远程市场，第二目标市场是周边区域的近程市场，入境市场只是补充。近程市场出游率低、支付能力低和文化差异性小，入境市场则受文化性质、地位及释义困难和区位等制约，国内中远程市场感兴趣的主要不是中华民族的主体历史文化，而是有区域、民族特征的历史文化分支。在第一目标市场开发上要遵循由近及远的路径，近期要突出对周边大中城市如重庆、武汉、长沙、昆明、成都的宣传促销，可以兼顾北京、上海、广州等远程市场。

3. 镇远旅游深度开发阶段划分及其目标、任务确定。西部地区的旅游开发总体上都不能按先打基础、再开发市场然后全面发展的思路来进行，必须先抓住市场，按照市场需求和产业发展需要及时进行基础配套、资源开发、项目建设，实现超常规、跨越式全面发展。镇远是㵲阳河流域和黔东南州旅游发展的先导，是贵州旅游巩固深化西线、加快开发东线的重要突破口，在市场上已经有相当的知名度，产业发展基础和配套条件也比较成熟，更不能先用4年打基础，而必须马上从市场开发入手实现新的突破。

4. 与全州、全省、周边区域和全国旅游项目开发和目的地建设协调。规划所提出的重点区域开发目标必须进一步从市场需求、区域分工和协调发展来考虑其必要性、可行性和效益前景，近期镇远旅游深度开发的主要任务应该是市场形象策划塑造、以酒店为代表和以县城为基地的接待服务设施与交通的建设，镇远在旅游业中的定位应该是成为㵲阳河旅游线上的硬腰即主要旅游区，成为贵州东线民族历史文化与生态旅游的先导，县城成为黔东南州的二级集散中心和接待服务基地。不能追求自成一体，不能面面俱到。

二、《岳西县旅游发展总体规划》评阅意见

《岳西县旅游发展总体规划》文本系统、全面、规范，从资源条件入手进行分析研究，依次就发展目标、空间布局、重点项目和线路建设、产业要素发展、目标市场定位、宣传营销、支撑保障体系建设、近期行动计划等提出意见和建议，符合现行旅游发展规划的编制路径，总体上具有一定的指导和参考作用。为进一步提升规划质量，特别是增强规划的科学性、指导性和可行性，特提出以下意见：

（一）调整规划编制思路

如果有可能，建议将规划研究编制和文本叙述方式，从现行方式改为依据资源条件、市域和周边地区即整体旅游目的地竞争—合作关系分析研究，先确定目标市场，根据目标市场和资源—产品优势及特性确定岳西旅游的主题和主体产品，然后围绕主题和主体产品来确定产品线路、产业和配套设施等空间布局。

（二）增强目的地观念

尽管一个县，甚至其中的一个重点旅游景区或项目，都可以成为一个比较完善、有较强吸引力的旅游目的地，但如果从观光旅游来看，往往是比较单薄、吸引力和竞争力比较弱的，当今中国旅游目的地群雄并起，这种可能性进一步减弱。如果从度假和专项旅游看，就必须从相同、相近旅游目的地和旅游项目竞争—合作关系分析入手，来找出自身的优势、特色，这样才能够吸引游客、取得预期效益。在项目选择、线路产品设计和开发建设次序上也是如此。因此，建议规划增加对安庆市及周边几个地区即大别山旅游目的地的研究分析。

（三）加强市场分析研究

如果资料积累有限，很难就岳西、安庆和大别山旅游市场状况进行系统全面分析，也应该加强对安徽及周边省市旅游市场的分析研究，这样确定的目标市场才可能更科学。

（四）岳西和大别山旅游应该以度假而不是观光为主

从总体上看，大别山包括岳西的旅游优势在于气候、自然生态和区位，非常

奇特的景观资源有限，因此产品应该以度假为主、观光和专项旅游为辅。度假旅游目的地的基本要求是舒适、便捷、经济。度假不可能像观光那样舍近求远，而是要去自己感觉舒适、往返便捷、费用相对较低的目的地。山岳在世界各地都有分布，在温带的中等高度山区，气候比较好，温度、湿度等适合动植物生长，基本是夏无酷暑、冬无严寒，离海洋比较远的山区也无台风及其引发的强雷暴、强降雨，因而人在此生活比较舒适。大别山居于我国东西南北交会之地，华东、中南地区往返便捷，考虑水气资源和生态资源因素，对于华北人也有比较强的吸引力。我国东北、西北、西南三大区域和国外人前往大别山包括岳西度假的不会很多，其中大部分地区内同类条件的旅游目的地就很多，大别山不具备独特吸引力和竞争力。

（五）调整目标市场

大别山包括岳西不可能成为境外和国内远程市场游客的度假目的地，岳西应该以南京、武汉、南昌包括合肥几个省会城市为点所划出的区域范围为一级目标市场（400 公里半径），将以上海、郑州、长沙三个城市为点所划出的区域作为二级目标市场（800 公里半径），其禅宗文化观光可能辐射到亚洲其中主要是东亚、东南亚、南亚的佛教信众市场（距离都在 1000 公里以上），但规模有限，只可以作为机会市场。

（六）加强岳西旅游主题研究

现在提出的“生态岳西，度假天堂”是一种比较写实的方式，对岳西旅游特色和优势突出不够，即如果将岳西换成潜山、霍山、金寨、罗田等大别山的县市和其他任何一个山区的地名都可以（与前些年霍山所提的“走进霍山，回归自然”差不多甚至还有差距）。春节时所提出的“净土岳西”以及“司空山妙道山明堂山青山礼佛，汤池水仙河水天峡水绿水养生”的释义，可能佛和禅的意味比较浓，但特色和创新比较突出，目前还没有多少地方这样提，可以作为一个选项。这是个专业性、社会性、群众性和实效性都很强的事，需要时间、智慧，更需要集思广益和实践检验，甚至比规划还重要和有用，需要继续投入资源进行研究、交流、论证。

（七）调整规划建设次序

旅游，特别是度假旅游，由于强调舒适、便捷，在气候、环境天然的前提下，交通条件成为决定因素。因此，建议岳西县旅游开发建设要以高速公路和其他高等级公路为依托，考虑产品、项目布局及其开发建设次序。

（八）进行线路统筹

建议借鉴四川线路统筹经验，在总体规划中按照重点旅游线路来进行空间布局。其中，集散中心、入出口岸和观光旅游的线路规划要从周边、市域、省域及华东、中南地区来着眼，不要也不可能自成体系，可以以主要度假旅游地为中心，规划设计出若干条半天、一天的线路，以便度假者早出晚归、早出午归。

（九）资源评价也要认真考虑

从旅游主题、主体产品性质和目标市场需求看，首要的是气候资源和生态环境资源，文化中要突出禅宗等佛教教派对于青山绿水礼佛养生方面内容，还要淡化因果报应、生命轮回等与唯物主义相对立的佛教理论。红色文化、乡土文化等都可以借用，但缺乏影响力和竞争力，与主题和主体产品性质关系也不是非常密切，无论在什么市场中吸引力都有限。

（十）重点项目选择

如果以度假旅游为主打产品，突出山区休闲度假和温泉养生度假，就要分别以几个气候、生态环境、交通配套比较好的山区度假地和汤池温泉为开发建设、基础配套、宣传营销、管理服务的重点项目，围绕这些重点项目来规划产业布局、线路、集散中心和入出口岸。

（十一）项目建设

应该将度假小镇、养老和家庭亲友度假等概念融入度假项目规划建设中；可以选择建设中小规模但装修、设备、服务档次水准比较高的会议设施，以满足商业性、专业性会议需要；一定要慎提慎建展览项目设施，包括在县城也不可能举办规模比较大的展览，中小型展览一般不需要专门的展场；娱乐、购物、餐饮、住宿都要考虑当地居民参与和乡土特色资源利用，如自由市场、农贸市场、个体摊贩、家庭餐馆、家庭旅馆；在娱乐项目上不要简单搬抄其他地区和城市的内容、模式，而应根据休闲、养生等需要来设计开发项目和组织活动，如溪流野钓、群众性爬山比赛、山林野营和穿越等。

（十二）增强保障体系建设规划意见的科学性、针对性

例如，各乡镇都建立旅游管理机构就不一定必要，重点乡镇是建立专门的旅游管理机构好、还是党委政府围绕旅游发展抓工作更有力也可以研究；建立岳西县旅游指挥中心的目的和功能作用是什么好像也不明确；机制保障中是否要突出重点项目的社区协调沟通机制，整体上是否需要建立旅游工作考核评价机制和旅游整体宣传营销机制等，要认真研究。

（十三）有些建议值得斟酌

例如，岳西只是一个工业化水平比较低的山区县，提出要发展休闲装备制造业、旅游娱乐设备制造业是不是可行；岳西没有马，好像历史上也不养马，提出发展骑马体育休闲项目的依据何在；还有发展高山高尔夫、森林野战有多大可行性，等等。总之，项目建议，包括所有意见和建议都不能简单罗列，不是多多益善，都必须进行认真分析论证。

（十四）突出规划宣传、培训和实施工作

如果规划编制得好，主要意见可以贯彻落实，就要在发布后大力开展宣传和分层、分类培训，以此为基础组织规划实施，并跟踪检查、督促、指导、服务。可以由县政府主导，县旅游产业发展组织协调机构主持，县旅游局负责具体的联络协调，制订规划实施的年度工作计划，由县人大或者政府批准发布，县委督查机构负责督促检查。规划实施 3 年左右集中开展实施效果的初期评估，5 年左右进行中期评估，8～10 年进行总体评估并启动新一轮规划修订或编制。

三、新疆塔县旅游规划初步意见

（一）资源项目性质

塔什库尔干塔吉克自治县旅游资源的主体是帕米尔高原风光、塔吉克民族文化、丝绸之路历史和西部边陲理念四位一体，目前四个方面都有一些在国内外有影响的项目来表现。从现实影响力看，高原风光比较早地在国际上产生了影响，欧美自驾车旅游是比较典型的例证；其他三方面正在为国内外旅游者所关注。

（二）主题和市场定位

从区位、生态和基础配套看，塔县旅游应该定位于满足中高端市场需求的自然和民族生态旅游，而不是大众旅游，不能过于追求游客规模，而要发展深度体验旅游。

（三）主导产品和主要项目

塔县旅游的主导产品应该是专项旅游，主要项目为登山探险、自助考察、自驾车体验、国门观光。近期开发和包装宣传的主要品牌，应该是雄浑的帕米尔高原风光、独特的塔吉克族风俗和历史文化、中国最西部的国门和边境线，可以根据近程市场休闲娱乐需要积极开发草原民族餐饮娱乐项目。

（四）线路设计

尽快将从喀什经慕士塔格峰和县城到红其拉甫的线路变成热线。

（五）宣传口号

以“帕米尔高原上的山鹰国”为主要宣传口号，在国内旅游市场可用“祖国的西大门”“领略祖国最后一抹夕阳的光辉”“帕米尔，雄浑壮丽的土地”等口号。

（六）几个主要项目的开发

1. 石头城

2. 红其拉甫口岸

3. 公主堡

4. 温泉

5. 大众登山

第五节　景区规划意见

一、新疆喀纳斯旅游区规划与发展意见

喀纳斯的目标是国际一流生态观光度假旅游胜地。

（一）度假旅游类型

1. 休闲度假：以放松身心、娱悦精神为主要目的，以休闲、娱乐为基本内容，以清新空气、优美环境、恬静氛围、舒缓节奏、适量活动、温馨服务为基本要求，以中近程为目标市场。

2. 疗养度假：以恢复和提高健康水平为主要目的，以休息、辅助治疗、适度运动为基本内容，以清新空气、恬静氛围、到位的医疗与生活服务、合适的运动和娱乐活动组织为基本要求，行业系统市场和大众市场相结合。

3. 运动度假：以健身、增强身体功能、交流运动技能和放松身心、娱悦精神为主要目的，以各种类型的运动辅之以相应的旅游活动为基本内容，以清新空气、完善的运动设施、科学的运动组织、高效率的接待服务为基本要求，以中青年为主要目标市场。

4. 观光度假：以度假为主要目的，以在度假地及其附近开展各种观光为主要内容，旅游活动方式是早出晚归，实际是连续或间隔的若干个一日游产品以度假中心为纽带的结合，以丰富多样的观光活动组织和规范化的接待服务为基本要求，以中远程为目标市场。

5. 专项度假：以采风、写作、写生、摄影、创作、深层体验、科学考察、会议等为主要目的和内容，同时开展旅游度假活动和实现放松身心、娱悦精神的目的，以清新空气、优美环境、到位的专业服务和人性化、个性化的接待服务为基本要求，以专门人群为目标市场。

（二）喀纳斯的主题和目标

1. 类别：观光度假

2. 名称：观光度假地

3. 主要内容：自然、民族、边境观光

4. 目标市场：近、中、远程全覆盖，着眼中高端，兼顾大众市场

5. 深度开发：专门活动、专业会议、专项运动

（三）从大处着眼，从小处着手

战略上从建设世界一流的名牌、精品旅游区着眼，战术上必须分门别类地从各个局部、细节入手。

1. 酒店、景区等接待服务设施标准化、服务人性化、管理服务化

2. 形象塑造、宣传的专业化：主题形象宣传策划

3. 活动组织的科学化、规范化：政府也要如此

4. 教育培训的普及和深入

（四）高度重视协调工作

1. 旅游区内部项目、设施、服务、管理的协调

2. 喀纳斯与相关旅游区、旅游项目的协调

3. 与兵团等系统的统一协调

二、新疆达坂城旅游区概念性规划意见

（一）达坂城旅游区定位

以湖泊、渔场、林场、古城、知青点、柴窝堡辣子鸡和达坂城姑娘美名为主要资源要素的达坂城旅游区，与以原始森林、草原、山峰、峡谷、蓝天白云、清新空气、民族风俗和冬季滑雪为主要资源要素和活动内容的南山旅游区，存在非常密切的互补、合作和竞争关系，与乌鲁木齐—吐鲁番—哈密的东疆旅游线和乌鲁木齐—库尔勒等地的南疆旅游线也有很重要的关系。

（二）资源条件及特点

1. 资源要素比较丰富，但缺乏具有核心吸引力和竞争力的观光资源，能够

对大众旅游者产生很强吸引力的资源项目尚待挖掘。

2. 区位条件略优于南山——距乌鲁木齐更近一些，但交通配套尚需加强，包括道路升级、公共交通线路开通和加密。

3. 环境状况与南山比各有千秋，但总体上要逊色很多，有大的水面是优势，主要劣势是位于风口风沙多，地势平坦无起伏，树木为人工林而非天然林。

4. 确定主题和围绕主题组合资源开发项目难度比较大。

（三）市场和主题定位

达坂城旅游区近期的目标市场和主题定位应该是：以乌鲁木齐市、南山旅游区和乌鲁木齐至东疆、南疆线游客为目标市场，利用辣子鸡、天山雪蟹等做足旅游餐饮文章，将乌拉泊湖水上游乐、林场森林漫步、知青点探访和古城寻幽作为依托性、点缀性项目来开发、经营，而达坂城姑娘美名可以作为在中远程市场宣传招徕的一个概念品牌，争取成为乌鲁木齐市民、来乌外地人和外国人、去南山和往返南疆、东疆旅游者主要的特色餐饮及休闲旅游区。在产品和线路定位上，达坂城是乌鲁木齐城市周边休闲、餐饮、娱乐、度假旅游圈的重要组成部分，是乌鲁木齐至南山和南疆、东疆旅游线上的重要补充性景区和餐饮点，争取乌市居民和来乌外地人、外国人将到柴窝堡吃辣子鸡和天山雪蟹作为特色项目选择，使到南山和东疆、南疆的团队将其作为往返线路中的重要餐点，使辣子鸡和天山雪蟹成为与烤全羊齐名的新疆特色旅游餐饮产品。

（四）辣子鸡和天山雪蟹餐饮项目开发

作为达坂城旅游区主打项目的辣子鸡和天山雪蟹旅游餐饮项目的开发，必须注意的主要几点如下：

1. 总体上要与乌鲁木齐市等地的酒店、社会餐馆错位发展，在烹饪方法和就餐方式上要比酒店有特色，但在就餐环境、厨房和餐厅设施、餐具器皿、卫生间、服务规范等方面要向星级饭店看齐，以突出与社会餐馆的不同。

2. 餐馆的规划设计、建设施工、投资经营和管理服务等，可以按照整体规划招商引资，独立经营，新建和整合项目的基本要求是规模在中型（不少于50个餐位）以上，均要设置男女厕分设的卫生间，有卫生纸和非接触式清洁美观的洗手、干手设备（符合国标二星级以上），厨房、餐厅等设计、设施、设备、管理和服务均要达到二星级饭店以上标准，特别是餐厅要宽敞明亮、通风良好、视野美观，可以建设1~2家500个餐位以上的大型餐厅。

3. 餐饮集中场所内部和周围、出入交通沿线的环境整洁，无垃圾、污水、裸露尘土，尽可能做好绿化或工程覆盖，餐馆外形美观、有特色，区域内部要进行美化、亮化和特色化。

4. 餐饮区内部及其与其他依托性项目和出入交通便捷，停车场位置合理、停车位充足、车辆行人出入方便，交通、景观和服务设施信息指示明确。

（五）依托性项目建设

依托性项目逐步开发建设，尽可能保持原貌，但环境要整治、美化，交通连接顺畅，指示牌、说明牌、洗手间标准、规范，近期原则上不设大门，不收门票，少投资建设，多利用，以便吸引人们多来、多停留。将来如何建设、管理和是否收门票，根据市场情况再行论证确定。

该旅游区的宣传和市场开发，需要委托专业机构进行专题策划。

资料

旅游开发建设与规划（讲座提纲）

一、开发建设在旅游经济中的地位和作用

（一）项目是基础。

（二）开发建设就是旅游项目和产品的生产。

（三）旅游开发建设的内容是多方面的

1. 具体项目、设施开发建设。

2. 旅游线路和产品开发。

3. 旅游目的地建设。

二、满足市场需求是旅游开发建设的出发点——现代市场经济中需求决定供给

（一）旅游是天生的市场派：旅游项目和产品都是为别人生产的。

（二）市场是瞬息万变的：必须进行专门、连续的分析研究。

（三）旅游需求是千差万别的：分层分类研究才能选择合适的目标市场。

三、资源是开发建设的基础——巧妇难为无米之炊

（一）旅游资源观的深化与扩展

1. 观光旅游的资源观。

2. 休闲度假旅游的资源观。

3. 专项旅游的资源观。

（二）旅游资源开发存在的主要问题：一流资源、二流开发、三流管理、四流宣传。

（三）探源：认识、观念、机制、人才。

四、扬长避短、突出主题是根本——确立主题是旅游开发建设的首要任务

（一）着眼市场需求，深入分析资源特性。

（二）环顾左右、准确定位。

（三）围绕主题选择项目，有所取舍。

（四）按照主题确定建筑风格、设施设备特征和服务方式，阐释主题，突出特色。

五、开发建设的基本要求

（一）成龙配套，逐步完善。

（二）软硬兼施，全面开发。

（三）滚动开发，不断丰富。

（四）宣传推广，贯穿始终。

六、旅游开发建设模式选择

（一）景区开发经营权之争的实质是利益之争。

（二）始终不忘根本目的和出发点是促进旅游业发展。

（三）几种主要模式：自行开发、联合开发、转让开发。

（四）没有最优、只有次优。

（五）旅游部门的角色定位：支持、引导、服务。

七、旅游开发建设的基本原则：少开发多利用，少新建多包装

（一）旅游资源利用的特殊性：没有排他性。

（二）原生状态往往是最佳、最宝贵的旅游产品、要素状态。

（三）经济上的合理性：减少投入。

（四）技术上的科学性：以智慧、知识、信息等软科学运用为主。

（五）对兵团旅游的特殊意义：投资少、能力弱。

八、旅游规划

（一）谁来编规划——规划专业服务组织的功能定位。

（二）规划的功能作用。

（三）名不同、实不同、功不同，不能企求“毕其功于一役”——不同类型规划的作用不同。

（四）规划编制方式：编制工作的起点是规划前期准备，终点是规划实施和进行新一轮修编。

九、旅游规划的前期准备

（一）旅游市场需求及供求关系状况调查分析。

（二）旅游资源包括产业基本状况调查分析。

（三）旅游发展主要问题专题研究。

（四）组织旅游专题论坛和研讨会。

十、旅游规划基本程序和步骤

（一）建立组织机构和规划编制专业机构。

（二）研究编制和下达项目计划书或签订协议。

（三）收集资料、现场考察和实地调查。

（四）讨论确定规划编制大纲和初期评审。

（五）讨论确定规划文本和中期评审。

（六）规划最终评审。

（七）规划论证。

（八）规划审批和发布。

（九）规划培训和宣传。

（十）规划实施和评估。

（十一）规划修编。

十一、师市旅游规划和旅游项目规划

（一）师市级旅游发展规划

1. 产业布局规划与重点项目建设规划相结合

2. 国家专门线路和区域规划、自治区和兵团旅游规划的实施性规划：不要追求自成体系，更不要照猫画虎

（二）旅游项目规划

1. 可行性研究报告、项目建议书、修建性详规

2. 总体规划、具体项目设计

结束语

1. 用现代市场观念建设现代化旅游景区，服务现代化建设

2. 用美好的心灵建设美丽的景区，美化人类生活

3. 创造美丽的人，同时会美化自己的心灵和形象

第十二章　旅游信息化

技术是推动发展的重要力量。以计算机和互联网为主要内容的信息技术革命，正在对全球产生深入而广泛影响。旅游消费、生产经营和组织管理高度依靠信息资源，信息化对旅游业的推动作用更大，因此，旅游部门历来也高度重视信息和信息化。

第一节　信息化和旅游信息化

2014 年 2 月 27 日，中央网络安全和信息化领导小组召开第一次全体会议并宣告成立，习近平总书记在会议讲话中明确指出："没有网络安全，就没有国家安全；没有信息化，就没有现代化。""没有信息化，就没有现代化"的论断，深刻揭示出信息化与现代化的紧密内在联系，对于推进旅游信息化和实现旅游业两大战略目标，特别是将旅游业培育成为现代服务业，具有重要指导意义。

一、现代化的内涵和目标任务是随着时代发展而不断发展变化的

从一般意义上理解，人类社会的现代化是指国家、民族从古代、近代社会进入现代社会的经济社会发展过程。20 世纪中期，主要是第二次世界大战后，一批经济社会发展水平很低的殖民地、半殖民地国家独立以后，提出了现代化的战略目标和任务，其主要内涵和目标任务是以国家工业化为主导、发展先进科学技术和教育文化等，兼有市场化、社会化。我国政府首次提出现代化的目标和任务，是在 1964 年年底至 1965 年年初召开的全国人大三届一次会议上，周恩来总理在《政府工作报告》中提出："在不太长的历史时期内，把我国建设成为一个具有现代农业、现代工业、现代国防和现代科学技术的社会主义强国。"在对此次会议的有关报道中称"周总理提出了'四个现代化'""全面实现农业、工业、国防和科学技术的现代化"等。10 年后的 1975 年 1 月，周总理在四届人大一次会议上的《政府工作报告》中进一步明确提出："在本世纪内，全面实现农业、

工业、国防和科学技术现代化，使我国国民经济走在世界前列。”进入20世纪后期和21世纪，人类有关现代化的认识和实践得到了丰富和发展，随着一些已经实现工业化、市场化、社会化的发达国家和民族提出现代化的新目标、新战略和新任务，现代化的范围扩展到经济社会各个领域，特别是明确提出了文化、思维、社会和人的现代化。换言之，现代化的内涵从以生产、经济、国防、科技等物质生产领域，扩展到非物质领域和作为主体的人自身。这些发展变化，使得现代化内涵和目标任务与一般意义上的现代化更为一致了。可见，世界和我国在20世纪中期陆续提出的现代化，内涵和目标任务是在发展变化的。

即使是以当代科学技术来武装重点产业和部门，由于科学技术发展变化及其在不同阶段内容、成果不同，现代化内容和任务也是不断变化的。例如，20世纪中期很多新独立国家的现代化，主要是发展现代工厂化流水线生产制作的大工业以及相关的交通运输等基础配套，即往往与国家工业化含义、内容、任务相同；我国同期所提出和确立的就是“一化三改造”（努力实现国家工业化和对农业、手工业、资本主义工商业的社会主义改造），后来提出的“四个现代化”主要是指用现代化的机械设备和技术来提高农业的机械化水平——“农业的根本出路在于机械化”、工业的自动化和成套装配水平——20世纪70年代末至80年代初的“洋跃进”是典型代表、国防的武器装备水平和科学技术的研究实验设备、条件、方法等水平。而进入20世纪末和21世纪以来，很多国家都随着生物技术、材料科学、空间科学和信息技术进步，对现代化所要推广应用的科学技术内容、任务做出重大补充和调整。例如，农业现代化就从机械化扩展到现代生物技术——育种和病虫害防治、太空育种、精准种植和排灌施肥等多方面；工业现代化则从高度重视提高加工制作设备技术水平深入到材料如高分子、纳米和3D打印，同时运用信息技术进一步大幅度提高自动化、标准化水平和产品及其设计生产的精度；国防则从武器装备扩展到如何打赢信息化条件下的战争和网络作战、太空作战等；科学技术现代化的内容、途径、手段也大为不同，如广泛运用计算机建模、设计、计算，进行大型科技攻关的协同组织等。

总之，人类现代化尽管提出和实际进程仅约百年，但其内涵和目标任务已经发生了很大变化，不同时期、不同国家、不同民族的现代化都会是不同的。

二、信息化是当代世界各个国家、各个民族都正在面临的现代化

有人将以计算机互联网技术为代表的信息革命，与对人类发展产生重大而深

入广泛影响的农业革命、工业革命，并称为农业文明、工业文明和信息文明。但与工业化、市场化、城市化等不同的是，信息化对地球人类的影响是更为普遍、深远和广泛的，这一方面更不是此前的农业文明所能比拟的。

在农业文明和工业文明中，各个国家、民族的步伐是很不一致的，具有较强的选择性和条件适应性。就农业文明看，甚至到了今天人类已经进入后工业化时代，还有一些民族仍然处于刀耕火种的原始文明状态，其种植业和养殖业生产方式和技术与农业文明刚兴起的时候没有多大变化。从全世界看，有科学技术水平非常高的现代农业，有几千年前就出现一直到今天仍大量存在、采用比较成熟的传统种植和养殖技术、完备设施、实用工具设备的种植业和养殖业，大量靠传统技术精耕细作仍然主要靠天吃饭，自给自足的小农经济与现代化大农场和工厂化生产的设施农业在很多国家、地区并存，以机械化、化学化、生物化为代表的现代农业技术和生产方式并没有全面根本取代传统农业生产技术和方式。可见，农业文明中，不同国家、民族、人民都是根据自身条件和需要做出选择，在不断提高农业生产力和技术水平的主流趋势下，一直有很多例外存在。

工业文明也大抵如此。18 世纪初蒸汽机被发明出来后，甚至更早几百年航海技术产生和发展以来，手工业逐步发展成为机器大工业，人类逐步进入工业文明时代。但是，各个国家和民族的工业化在时间和程度上差距极大，因此形成了今天工业化国家（所谓发达国家）、新型工业化国家（正在实现工业化的国家或称新经济体）、非工业化国家（欠发达国家）并存局面，前者是指世界上第一批进入和实现工业化的国家，其后是在 19 世纪以后到 20 世纪才开始进入和逐步实现工业化的，很多至今还处在工业化进程中，后者是那些仍然没有实现工业化甚至还没有进入工业化起步阶段的国家。这种情况说明，各个国家和民族在工业文明进程中也是根据条件、机遇来选择和决策的。

信息革命或信息文明则完全不同。农业革命、农业文明和工业革命、工业文明主要都是在生产技术领域的，是通过生产技术变革来间接影响人类生活和社会、文化等方面，而信息技术从一开始就不仅直接涉及人类生产，而且直接深入到人类生活和社会各方面，并由此深入到人类自身的思想意识、文化观念。以计算机互联网和移动互联网、物联网、大数据、云计算产生、发展、应用为主要内容的信息革命，更是宽领域、广覆盖、深渗透、强推进的。以我国目前情况看，一是据有关方面统计发布，2015 年年底，中国网民超过 7 亿人，其中 80% 通过手机上网，而我国手机用户 12 亿人，几与总人口数量相当；二是《国务院关于促进信息消费扩大内需的若干意见》明确的目标是："到 2015 年，适应经济社会发展需要的宽带、融合、安全、泛在的下一代信息基础设施初步建成，城市家庭宽带接入能力基本达到每秒 20 兆比特（Mbps），部分城市达到 100Mbps，农村家庭宽带接入能力达到 4Mbps，行政村通宽带比例达到 95%。"三是大家日常所见到的景象，互联网已经连接到全国城乡的每一个角落，不用手机等移动通信和不上网的人越来越少见，使用手机上网的人迅速增加，信息化和信息消费的城乡差别迅速缩小。可见，信息革命、信息文明在短短 20 多年特别是最近 10 多年间，已经对地球人类生产、生活的所有方面产生越来越多、越来越大的影响，而这种影响只有速度快慢、程度深浅、强度强弱的差别，不会因为经济社会发展水平、个人收入和生活水平、所处国家和民族及区域位置等不同而出现影响不到和覆盖不到的现象。

信息文明、信息革命对人类的巨大、深入、广泛影响，从其对目前我国面临的一些突出问题解决和城乡格局面貌变化可能产生的影响，也可以说明。（具体请参见本章专论 1《网络改变世界》）

三、我国高度重视信息化和旅游信息化

党的十八大明确要建立统一负责网络安全和信息化的体制机制，中央网络安全和信息化领导小组 2014 年 2 月成立，中共中央总书记、国家主席、中央军委主席习近平亲自担任组长，李克强总理和刘云山同志兼任副组长，充分体现了中国最高层在保障网络安全、维护国家利益、推动信息化发展上的决心。国家先后设立了信息产业部、工业和信息化部等政府信息化主管部门，建立了信息化协调机制和技术与安全组织机构，来从政府方面有力组织和促进信息化。从政策措施看，2006 年 5 月中办、国办印发了《2006～2020 年国家信息化发展战略》，2013 年 3 月和 8 月《国务院关于推进物联网有序健康发展的指导意见》和《国务院关于促进信息消费扩大内需的若干意见》相继出台，工业和信息化部编制发布了《信息化发展规划》；从建设"信息高速公路"到实施"宽带中国"，国家信息化建设战略持续深入快速推进。例如，2014 年召开的全国人大二次会议上，李克强总理在《政府工作报告》中明确提出，"坚持走中国特色新型工业化、信息化、城镇化、农业现代化道路"，"把消费作为扩大内需的主要着力点。……要促进信息消费，实施'宽带中国'战略，加快发展第四代移动通信，推进城市百兆光纤工程和宽带乡村工程，大幅提高互联网网速，在全国推行'三网融

合'，鼓励电子商务创新发展。维护网络安全"。在2015年召开的全国人大三次会议上，李克强总理提出实施"互联网+"战略。2016年全国人大四次会议通过的"十三五"规划纲要，更对信息化进行了全面部署。

由于信息和信息化对旅游的作用极为重要，所以旅游信息和信息化工作一直受到高度重视。最突出之点，就是2013年全国人大常委会颁布施行的我国第一部《旅游法》，对旅游信息化做出了明确规定。一是对政府信息服务职责做出规定："国务院旅游主管部门和县级以上地方人民政府应当根据需要建立旅游公共信息和咨询平台，无偿向旅游者提供旅游景区、线路、交通、气象、住宿、安全、医疗急救等必要信息和咨询服务。"（第二十六条）。二是对网络旅游业务做出规范："通过网络经营旅行社业务的，应当依法取得旅行社业务经营许可，并在其网站主页的显著位置标明其业务经营许可证信息。""发布旅游经营信息的网站，应当保证其信息真实、准确。"（第四十八条）。三是就政府建立旅游监管信息共享与发布机制做出规定："县级以上地方人民政府建立旅游违法行为查处信息的共享机制，对需要跨部门、跨地区联合查处的违法行为，应当进行督办。""旅游主管部门和有关部门应当按照各自职责，及时向社会公布监督检查的情况。"（第八十九条）

作为国务院旅游行政主管部门，国家旅游局一直很重视信息化工作，各有关部门也很支持旅游信息化工作。一是国家旅游局从在20世纪80年代初就设立了计划统计司和统计处、信息处，后来又设立市场信息处，专门负责旅游信息收集、汇总、分析和发布工作。二是早在1993年，就着手筹备建立信息化工作机构，1996年国家旅游局信息中心正式挂牌运转，此后还成立了国家旅游局信息化工作领导小组并设立了办公室。三是在跨世纪之际提出了建设国家旅游局内部办公网、旅游资讯网、旅游商务网和旅游资源信息库"三网一库"的旅游信息化建设目标和任务，后来明确为"金旅工程"。四是2008年组织建设全国统一的"12301"旅游公共服务热线工程，国家信息化主管部门将此类号码的第一号核准给旅游部门使用、国家发展改革部门将项目建设投资纳入政府专项预算，都表明对旅游信息化的高度重视和大力支持。此外，2010年国家旅游局研究编制了《中国旅游信息化"十二五"发展规划》；2011年组织开展智慧旅游城市、景区、企业试点，申请1500万元财政专项资金开始建设旅游基础数据库；2012年申报并组织开展总额3800多万元的"旅游电子商务应用管理和服务"重点科技课题研究，国家旅游局投资600万元着手建立"中国旅游海外营销平台"；2013年年底国家旅游局决定将2014年的旅游主题确定为“智慧旅游”，并着手进行智慧旅游的统一规划设计；2015年全国旅游工作会议提出“515战略”，将“全面融入互联网时代，用信息技术武装中国旅游全行业”作为十大战略任务之一，组织召开“旅游+互联网”大会，出台“旅游+互联网”行动计划和智慧旅游指导意见；2016年，国家旅游局立项建设“全国旅游产业运行监测和应急指挥平台”，组织编制行业和机关信息化“十三五”规划，决定统筹推进信息化建设发展。

地方旅游信息化工作更加形式多样、丰富多彩、卓有成效。北京建设开通了多语种、专业化、高效率的海外旅游营销网和具有实时监控、信息发布、应急调度指挥等功能的旅游电子平台。山东率先开放建设旅游海外营销网，并提出从2013年起省市两级旅游宣传营销资金一半以上要投入网络新媒体。河南投入1500万元资金开发建设集宣传展示、资讯发布、公共服务、电子商务、电子政务、监控管理、应急指挥等多种功能于一身的综合性网络平台。四川连续举办国际互联网旅游大会，并建设开通旅游监控应急调度指挥网络平台。浙江温州连续多年举办网络旅游节。海南按照建设国际旅游岛战略需要，对旅游信息化进行顶层设计、长远谋划，等等。

社会、行业、企业层面的旅游信息化和智慧旅游发展更是如火如荼、气势如虹，无论是供游客使用的多功能信息终端设计生产和软件系统开发，还是供景区、企业经营管理和对游客服务的信息化系统和平台建设，包括供政府旅游等部门开展旅游监督管理、规范指导、公共服务的信息系统和网络平台开发建设；无论是旅游行业的企业、事业单位、专业机构和行业组织，还是信息行业，无不积极主动和满腔热情地投入到旅游信息化与智慧旅游开发建设大潮中。

四、信息化是将旅游业培育成为人民群众更加满意现代服务业和智慧旅游发展的主要技术支撑力量

《国务院关于加快发展旅游业的意见》为我国旅游业确定了两大战略目标，就是要将旅游业培育成为国民经济的战略性支柱产业和人民群众更加满意的现代服务业。现代服务业必须用现代科学技术来武装和支撑。在信息化大背景下，旅游业要让人民群众更加满意，也主要靠信息技术的应用。

一方面，旅游是一种精神文化含量高的享受型、发展型生活消费。人们在旅游活动中大多追求时尚、现代、高效、便捷。自旅游活动产生以来，旅游者都是社会中的文化、时尚先锋，热衷于求新、求奇、求异，无论是旅游内容还是旅游

方式，包括活动项目、所用物品和设施设备，新奇、新鲜、新潮都是为旅游者所普遍欢迎的。另一方面，在大众化、现代化旅游时代，旅游者从性价比考虑，多希望旅游活动及其组织服务尽可能高效率，因此，在旅游活动组织、经营服务和政府管理与公共服务等各方面尽可能使用现代化技术、设施设备和组织管理与服务方式来提高旅游者感受质量和效率，也就成为普遍选择。更为重要的是，旅游消费和生产经营最重要的就是及时获取有效信息——对于旅游者来说，无论是在行前产生旅游动机、搜寻有用信息、进行旅游活动设计、制订和落实旅游计划，还是在行程中根据需要及时解决遇到的问题、调整旅游计划，还是在行程结束后进行体验分享、整理留存，及时、高效、准确地进行通信联络都是最为重要的事情；对于旅游经营服务者包括政府公共服务机构来说，在旅游者行程前通过网络、移动通信等及时发布旅游信息供旅游者和公众选择，同时根据其需要随时进行补充、解释、互动交流，在行程中随时接受旅游者的咨询、求助而采取相应的行动、提供相应的服务，在行程中和行程结束后听取旅游者的评价、批评和受理其投诉，并为旅游者交流分享旅游感受提供网络平台和其他合适渠道，也成为其主要任务。当然，现代旅游还必须广泛应用其他现代化的设施设备、技术、方法，包括传统的食、住、行、游、购、娱六大要素，也包括各种旅游新业态、新形式，但这些大多是设施、装备、商品等旅游基础、配套、支撑部门的任务，以旅游部门为主导的主要就是旅游信息化，而这对旅游来说也是最直接、最基本、最重要的。

可见，从旅游性质特征和现代旅游客观需要看，信息化是支撑旅游这个现代服务业的主要技术力量，信息化是旅游现代化的主要内容。完全可以说，没有信息化就没有现代旅游，离开信息化就不可能将旅游业培育成为人民群众更加满意的现代服务业。

五、我国旅游信息化存在的突出问题及其对策措施

（一）尽管我国一直高度重视，旅游信息化工作起步也很早，但限于认识水平及由其决定的工作定位和投入水平，更重要的是信息技术及其应用水平的日新月异，我国旅游信息化从整体上还存在一些比较突出的问题

1. 互联互通不足。从旅游信息化工作状况看，如有关人士所指出的，旅游信息系统互通互联不够顺畅，信息孤岛现象比较常见，原因是建设、使用、管理主体多元和建设时间不一致，也与顶层设计、整体谋划不到位和缺少统一且有效

推广应用的标准规范有很大关系，其结果是导致信息系统及其设备、数据共享共用程度比较低，整体上效益效果受到影响，投入多、重复多，使用、维护成本也很高。

2. 重建轻用，重建轻管。为了推进旅游信息化，各层级、各单位对旅游信息系统开发和建设多比较重视，投入资金、人力、技术也比较多，但由于对信息化特性、规律认识不到位，往往按照其他工程项目来对待，以为开发建设是最主要和投入最多的，建成后使用、管理、维护就是顺理成章的事，不再需要大量资金、人力、技术等要素投入。实际上，旅游信息系统和项目开发建设任务及其投入都是一时性的、可把握甚至有限的，而其建成后开通使用、维护管理的任务和投入则是长期的、持续的、难以把握乃至无限的。在这个问题上，专项应用性的信息系统不太突出，因为是“为用而建”，在立项和建设之初就有明确的功能目标设置、使用和维护管理主体定位，如旅游统计系统、假日旅游信息系统、电子邮件系统等；而综合展示、宣传推广等类型的信息系统则比较突出，往往是“为看而建”甚至“为建而建”，建设主体立项并安排预算建设考虑得多，建成开通后使用、维护、管理的任务、投入、方式、职责分工等则考虑得比较少，甚至没有考虑，大多理解和定位为保证正常运转的设备、技术、安全维护，而网络系统使用管理、内容更新充实、页面维护优化、功能扩展强化等更为重要的任务及其投入及主体和职责分工则很不明确，导致很多成为僵尸网站、死系统。例如，“12301”旅游服务热线系统在立项和开发建设时，国家和各省市区很重视，明确了目标任务、功能定位、主体责任、投入来源、开发建设计划和方案等，但对建成开通以后如何运行、维护、管理、优化等，特别是资金、人力、设施设备等方面的长期、持续、可观投入，则重视不足、考虑不够，最终导致该系统的功能作用出现很大差异。还有不少信息系统也都不同程度地存在这个问题，既包括前些年开发建设的和近年来新开发建设的，也包括全国性的和地区、城市、企事业单位建设的。从投资性质看，政府使用财政资金建设的旅游信息系统在这个问题上突出一些，但完全商业性、市场性的消息系统也不是不存在这个问题。此外，就是对信息化在旅游工作中的作用、优势等认识也需要进一步提高、深化、统一。总体来看，旅游业发展和旅游工作问题比较突出、要求比较强烈的领域和方面，认识和政策措施比较到位，如旅游资讯和形象展示、旅游监督管理、旅游教育培训的信息化起步较早、水平相对较高，而在传统方式、手段仍可以继续使用的领域和方面，如旅游宣传推广、旅游公共服务，信息化起步相对较晚、水平差异明显。

（二）改进措施

认识到问题及其根源和危害性，如何解决问题、弥补不足、不断改进和提高的方向、途径、措施就很清楚了。

1. 在思想方法上，各级、各层、各地、各单位都要立足眼前、立足自身、着眼长远、放眼全局，来认识、对待旅游信息化工作，加强统筹谋划、调研论证、沟通协调、规划指导，不断增强旅游信息系统的互联互通、信息资源共享，逐步消除信息孤岛，同时要尽可能密切跟踪信息技术、设备的发展，以保证旅游信息化建设不落后掉队，不花冤枉钱，少进行重复建设，少走弯路。

2. 在工作方针上尽力克服“重建轻用，重建轻管”现象，从立项论证和规划设计开始，充分考虑好为什么建、为谁建、谁来使用和管理、如何使用管理和维护优化，长期、持续性的信息资源、资金、人力、技术、设施设备投入如何满足和保证。

3. 加强旅游信息化的交流、培训、调查研究等工作，深入认识信息化对旅游业的重大推动作用和信息化运行发展规律，重点研究信息化对各项主要旅游工作的作用、优势及实际运用方法等问题，按照信息化和旅游业发展客观需要和规律来组织开展旅游信息化工作。

总之，没有信息化就没有现代化，没有信息化旅游就很难成为人民群众更加满意的现代服务业。如果说旅游是朝阳产业，那么信息化就是这轮朝阳中最绚丽、最温暖、最有力量的霞光。全行业都要从信息化与现代化、信息化与旅游业两大战略目标的内在关系，来认识、定位旅游信息化工作，采取切实有效、更加有力的政策措施来加快推进旅游信息化。

第二节 旅游信息化形势和任务

网络安全和信息化已经上升到国家战略层面，信息是旅游的首要资源，信息化对于旅游业转型升级和解决长期困扰的重点难点问题都能发挥重要作用。因此，在2015年全国旅游工作会议上，国家旅游局明确提出：今后三年，我国旅游业发展要实施“515战略”，推进旅游业转型升级、提质增效，将“全面实现旅游现代化、信息化、国际化”作为未来35年我国旅游业的总体目标之一，将“全面融入互联网时代，用信息技术武装中国旅游全行业”作为十大重点任务之一。加快推进和全面实现旅游信息化，需要认清形势、准确定位、统筹谋划、全力推进。

一、宏观形势：没有网络安全就没有国家安全，没有信息化就没有现代化

2014 年 2 月 27 日，习近平总书记在中央网络安全和信息化领导小组第一次会议上明确指出：“没有网络安全，就没有国家安全；没有信息化，就没有现代化。”

随着互联网产生和快速发展，各国越来越重视网络安全。以美国为例，从克林顿担任总统就开始谋划建立网络安全保障体系，小布什和奥巴马相继担任总统后持续推进，使得美国网络安全机制日臻完善、不断增强，出台了若干份关于网络安全的法律文件，组建起强大和体系完善的网军；将网络空间视为国家的主权空间，宣称对于侵犯其网络空间的行为将运用包括军事手段在内的一切手段来予以回应，如斯诺登“棱镜门”事件虽是美国利用互联网监听技术维护本国安全、侵害他国，包括其盟国安全利益的霸权主义卑劣行径，但也说明其对网络空调的重视。

现代化是中国和中华民族，也是很多国家和民族实现国家繁荣富强、民族振兴发展、社会和谐文明、人民幸福安康的共同选择，也可以说是必由之路。没有信息化就没有现代化，揭示的是作为第三次产业革命主要内容的信息化，已经并将继续对人类生产、生活、交往、文化等各方面产生重大影响，其中很多是革命性、颠覆性影响，我国已经将实现信息化与新型工业化、城镇化、农业现代化融合发展作为基本方针，如，将实施“宽带中国”战略、加快推进覆盖城乡的网络体系作为政府的重大战略任务，将加强网络管理、建网用网管网作为各级党政部门的重要职责，将网络媒体健康发展并加快其与传统媒体的融合作为重要而紧迫的意识形态工作；在教育、文化、旅游、医疗、城建、环保、生态等精神文明建设、社会文明建设、生态文明建设重点领域，运用计算机互联网最新技术推进“智慧化”，等等。

二、行业形势：求热供不热、产热政不热、下热上不热

整体看，信息化发展过程由浅入深、不断深入和不断扩大，大致可以划分为五个阶段，对应的主要内容则为五个层次，具体如下：

第一个阶段和层次是对某种单一信息技术设备的具体应用，最典型和形象的说法就是“换笔”——人们从用笔在纸上写字转变为用计算机打字；

第二个阶段和层次也还是对信息技术的应用，从转换书写方式等具体劳动和操作层面提升到管理层面，各种运营管理逐步从传统方式转到计算机上，计算机逐步取代人脑完成复杂的管理劳动——“电脑”变得名副其实；

第三个阶段和层次是计算机网络传输技术的出现和应用，从局域网到专用网和互联网、移动互联网等，信息化的影响也就从个人、家庭、单位、组织等单个主体内部扩展到相互之间的联系，即开始向社会层面扩展，至此信息化也才名副其实——此前都是计算机技术，现在才是信息传输技术的产生、应用并迅速普及；

第四个阶段和层次是随着计算机和互联网技术的应用，人们的生产、生活、社会交往等方式逐步发生变化，正如几千年前发生的农业革命和几百年前发生的工业革命对人类所产生的影响那样；

第五个阶段和层次是信息化对人类的思想观念和思维方式发生根本性影响，目前可以看到的如人们对时间和空间的认识和观念与工业化时代大为不同，产生了“地球村”概念，越来越多的人在探讨互联网思维对各行各业和社会各个方面的影响，最终地球人类从工具、技术、行为方式和思维方式、思想观念全面进入信息时代，生产方式、生活方式和社会形态从工业社会可能也包括农业社会进入信息社会。

因为旅游消费高度依赖信息资源，更由于旅游求新、时尚及炫耀性消费等特征，决定了旅游者往往主动探寻、尝试新事物，在旅游中应用新的信息技术和设备速度就比较快。基于此，信息也就成为旅游经营服务和组织管理的首要资源，旅游经营管理主体也就不得不高度重视信息工作。因此，与其他行业比，旅游信息化起步早、发展快，前两个阶段率先完成，后三个阶段较早展开。但就自身看，目前旅游信息化的状况是“求热供不热、产热政不热、下热上不热”——游客和企业需求旺盛但各方面供给不够及时有效，企业和产业应用积极性很高但政府还没有很好适应，基层和地方政府比较重视但国家和大部分省级旅游部门认识与工作很好到位尚需时日。率先应用计算机和互联网技术的，是直接为游客提供综合服务的旅行社企业，主要内容依次为内部办公、外部联络、业务操作和营销预订；其次是游客，其先锋是年轻人，主要内容是旅游信息查询、项目和目的地选择、计划预订，直至签约支付、感受分享；再次是景区、其他旅游企业和目的地政府，也是从内部管理到对外联络和宣传营销；最终是各级旅游行政部门，也基本是依内部办公操作、宣传展示、监督管理、推广营销和公共服务的顺序，而且是自下而上、从东到西逐步延伸扩展。

2015 年全国旅游工作会议所确定的“515”战略中，“全面融入互联网时代，用信息技术武装中国旅游全行业”成为十大行动之一，并明确了建立中国旅游服务门户、发行“中国旅游卡”、支持旅游企业信息化建设、综合提升旅游市场推广信息化水平四项任务。就此，李金早局长在工作报告中鲜明指出：“‘工欲善其事，必先利其器’。世界已经全面进入信息化时代，互联网、移动互联网、大数据深刻地改变着世界的面貌，同样也深刻地改变着旅游业的运行方式。‘春江水暖鸭先知’，传统旅游企业已经深切感受到信息化带来的机遇和挑战，新兴旅游企业也正在通过信息化改造传统旅游经营模式。相对于旅游产业信息化的加速发展，旅游行政部门还基本处于‘刀耕火种’、靠‘人海战术’进行管理的原始阶段。时代已经变了，我们不能再‘因陋就简’‘抱残守缺’，守着过去陈旧的管理方式不放，而应该给我们的管理‘插上信息化的翅膀’，与时俱进，主动融入信息化变革、积极运用信息化手段，全面革新管理方式，提高管理水平。”

三、工作定位：没有信息化，就没有旅游的现代服务业

信息是旅游的首要资源，信息化对旅游消费、生产建设、经营服务、组织管理、推广营销都至关重要，可以说“没有旅游信息化，就没有旅游的现代服务业”。《国务院关于促进旅游业改革发展的若干意见》在第（一）条“创新发展理念”中明确提出：“坚持融合发展，推动旅游业发展与新兴工业化、信息化、城镇化和农业现代化相结合，实现经济效益、社会效益和生态效益相统一。”旅游与“新四化”其他三个方面的融合主要是在要素、项目和产品层面，而与信息化的融合则是全方位的。例如，旅游与新型工业化的融合主要是工业旅游和旅游装备、商品制造，与农业现代化的融合主要是农业旅游、乡村旅游和农副土特产品作为旅游商品、作为旅游餐饮原材料，与城镇化的融合主要是城市作为旅游目的地、集散中心、综合接待服务基地、支撑保障基地，而旅游与信息化的融合则涉及旅游消费、开发建设、经营服务、组织管理各个方面、各个层面、各个环节。要实现旅游业与信息化的融合发展，也是因为旅游信息化已经对旅游消费模式、生产业态、服务方式、政府旅游组织管理等各环节、各方面产生重大而深刻影响，且这种影响仍在快速扩大和深入。

“制度+科技”是目前改进和加强政府管理的基本途径，信息化是推动旅游转型升级的重要力量和将旅游业培育成为人民群众更加满意现代服务业的主要技术途径。仅就旅游组织管理来看，信息化是解决旅游突出问题和改进、提升旅游监管与公共服务水平的根本途径。一是通过建立互联网信息系统，运用无所不在的网络来实时、便捷、广泛地传输旅游信息，可以根本改变信息不对称状况，进而消除不良业者利用价格、质量等信息优势欺诈游客的基础，从根本上为遏制、扭转“零负团费”等不合理操作创造条件。二是通过网络平台建立和发布旅游经营服务者诚信与游客文明旅游信息，可以引导和服务游客消费选择、业者诚信规范经营与优质服务，可以引导游客文明旅游、理性消费。三是通过网络系统开展旅游宣传推广、教育培训、监督管理，比传统方式更精准、更高效。四是通过建立网络应急调度指挥平台，可以更及时高效稳妥地应对旅游安全等突发事件。五是通过建立旅游行政系统内部办公网络平台和视频会议系统，可以大大提高办公效率和会议效率。

四、工作思路：统一认识是前提，提升定位是基础，增加投入是关键，制度创新是保证，把握规律是根本

（一）在思想认识上

要从“科学技术是第一生产力”的高度，认识到信息化是第三次产业革命的主要内容，是推进旅游业实现“两大战略目标”、特别是将旅游业培育成为人民群众更加满意现代服务业的主要途径；认识到信息化对旅游消费形态、生产经营和服务形态、政府和行业组织管理形态正在和将要继续发生深刻影响，对旅游业转型升级和科学发展推动作用重大，引导全行业积极主动、自觉自愿地投身其中。

（二）在任务和目标定位上

要引导全行业尽快从一般技术推广应用，转变到应用信息化技术、互联网思维，加大力度来有组织、有计划地推动旅游消费模式、经营服务业态、组织管理方式的变革上来，各级旅游部门要像抓旅游开发建设、推广营销、安全质量和监督管理那样来抓旅游信息化。

（三）在投入上

要按照实际需要，在深入调查研究和科学论证基础上，通过调整机构设置、增加人力资源配置和经费预算支出等途径，来大幅度增加旅游信息化的人力、财

力、物力和组织管理资源投入，体现“重点工作重点抓”的工作方针。

（四）在制度机制上

要在加强政府组织管理和支持指导基础上，按照让市场发挥资源配置决定性作用的总体要求，充分调动和发挥旅游企事业单位和信息化行业的作用，体现“政府主导、企业主体、市场运作、游客受益”的工作方针，各级旅游行政部门主要承担规划编制、政策协调、组织指导、监督管理职责，各级旅游信息化工作机构则承担具体的协调联络、沟通交流、决策执行等工作任务。

（五）在推进工作中

一定要把握旅游信息化规律，目前主要有两点。一是把握信息化宽领域、广覆盖、深渗透的性质特征，尽快从技术、手段层面的单项应用，转变到从整体模式和思维观念上来谋划、对待旅游信息化，让全行业从思想认识到实际行动都转变到主动参与、积极探索、全力推进上来，实现信息化与旅游领域各方面、各环节、各层面和各项工作的有机结合，改变主要由信息化工作机构来负责的状况。二是科学把握旅游信息化项目建设和使用管理的性质特征，尽快改变“重建轻用”“重建轻管”状况，要将旅游信息化系统开发建设作为基础环节，将建成开通后的应用、管理作为主体环节，改变在项目立项建设方面考虑和投入比较到位、在项目建成后使用和维护管理考虑与投入不足的状况。

五、具体工作建议：加强统筹谋划，整合体制机制，合理增加投入，强力推进发展

（一）加强组织指导，确保科学发展

国家旅游局通过研究出台工作意见，编制《“十三五”旅游信息化发展规划》，组织召开工作会和举办各种研讨、交流、培训、展示活动，加快基础和重点应用项目建设推广，科学组织开展试点示范等，来引导和推动全行业的旅游信息化持续快速健康发展。

（二）整合体制机制，明确责任分工

一是根据实际需要，按照中央模式组建“国家旅游局网络安全和信息化工作领导小组”，可以同时使用“国家旅游局智慧旅游领导小组”和“国家旅游局电子政务领导小组”等名称。二是借鉴有关部门的经验，设立司或处级行政机构，负责信息化、智慧旅游和网络安全的行政工作，同时通过改革等将信息中心建设成为具体执行机构，实现“政事分设、决策与执行分开”的目标。

（三）编制专项预算，确保投入到位

根据国家旅游局本级信息化工作需要，按照国务院规定，编制信息化年度专项财政预算并使之逐年增加，通过确保和增加财政资金来全面解决信息化工作人力资源等各方面投入不足问题。

六、智慧旅游与旅游信息化的关系：一体两面，前者是后者发展的最高阶段和最新成果

（一）关于智慧旅游与旅游信息化的关系，比较一致的观点是认为既有联系、也有区别

1. 强调智慧旅游主要是从游客感受及相关服务来提的，旅游信息化则主要是从信息技术在旅游中的应用来提的。

2. 突出智慧旅游中的计算机辅助设计等自动化、智能化性质和内容，主要是指智慧旅游信息系统可以像人一样对旅游消费需求做出判断和响应。

3. 主张智慧旅游只是旅游信息化的一个阶段，如“智慧旅游可以理解为旅游信息化的高级阶段”（李云鹏《智慧旅游规划与行业实践》）。

4. 只从游客消费角度来定义，认为智慧旅游只是经营服务者和组织管理者采用信息化新技术、新方式，面向游客消费所提供的产品和服务，其他旅游信息化的基础支撑、操作管理等，因为不是直接提供给游客消费的，因此不能称为智慧旅游，实际上定义的是智慧旅游产品和服务（郝康理《智慧旅游》）。

从上述观点不难看出，无论侧重和强调哪个方面，所有人都没有否定智慧旅游就是旅游信息化，智慧旅游是旅游信息化的一个阶段或者一个方面；就目前阶段看，智慧旅游与旅游信息化是“一体两面”的关系。权威人士对此做了定论：智慧旅游“是将信息技术全方位地应用到旅游行政管理、企业经营服务、游客旅游消费的各个环节，让旅游进入全新的时代”。（《大旅游促进大发展——邵琪伟局长在2014世界旅游旅行大会开幕式上的致辞》）。

（二）对智慧旅游的理解和定义

综合各方面的意见，智慧旅游是指旅游消费者、经营服务者、组织管理者，通过互联网、移动互联网、物联网、视联网等网络，应用大数据、云计算、射频、各种终端等信息化、自动化、智能化、数字化技术和设备，实现旅游信息及时、高效、便捷、准确传输交流，使旅游消费更便利、轻松和游客感受更好——更放心、省心、舒心、开心并可以随意随时随地分享感受，使旅游经营服务更为

规范、优质、高效、经济，使旅游组织管理和公共服务更科学有效——更全面、细致、有力，使旅游资源利用更合理、旅游消费更理性科学、旅游产品和服务性价比更高。

（三）智慧旅游相关概念及其与旅游信息化的关系

1. 智慧旅游：侧重指旅游生产、服务信息系统可以根据其所储存、掌握的数据，通过分析推理，自动判断出潜在的旅游消费需求，并自动、及时地予以满足，是旅游信息化的最新成果和阶段。

2. 智能旅游：即旅游的自动化、智能化，是从工业自动化引申出来的，含义主要是指在旅游消费、生产建设、经营服务、组织管理活动中，用各种计算机等技术和设备来部分代替、延伸、增强人脑功能，属于旅游信息化的一个阶段和一个方面。

3. 数字旅游：即旅游的数字化，也是从工业数字化（如数控机床）引用来的，数字地球、数字景区含义大致如此，通常强调的是在旅游企业经营管理和政府旅游组织管理中，将各种资源、要素予以数字化存储、分析以便更好配置利用，也是旅游信息化的一个阶段和一个方面。

第三节 “十三五”旅游信息化方针和思路

业内专家预测，将来互联网对于人类，就像空气、阳光和水一样，对于任何人、任何时间、任何场所都不是有没有的事，而是好不好的事。十八届五中全会提出要实施网络强国战略、国家大数据战略和“互联网+”行动计划，完善电信普遍服务机制，开展网络提速降费行动，超前布局下一代互联网，支持基于互联网的各类创新。

一、互联网与旅游有着非常紧密的关系

旅游活动的跨区域、异地性以及资源产品项目的不可移动和不可预先验看等特征，决定了提前获取信息十分重要，因此，旅游消费、经营服务、组织管理、市场开发的首要任务就是收集发布信息，信息是旅游消费、服务、组织管理的首要因素。旅游信息及其传输，除了要具备及时、准确、全面等一般特征外，往往还需要直观、生动、便捷等。传统的以纸为媒介的旅游信息传输在这方面受到很大制约；以电为媒介的电话、传真在及时性方面有很大进步；计算机、互联

网以及移动互联网、物联网、视联网等则在进一步提高效率的同时，极大地提升了直观、生动、便捷程度，且可互动，信息化无疑是旅游业创新发展的重大技术推动力量。可以说，没有信息化就没有旅游的现代服务业，没有信息化旅游业也不可能让人民群众满意和不断更加满意。因此，国家旅游局将“全面融入互联网时代，用信息技术武装中国旅游全行业”作为“515 战略”的十大重点任务之一进行定位和部署，组织召开全国“旅游 + 互联网”大会，制订发布“旅游 + 互联网”行动计划，建设全国旅游产业运行监测和应急指挥平台、全国旅游基础数据库等。

二、“十三五”时期，我国旅游信息化主要任务是“整合、应用、安全、保障”四个方面，简称“八字方针”

（一）整合

加快旅游信息系统整合，分级建设统一平台，实现旅游信息系统互联互通和信息资源开放共享。国家旅游局将依托全国旅游产业运行监测和应急指挥平台、全国旅游基础数据库，通过系统迁移和逐步梳理、整合，形成全国性的平台和旅游大数据中心，在支持本级行政管理决策的同时，尽快形成与各地区、重点城市、主要景区上下贯通的旅游资讯、公共服务、组织管理、应急指挥、会议通信等系统，同时为地方、城市、旅游企事业单位和社会组织、行业组织提供基础和基本数据支撑。从 2016 年开始，国家旅游局将统筹推进信息化作为全局重点工作持续推进。各地区、城市也将从旅游业发展实际需要出发，根据全国和本地区、本城市信息化规划，通过迁移、整合，形成本级统一的信息化平台。总之，“十三五”旅游信息化，一定要在现有基础上，实现从分门别类开发建设并运营维护信息管理系统，向统一组织、分层级推进旅游信息化的转变，真正实现互联互通和资源共享，显著改进和提高效率、效益、效果。此外，旅游信息化力量、资源、队伍的整合也非常重要而紧迫，将在“保障”中说明；旅游信息数据的整合更将成为重点工作，将在“应用”中述及。

（二）应用

这是信息化的出发点和目的，但旅游信息化中仍然存在比较严重的“重建轻用”及“重建轻管”现象，没有将很多行政管理、公共服务从线下迁移到线上、没有实现政府旅游组织管理网络化、信息化，甚至是“为信息化而信息化”，将信息化项目当成应景和形象工程。要及时应用信息化新技术，努力提升旅游规划设计、开发建设、投资运营、宣传推广、经营服务、组织管理等工作水平，主要任务和措施如下：

1. 推广应用大数据、云计算，为各项旅游工作提供可靠的数据支撑，提高决策的科学性。

2. 在旅游宣传推广和营销中充分应用移动互联网、视联网技术，使得宣传推广方式和手段更直观、生动，并注意发挥互联网在口碑营销中的独特作用和优势，引导旅游目的地进一步改进和提升营销效果。

3. 在面向游客消费提供旅游经营服务和公共服务信息方面，要充分考虑移动互联网的应用，引导各类旅游服务信息提供方利用移动渠道传输信息，让各地、各类游客随时随地可以使用移动终端获取所需信息和服务，尽可能为潇洒旅游创造条件。

4. 重点、大型旅游景区和各级各类旅游目的地的组织管理机构，要尽快利用物联网和视屏、卫星通信和定位等信息技术，做好重点区域、部位、时段的游客量监测调控、应急搜救，以及日常的电子导游、导览、讲解等工作；重点景区可积极探索通过互联网销售区分日期和时段的门票，来全面实现客流量调节控制目标。

（三）安全

高度重视并切实保证旅游网络信息系统的技术安全和数据信息安全。随着国家、社会、行业信息化的不断深入、广泛发展，从个人到组织一直到城市、地区、行业，从日常生活到工作、学习、交往，对互联网的依赖越来越强。同时，国际上围绕网络空间安全和利益的斗争日益激烈，网络安全受到的威胁也越来越大。所以，习近平总书记明确提出："没有网络安全，就没有国家安全。"如前所述，旅游活动的各个方面、各个环节对互联网的依赖更强更大，保障网络一年365天、一天24小时稳定畅通十分重要，距离"离开网络，寸步难行"已经很近了。所以，全行业一定要逐步增强"没有网络安全，就没有旅游；没有信息化，就没有旅游的现代服务业"和"没有信息化，旅游业就不可能让人民群众更加满意"等观念，从制度机制、软硬件配置、人力财力投入等各个方面，将确保网络安全作为信息化的首要工作来抓紧抓好。

（四）保障

突出抓好旅游信息化体制机制和队伍建设。组织领导是主导，队伍是主体，制度是保证。国家加强网络安全和信息化工作，首先是组建了最高规格的中央网络安全和信息化工作领导小组，然后是设置了强有力的办事机构，同时研究出台了一系列指导性、规范性文件以加强制度和工作机制建设。旅游行业加强网络安全和信息化工作，也必须按照统一部署，从行业实际出发，加快组织领导机制建设创新，通过体制改革和调整力量配置加强信息化工作机构职能和队伍，通过继续研究出台指导性、规范性文件来建立健全工作制度，保证旅游信息化沿着正确道路持续快速推进，实现将旅游业培育成为国民经济战略性支柱产业和人民群众更加满意现代服务业的战略目标。

三、做好“十三五”时期全国旅游信息化工作，必须处理好五个关系

（一）网络安全与信息化关系

说没有网络安全就没有旅游不太容易接受，但在互联网时代，不能保证网络安全畅通，对于旅游消费的便利性和感受的影响肯定是关键性的，旅游者、旅游企事业单位和行政管理部门的数据信息安全问题也越来越突出。目前，尽管旅游网站不像国防、公安、科技、金融等类网站易于受到攻击，但实际上安全形势也不容乐观，且行业内在这方面的认识、感受、工作定位、对策措施都有比较大的欠缺。简言之，不能保证网络安全畅通，就不可能让旅游网络系统正常发挥功能作用；不能切实保证各种信息数据安全，就不可能让人放心使用旅游网络系统。

（二）建、管、用关系

旅游网络系统建成开通，往往只是一个基础和起点，而其后为正常发挥功能作用所要进行的运行维护，为了提高效率和效果而进行软硬件的优化升级，则不仅是长期的，而且往往也是人力、资金和设施设备、技术投入量多得多的。这是信息化项目与一般基建项目不同的重要特点，一定要建、管、用以及优化更新并重，不能“狗熊掰苞谷”。

（三）新和旧、先与后关系

事物发展有个过程，有先后和新旧之分，信息化也是如此。但由于信息技术迭代创新的特性，使得其技术、设备从产生到过时淘汰非常之快，大家熟知的个人计算机，当年从“286”开始，几乎一两年就升级了；近年来的移动通信技术从GPRS到4G，也是极快的。这就决定了，信息化应用，一方面要不停更新软硬件，另一方面在任何时点、任何阶段切入，只要方式得当、措施有力，都很容易走到前沿，不像其他工作需要一步步地积累才能提高水平、登上高位。

（四）顶层设计与摸着石头过河的关系

所有工作如果都能从做好顶层设计入手，当然是最理想的。但实际上大型、

综合性强、涉及面广、周期长的工作项目，即使有顶层设计，往往也是很原则甚至简单的，因此，不得不摸着石头过河——逐一探索前行，到一定阶段再进行顶层设计的现象很常见。旅游信息化是两大领域结合的开拓性、创新性工作，有约20年分领域、分类型的摸索积累，但目前是否到了各个层面都可以从顶层设计入手，还比较难说，可能更多的还是要摸索。比较可行的方式，是尽可能借助专业力量进行规划设计和咨询论证。

（五）专业化与市场化关系

信息化是个专业性很强的工作，旅游信息化更是要将旅游与信息技术结合起来，所以，在具体项目开发建设、运营维护、优化升级等工作中，要由专业人员、专业机构来承担。各层级、各系统、各单位从信息技术应用出发，都设置了专门的信息化工作机构，以在不同程度上满足专业化的要求。但其中的大部分机构，主要职能是组织协调、沟通联络和保障服务，是所在层面、系统与信息行业的桥梁、纽带、翻译。因此，旅游信息化工作也必须充分发挥市场力量的作用，从技术、设备到资金、人力等，大量采取外包、采购方式，将专业化和市场化有机结合起来。

第四节 互联网旅游推广营销

经过有关方面的共同努力，由国家旅游局投资600万元、历时一年多建设并主管的中国旅游海外推广网对外开通试运行。另据了解，首都北京多语种旅游海外推广网站早就上线运行并取得了比较理想的效果；山东省英语、韩语和中文繁体版的海外旅游推广网站开通一年多后，山东省旅游局明确要求从2013年起将全省包括其17个地级市一半以上的旅游推广营销经费投放到互联网新媒体，2013年以来又连年采用视频会议方式举办互联网旅游推广营销大会，让全省各地市、各旅游机构与旅游网络机构集中进行网络新媒体推广营销洽谈合作交流；浙江温州连续举办了八届网络旅游节，邀请我国三大移动通信运营商及几十家网络机构与浙江及其他地区旅游机构开展网络旅游合作交流；四川则连续举办一年一届的国际互联网旅游大会，邀请境内外网络机构和旅游机构开展交流探讨；河南省旅游局投入1500万元开发建设综合性的旅游网络平台，应用网络技术改进和提高全省旅游宣传推广、公共服务、监督管理、安全保障等质量、效率、效益。

国家层面和地区、城市层面广泛开展的这些活动，昭示着网络新媒体旅游推广营销越来越受到重视且空间广阔、前程似锦。进一步深入分析，出现这种状况和趋势的主要原因，就在于互联网在旅游营销方面所具有的优势。与旅游博览会、交易会、推介会等传统线下推广营销比，互联网旅游推广营销至少具有以下五个方面的优势：

（一）永不落幕

传统的线下旅游交易会、博览会等，时间一般就是几天，而且通常分业内洽谈交易日和公众开放日，参展商、采购商见面洽谈交易的时间，特别是公众参观和收集旅游产品与服务信息资料的时间非常有限。专题旅游推介会则往往仅半天或一两个小时，时间更短，能够参加的业内、媒体和公众更少。而各个层面的互联网旅游推广营销，在网络开通之后，不管白天黑夜，不分天南地北，只要能上网，就能参展观展、洽谈交易、收集信息、建立联系，因此被称为“永不落幕的旅游交易会”。

（二）直观生动

传统的线下旅游博览会、交易会、推介会，限于场地空间和经费、时间、人力、技术等投入，只能用有限的场地空间、图片、文字和现场人工服务、视音频多媒体播放、小型演出和推介会、发放纸质和电子宣传品等方式，来宣传、展示、洽谈、交易并提供相关服务。当然，这种方式也具有现场人对人、面对面的特点和优势。互联网旅游推广营销，像时间无限延续一样，网络空间也是无限的，可以通过网上大量生动直观、美丽精彩的图片、视音频、微电影，再辅之以适量、精练、优美的文字，向合作方和世界各地、各类公众展示宣传旅游产品与服务项目。更为重要的，由于永不落幕，所以主办方和所有参展方都可以根据自身、业界、公众的需要，随时不断地更新、调整、改进、补充和提升优化网上宣传展示的内容、方式，使得宣传展示更精彩、生动、直观，传统的线下旅游宣传展示就很难这样做。

（三）精准高效

互联网的建设、使用和管理，时刻在产生新的数据信息，形成了大数据资源。互联网旅游推广营销，运用大数据，通过对人们上网所产生信息资源的分析研究，可以使得不同国家、地区、城市、企事业组织、旅游项目产品，更有针对性地找到自己潜在的需求对象，并根据其旅游消费需求和旅游咨询、行程设计、预订购买、旅游消费等特点、风格，采用最有效、最能吸引对方、最能满足其需求的方式、手段，向其准确投放、推送其所想要的旅游产品和服务资讯。传统线下旅游推广营销，通常是以目的地自身游客及其旅游消费情况抽样调查和客源地旅游需求访谈、预测分析等统计分析为基础，一般只能做大致判断和模糊选择，很难与互联网依托大数据所进行的推广营销的精准性相提并论。由于推广营销具有很明确的目标和产品服务信息推送更精准，就可能使得推广营销效果更有保证。说互联网旅游推广营销效率高，还因为从投入来看，网站建设是一次性投入长期使用，使用过程中所要进行的投入只是网站维护、更新、管理和优化升级方面的投入，不像交易会、博览会、推介会每次都要重新设计展位、制作展品并进行布置，展会结束后那些制作并布置在展场、展位上的图片、物品大多一弃了之，成为垃圾。此外，互联网营销推广，还使得参展商、观展者往返展览会的交通、住宿、餐饮等费用支出不复存在，耗费的时间也因此大为减少。

（四）互动增强

传统线下旅游推广营销，在展馆内、展位上，参展方、观展方通常也会进行交流洽谈互动，但大多是以参展方设展并发放宣传品、观展方观展并收集宣传品为主，即看得多、拿得多而谈得少。对于大部分观展者来说，即使有交流，也只是三言两语，因为时间紧张、场地有限，不可能长时间且反复多次地进行交流互动。网上旅游宣传展示则完全不同，因为不受时间和空间限制，随时随地都可以交流互动，因此，就可以根据需要进行深入、具体、细致和反复多次的互动交流，以充分发挥宣传推广引起对方注意、准确全面细致投送信息、引发游客产生旅游动机并跟踪服务于旅游计划设计等目的。传统宣传推广采取时空分离的方式，先通过设展、观展和宣传品、销售方名片等建立联系并提供基本产品、服务信息，展会结束后再由需求方联系并进一步洽谈咨询，互动的连续性、主动性、可靠性和效果就要大打折扣。

（五）延伸服务

互联网旅游推广营销，很容易向网上咨询、行程设计、预订购买、费用支付、通知接待等旅游服务延伸，这就是很多旅游资讯网站和旅游宣传推广网站很快向综合性旅游服务网络平台发展的主要原因。当然，对于以政府为主建设和管理的旅游推广营销网站，是否能够向综合性旅游服务网络平台发展，需要根据具体情况来具体分析决定。一般来说，互联网旅游经营服务，无论是网上旅行社还是为旅行社等旅游企业提供产品和经营服务信息传输的第三方网络平台，都应该按照市场规则来建设、管理和运营，政府机构建设并直接管理的旅游推广营销和资讯网站开展经营服务，甚至只是为旅游经营者提供经营性信息发布服务，都要注意信息内容真实性、合法性等方面的审核把关，否则就可能影响网站的权威性、可信度等。

总之，互联网旅游推广营销，由于具有以上五大优势，使得其推广营销的效果、效率、效益，与传统的线下方式比，都可能大为不同。当然，实践中这些优势发挥得如何，也即互联网旅游推广营销的“三效”究竟如何，最终取决于旅游推广网站的设计、建设、维护、管理等状况，这方面有越来越多的成功案例。所以，技术已经没有任何问题，但仍有不少不成功的案例，问题主要集中在旅游行业各方面对技术的应用方面，其中首要的是认识水平和投入水平，关键是对互联网运行发展等性质规律的把握，普遍存在“重建轻用”“重建轻管”——都很重视旅游网站建设、系统开发而对其开通运营后的使用、维护、更新、管理、考核评价和安全保障等认识不足、投入不足、对策措施不到位——必须尽快消除。

专论1

网络改变世界

城市病正越来越严重地影响着中国和中国人，城市化正在中国大地快速推进。同时，中国人，正在为食品安全、环境污染、交通拥堵、城市高房价和教育质量、医疗服务而郁闷、忧心甚至愤怒。

互联网在这些问题最终根本解决中将会发挥什么革命性的作用，值得去分析、推断乃至想象。

我们的意识中，城镇化实现后中国的城乡布局结构，可能还停留在工业化和后工业化时期的图景中，对于互联网可能对未来世界城乡格局产生什么影响似乎想得不够多。以计算机互联网为代表的信息革命，尽管已经、正在和将要对地球人类的生产、生活、生存方式产生各种各样的影响，但对这一影响综合起来和深入下去将对地球人类产生什么样的影响想得多少不清楚，公开发表的也不多见。

工业革命，依托市场和资源，起媒介作用的是各种生产加工技术的发明创造和广泛应用，交通则是连接产品生产地与销售消费地的桥梁。这样，在工业革命过程中，技术发祥地的国家、民族、地区，首先利用水运条件——依托海运和内河航运，在其节点上逐步形成一批近代工商业城市。后来随着公路汽车运输技术、铁路轨道运输技术和管道运输技术发展，依托重要资源又形成了一批近现代工商业城市。工业化导致城乡分离和差别，主要原因是工厂化生产需要集中进行，围绕工业生产所发育起来的各种服务业，包括工业化以前的政府公共服务和文化、艺术、科学、技术、教育等产业和资源，也都集中到各种类型的城市。而乡村地区依然是分散进行农牧业生产，其资源、产品和生产主体跨区域流动运输的数量相对工业来说少得多，逐步导致乡村地区的交通运输业相对落后；农牧业生产对信息的需要也不能与工商业和各种服务业相提并论，导致乡村通信业大大落后于城市。这样，乡村在工业化过程中各方面的生产、建设、管理和发展水平都全面低于城市，城乡差别因而产生并不断加剧。

以计算机互联网技术为主的信息革命，首先是通过人工智能实现了工业生产的自动化并不断提高其水平，逐步减少了手工操作，决定了工厂化生产所需要集中的劳动力和所要集聚的人口大为减少；其次是互联网、多媒体等通信技术发展和应用，让绝大部分服务产业和管理性工作逐步摆脱了组织内外信息交流依托纸媒体而实现无纸化传输，各种类型和规模的会议和集体会商都无须将人员集中起来而可以通过视频、网络进行，推广、营销和展览通过网络开展效果更好，机关和各种组织机构因无纸化办公而无须每个工作日都集中到一起，视频远程教学最终有可能使得老师、学生都不用离开家，文艺演出、电影则早已大多被广播、电视和网络文艺节目所取代，博物馆、展览馆也正在实现数字化、网络化，买东西可以网购，医疗卫生服务也将部分被网络远程医疗服务所取代，等等。

互联网对城市各行各业所产生的影响，最终将导致人们在选择生活居住场所时，主要考虑的不是成年人上班、未成年人上学是否方便即离工作单位和学校的距离远近，而是环境和生活质量，因此，城市之外的乡村因空气清新、环境优美、节奏舒缓而成为大部分人重点考虑的区域。当然，人类的很多生产服务和生活消费活动还需要集中进行，但频次、数量与工业化时代比将大为减少。随着人口居住不断分散到城市之外的地区，网络之下的很多服务也会随之跟进。这样，以下变化可能随之产生：

第一，城市集中和集聚的人口量逐步减少，而乡村所居住和从事各种生产服务的人口逐步增加，城乡人口密度差距逐步缩小。

第二，城市交通拥堵状况将随人口和生产服务、客货运输量的减少而逐步缓解直至最终消除。

第三，城市环境因人口、产业分散转移和交通运输数量减少而逐步好转。

第四，城市房地产价格因为居住和生产需求逐步减少而得到彻底控制，大城市房地产价格畸高的问题逐步消除。

第五，医疗、教育、交通、市政、文化等因随人口迁移而逐步向城市之外转移，城乡均等化最终实现，城乡差别、城乡对立最终消除。

第六，世界面貌由城乡布局结构变化而发生变化，城市乡村化、乡村城市化全面实现。

我国的新型城镇化提出严格限制特大城市人口和规模扩张，合理控制大城市和发展中等城市，加快发展小城市和城镇，甚至连名称也从“城市化”改为“城镇化”，主要是在考虑新型工业化、后工业化和信息化、网络化的需要。但从适应互联网深入广泛发展的趋势看，可能还只是一个阶段，甚至只是初级阶段。从长期趋势看，根据互联网可能产生的深远影响，在整体战略上，就应该提城乡均等化发展，在新型城镇化战略中应该认真考虑互联网将要对城乡格局产生的重大影响。新型工业化和信息化、产业结构调整都并不意味着我国传统意义上的城镇在经济社会中的地位，包括集聚的人口、产业、资源都继续大幅度上升，城镇的规划、建设、管理等更要进行相应的调整。

专论 2

充分发挥信息化在旅游业创新发展中的推动作用

《中共中央关于制定国民经济和社会发展第十三个五年规划的建议》（以下简称《建议》）提出了“创新、协调、绿色、开放、共享”五大发展理念，并以此为题谋篇布局，对“十三五”我国经济社会发展做出全面部署。创新被排在第一位，《建议》就此明确指出：“创新是引领发展的第一动力。必须把创新摆在国家发展全局的核心位置，不断推进理论创新、制度创新、科技创新、文化创新等各方面创新，让创新贯穿党和国家一切工作，让创新在全社会蔚然成风。”针对我国经济社会发展正在由要素驱动向创新驱动转变的客观实际，《建议》要求“深入实施创新驱动发展战略”。据作者统计，《建议》中使用“创新”一词达到 70 处之多，可见创新理念之突出和重要。

在《建议》所集中明确提到的“四大”创新中，理论创新是先导，制度创新是保证，文化创新是指导和促进，科技创新是关键；科技创新就是要推动当代科学技术革命并将其成果应用到生产和生活实践中去；正在兴起的新一轮技术革命中，信息技术发展无疑是最深入广泛和最重要的。因此，《建议》将信息化及其在“十三五”我国经济社会发展各个领域、各个方面推广应用作为重点进行了部署。据作者统计，《建议》全文涉及信息化、网络等语言词汇达到25处之多，内容涵盖形势判断、目标任务、发展理念、科技教育、国防建设、社会管理、公共服务、基础保障、国家安全等方面。例如，《建议》在分析判断“十三五”我国发展环境时指出：“和平与发展的时代主题没有变，世界多极化、经济全球化、文化多样化、社会信息化深入发展”，将“社会信息化”作为全球发展态势的四大基本特征之一，足见信息化影响之深入广泛。

《建议》第三部分“坚持创新发展”集中反映了信息化在我国创新发展中的突出地位。该部分一共七个方面，都涉及信息化。在“（一）培育发展新动力”中提到“促进流通信息化”。“（二）拓展发展新空间”将网络经济空间作为五大空间之一进行全面部署：“拓展网络经济空间。实施‘互联网+’行动计划，发展物联网技术和应用，发展分享经济，促进互联网和经济社会融合发展。实施国家大数据战略，推进数据资源开放共享。完善电信普遍服务机制，开展网络提速降费行动，超前布局下一代互联网。推进产业组织、商业模式、供应链、物流链创新，支持基于互联网的各类创新。”同时，此部分在“拓展区域发展空间”中提出支持智慧城市建设，在“拓展产业发展空间”中提出支持信息技术、智能制造等新型产业发展，在“拓展基础设施建设空间”中更明确提出“实施网络强国战略，加快构建高速、移动、安全、泛在的新一代信息基础设施”。仅“拓展蓝色经济空间”（即海洋经济）中没有提及信息化。“（三）深入实施创新驱动发展战略”中提出“加快突破新一代信息通信、……智能制造等领域核心技术”。“（四）大力推进农业现代化”中提出“推进农业标准化和信息化”。“（五）构建产业新体系”中提出“促进信息技术向市场、设计、生产等环节渗透，推动生产方式向柔性、智能、精细转变”和“实施智能制造工程，构建新型制造体系，促进新一代信息通信技术、高档数控机床和机器人……等产业发展壮大”。“（六）构建发展新体制”提出要“规范发展互联网金融”。“（七）创新和完善宏观调控方式”提出“运用大数据技术，提高经济运行信息及时性和准确性”和“重点提高财政、……网络安全等方面风险防控能力”。可见，信息化是“十三五”国家经济社会创新发展的重要内容和主要技术力量。

信息化也是我国旅游业创新发展的重要内容和重大技术推动力量。旅游活动的跨区域、异地性和不可预先看验试用以及资源产品项目的不可移动性等特征，决定了预先获取信息十分重要，因此，旅游经营服务、组织管理、市场开发的首要任务就是收集并发布与旅游消费密切相关的目的地、线路产品的各种信息，信息是旅游消费、服务、组织管理的首要因素。旅游信息及其传输，除了要具备及时、准确、全面等通行特征外，往往还需要直观、生动、便捷等。传统的以纸为媒介的旅游信息传输在这方面受到很大制约，以电为媒介的电话、传真在及时性方面有很大进步，计算机、互联网以及移动互联网、视联网等则在进一步提高效率的同时，极大地提高了直观、生动、便捷程度，且可以随时随地随意用照片、视频、文字交流互动。信息化无疑是当前和今后旅游业创新发展的重大技术推动力量。因此，国家旅游局在年初所提出的我国旅游业发展的“515 战略”中，将“全面融入互联网时代，用信息技术武装中国旅游全行业”作为十大重点任务之一进行动员部署；9 月份组织召开了全国“旅游 + 互联网”大会，开通全国智慧旅游服务平台，并先后印发智慧旅游发展指导意见和“互联网 + 旅游”行动计划。“十二五”期间，国家旅游局还研究编制了旅游信息化规划，组织开展了全国智慧旅游和景区游客量监测试点，开发建设全国旅游基础信息库，进行全国旅游电子商务系统开发与应用管理重点课题研究等，积极推动旅游信息化。

“十三五”时期，要充分发挥信息化对我国旅游业创新发展的重大推动作用，除了统一思想认识、进一步提升信息化在旅游工作中的定位、切实加强组织领导和力量投入外，在任务和对策措施方面的重点是：第一，加快系统整合和分级建设统一平台，实现旅游信息系统互通互联和信息资源开放共享；第二，及时应用信息化新技术，努力提升旅游规划设计、开发建设、投资运营、宣传推广、经营服务、组织管理等工作水平；第三，切实保证旅游网络安全；第四，加强旅游信息化机制、队伍和制度建设。

专论 3

“互联网 + 旅游”图景描绘

李克强总理在今年的政府工作报告中提出“互联网 +”战略，引发了全国如何应用互联网技术、互联网思维来实现“大众创业，万众创新”的思考。信息是各项旅游活动的首要资源，旅游业与信息化融合发展是国务院确定的我国旅游业发展的基本方针，“互联网 +”与旅游深入、广泛、紧密结合势成必然，其图景令人向往，很值得想象和描绘分析。

一、互联网＋旅游＝智慧旅游

总体上，“互联网＋旅游＝智慧旅游”。按照比较一致和权威的观点，智慧旅游就是将互联网信息技术全方位地应用到旅游行政管理、企业经营服务、游客旅游消费的各个环节和方面，让旅游进入全新的互联网时代。具体来看，智慧旅游是指旅游消费者、经营服务者、组织管理者等各方主体，通过互联网（包括移动互联网、物联网、视联网等网络信息系统），应用大数据、云计算、射频、各种终端等信息化、自动化、智能化、数字化技术和设备，进行旅游信息及时、高效、便捷、准确传输交流和开发利用，实现旅游消费、开发建设、经营服务、组织管理的网络化、数字化、自动化、智能化和科学化，使得旅游消费更便利、轻松和游客感受更好（更放心、省心、舒心、开心并可以随意随时随地分享感受），使得旅游经营服务更为规范、优质、高效、经济，使得旅游组织管理和公共服务更科学有效（更全面、细致、有力），使得旅游资源利用更合理、旅游消费更理性科学、旅游产品和服务的性价比更高，等等。因此，智慧旅游必然是通过“互联网＋”旅游消费、生产经营、组织管理和服务等各个方面来实现和具体体现的，其主要形式和内容可逐一分类描述。

二、互联网＋旅游消费＝潇洒旅游

所有的旅游生产经营和服务活动，最终都体现为提供给游客消费的旅游产品和服务。换言之，互联网给游客消费所带来的好处是全面的，给旅游消费方式所带来的变化也是深刻而全面广泛的，而“互联网＋”让旅游消费进入高水平、高质量状态的集中体现，应该就是“说走就走、想停就停、要回就回”以及“有话就说、有事就联”的潇洒旅游，而游客在传统技术条件下在旅游选择、计划、决策、实施过程中所受到的各种来自外部服务因素的限制都不存在了。其具体情形是，行前，用不着长期准备、精心谋划、反复协商、不断调整，一切都可以在出门踏上旅途后再随时随地随意安排——说走就走；途中，项目选择、计划安排和调整不仅不会受到计划、预订、供给等自身和外在因素的限制、制约，而且也不会产生不便和多花钱，随时根据感受和心情决定走还是停留及其时间长短，最理想的状态是所有的合理需求都会及时得到满足，且因为有大数据、云计算技术支撑的市场服务、公共服务而很好满足，收获、感受、评价都会很好——想停就停；如果临时有事或者因为感受评价方面的因素要马上中止行程返回居住地，也可以即时中止并返回，且同样不会因此而受到预订、预购、预交费用的过多损失——要回就回；此外，行程过程中和结束后，还可以通过网络及时、随时进行展示、交流、评价、寻求帮助乃至投诉，随时随地随意通过网络记录、传输和分享旅游感受和评价，为自己今后的旅游和他人旅游选择、决策提供充足、可靠的数据信息依据——有话就说、有事就联。

三、互联网 + 旅行社 = 旅游电子商务

旅行社是为旅游消费提供计划安排和组织接待服务的综合性旅游服务的旅游经营服务组织，由于是组合、依托其他旅游经营服务者的产品、服务来开展经营服务，及时、充分掌握各方面信息就是最重要的，互联网无疑是旅行社经营效果最好、效率最高的方式，因此，不仅传统旅行社最早触网、用网、建网，而且“互联网 +”旅行社的旅游电子商务企业发展更快，效果更好。当然，旅游电子商务企业自身也有一个发展变化过程，早期是从旅游搜索查询和单项预订服务起步，很快就向旅游计划和规划设计、安排线下接待、收付结算等旅行社业务延伸，成为线上或者线上线下结合的综合性旅游服务企业。具体考察目前国内外大型旅游电子商务企业的历史和现状，如我国的携程、去哪儿、途牛等，基本都如此，其中有的当年还因为没有取得法定许可就向旅行社业务延伸而与旅游行政执法部门对簿公堂。此外，旅游电子商务决不是用互联网经营旅行社业务那么简单，而是会通过互联网及其辅助设计、大数据、云计算等技术，来使得游客查询、旅游线路和计划选择设计、预订、修正调整、交流互动、记录分享等更方便快捷，行前、行中、行后的感受更好，旅游经营服务的自动化、科学化水平和效率都大幅度提升。

四、互联网 + 酒店 = 智能酒店

酒店的核心业务是旅游住宿服务，智能酒店最集中的表现就是智能客房及其相关服务——包括查询（推广营销）、预订（销售）、入住（前厅服务）、退房离店（结账）等。最理想的情形是，从网上可以随时查询到酒店服务项目、设施和服务档次水准、特色、价格及折扣、位置及交通、预订方式等信息，相关文字、图片、视频等资料齐全、规范、美观、真实；选择决定后，可以顺利在网上预订客房并安排目的地交通，同时收到预订安排通知、客房钥匙等信息；按照预订和计划到酒店入住，无须在前台等候办理入住手续并获得客房钥匙，可以在抵达后直接到自己预订的楼层和房间前，用自己的手机开门进房，此前房间温控、湿控已经提前打开并在进入时达到合适程度，进入房间时灯光、窗帘、电视、网络、背景音乐、提示和贵宾欢迎语言（通过电视和多媒体显示屏）都自动开启并适时开关调节；离店时客服人员会及时得到通知并查房，游客可以直接离店而无须在前台等候查房、结账，其手机上的客房门锁钥匙自动失效，费用通过网络和信用卡按约定自动结算。酒店提供的餐饮、康乐、商务、交通、游览、会议等服务和后台管理等各个方面、各个环节也都同步实现智能化与互联互通，后台的工程维修管理、采购供应管理、生产加工管理等也都通过互联网、物联网等信息化技术手段为游客消费和前台服务提供相匹配的技术支撑服务。

五、互联网+景区=智慧景区

智慧景区与智能酒店的相同之处，是在推广营销、销售、门禁管理服务方面通过"互联网+"来方便游客查询、预订、收取和使用电子门票、网上支付结算并随时分享感受、进行评价，不同之处是在景区内部游览及导游解说、展示互动和相关服务方面应用电子声讯、影像等技术、设备更好地为游客服务，以及在游客数据汇总分析、宣传推广目标选择、客流交通组织管理、安全监控和应急指挥、内部运营管理等方面应用大数据、云计算、物联网、射频等信息化技术、设备、手段，在直接为游客服务层面的基本目标，就是让游客在行前就查得到、看得明、能订票、好支付，到达后进门快、行得畅、游得好，游览中和结束后随时用文字、照片、视频等记录、传输、分享感受并进行评价。

六、互联网+导游=电子导游

导游服务的内容非常丰富，涉及面也很广泛，能够用信息化技术替代的主要是景区及途中的讲解、导览服务，其他组织协调、沟通交流、管理引导、应急调整等都必须继续以人工服务为主，当然导游人员可以应用互联网、大数据等技术来提高效率和服务质量。由电子导游来承担解说、导览及相关提示、提醒、引导服务，不仅仅是替代和减轻导游人员在这方面的工作，而且往往还具有讲解语言更清楚明白、语调语音语速可调节、内容更规范、没有相互干扰等优势。

七、互联网+餐馆=智能餐馆

作为旅游终端服务，智能餐馆前端服务与酒店、景区基本相同，主要是通过"互联网+"让游客能远端查询餐饮品及其特色、档次和价格、餐馆位置和交通并进行预订，餐馆及时通过互联网向客人手机等便携终端推送预订房间及位置交通、即时通联等信息；点菜可以是在到达前通过网络菜单完成，也可以是到达后通过智能终端完成，都是图文并茂并可以看到其他客人的评价，一般不用服务员人工点餐，必要时可以网络查询或到达后问服务员；结束时，通过智能化手段提供结算、离店交通安排（代订代驾）等服务。

八、互联网+旅游推广营销=新媒体营销

旅游新媒体营销在外部形态上，主要表现为应用互联网生动形象地展示宣传旅游目的地及其旅游产品、服务项目，及时互动回应询问并进行针对性推介，并延伸至旅游计划安排建议及辅助设计服务、网上预订和通知等服务，实现更有效、更高效等目标。在内部支撑方面，主要是运用大数据、云计算、物联网、射频等信息化技术，收集、汇总、分析游客及其旅游消费信息，研究确定旅游推广宣传的目标区域、重点人群，并根据其选择旅游目的地及产品、服务的特点使用相应的推广营销方式、时间，大幅度提高旅游营销的针对性、精准度并使得效率和效益更高、效果更好。

九、互联网+旅游教育培训=旅游云课堂

旅游云课堂还处在建设发展初期，但推进和扩展速度会很快，因为其优势是显而易见的。一是可以大大提高旅游教育培训的效率，线下的课堂教育培训，每堂课以几十人最多几百人为限，而网上的一堂课，对象数量只受网络覆盖和终端持有量的限制，几乎是无限的。二是质量水平可以大幅度提高，由于大大提高了效率，就可以选择最优秀的培训者并精心研究准备培训内容，使得教育培训的内容和方式更科学合理，环境条件尽可能符合培训的要求。三是同步推进均等化，线下分散培训，不同地区、不同层级在条件、质量、效益等方面的差距是客观存在且非常大的，旅游云课堂则是教师、教材、教学方式等完全一致。

十、互联网+旅游局=旅游电子政务

各级旅游行政管理部门是我国旅游的组织管理、推广促进、监督规范、教育培训和行业、产业、事业发展的主导者，"互联网+旅游局"产生的旅游电子政务既能提高各项旅游行政管理工作的水平和效率，更好地为行业、产业和事业发展服务，更能改进、扩展、强化其面向游客和公众提供的旅游公共服务。按照国家的统一部署，从旅游行政管理实际出发，各级旅游行政管理机关从建设网络平台发布政务管理信息和旅游资讯信息、推进旅游政务透明化、公开化、服务化入手，迅速向网络咨询、新媒体宣传推广、网上政务服务和交流互动、回应关切扩展，同时加强内部办公自动化和相互之间互联互通，逐步向整合组建统一的旅游电子政务平台和实现旅游局内部办公网、外部政务网、旅游资讯网、旅游商务网既统一资源平台又按职能性质各负其责的集群化、专业化方向发展，并积极探索将大数据、云计算、物联网等信息化技术运用于旅游组织管理、监督规范、应急指挥、会议展览等工作中。

此外，互联网＋旅游安全，通过应用互联网、移动互联网等技术，将会使得旅游安全保证更有力，紧急救援更及时有效，通信联络更通畅，应急组织协调更科学，保险服务更到位，使得对大型旅游活动组织、重点活动场所和部位监控、重要旅游服务设施设备安全监测等更科学有效；互联网＋旅游资源环境，通过利用互联网、物联网、卫星遥感和大数据、云计算等信息化技术，将会使得旅游资源普查、分类、评价更合理、全面、细致，旅游资源开发利用更科学、高效，旅游消费和生产经营更生态环保与可持续，旅游环境评价、监测、保护、治理、优化更有力；互联网＋旅游规划设计和咨询论证，将会使得这些专业服务更科学、高效；互联网＋旅游商品购物、文化娱乐、交通通信等，结果也都是大大提高这些服务的效率和水平。

“互联网＋旅游”是旅游业全面融入互联网时代、用信息化技术武装中国旅游全行业的重大战略，信息化对旅游的影响是深入全面和持续不断的，实现旅游业与信息化融合发展是长期任务，“互联网＋旅游”也就可以说是无边无际、有始无终的。“旅游＋互联网”（将信息化技术应用到旅游活动中）的任务基本完成，“互联网＋旅游”（不仅用互联网技术、而且用互联网思维和互联网方式来再造旅游业）则才初露端倪，将会对旅游业产生更加深刻的影响。

可以预见，正如电子商务除了没有改变商业就是产品和服务买卖的本质以外根本改变了人们到商店、商场买东西的方式以及商店、商场命运，互联网金融除了没有改变金融业资金借贷的本质以外直接挑战传统银行服务方式及其命运，同时还因为互联网开放、平等、参与等特性而产生了众筹，“互联网＋”除了不会改变旅游作为人的体验性、感受性、参与性活动的本质，旅游消费、生产、销售和经营服务、组织管理等方式、手段及其效果、效率、效益和各级各类主体的行为方式、思维方式乃至命运都将改变。因此，“互联网＋旅游”改变的虽不是旅游的本质而是形式，可能催生出新的形态——它们可能在性质上与传统形式下会有很大不同，还因此将改变一部分乃至大部分业者和组织机构的前途与命运。

专论 4

实现旅游业与信息化融合发展

实现旅游业与信息化融合发展，必须尽快实现从思想认识到工作实践的转变，从主要在技术、手段层面转变到工作模式、思维观念上来。

《国务院关于促进旅游业改革发展的若干意见》（国发〔2014〕31号）提出：“坚持融合发展，推动旅游业发展与新型工业化、信息化、城镇化和农业现代化相结合，实现经济效益、社会效益和生态效益相统一。”文件分别就建立互联互通的旅游交通、信息、服务网络和多语种的国家旅游宣传推广网站，制定旅游信息化标准、加快智慧景区和智慧旅游企业建设、完善旅游信息服务体系等，明确了目标任务并进行了部署。

推进旅游业与信息化融合发展，需要对目前我国旅游信息化的状况及其形势、任务进行分析判断。可以将这一过程划分为5个阶段，对应的主要任务内容则为五个层次。第一阶段和层次是对信息技术设备的具体应用，最典型和形象的说法就是“换笔”——人们从用笔在纸上写字转变为用计算机打字。第二阶段和层次从转换书写方式等具体劳动和操作层面提升到管理层面，各种生产、生活、社会活动的运营管理都逐步从传统手段转到计算机上。第三阶段和层次是计算机网络传输技术的应用，从局域网到专用网和互联网、移动互联网、物联网、视联网，信息化的影响也就从个人、家庭、单位、组织等单个主体内部扩展到相互之间的联系，信息化开始向社会层面扩展。第四阶段和层次是随着计算机和互联网技术的应用，人们的生产、生活、社会交往等方式逐步发生变化。第五阶段和层次是信息化对人类的思想观念和思维方式发生根本性影响，越来越多的人在探讨互联网思维对各行各业和社会各个方面的影响。

就我国旅游信息化的发展水平来看，由于旅游消费活动高度依赖信息资源，信息也就顺理成章地成为旅游经营服务和组织管理的首要资源，旅游消费者、旅游经营服务者和组织管理者始终高度重视信息工作，新的信息技术在旅游中的应用也就呈现比较早、比较快的特征。由于旅游求新、时尚等特征所决定的旅游者往往主动探寻、尝试新事物，使得旅游活动中应用新的信息技术和设备比较常见，面比较广，信息化在旅游领域的发展相应较快。

旅游领域是较早和较快应用计算机和互联网技术的，从游客、旅游企业和旅游从业者自身的信息查询和推送传输，到组织管理、相互联络通信、形成计划和协议，直至计划和协议的执行及其评价，信息化前3个阶段和层面的任务基本完成。但相比之下，旅游企业的这一转变完成得更早、更快、更好，旅游消费者次之，旅游行业组织和政府旅游工作机构滞后——第一阶段和层面的任务全面完成，第二阶段和层面基本完成，第三阶段和层面正在完成。至于信息化对旅游影响的第四、第五阶段，一方面取决于整体上国家和社会信息化的发展水平，另一方面取决于行业自身的认识和实践，而目前行业内外的精神和物质准备还不是很充分——积极主动去思考、谋划、探索信息化对旅游的革命性影响还没有成为普遍现象。

基于以上判断，当前我国围绕旅游业与信息化融合发展的主要任务如下：

一是通过推动智慧旅游发展，加快信息技术设备在旅游消费、经营服务和组织管理中的应用，根据技术进步与发展继续完成好第一、第二阶段和层面的任务，努力改进和提升旅游消费的便捷度。

二是通过内部办公网和各种专网、专业系统平台的开发建设，尽快完成机关和行业组织内部各层级、外部各级旅游行政管理部门、各级各类旅游行业组织以及其他部门、方面、领域之间的信息化传输，即所谓的“无纸化办公”“无纸化传输”及视频会议、视频电话，在提高效率和质量、确保安全、实现“效能政府”目标的同时，也为节约资源、保护环境做出贡献，从一个侧面体现“责任政府”的形象。

三是加强旅游系统信息化的支持、指导和服务，既包括对全国旅游信息化的统一谋划及规划、工作意见、技术规范的研究制定，又包括全行业所共同需要的网络化、信息化系统开发建设和运营维护。至于信息化对旅游的革命性影响，则需要从信息革命对人类生产生活方式和思维方式的影响来把握——除了旅游体验性这一根本特性不变外，其余都可能改变，包括旅游消费方式、内容和旅游经营服务、组织管理、产业形态等。

认真贯彻国发 31 号文件关于实现旅游业与信息化融合发展的基本方针，必须尽快实现从思想认识到工作实践的转变，从主要在技术和手段层面转变到工作模式、思维观念上来。将旅游信息化当作一个方面、一个领域、一个环节的工作，除了“换笔”和日常办公系统应用外，其他主要由信息化工作部门、机构来承担，其他各部门、方面支持、配合、参与即可——除了一些工作、一部分工作需要使用信息技术和设备外，其他工作和整体工作方面都还与信息化没有关系，这种认识和实践只是在旅游信息化初期有合理性和必要性，在国家和世界信息化深入广泛发展的目前和今后阶段是不合理、不科学的，由其所产生的“重建轻用”“重建轻管”就是很典型的问题。这两种现象在旅游行业信息化工作中比较常见，“重建轻用”主要表现是，有关旅游机构在建设一些网络信息系统时，在开发建设阶段主要是承担立项、委托开发建设等任务，建成后则主要是委托专业机构维护，而没有考虑并实际将所开发建设的网络系统作为自身工作的主要或者重要平台，自己的工作原来怎么做现在依然怎么做。“重建轻管”的情形有相似之处，表现为一些项目在立项建设环节的人力、财力、物力投入比较到位，但对项目建成后维护管理使用如何做，特别是持续大量投入考虑和安排不足，没有认识到信息化项目与一般基本建设项目的最大不同就在于其完成建设并开通运行只是基础和一个阶段，其建成后的维护和使用管理则是长期的和更重要的，资金、人力、设施设备投入也更多和持续时间更长，这是其实现功能作用的客观需要，因而也就是信息化工作的规律。

实现从认识到实践的转变，就是要将网络信息系统应用作为相关工作的主要或者重要平台，将业务工作从网下逐步迁移到网上，并进一步按照互联网性质特征和互联网思维来谋划、开展工作，进行网络旅游系统的运营维护和使用管理，真正实现旅游业与信息化的融合发展。

专论 5

旅游大数据应用的可贵探索

大数据开发应用是当前广为关注的信息化新技术。对于旅游这种高度依赖信息资源和高度市场化的行业来说，如何做好大数据开发应用就更值得探索。国家旅游局信息中心会同几个省市与移动通信部门就应用手机信号对重点景区、城市、地区游客流量进行监测分析开展试点，无疑是进行了一项有价值和有意义的探索。

今天，手机已经超过固定电话，成为国人和世人最广泛使用的通信工具，而且无线即时通信只是其最基本的功能。就大数据开发应用来看，从人们使用手机的功能选择、具体内容和方式、时间和频率、场所等，都能够反映出其生活、社交、健康、心理乃至收入水平、职业地位等状况。利用手机信令对到访景区、城市和目的地的游客进行数量实时监测，并据以对其停留时间、来源地等进行分析，进而对游客流量进行调节和对游客选择景区及项目、调整安排线路计划及游览时间进行引导，根据游客来源地数据分析选择确定重点客源地进行精准营销，对旅游消费、旅游经营服务和组织管理、旅游业发展都是很有效的方法。

我国确立了建设世界旅游强国、将旅游业培育成为国民经济战略性支柱产业和人民群众更加满意现代服务业的战略目标，积极主动地运用现代科学技术来武装旅游业是实现这个战略目标的主要途径之一。而旅游又是精神文化因素影响大的发展型、享受型、体验性的消费活动，如何精准把握各种类型乃至每一个旅游者的旅游消费需求，然后有针对性地提供产品、项目和服务，是旅游行业始终需要高度关注的问题，是让人民群众对旅游更加满意的主要途径。应用大数据等现代信息技术来调查、分析、掌握游客消费意愿、心理、需求特性和偏好，据以开发建设项目、提供产品和服务，就会成为旅游行业实现科学发展的一个科学途径。

人类正在经历信息革命的洗礼。相信如几千年前发生的农业革命和几百年前发生的工业革命一样，信息革命也必将会对地球人类的生产方式和生活方式产生重大影响。其中，对信息技术和设备的应用是基础性、先导性的，通过信息技术应用来逐步改变旅游消费模式与形态、旅游经营服务和组织管理方式，直至对旅游者、旅游人的思想观念、思维模式产生革命性影响，则将是更为重要的。

附　录

有关旅游的十个基本概念辨析

随着旅游业的持续快速发展，旅游科学研究和认识也在不断发展，很多同行特别是从事旅游实践工作的人士对一些旅游基本问题的认识也需要不断深化和统一。因此，特就有关旅游的十个基本概念，即旅游环境、资源、要素、项目、线路、产品、目的地、理念、主题、宣传口号，及其相互关系，进行一些探讨分析。

一、旅游环境

旅游环境是对旅游活动发生直接或间接影响的所有自然生态和人文社会因素的统称。广义的旅游环境包括旅游者的旅游消费环境、旅游企业和员工的经营服务环境、旅游产业发展环境，狭义上和通常就是指旅游消费环境，将"旅游环境"与"旅游经营环境""旅游发展环境"相并称，本文专指通常所称的狭义上的旅游消费环境。人们往往还将"旅游环境"与"旅游氛围"相并称，后者多指由目的地、景区、项目所在地的居民、政府、旅游企业、旅游从业者所营造出来的旅游软环境，因此，旅游氛围在一定意义上归属于旅游环境。

旅游环境的主要特征分三个方面。第一，构成要素具有不确定性。因为旅游消费需求和资源、项目、产品的广泛性、多样性，构成旅游环境的要素也具有非常强的不确定性。一些地区、城市提出"人人都是旅游形象，处处都是旅游环境"的理论和现实依据正在于此。第二，功能作用具有不确定性。不管是直接或间接对旅游产生影响，各种环境因素影响都是可能发生也可能不发生的。而旅游项目、要素、设施、服务等资源、产品、要素，或多或少、或轻或重地必然要对旅游产生影响。第三，在旅游中地位越来越突出。在一般观光阶段，对于初次出游和首次到访的旅游者，特别是大众旅游者来说，由于注意力为项目、产品、活动、服务的新奇、精彩内容所吸引，加上停留时间比较短，以及对旅游中的切身感受、真实品质重视程度相对比较低，环境因素的影响就相对比较弱。随着旅游者不断成熟和深层观光、度假、休闲等旅游的不断发展，旅游环境对旅游质量和旅游目的实现的影响作用日益显著。

旅游环境通常划分为自然和人文，或称自然生态和人文社会两类。自然环境构成要素主要包括气候、生态、地理、地质、地貌等要素，人文环境构成要素包括环境卫生、绿化美化、城乡风貌、居民友善好客程度、文化氛围等。

旅游环境要素和资源要素关系密切，往往难分彼此，也容易相互转化。如气候、生态在观光旅游时主要是环境要素，在度假旅游时就是重要的资源要素；奇特的景观是观光旅游的主要资源要素，在度假休闲旅游时就变成环境要素。

二、旅游资源

旅游资源是具有旅游吸引力和价值、能够开发成旅游项目供旅游者消费的自然和人文事物的总称，如山水风光等自然景观，水坝、大桥、民居建筑等人工建设项目，人们特定的生产方式、生活习惯和节日庆典等。旅游资源具有三个主要性质特征：一是具有旅游价值，能够产生旅游吸引力；二是处于未开发状态或称待开发状态；三是能够开发成为旅游项目供旅游者消费。

从不同角度，可以将旅游资源划分成不同类型。从形成原因角度，旅游资源可以划分为自然旅游资源和人文旅游资源。自然旅游资源是指自然界的运动过程及其所产生的结果，如万物生长、沧海桑田、火山喷发和山川河流、自然生态、气候气象等。人文旅游资源是指人类及人类社会的运动发展及其产生的结果，如生产生活、历史文化、工程建筑等。从开发后形成的项目满足旅游消费不同需求角度，旅游资源可以划分为观光、度假、休闲、康体、娱乐、观摩、欣赏、考察、探险、学习、感受、体验、纪念等若干类型，基本可以按照旅游产品、项目、目的分类来对旅游资源进行分类。从开发后在旅游项目、产品及其在旅游消费中的地位、作用角度，可以将旅游资源划分为主体性旅游资源和辅助性旅游资源，主体性旅游资源是指能够开发成可供旅游者游览观光、度假休闲、康体娱乐等项目的资源，辅助性旅游资源是指可开发成为旅游者参观游览等活动提供交通、餐饮、住宿、购物、娱乐、信息、接待等配套服务项目的资源。分类都是相对的，现实中不同类型的旅游资源往往是结合在一起的，在一定条件下还会发生类型转变。如在奇特山中建立的寺院，就是自然旅游资源与人文旅游资源密切结合在一起的，在购物旅游和美食之旅中的购物和餐饮就转化成为主体性旅游资源。

由于旅游资源与旅游产品直观区别不多，很多人往往将二者等同起来，导致忽视资源到产品的转化，因而阻碍了旅游开发与发展。

三、旅游要素

旅游要素通常是指构成一次完整旅游活动所包含的各个基本组成部分，人们最熟悉的就是旅游的行、游、住、食、购、娱六要素。对于旅游者消费来说，旅游要素是在旅游过程中所消耗的产品或项目；对旅游生产和供给来说，旅游要素是分别由不同部门生产和提供的旅游产品或服务项目。以六要素为例，“行”是指旅游者消费的由交通运输企业提供的旅游客运服务，“游”是指旅游景区景点提供给旅游者消费的游览观光产品和服务，“住”是指饭店宾馆提供给旅游者的住宿服务，“食”是指餐馆饭店企业提供给旅游者的餐饮产品和服务，“购”是指商业贸易企业提供给旅游者的旅游商品和购物服务，“娱”是指文化娱乐单位提供给旅游者的娱乐服务等。

旅游要素的主要特征也是三个方面。第一，在构成旅游产品形态上的整体性和协调性，即各要素有机结合共同构成一次完整的旅游活动，不仅缺一不可，而且在数量、质量等方面必须匹配，数量畸多畸少，质量畸高畸低，都会影响旅游产品的效能和质量。第二，生产、制作、供给、消费过程具有独立性。旅游要素不仅是由不同部门、不同企业独立生产、制作、提供的，而且实际消费也是在不同场合、以不同方式独立进行的。第三，能够作为独立的产品销售和消费。几乎所有的旅游要素在没有进入旅游产品的组合之中时，都是作为生产、加工、销售企业的独立产品和其他消费者的消费品形态独立存在的。例如，“六要素”中的任何一项都是独立的服务性产品，即交通、游览、住宿、餐饮、商业、娱乐等服务产品。

六要素实际上主要是从观光旅游角度所进行的概括。随着旅游业的不断发展和旅游目的、产品的多样化，旅游产品构成要素在不断扩展，传统和新增要素地位也在不断发生变化。例如，对于度假旅游来说，“游”的地位大为下降，而“环境”“氛围”等很难概括到六类中任何一类的要素地位就非常重要。对于各种专项旅游来说，构成要素数量、类型及其地位变化更多更大。如对于康体保健和养生旅游来说，“医”“药”、营养保健知识、技能和服务，有特殊作用的物质如温泉、矿泉、泥沙等，就变成非常重要的要素；对于运动、探险、考察旅游来说，组织、策划、专用设施设备等就成为很重要的要素，传统六要素的地位都退居其次。如何对旅游要素进行重新归纳、概括和分类，需要专门研究。

四、旅游项目

旅游项目是指构成旅游产品的各种独立和相对独立的产品与服务单元，是旅游产品的最小、最基本构成单位，其自身的规模、范围也是可大可小的。

从旅游产品消费角度看，旅游项目包括参观、游览、度假、娱乐等目的性项目和交通、住宿、餐饮、购物等支撑配套性项目。其中，每个项目又可进一步细分为若干个小项目，如一次旅游的游览项目可以包含若干个景区项目，每个景区又可能由若干个景点景观项目组成，每个景点又包括景观、观景设施、休憩设施、卫生服务设施等多个项目；交通、住宿、餐饮、娱乐、购物等所有项目都可以如此往下细分。旅游项目还可划分为主体性项目和辅助性项目，如交通项目在旅游景区内包括旅行车、缆车和辅助性的电瓶车、马车、滑竿等。

有时候旅游项目专指用以观赏、参观、考察的旅游景区景点，它们是指供旅游者从事参观、游览、娱乐、度假等活动的区域或单体项目点。旅游景区主要是指各类景观和环境优美的风景区、名胜区、度假区、游览区；旅游景点则是指各种供旅游者参观、考察的单位、项目，如博物馆、水利和交通建设工程、历史文化遗迹、民族文化村落等。一般来说，旅游景点比旅游景区面积、范围、规模小，景点可以涵盖在景区中，即一个旅游景区可以包括若干个旅游景点。当然，景点也可以独立存在。旅游景区、景点是构成旅游产品的主要内容，旅游吸引力主要产生于景区和景点，大部分旅游服务和消费活动也是在景区、景点内进行，或者说依托景区、景点开展。旅游景区内的观光游览项目不少是与景点重合的，一个景点就是一个独立或相对独立的旅游项目。

从开发建设和生产过程看，旅游项目往往与规划和建设施工项目含义相同，此时项目就是旅游景区、景点本身或其组成部分，如旅游度假区项目和其中的度假酒店项目，还包括游览道路项目、卫生服务和厕所项目、观景和休憩设施项目、安全防护设施项目等，可以像旅游消费那样，按照项目性质功能和建设方式往下细分。总之，在旅游中，项目在规模上通常要小于景区、景点和产品，是景区、景点和产品的最基本组成单元。

五、旅游线路

旅游线路是从空间角度提出的一个被广泛使用的概念，通常是指由交通线路连接起来、包含若干旅游及旅游服务项目的一条线。旅游线路既可以是规划和开发建设中的，可以是政府、旅行商宣传销售的，也可以是现实中供旅游者实际消费的。从旅游销售和消费角度看，旅游线路往往与旅游产品在内涵上是一致的，但它强调的主要是空间分布，不太强调时间、性质内容、档次水准等。

旅游线路主要特征有三个。第一，在空间形态上呈现为有起点和终点、连接若干旅游项目的一条线，可以是直线、环线或不规则线路。第二，与旅游产品比，旅游线路侧重强调空间线形状态，但通常也具有名称和主题，有时接近或等同于旅游产品。第三，在一般观光中通常包括两个或两个以上的旅游点、旅游目的地或主体旅游项目，而且不包括客源地（即旅游者居住地），在深度观光和度假旅游中则常常只是一个目的地与居住地往返。例如，海南线通常只是指进入海南岛后、连接海口和三亚等旅游区的线路，全国各地所通称的海南游线路就是指此线路。但是，就旅游产品而言，通常就要包括往返于游客居住地和旅游目的地之间的路段。

旅游线路只是旅游产品的一个方面，一条旅游线路可以产生多种旅游产品。以丝绸之路旅游线为例，它是一条横贯东西和亚、欧、非三大洲的跨国旅游线，仅在我国境内其核心部分就经过河南和整个西北地区。就这条线路，旅行社可以组合、包装成时间和距离长短、性质内容、费用等级各不相同的多种旅游产品，以供国内外各种类型、层次旅游者选择购买。例如，面向国际游客的，可以是丝绸之路历史文化旅游、丝路快车旅游、大棚车旅游；满足高端游客需要的，是丝绸之路艺术与考古旅游；提供给大众旅游者的，是丝绸之路自然风光与历史文化旅游；满足专项旅游者的，又主要是丝绸之路自驾车旅游、丝绸之路徒步探险旅游，等等。如果再考虑线路和时间长短，丝绸之路旅游产品的类型就会更多。

六、旅游产品

旅游产品是供旅游者一次旅游消费的各种单项产品、项目和服务的总称，一般专指由旅行社加工、组合、包装后提供给旅游者供其在一次旅游过程中享用的各种单项产品、项目的组合，这些项目主要包括参观、游览、娱乐、度假等主体性项目和交通、住宿、餐饮、购物等支撑配套性项目。旅游产品通常从消费所需要的时间天数、旅游所经过的线路和主要项目的性质、档次、费用水平来命名，如东南亚三国两地豪华十五日游、丝绸之路文化考察和沙漠探险十日游、长江三峡豪华四日游、黄果树一日游等。

旅游产品的主要性质特征是：第一，整体性和综合性，即旅游产品不是单一的某一种有形产品或无形服务，更不是单一项目；第二，组合性和协调性，即旅游产品是将一次旅游消费过程的各个相对独立的产品、项目、服务组织结合在一起，各个组成单元之间必须协调配套；第三，各个组成单元的相对独立性，即旅游产品中的参观、游览、度假、娱乐和交通、住宿、餐饮、购物等，自身就是由独立生产者提供给市场、可以单独消费的产品、项目或服务；第四，有形性和无形性相结合，即旅游产品中既有有形产品、项目，如餐饮食品、购物商品，也有无形服务，如参观游览服务、导游服务，更多的是依托有形设施设备所提供的服务性项目，包括游览观光、交通服务、住宿服务、娱乐服务以及餐饮、购物服务等。

旅游产品同样有很多种分类方式，比较常见的有四种。一是按时间和线路长短，旅游产品分为长线产品、中线产品、短线产品和一日游产品，但长线、中线和短线的划分是相对的，没有统一和明确的标准，一般 7 日以上称长线，3 ~ 7 日称为中线，1 ~ 2 日为短线，城市周边的“一日游”往往又成为一种独立的产品类型。二是按价格和项目档次，旅游产品分为豪华型、标准型和经济型三类，同样这种分类也是没有统一标准可寻的。目前，对我国的国内旅游来说，多将乘飞机往返和乘进口豪华空调旅行车、住三星级以上饭店及相应餐饮标准的旅游称为豪华型产品，坐火车硬座往返和乘国产旅行车、住社会旅馆、自行解决正餐则为典型的经济型产品，标准型产品的范围则比较模糊，伸缩空间也比较大。三是按是否进出国境，旅游产品分为国内旅游产品、入境旅游产品和出境旅游产品。四是按产品性质，分为观光旅游产品、度假旅游产品和专项旅游产品，还可进一步细分为自然旅游、生态旅游、历史文化之旅、宗教朝觐之旅、探险考察旅游等类型。

易与旅游产品产生混淆的一个旅游专用概念是旅游商品。在一般领域，人工生产的物品，在生产环节称产品，在商业流通环节称商品，在消费、使用环节称消费品或生产资料。旅游行业不同于一般领域，旅游商品与旅游产品不是同一个物品在再生产不同环节的不同属性，而是各有所指的不同事物。其中，旅游商品是专门指旅游者在旅游过程中购买的各种有形物品的总称。从具体性质、目的、用途上看，旅游商品分为以表意传情为主的纪念品、工艺品、土特产品等商品和以满足旅游者在旅游过程中消费需要的食品、饮料、日用品、专门用品等日常消费品。由于后一类商品及其消费方式、目的、功能作用与日常生活完全相同，因此，旅游商品有时专指以表意传情为主的纪念品、工艺品、土特产品等商品。

旅游产品与旅游资源、旅游项目的关系也很密切。资源是产品及旅游项目的原材料，资源决定项目，项目决定产品；产品是资源及其加工、转化项目的组合，产品体现资源、项目。对于旅游来说，资源是旅游产品和项目的主要原材料，资源的性质、特征、数量和品位，对旅游项目和产品的性质、特征、档次及开发利用起决定作用；项目、产品则是资源的加工、组合、包装和丰富、深化、提高，资源转化为产品、项目要经过一个开发、加工和包装过程。资源不是决定旅游产品和项目的唯一因素，产品、项目还要决定于对资源的开发利用、加工配套、组合包装和丰富深化的方式、手段。通过加工、组合和包装，将旅游资源转变为旅游项目、将旅游项目转变为旅游产品，不仅仅是简单地对旅游资源及由其产生的项目进行组合、编排和修饰，而且要对资源、项目性质特征和内涵进行深入挖掘，要进行整理、配套、完善。因此，资源到项目、项目到产品的转化，同时也是资源、项目内涵的丰富、深化和提升。例如，民族村寨作为尚未开发的旅游资源，其功能是居民居住、生活、交往、娱乐和生产活动的载体，不具备旅游功能。经过旅游投资商、开发商、经营商进行道路、卫生、管理和服务设施配套建设和组织、包装、宣传后，不仅成为具备观光、游览、考察、体验等旅游功能的旅游项目，而且还具有比较便利的旅游条件和比较齐全的旅游服务，又能对其历史、文化、习俗、艺术、建筑风格等进行展示、说明、解释。再与其他主体性项目和支撑服务项目组合成产品，其功能作用、价值就得到进一步提升。这些在资源状态下都是潜在的，而且是粗放的，缺少专门的配套、包装和加工。

七、旅游目的地

旅游目的地是与旅游客源地、游客居住地相对称的一个概念，是指能够吸引人们前往旅游并提供相关支撑配套服务的一个范围相对固定和明确的区域。旅游目的地一般包括若干旅游景区景点项目、若干条旅游线路和若干种旅游产品。

旅游目的地的主要特征是，第一，空间范围确定性和不确定性并存，旅游目的地具有一个相对固定和明确的空间范围，但针对不同区域的游客这个范围又是完全不同的；第二，具有旅游吸引物和吸引力，否则就不可能成为旅游目的地；第三，开发、建设有相应的旅游项目、设施、线路、产品，旅游项目及其交通等基础支撑配套项目匹配；第四，有相应的组织、机制进行管理、协调或推广。

针对不同空间距离的旅游者，旅游目的地的空间范围有很大差异。就我国来说，对于洲际旅游者，我国可以是一个独立的旅游目的地，旅游吸引力主要产生于神秘的东方文明古国、多姿多彩的民族文化、神奇美丽的自然风光和欣欣向荣的社会主义事业，也可以与中亚、蒙古、韩国、日本、东南亚和港澳台地区等共同构成欧、美、非三大洲游客的神奇多彩的东方旅游目的地；我国的一些重点区域，如西北、西南、东南沿海也可以成为洲际游客的旅游目的地，其旅游吸引物和吸引力又各有侧重。而对于洲内游客，通常以全国主要的重点区域、重点省市为旅游目的地，如日本、韩国游客以北京和京津冀、上海和江浙沪、三峡和川渝两湖为旅游目的地。对于国内远程游客来说，我国以重点景区、城市、线路、省区为中心，可以形成很多旅游目的地，如海南、黑龙江、新疆、华东、西南和长江三峡、丝绸之路等都是内容、性质特征、吸引事物各不相同的旅游目的地。对于国内中短程游客来说，周边区域的几个城市、景区景点、活动项目等，就可以构成一个旅游目的地，如华东人以上海和苏锡常为都市旅游、江南风光等旅游目的地，东北人以大连、秦皇岛为海滨度假旅游目的地，新疆人以乌鲁木齐及其周边地区为都市旅游和休闲娱乐旅游目的地，北疆人以绿洲、沙漠、胡杨、湖泊为主要吸引物的南疆作为观光游乐旅游目的地等。

旅游目的地与旅游区有密切关系。旅游区通常包含从消费角度所称的旅游目的地、从生产角度所称的旅游经济协作区和空间范围比较大的旅游景区三层含义。比如，一些省市提出的建立“无障碍旅游区”，就主要是从建设旅游目的地的角度使用旅游区的概念；而东北旅游区、丝绸之路旅游区、湄公河旅游区等，就是指旅游经济协作区；黄山旅游区、武夷山旅游区、北戴河秦皇岛旅游区、八达岭旅游区等，当然就是指规模比较大的旅游景区。

要成为一个比较成熟的旅游目的地，必须有相应的组织、机构或者形成相应的机制，来进行规划、开发、建设、管理、协调、推广。一国及其内部的旅游目的地，多由中央政府或多个地方、城市政府来进行规划、开发、建设、推广等，跨国旅游目的地则要建立合作、协调机制来进行协调、规划、宣传、推广等。

八、旅游理念

旅游理念是基于旅游活动内容和功能作用而产生的旅游者内心所设定和追求的层次比较高的目标。不同旅游类型、不同旅游目的需求和不同旅游者具有不同的旅游理念。根据旅游消费理念可以产生旅游目的地、旅游景区、旅游活动、旅游项目和旅游企业的经营理念。

旅游理念的主要特征是，第一，属于一种精神层面的旅游概念；第二，是形成旅游动机、目的、需求和功能作用目标的深层原因；第三，是对旅游动机、目的、需求和功能作用目标的集中提炼、概括；第四，广泛存在于各种类型的旅游活动和旅游者之中；第五，具体表现形式多种多样；第六，对旅游生产经营、管理服务和宣传推广作用、意义重大。

总体上，旅游是通过游览观光、度假休闲和各种专项活动，追求舒适、愉悦、欢乐、发展、健康、时尚等目标，舒适、愉悦、欢乐、发展、健康、时尚就是比较普遍存在的旅游理念。观光旅游的主要内容和功能作用是观赏美景、学习知识、开阔视野、增加阅历、增强自信心和自豪感，所追求的理念主要就是猎奇、求新、求知、求乐、求异、求强。度假旅游是通过度假休闲、娱乐健身、康体疗养等，体现健康、幸福、时尚等理念。专项旅游的内容和功能作用多种多样，对应的理念也有很大差异，如自驾车旅游在我国目前追求的主要是一种时尚、自在、适意，登山探险、徒步穿越、潜水漂流追求的，主要是挑战自然和自我、砥砺意志、显示力量和精神等心理目标。也有人将旅游理念高度概括或浓缩为猎奇、健康、时尚三大类，将求知、求新、求异都归入猎奇之中，享受、愉悦、欢乐、幸福等归入健康之中，时尚则包括新潮、回归自然、关注环境、实现和谐、热爱运动、挑战自我等很多内涵。这种归纳然后再具体解释其所包含的次级理念内涵，对于理解、运用旅游理念是比较科学实用的。

旅游理念尽管是一种不太好认识、把握的比较形而上的旅游概念，但因产生和存在于旅游消费活动和旅游者心中，因而对于旅游消费需求及其变动趋势的认识、把握非常重要，并进而直接关系到旅游产品、项目、服务等目标、主题确定，成为旅游经济活动中非常重要的因素。旅游目的地、旅游线路、旅游景区、旅游企业、旅游活动和旅游从业者都必须从分析研究旅游消费特征、目标及其所反映的理念入手，根据自身的基础、条件、优势、特点，通过分析研究来确定主题、特色，以集中、突出表现旅游者所追求的心理目标即其所持有的旅游理念，并由此形成自身的经营、发展、管理、服务、组织等活动的特色、优势，进而形成自身的经营、服务、发展理念。例如，对于旅游目的地来说，可能就要在规划建设、保护管理、协调合作、宣传推广等方面，表现出旅游活动内容丰富、类型多样，各方面各环节衔接顺畅，旅游设施先进、服务周到，区域内管理科学、经营有序、运转高效等特色，以便满足旅游者追求新奇、舒适、愉悦等心理需求，并体现目的地建设、运行、发展中的认真、负责、科学、现代等理念。对于旅游景区，就要根据自身的目标市场、资源禀赋、开发建设、基础配套、管理服务等，来确定主题，突出特色和优势，满足旅游者猎奇、健康、时尚等理念需求。对于旅游企业和从业人员，就要根据旅游者的旅游理念，通过科学管理、精心策划、严密组织、周到服务，来满足旅游者愉悦、舒适、欢乐、幸福、自然、环保甚至高贵等理念诉求。旅游产品、旅游线路、旅游活动、旅游项目一般也都要根据目标旅游者的旅游理念诉求，来确定自身的主题、特色，以便实现预期目标。

九、旅游主题

任何活动都会有一个主题，旅游活动更不例外。旅游主题是根据旅游市场需求和旅游活动、项目、线路、产品、目的地的性质特征概括出来的，能够集中代表和反映这些性质特征并切合旅游需求及其发展变动趋势的核心概念。

旅游主题的主要特征是，第一，以研究和适应旅游市场需求及其变动趋势为出发点；第二，以其所代表、反映的旅游活动、项目、产品、目的地的性质特征为立足点；第三，以突出优势、特色为主要方向、任务；第四，以吸引旅游者和社会公众注意力使之产生旅游动机为主要功能目标；第五，以综合、提炼、概括、深化、升华为基本手段；第六，以言简意赅、通俗易懂、意蕴深远、文字优美和运用修辞手法、诗词语言等为表现形式。

旅游主题与旅游活动、项目、产品、目的地的内容、性质特征及其名称、旅游理念、宣传口号和旅游市场需求及其发展变化趋势等都有密切关系，但绝不能等同于这些。主题不能简单等同于旅游活动、项目、要素、产品、目的地本身及其名称，不能等同于其性质特征，不能等同于旅游理念，不能等同于旅游宣传口号，也不能等同于旅游市场需求趋势。主题的提炼概括比较集中地反映了旅游活动、项目、产品、目的地的策划规划、开发建设、组织管理、经营服务、宣传推广及其对旅游市场研究把握的水平。

十、旅游宣传口号

旅游宣传口号是根据旅游目的地、旅游项目、旅游景区、旅游产品的性质特征、主题和目标市场的需求特征、旅游理念，针对不同的目标旅游者、旅游客源地提出和使用，旨在引起潜在旅游者注意、兴趣并进而使其产生旅游动机和行动的旅游宣传语句。

旅游宣传口号的主要特征可以概括为，第一，集中反映旅游目的地、旅游景区、旅游城市、旅游项目、旅游活动的主题和性质特征，并能够突出其优势；第二，与目标旅游者的旅游目的、理念高度一致；第三，高度概括，文字简练优美，易懂易记，并能够让不同层次、类型的受众都能够产生美好的想象、联想；第四，对潜在旅游者产生旅游动机和行动发挥重要的引导、促进作用。

旅游宣传口号要科学、准确、有效，一是要客观、准确、全面地表现出旅游活动、项目、产品、目的地的性质特征；二是要充分考虑目标市场状况及其需求偏好；三是要能够被广泛认同和接受，不能产生根本性的歧义；四是要有特色和新意，不可简单比附、套用；五是要简练、易懂、易记，不能晦涩、深奥和故意玩深沉；六是文字表述要有美感并能够产生美好的想象、联想，要注意用词的词性和感情色彩；七是不能庸俗、粗俗、媚俗，要注意用词、提法的格调、寓意；八是可以适时做出调整，但要相对稳定。

与主题和宣传口号有密切关系的一个概念是品牌。通俗地说，品牌就是产品的牌子，具有标明产品生产商、性能特征、样式规格、档次水平并区别于其他同类产品的功能作用，发展和引申为优质、特定产品及其生产、经营者的形象表示，基本等同于地区知名品牌、全国知名品牌和国际知名品牌等。对于有形产品来说，品牌往往通过自身特定的形状、包装、商标、标识等来体现；而对于无形产品来说，品牌则要通过专门设计使用的文字、图形标志、标识来表示，引申使用的企业、地区、城市等品牌也是如此。因此，旅游产品、服务和企业等品牌，是反映、代表其主题和主要性质特征，通过策划、宣传（包括使用宣传口号）等方式来塑造并不断提升的标志、标识。

十一、旅游理念、主题、宣传口号、品牌的相互关系

由于旅游理念、主题、宣传口号和品牌是比较新的概念，相对不太好把握和理解，现在以新疆五彩湾沙漠古海水温泉度假项目为例，来分析说明它们的含义及相互关系。

五彩湾沙漠古海水温泉位于乌鲁木齐东北约 180 公里处的准噶尔盆地东南缘，在乌鲁木齐、天池至喀纳斯旅游线（北疆旅游环线）和丝绸之路新北道上。温泉为贮存在地下 2000 米左右、距今 7.7 亿年前的古海水，持水层厚度达 80 米以上，单井自溢流量为平均每天 280 立方米，预测至少可使用 50 年以上，出水口水温为 75℃，对神经系统功能障碍、风湿性关节炎、关节僵硬、肌肉瘫痪、动脉硬化、脑溢血后遗症、皮肤病等有显著辅助疗效，同时对消除疲劳、增强体

质、保健美容也有明显作用。1982 年，新疆石油管理局为探查石油蕴藏情况，在该地打了一口预探井（称沙南一号井），碰巧打到高压持水地层上。1985 年移交给吉木萨尔县后，在井口建设了简陋的浴疗设施。2001 年兵团西域旅游股份公司接手开发和经营管理，2005 年被评定为三星级饭店和 3A 级旅游区。周边 50 公里范围内有卡拉麦里野生动物保护区（沙漠植物和鹅喉羚、野骆驼、野马保护）、普氏野马繁殖中心、火烧山、五彩城、玛瑙滩、国际狩猎场、硅化木产地、油田作业区和在建的大型煤化工基地。

从国内外旅游消费需求、旅游理念的基本趋势状况和自身性质特征看，此项目优势很大。新疆是世界上离海洋最远的干旱内陆（亚欧大陆中心），在沙漠中喷涌出 7 亿多年前的古海水温泉，是古与今、海与陆、水与旱、冷与热等自然矛盾现象的生动对照，世所罕见。度假休闲是小康生活、富裕生活的重要标志和内容，温泉度假是全世界共同推崇的康体保健项目，老少咸宜，而五彩湾古海水温泉不同于一般的淡水温泉和海水温泉。与乌鲁木齐有吐乌大高速公路和 216 国道连接，2 小时车程，如果全程高速连接可缩短为一个半小时以内。因此，五彩湾可以建设成为国家 5A 级旅游区和国际温泉度假地。

根据国内外温泉度假需求特点及其发展趋势和项目自身的资源性质特征，五彩湾的主要功能作用确定为温泉度假加观光，以“健康”“欢乐”“和谐”“自然”为主要理念，以古海水温泉理疗、游泳健身、戏水游乐等为核心内容，利用沙漠开发观光、徒步、滑沙、狩猎、野餐野营等观光、体验、运动项目，可以以温泉为基地和中心组织开展到五彩城、火烧山、玛瑙滩、天山野马繁育基地、恐龙沟、硅化木产地等地的多条一日游、半日游活动，还可以与天池、喀纳斯观光等结合成为这条热点观光旅游线路上的住宿、短期休憩的重要基地，成为乌鲁木齐度假旅游圈上的拳头和旗舰项目，成为兵团、新疆旅游特别是度假旅游的龙头带动项目。因此，五彩湾旅游项目的主题可以确定为“国际沙漠古海水温泉度假”，宣传口号为“沙漠古海水，温泉康乐国——新疆五彩湾”“古丝绸之路上的奇观——新疆五彩湾”“乌鲁木齐度假旅游圈上的极品——五彩湾沙漠古海水温泉”“七亿年兼二千米，古海温泉康乐城”。

通过适应、形成理念，根据旅游消费理念和景区理念来确定主题，围绕主题策划、使用宣传口号进行持续不断的宣传，“五彩湾”或“五彩湾沙漠古海水温泉”等，就可能成为兵团、新疆旅游的地区、全国知名温泉度假旅游品牌，并将成为中国温泉度假旅游的世界知名品牌。

后　记

从进入国家旅游局工作起，本人就注意观察思考和研究中国旅游问题，结合本职工作进行探讨交流，先后就《西部旅游开发和发展》、《中国旅行社业管理和制度建设》、《旅行社重点问题研究》出版了三本书，此前还出版了一本宣传普及旅游知识的小册子。11 年前，本人结束在规划财务司计划发展处工作、即将奔赴新疆生产建设兵团之际，曾以旅游发展促进、投资开发及相关问题探索研究为题，编写了一部书稿，因故没能付梓。结束援疆时，也有读者希望本人就在新疆工作三年所进行的探索交流进行系统总结后汇总出版，但由于回来后即投身旅游监管工作，没有时间和条件做。这次让作者下决心做这件事并得以完成，原因是多方面的，主要是有前两个阶段的准备，让这件事变得比较容易，再就是离开旅游监管工作岗位后，令本人觉得年过半百，需要进行更多的总结盘点，以对今后几十年的工作、生活、学习、探索进行一些思考。因此，在将以“旅行社重点问题研究”为题的探索成果系统总结并付梓以后，本人即着手对 20 多年来有关中国旅游开发与发展探索交流进行汇总盘点，书稿编写工作历时三个月即基本完成。

本人能够进行中国旅游发展问题探索，首先要感谢时代和事业。30 多年以前的各辈学者，即使如徐霞客那样终身痴迷于旅游者，也不过是写了本纪实体的游记，更早前的大诗人李白酷爱旅游，也只有若干首诗词存世。今天投身中国旅游的人，可以进行广泛而深入的探索交流，是因为历史的发展、时代的进步，让旅游成为满足人民大众快乐、幸福、健康的伟大事业，将旅游业培育成为国民经济战略性支柱产业和人民群众更加满意现代服务业成为国家和行业的战略目标和任务。本人作为农民出身的知识分子，所学也不是旅游专业，能够投身旅游工作并进行 20 多年的探索交流，这在之前的任何历史时代都是不可想象的。当然，能够进行这方面的探索交流，需要感谢的还很多，包括组织、同志、同行、朋友和家人，探索成果能够出版、发表和以其他方式进行交流展示，还要感谢中国旅游出版社、中国旅游报社和有关论坛、峰会、研讨会、论证会、讲座的组织者、参与者，其中尤其是作为中国旅游两大传统媒体机构的中国旅游出版社和中国旅游报社的领导、编辑同行，其中很多既是本人开展探讨交流的学者同行，更是将本人探讨研究成果及时发布扩大交流的大力支持者。

学，而后知不足；行，一定重情义。独行者疾，众行者远，愿有机会与更多的同事、同行、同志继续开展交流学习。

蔡家成

2016 年 5 月于北京

责任编辑：张　锋
责任印制：冯冬青
封面设计：中文天地

图书在版编目（CIP）数据

朝阳　智慧　财富：旅游开发与发展探索／蔡家成著. --北京：中国旅游出版社，2016.10
ISBN 978-7-5032-5677-6

Ⅰ.①朝…　Ⅱ.①蔡…　Ⅲ.①旅游资源开发—研究—中国　Ⅳ.①F592

中国版本图书馆 CIP 数据核字（2016）第 227188 号

书　　名：朝阳　智慧　财富：旅游开发与发展探索

作　　者：蔡家成
出版发行：中国旅游出版社
（北京建国门内大街甲 9 号　邮编：100005）
http://www.cttp.net.cn　E-mail：cttp@cnta.gov.cn
发行部电话：010-85166503
排　　版：北京旅教文化传播有限公司
经　　销：全国各地新华书店
印　　刷：北京盛华达印刷有限公司
版　　次：2016 年 10 月第 1 版　2016 年 10 月第 1 次印刷
开　　本：787 毫米×1092 毫米　1/16
印　　张：23.25
字　　数：500 千
印　　数：1-500 册
定　　价：68.00 元
I S B N　978-7-5032-5677-6